福建宗教碑銘彙編

漳州府分册

（一）

[中] 鄭振滿
[美] 丁荷生
編纂

海峡出版发行集团
THE STRAITS PUBLISHING & DISTRIBUTING GROUP
福建人民出版社

圖書在版編目(CIP)數據

福建宗教碑銘彙編·漳州府分册 / [中]鄭振滿,[美]丁荷生編纂. —福州:福建人民出版社，2018.12

ISBN 978-7-211-08117-2

Ⅰ. ①福… Ⅱ. ①鄭… ②丁… Ⅲ. ①宗教—碑文—彙編—福建 Ⅳ. ①K877.42

中國版本圖書館 CIP 數據核字(2018)第 291643 號

福建宗教碑銘彙編·漳州府分册

FUJIAN ZONGJIAO BEIMING HUIBIAN · ZHANGZHOUFU FENCE

編　　纂: [中]鄭振滿　[美]丁荷生
責任編輯: 江叔維
出版發行: 福建人民出版社
電　　話: 0591-87533169（發行部）
網　　址: http:// www. fjpph. com
電子郵箱: fjpph7211@126. com
地　　址: 福州市東水路 76 號
郵政編碼: 350001
印　　刷: 福州德安彩色印刷有限公司
地　　址: 福州市金山工業區浦上標準廠房 B 區 42 幢
郵政編碼: 350008
開　　本: 787mm×1092mm　1/16
印　　張: 120
字　　數: 1920 千字
插　　頁: 14
版　　次: 2018 年 12 月第 1 版　2018 年 12 月第 1 次印刷
書　　號: ISBN 978-7-211-08117-2
定　　價: 600. 00 元（全四册）

雲霄將軍山公園，依托陳政墓園而建。相傳政於唐總章二年領兵『平泉、潮間獠寇。至雲霄江曰：「此水似清漳。」因以名州』。垂拱二年子元光『奏置漳州於泉、潮之間』（見第二〇六篇，以下衹注序號）并首任刺史，率部開荒屯田，建廟興學，篳路藍縷，守漳五世。景雲二年元光輕騎討賊，戰死沙場，郡民巷哭。唐玄宗贈『潁川侯』，宋高宗贈『開漳州主聖王』。開漳聖王貫串本書各卷，是漳州分布最廣泛的神祇之一；威惠廟、開漳王廟、聖王廟等特祠，以及祀其部將的昭應、輔順、輔信、馬公等廟宇遍布閩臺、粵東和東南亞各地。

將軍山公園內闢陳政紀念館，暨開漳歷史文化紀念館、雲霄縣博物館，館內外保存從雲霄、漳浦、龍海等地收集的歷代碑刻四十餘通。

相傳陳政父子隨軍奉祀淝水『戰神』謝安，給閩臺帶來了謝安信仰。今漳浦佛曇下坑謝安廟、赤土浯源王公廟、赤嶺前園蔡坑廟、赤湖前湖大廟，龍海古縣積蒼廟、薌城詩浦正順廟、南靖船場安善堂（新溪尾寺），以及衆多廣惠尊王廟、廣應聖王廟，均主祀謝安。圖爲鄭振滿、丁荷生拍攝南靖安善堂乾隆三十年下店溪列憲廉明碑記、天啓二年船場樵牧碑記，（一四七九、一四三二）以及詩浦正順廟示禁碑。（六三三）

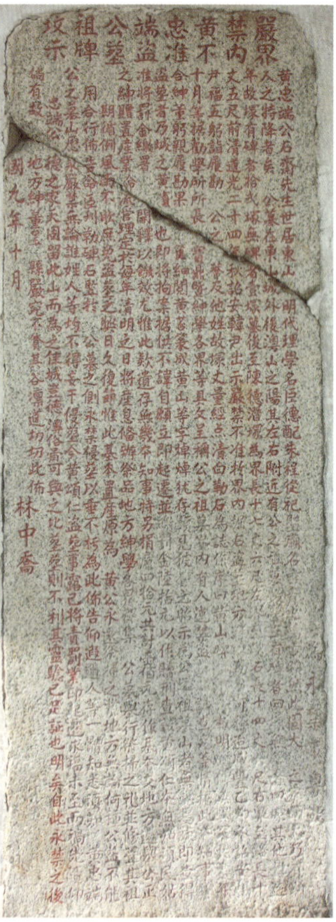

東山碑廊，一九九八年始建，壁嵌從島上各處收集的碑刻三十餘通，多數因人爲破壞或嚴重風化無法解讀，未能收入本書。東山爲黃道周故里，清代官府立有不少保護石齋祖塋墳山的禁碑。（一三〇二、一三〇四、一三二一）

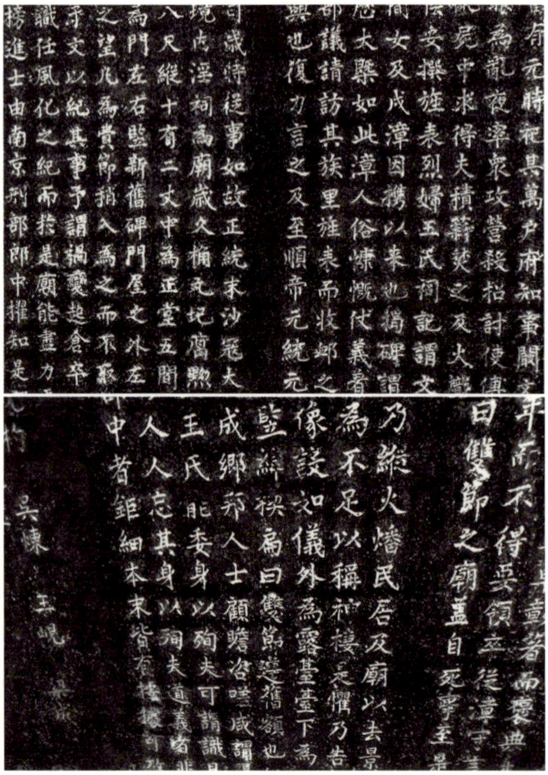

莆城鳳霞祖宮，弘治十三年重建雙節廟碑記，莆田周瑛撰文，漳郡林同篆額、黃熒書丹，保存完好。（四八）

上右：華安豐山銀塘村龍潭古道邊，萬曆三十年父老立『喜雨碑』。（一七五〇）上左：漳浦沙西海月岩功德泉上巨石，萬曆八年邑進士、雲南及廣西參議劉庭蕙題：『何來圓覺隱西天，布地先開玉井泉。錯落瑤華諸念浄，空明石乳一方禪。雨花飄向經臺散，法水紛披講鉢傳。認取元勞因彼岸，恒河沙數只涓涓。』（封面）

下右：詔安金星鄉九侯山九侯禪寺，崖壁刻乾隆十一年知縣保護名山竹木示禁碑。（一一〇六）

下左：南靖書洋下版寮村溪心垻上，嘉慶十一年知縣保護無嗣壇蔭松示禁碑，静静守護着厲壇遺址。（一五三五）

右：漳浦盤陀和美村和坑院社，弘治九年重建無象院碑記：南宋時漳南土曠人稀，瘴雨嵐烟交作，漳守建庵盤陀嶺下，以聚居民、以憩行客。但象獸不時出沒，居民行客被患，『時有潮州守黄侯定經過，大書「無象庵」三字揭於楣間，由是象獸屏跡。識者謂韓公驅鱷以文，黄公驅象以字，皆至誠所感，非偶然也』。（八一五）

左：龍海九湖木棉庵外，嘉靖總兵俞大猷、乾隆知縣袁本濂各立碑，民國二十五年軍官陳琪築亭護碑記云：『大書深刻』『儼若斧鉞』，『若千秋萬世深惡痛斥之甚也，是亦可爲僉壬之炯戒矣』；『是亭也，與保存古蹟爲反例，而於扶持直道有微權；護其石而暴其名，即所以彰其罪而癉其惡，用激我國民懲奸愛國之心』。（七六四）

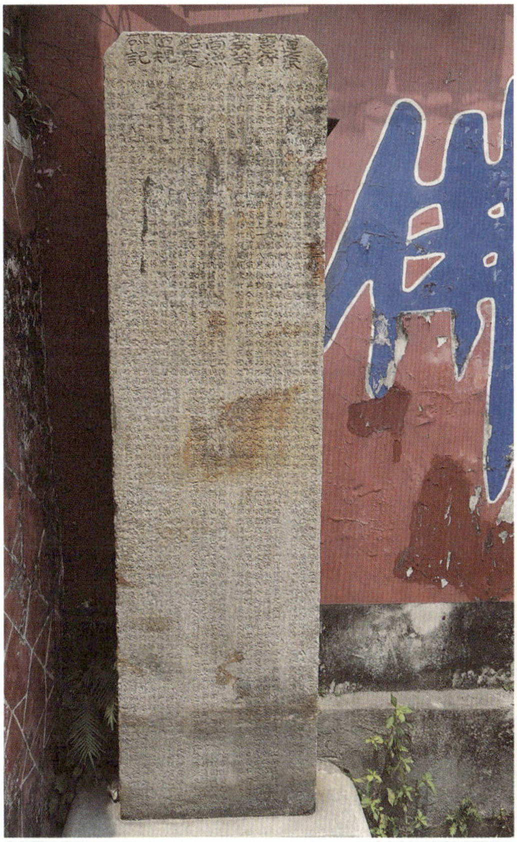

上右：龍海程溪人家村許氏家廟，光緒十七年福建巡撫爲河霸設卡勒索示禁碑。（六四九）
上左：雲霄溪美街水月樓禁碑。康熙四十四年，因福清奸胥藉烙字、編號、給票等名色勒索商漁船隻，布政司通飭全省各澳、島勒石禁革。（九五五）
下：龍海榜山洋西村渡頭社贊範宮外，乾隆六年鎮頭澳奉府立碑，嚴禁强豪霸占漁網位横抽勒索。（二一一二）

右：海澄倉頭厚境許氏祠堂，乾隆七年高陽業記，開列公田、祭田、學田、海門泥泊、秧埕、蛏蠔埕坐址，勒石祈永。（二一一五）

左上二：龍海榜山南苑高氏家廟，萬曆三十九年銘德碑記：高廷和入太學後汲汲光宗耀祖，建廟捐田，賑貧濟乏；乾隆六十年入主碑記：族中捐祭田義田者，許其房祖入廟享祀。（一一一六、三三三四）

左下：漳浦劉厝坑許氏祠堂天啓五年興祖碑記，現存雲霄縣博物館。講述青衿許文俊力角權宦，保全闔族老幼與祖宅祖山，最終鄉榜題名、建廟興祖之事。短文一波三折，驚心動魄。（八四三）

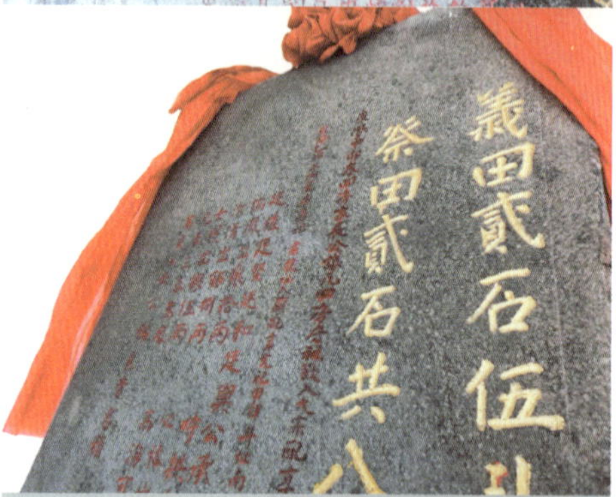

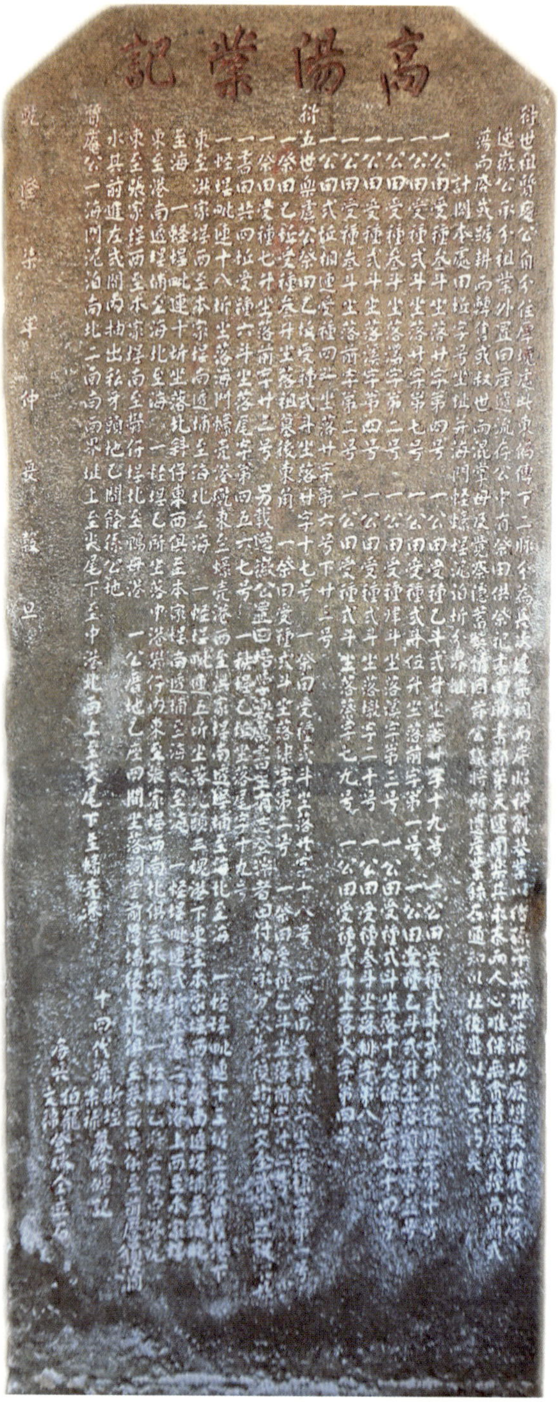

華安高安邦都村鄒氏祠堂前，嘉靖三十六年碑，記載一樁山地產權糾紛，以及三十七年來四姓兩代人的四份買賣契據。（一七四八）

漳浦沙西高林村沙底廟（隆壽室），乾隆二十八年碑記：當地分取梁山溪水灌溉，官陂石下水蓄上游、過石水流下游；出本砌修者爲陂主，餘衆世代輸納水租；八社十七姓『跪神立字』，『傳子及孫，不得有違』，『嗣後如有違背禁約，社衆出頭共攻，鳴官究治』，陂主世執合同存照。百餘年後，上游黄姓五宗合一，强甲一方，悍然背約叛祖，封陂賣水漁利；各社雜姓多次聯名稟官，蒙批押拆，黄姓却負隅肆惡，反復作案。衆恐貽害將來，乞准給示立碑，以杜後爭。碑陰刻前朝嘉靖以降近兩百年來的三份鄉約，十六社、數百人先後捲入這場曠日持久的紛爭。（八七五）

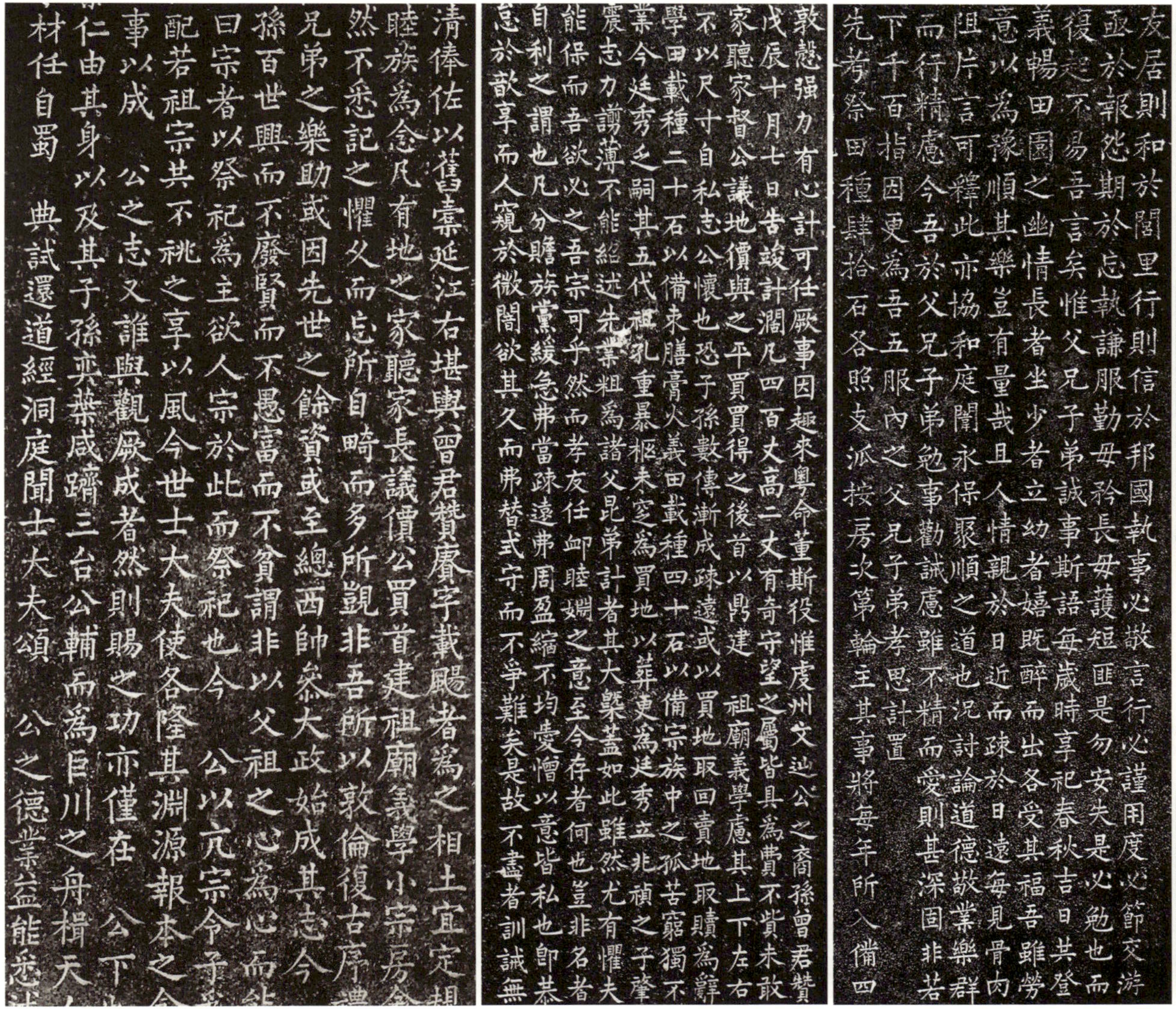
友居則和於閭里行則信於邦國執事必敬言行必謹用度必節交游
亟於報怨期於忘執謙服勤毋矜長毋護短匪是勿安失是必勉也而
復起不易吾言矣惟父兄子弟誠事斯語每歲時享祀春秋吉日共登
義暢田園之幽情長者坐少者立幼者嬉既醉而出各受其福吾雖勞
意以爲豫順其樂豈有量哉且人情親於日近而疎於日遠每見骨肉
但片言可釋此亦協和庭闈永保聚順之道也況討論道德敬業樂群
而行精慮今吾於父兄子弟勉事勸誡慮雖不精而愛則甚深固非若
下千百指因更爲吾五服內之父兄子弟孝思計置
先考祭田種肆拾石各照支派按房次第輪主其事將每年所入備四

敦懿强力有心計可任厥事因趣來粵命董斯役惟虔州文廸公之裔孫曾君贊
戊辰十月七日告竣計濶凡四百丈高二丈有奇守望之屬皆具爲費不貲未敢
家聽家督公議地價與之平買買得之後首以鼎建祖廟義學處其上下左右
不以尺寸自私志公懷也恐子孫數傳漸成疎遠或以買地取回賣地取贖爲辭
學田載種二十石以備束膳膏火義田載種四十石以備宗族中之孤苦窮獨不
業今廷秀之嗣其五代祖孔重暴柩未定爲買地以葬更爲廷秀立兆禎之子肇
震志力譾薄不能紹述先業粗爲諸父昆弟計者其大槩蓋如此雖然尤有懼夫
能保而吾欲必之吾宗可乎然而孝友任卹睦婣之意至今存者何也豈非名者
自利之謂也凡分膳族黨緩急弗當踈遠弗周盈縮不均愛憎以意皆私也卽恭
意於歆享而人窺於微闇欲其久而弗替式守而不爭難矣是故不盡者訓誡無

清俸佐以舊橐延江右堪輿曾君贊賡字載颺者爲之相土宜定規
睦族爲念凡有地之家聽家長議價公買首建祖廟義學小宗房舍
然不悉記之懼久而忘所自畸而多所覬非吾所以敦倫復古序禮
兄弟之樂助或因先世之餘貲或至總西帥參大政始成其志今
孫百世興而不廢賢而不愚富而不貧謂非以父祖之心爲心而能
曰宗者以祭祀爲主欲人宗於此而祭祀也今 公以亢宗令子
配若祖宗共不祧之享以風今世士大夫使各隆其淵源報本之念
事以成 公之志又誰與觀厥成者然則賜之功亦僅在 公下
仁由其身以及其子孫奕葉咸躋三台公輔而爲巨川之舟楫天
材任自蜀 典試還道經洞庭聞士大夫頌 公之德業益能悉

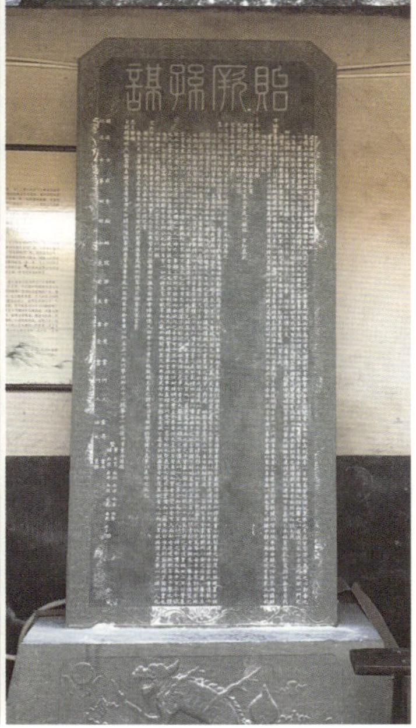

右上：漳浦湖西趙家堡，萬曆間宋皇裔趙範築堡碑記，僅存底部。（八四〇）
後四：漳浦湖西詒安堡，康熙廿七至廿九年黃性震築堡建祠碑記三通，查昇、錢三賜書丹，堡碑完好。（八四六～八四八）

龍文步文下洲小浦南古渡口，芳草萋萋，柳思亭内太師碑記載：渡頭乃乾隆朝太傅、大學士蔡新所建，現迭遭殘毀，而後人遠在漳浦，懇請龍溪縣出示保護。（五一五）

左：雲霄雲山書院，光緒九年紳商募建，祀明隆慶太史、鄉賢林偕春，立黄道周撰旌表節婦林母王太孺人墓碣：『先生，偉人也。方江陵時，權焰震天下，屬有絲綸，乞先生諛語，不可得。』『自隆、萬數十年間，天下操觚之彥，無不心憚先生者。泝其源流，蓋自祖母王太孺人云。』祖母拮据撫孤六十年，『史誌烈女，動稱明慧、嫻詩書、合於大義』，『廼不如墻陰介婦，椎髻垢面，嶷然禅於坊表』。（九五一）今南靖山城碧陽宮、新加坡雲山宮、臺中大里永隆宮、南投御史里林太師廟等，均主祀林偕春。

右：薌城石亭烏石村武興宮碑。乾隆十八年八月，烏石保丐夥擾民，縣出示飭差驅逐，『然發草亭一示，鄉保匿而不掛；發烏石亭一示，隨掛□□。視在二處之丐夥，尚踞而兇之，橫索犹□。因思禁逐丐夥非明示不嚴，而明示張掛非勒石不永』。（二四一）

左：薌城石亭北斗村輔順將軍廟碑。因烏石保丐夥轉戰茶園保，乾隆十八年十月、十二月龍溪縣再發二示立碑驅逐。中部碑文字迹風化無存。（二四二）

海滄温厝寧店龍山宮，同治十年荷蘭國民請駐厦領事照會汀漳龍道，稱『伊祖籍澄邑龍店社，族小丁稀，居多外出生活，鄉中唯有婦女幼穉。凡諸婚姻、喪葬、登科、祝壽等項俗事』，均被丐夥壟斷夫轎，漫天索價，并劃分地盤，阻止越界別雇。伊弟回鄉娶婦，佳期在即，被丐首『欺視外國初回，人地生疎，定欲多索簥費，從其包僱』，『竟致在外鄉族子侄聞風裹足，視爲畏途，不敢回家婚娶，鄉族幾廢』。（五七〇）

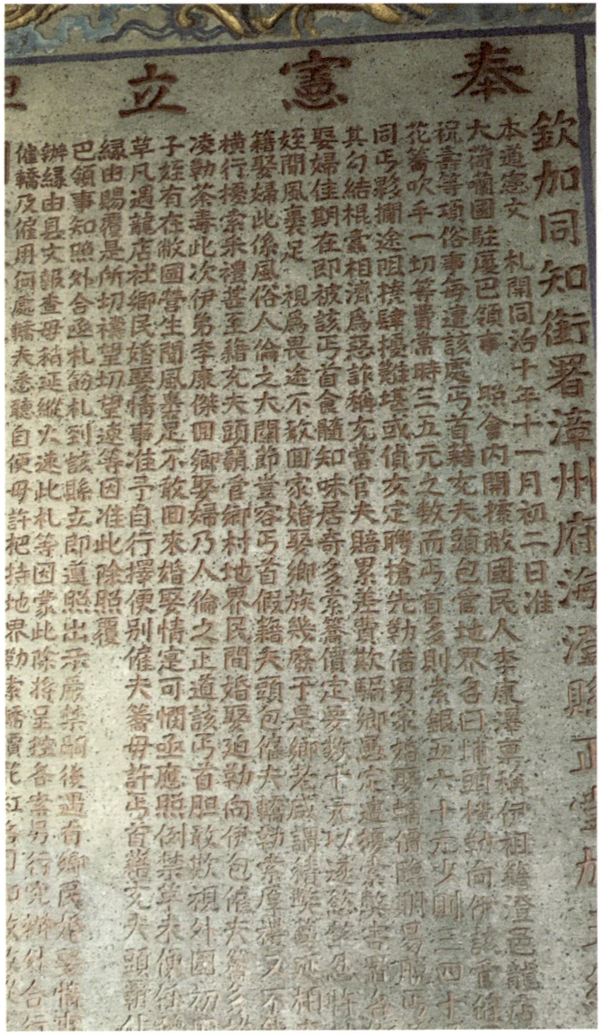

左：龍海角美石厝岱洲慈濟宮，存清代重修碑記六通，其中兩通，以及附近多處廟宇的清末功德碑，前列都有南洋僑領許泗漳的名字。

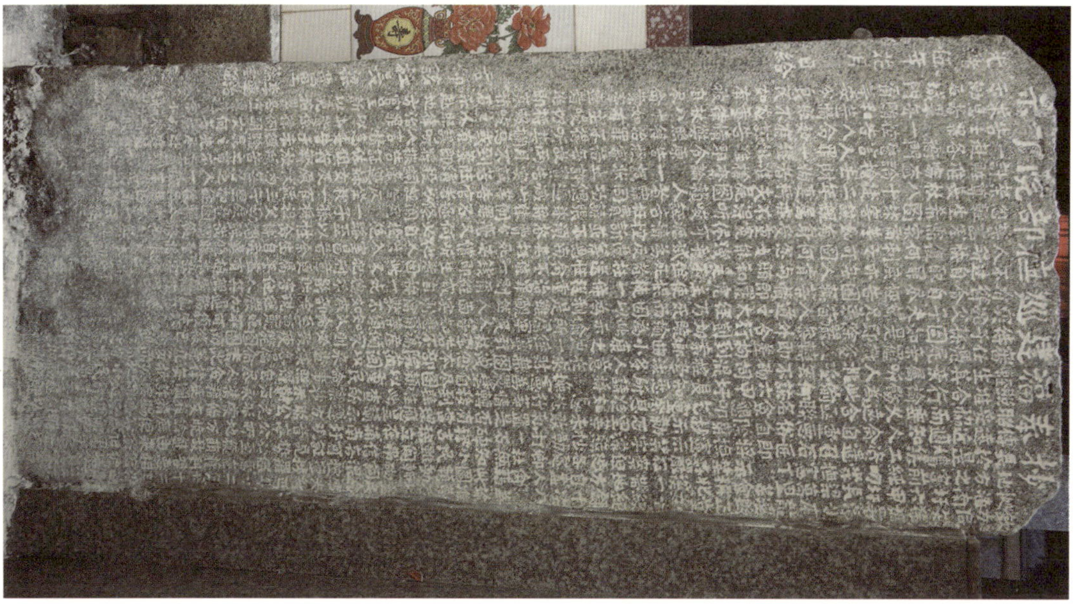

右：雲霄縣博物館，光緒四年福建巡撫爲自盡圖賴示禁碑，僅存前半，但書刻精嚴，無一俗字。（一〇一三）

左：薌城浦南福寧宮，光緒五年龍溪縣抄奉右述福建巡撫示禁碑，充斥『实应尽侭亲属听过』等俗字。（六〇七）

上：詔安南詔外武廟，碑文風化後屢經塗描補綴，清晰完好却魯魚亥豕，誤導重重。

右下：雲霄東廈白塔村龍湫岩，崇禎四年募建碑記碑文漫漶，嘉慶雲霄廳志收録時將田址小字和部分人名留空。（九四七）　左：平和城隍廟，光緒七年平和縣義倉碑記。時署令樊明逵、新令王士俊各作一記，王碑已佚，碑文幸存於浙江黄岩寧溪王氏宗譜，感謝王天俊先生九峰尋碑之旅提供綫索。（一七二七、一七二八）

詔安霞葛趙真堂（保南院），始不可考，毀於『文革』，遺址尚存清代重修碑記八通。

詔安霞葛金環寶塔，無頂，塔樹共生，內竪乾隆三十二年二碑。（一二二、一二四、一二五）

薌城蓮花池山岱山院遺址，康熙三十八年立《大山廣岩禪寺碑記》，風化嚴重，碑紋錯雜，碑文隱没。（一七〇）

南靖城隍廟岣嶁碑，摹楊慎原刻，奇碑行將入土。（一五六三）

前二：雲霄馬鋪何地何氏家廟與碧湖岩，舊碑荒凉殘破，新廟金碧輝煌。

後五：修葺一新的南靖城隍廟，歷代碑刻棄置黃沙，鞠爲茂草。編者且掃且拔，找字不易。

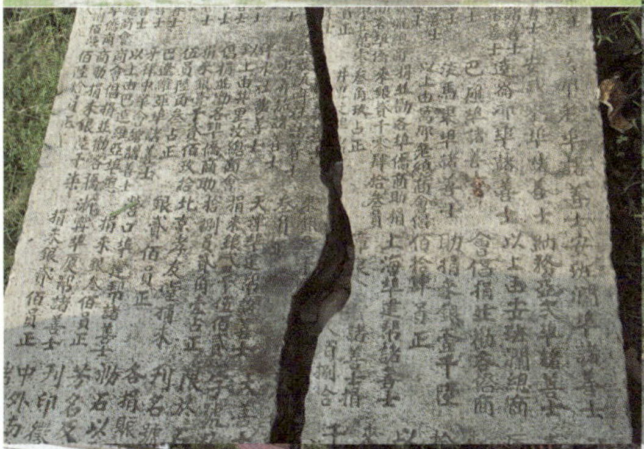

詔安官陂林畬村長林寺，南明僧道宗建，隱於和、詔交界萬山中，相傳曾爲天地會活動場所。二十世紀六十年代遭拆，據説一九九六年遺址草莽仍卧有不少碑石柱區。二〇一一年我們到訪時，得知新寺已遷、舊碑遭棄，遂連夜趕往存碑地。現場未通電網，藉助柴油發電機和閃光燈，我們勉强拍下一些模糊影像，從中艱難辨識出殘碑若干。在三九隆冬的深山老林，我們被人造光源烘烤得汗流浹背。

上：雍正十年重建長林寺碑，我們從一百餘張特寫照片中找出二百一十五個字。（一〇九七）
下：平和三平寺，鄭振滿、丁荷生、鄭莉仰讀三平大師行録。

平和三平寺，唐會昌五年始建，碎碑千瘡百孔，如佛陀涕泣。明王志道立重建廣濟録碑，將唐王諷撰三平山廣濟大師行録木碑并宋元重修題識勒石，李宓書丹。王諷另有漳州三平大師碑銘並序收入唐文粹，同爲記載三平大師生平的主要文獻。（一六五九、一六四四）

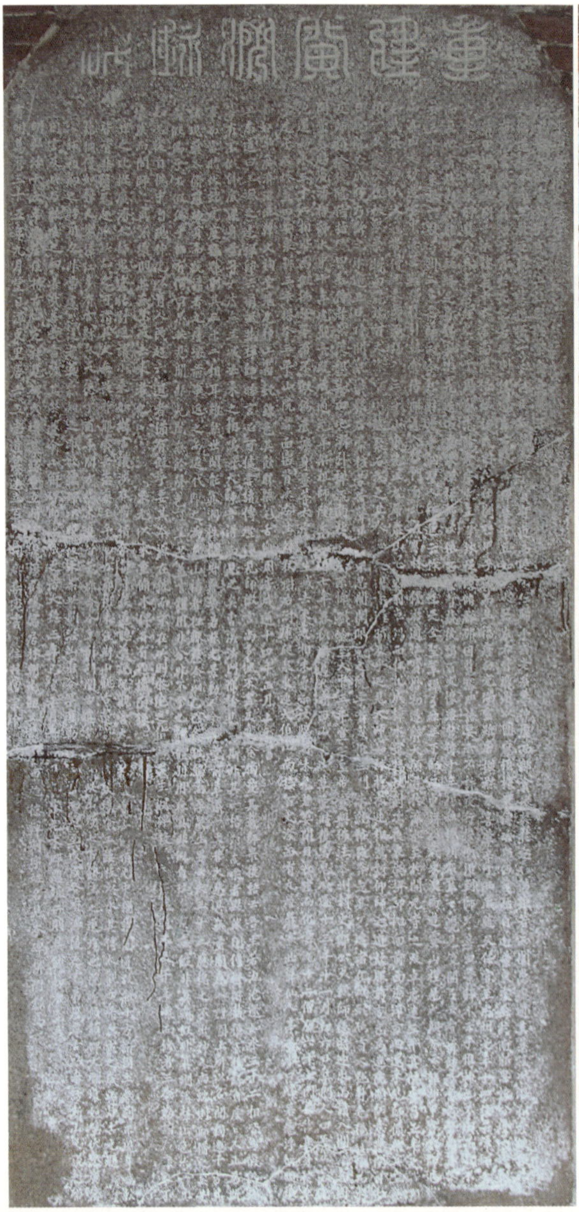

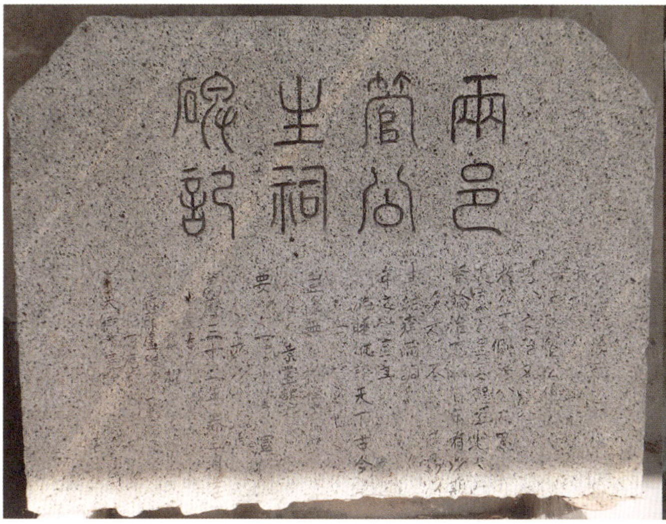

長泰武安珠坂村五里亭，因正德間知縣趙珮兩袖清風、行囊匱乏，却兩度在此推却送行父老所醵盤纏，得名『却金亭』，『一以顯明公之廉，一以爲將來之鑒云』。後世又立有衆多紀績碑、德政碑、頌德碑、世德碑、愛民碑、遺愛碑、去思碑、生祠碑，歌頌去任的清官廉吏，今僅餘殘碑寥寥。（一三三八、一三五四）

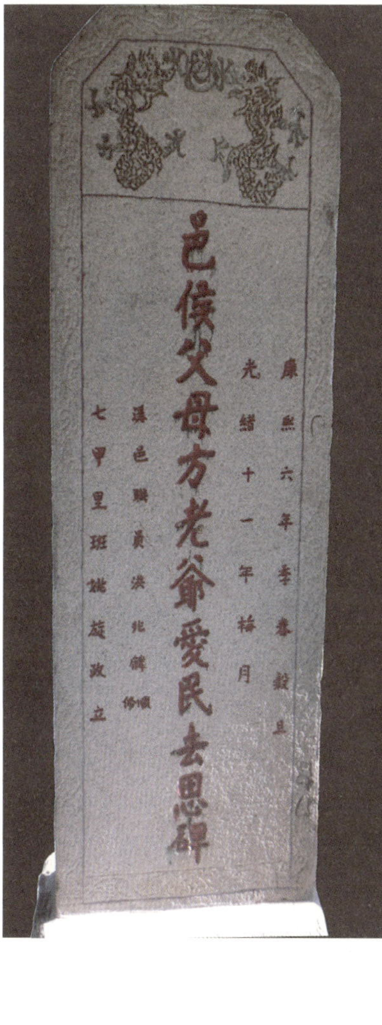

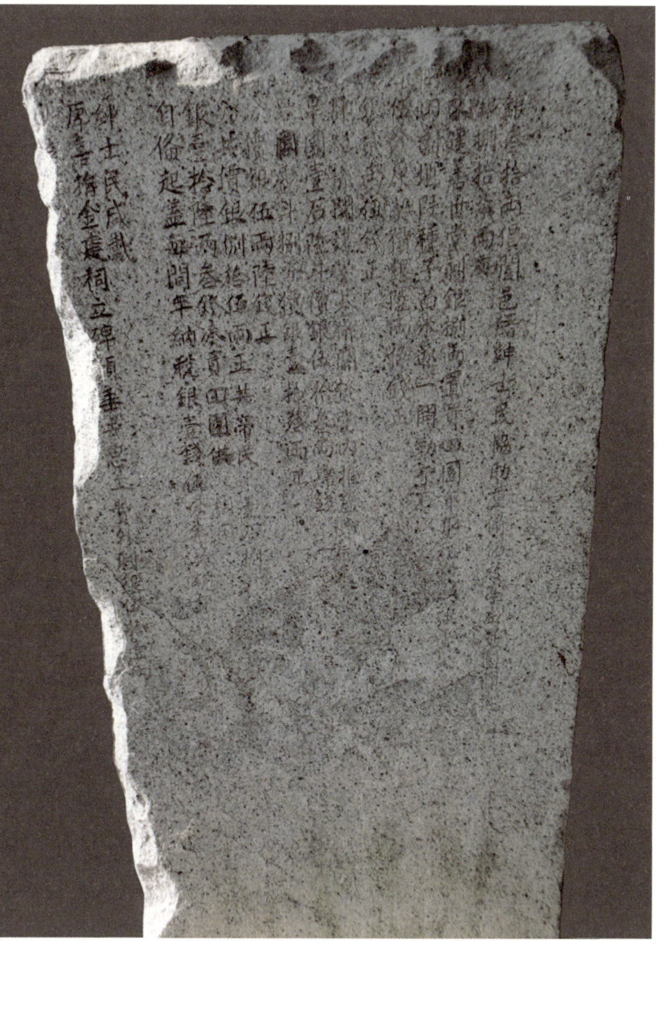

上：龍海榜山梧浦村萬松關，崇禎二年大學士林釬撰施公新築萬松關記迹碑，被劈爲四，已失其一。（一三七）

下：龍文郭坑扶摇村關帝廟，順治十五年龍溪磁磘户奉道憲示禁碑，被劈作石凳。（一四九）

上：南靖和溪萬善堂咸豐元年碑被大卸四塊。（一五八五）
中三：平和九峰黃田萬壽堂遺址，立碑二，葬碑四，洗後字現。
下左：平和九峰下坪福興堂遺址，卧碑三。
下中：平和九峰黃田村嘉慶四年上闈合約禁碑。（一六九〇）
下右：平和九峰下坪村這塊洗衣石來頭不小。（一七二九）

目録

凡例……三
前言……五
碑銘編目……一一
卷一　漳州府城、龍溪縣、海澄縣……一
卷二　漳浦縣……七一三
卷三　雲霄縣……八四一
卷四　詔安縣……九一五
卷五　東山縣……一一四三
卷六　長泰縣……一一九九
卷七　南靖縣……一二六五
卷八　平和縣……一四八九
卷九　華安縣……一六〇七
附録一　本册徵引書目索引……一六二七
附録二　相關宗教設施索引……一六三三
編後記……一六七六

凡例

〈一〉本書編録福建一九四九年以前形成的與宗教活動有關或收藏在宗教設施中的碑記及銘文，内容涉及儒教、道教、佛教、三一教、龍華教、摩尼教、基督教、天主教、伊斯蘭教及諸神崇拜、祖先崇拜等。

〈二〉本書按歷史政區分卷，原則上以存續時間較長的府、縣級政區爲單位，每府編爲一分册，每分册再按縣分爲若干卷，省城、府城置於首卷；各縣碑銘以撰文年代爲序編排，同縣同年碑銘按内容相關度或隨機編排；全册碑銘統一編號。

〈三〉目録中著録碑銘年代。凡原文未具年代者，根據内容并參照有關資料予以推斷；衹能推出大致時段範圍的，插入相應時間節點；時段不明者置於來源相同且内容相關的篇目後，無相關者置於卷末。

〈四〉本書碑銘録自實物或拓片圖，以及地方志、族譜、金石集、文集等，資料來源見文後按語。若原文見諸多種文獻，取其内容較詳或生成較早者，參校其餘版本；若實物或拓片尚存，概以實物或拓片爲準，缺損漫漶處再參校文獻。

〈五〉本書已對碑銘試作斷句、標點、分段，并對作者、年代、地點、人物、事件等略作考證，原碑無題則加擬標題。凡原文夾注以（）表示，對原文酌補文字以〔〕表示，編者提示文字以〈〉表示，缺字以□表示，缺字數量不明者以〈上缺〉、〈下缺〉表示，日期數字空缺未刻以全角空格表示，空缺數量不明者（如人名、金額、條目留白未刻）以〈空缺〉表示。

〈六〉本書資料來源不一，原文常有訛誤，明顯錯字徑改，避諱字一般徑改，不影響文意的异體字、通假字、碑俗字一般不改，專名中的俗字不改。碑銘上有大量俗字，如銀省作艮、興省作㒷，聲旁萬/藋/奚作又、蜀/悤/盧/詹作

虫/总/户/旦，字頭與/舁/䜌作文、䜌作亦、炏連作艹，偏旁爿作丬、幸/坴作扌，以及單作单、婁作娄、繼/斷/淵作継/断/渊、廟作庙、屬作属、獻作献、蓋作盖、壽作寿、竊作窃、墳作坟、劉作刘、燈作灯、稱作称、亂/辭作乱/辞、實作実/实、寶作宝、舊作旧、聲作殸/声、雖作虽、雙作双、辦作办，等等，不勝枚舉；假借字，如後作后、穀作谷、臺作台、藉作借、據作据、衹作只、靈作灵、撲/樸作扑/朴、聽作听、體作体、聖作圣、薦作荐等；古字，如與作与、爾作尔、個作个、萬作万、從作从、禮作礼、號作号等；以及正字俗字混用、各種异體并存、數字大小寫不一、錢幣單位元員圓不分等情況。爲了反映碑銘原貌、保留民間歷史文獻的語料價值，對不影響文意的寫法我們一般不改，妨礙理解文意或違背構字原理的訛字徑改爲正字。蘇州碼已罕用，均轉爲漢字數字。

〈七〉各分册之後附有本册徵引書目索引、相關宗教設施索引及英文版碑銘編目，便於讀者以各種方式檢索有關碑銘。其中英文翻譯主取意譯，爲補全譯意或幫助理解的酌補文字以[]表示；人名和行政地名用漢語拼音，自然地名、寺廟祠堂等宗教設施名稱已知得名由來者儘量直譯、由來不明或不宜直譯者用拼音；括注碑銘農曆紀年内大部分時間所對應的公元年，而不考慮臘月、正月跨公元年等情況。

〈八〉本書旨在收集和保存歷史文獻，以供研究者參考。爲統一體例及節省篇幅，部分資料如題捐碑未能完全按原碑版式編排，敬祈鑒諒。碑銘的形制與文物價值、藝術價值，以及我們收集碑銘的工作場景，可參見書前圖片及文字説明。

前言

自一九八七年以來，爲了研究中國東南地區社會文化史，我們走訪了福建各地的許多寺廟，收集了豐富的宗教史資料。在福建人民出版社的支持下，我們計劃把這批資料分類整理出版，本書是此項工作的初步成果之一。

福建古爲閩越之地，其俗『信鬼尚祀』，具有濃厚的巫術色彩。魏晋以降，北方漢人大批入閩，儒、道、釋三教也隨之傳入福建。宋元明清時期，祖先崇拜與地方神崇拜日益盛行，各種秘密宗教和地方教派也相當活躍。此外，福建歷史上長期的海外貿易活動，爲摩尼教、伊斯蘭教、基督教、天主教的傳入提供了有利的條件。因此，福建各地現存的宗教史資料極爲豐富，是研究中國傳統宗教的理想窗口。我們希望通過系統分析相關民間歷史文獻，瞭解中國宗教的多元發展和豐富内涵。

在這套書中，我們對宗教做了廣義的解讀，特别關注了各種不同背景下的供奉與祭祀等儀式活動。我們認爲，祇有置於具體的社會文化事件的語境中，宗教才能得到充分理解。本書收録的碑銘，涉及社會文化生活的衆多領域，展示了地方歷史變遷的廣闊圖景。諸如水利、交通、醫療、教育、人口流動、村落組織、族群關係、地方戲劇、歲時習俗，都可以從中找到存在或演變的軌迹。這些資料對於其他領域的地方史研究來説，無疑也是彌足珍貴的。

收集碑銘并加以考證，在中國傳統學術中稱爲金石學。這是一門源遠流長的學問，至少可以上溯至宋代鄭樵的通志。福建地區的金石彙編已有十餘種之多，其中最具代表性的是清代陳棨仁的閩中金石略和馮登府的閩中金石志，共收録了數百方歷代碑銘。不過，由於金石志的編者大都偏重於考古，他們一般祇收集那些年代久遠、具有較高文物價值的碑銘，而很少關注明清以來的資料。他們通常也忽視純粹地方性的碑銘，特别是那些羅列寺廟捐助者名單的題捐碑。然而，往往正是這些題捐碑，爲我們提供了有關民間宗教與地方社會組織關係的詳細證據。

歷代編纂的地方志，也曾選録了一些當地碑銘。大量碑銘在現實中逐漸遭到破壞，地方志成了部分碑銘的諾亞方舟。不過，我們將實物尚存、方志亦收的碑銘對校後發現，被收編的碑銘幾乎都遭到了肆意的篡改乃至大刀闊斧的删節。正如康熙寧化縣志的編者所宣稱的，收入地方志的碑銘應當具有較高的文學水準。因此，地方志的編纂者往往對碑銘擅作删改。當然，從文化史的觀點看，前人有意識地删改原有碑銘内容，對於後人瞭解儀式形態與宗教制度的再生産與再詮釋過程也不無裨益；但前提是該碑銘實物尚存，後人有幸將文獻與實物對照，在我們的經歷中，這種案例極爲罕見。而且，地方志較多地代表了官方的立場，我們很難期望從中找到鄉村小廟的資料，而這對於社會文化史研究是至關重要的。

近幾十年來，又有一些福建學者致力於收集宗教碑銘。例如，吴文良的泉州宗教石刻、陳達生的泉州伊斯蘭教石刻，都是地區性和專題性的宗教碑銘專輯。蔣維錟的媽祖文獻資料也收録了一些相關碑銘。這些前輩學者的工作是富有啓發性的，在此謹致謝意。

當然，本書不同於傳統的金石學著作，也不是地方志資料的簡單摘編；相反，本書資料主要得自田野調查，其中多數是從未見諸文獻的現存碑銘。在有些地區，我們逐村逐廟地查訪碑銘，詳細瞭解與之相關的背景資料，儘可能把碑銘與當時當地人們的生活聯繫起來。

尋訪碑銘是費時耗力又趣味盎然的經歷。我們曾藉助各種交通工具，從公共汽車、吉普車、小轎車、摩托車到自行車、拖拉機，有時還不得不徒步穿越山間小道。旅途中曾發生許多意外事故，難以一一細説。有一次，我們爬過一堵磚墻，去搜尋據説被鎖在破廟中的碑刻。我們合力扒出碑刻時，殊不知背後那堵墻正在摇晃，并在我們察覺有异、面面相覷時轟然倒塌，差點把我們壓扁。這些驚險并未衝淡我們發現新碑刻、新材料時的喜悦，以及跟着村民穿過稻田、翻過山崗時的樂趣，而村民對社區光榮歷史的自豪、對我們工作的熱情支持更是令人感動。大量碑銘在『文化大革命』期間被劈碎，或是在近年的大興土木中被埋没，我們幾度跟着村民耐心地搜集碎片并逐字拼凑。

我們也傷心地發現，有不少殘碑被當作建築材料，或用於鋪路搭橋，或用於浣衣洗菜，而碑文已經磨損殆盡，無法識讀。當然，近年來也有不少寺廟和社區，爲保存和保護這些文物做出了努力。在這些地方，我們經常看到表彰捐助者的新碑刻，如今也和歷代芳名并肩卓立。

面對默默矗立的宗教碑銘，我們經常陷入沉思：它們在曾經所處的歷史背景中，或是在其依舊竪立的場所中，究竟有何意義？許多碑銘立於作爲社區樞紐的寺廟中，不斷向人們訴説着社區的起源、發展和寺廟在其中的作用。我們可以從中找到觀察地方宗教史和社會史的視角。碑銘是活生生的歷史，必須置於它們曾經或仍在發揮作用的社會背景中去考察。事實上，有不少碑銘是新近撰刻或翻刻的，説明這種書寫載體在中國宗教中具有持續的重要性。毋庸贅述，這些碑銘是從地方史背景研究中國宗教的最有價值的原始材料。

我們除了收録現存的宗教碑銘，還從歷代地方志、金石志、寺廟志、水利志和文集、族譜中收集有關資料，以期更全面地反映歷史上各種地方宗教的發展脉絡。我們在每篇碑銘之後都加了按語，交代碑銘所在地或資料來源，并對部分碑銘作者、年代、傳記人物等背景信息加以簡要説明。有些碑銘輾轉收入各種地方志，我們也一一注明，并首選最可靠、最完整的版本與實物進行對校。附録提供了與碑銘相關的文獻、宗教設施及其地點的索引，希望有助於學者對這些資料加以綜合利用并進行更深入的研究。

我們在尋訪碑銘的同時還收集了大量背景資料，包括族譜、寺廟志、經文、科儀書、儀式戲、簽詩、神話、神像、壁畫及傳統建築的影像。我們希望將碑銘資料與民間文化的其他載體結合起來考察。由於二十世紀九十年代以來劇烈的社會經濟變遷席捲中國東南地區，發掘與整理這些資料變得空前困難也更爲緊迫。希望有更多人對這些資料進行保存整理與綜合分析，并在此基礎上形成研究地方社會文化史的理論與方法。這已超出了本書的範圍，我們衹能在積纍足够多的原始資料之後進行嘗試。可以肯定的是，在社會變遷的不同階段中，轉型中的儀式乃是地方文化自我組織和自我定義的關鍵因素。

毫無疑問，在我們未曾踏足的角落，還存在着更多的宗教碑銘；在本書編纂和審稿的過程中，我們的田野前綫也不斷有新的發現。本書遠未能窮盡福建各地的宗教碑銘，我們也計劃陸續推出增補卷。讀者如能提供任何綫索，我們將不勝感激。也歡迎讀者隨時指出本書中的任何錯漏，幫助我們不斷修正和完善。讓我們爲保存歷史文化互助共勉！

編者 一九九四年六月

附記

本分册收録原漳州府地區的宗教碑銘，原則上每一縣級政區編爲一卷。由於原龍溪縣、海澄縣已重組爲龍海市、薌城區、龍文區，其相關資料合編爲卷一。原海澄縣三都現已劃歸厦門市海滄區，大多數資料已編入泉州府分册卷七同安縣，本分册僅收入當地新發現的資料。

本書的資料收集與整理，始於二十世紀八十年代後期，至今已歷三十多年。繼一九九五年出版興化府分册、二〇〇三年出版泉州府分册之後，漳州府分册的編纂歷時最久，一晃已過十五年。在本分册即將付梓之際，回顧三十多年來的心路歷程，頗有如釋重負之感。

我和丁荷生初識於一九八五年，當時他是美國斯坦福大學的博士研究生，我是厦門大學歷史系的青年教師。我們的學術興趣相近，他研究道教史，我研究家族史。因此，我們經常結伴而行，到福建各地收集歷史文獻資料，開展田野調查。我們發現，在田野調查中最常見的歷史文獻，主要是現存於各地名勝古迹和公共建築中的碑刻和銘文。我們每到一處，都會儘量尋訪、拍攝和抄録現存的碑銘資料，并力求在現場解讀碑銘的歷史文化内涵。我們意識到，碑銘作爲特殊的文獻書寫形式，在地方歷史記憶中具有不可替代的作用，理應系統收集和深入研究。

九十年代初期，我們結合各自的研究項目，在福建各地收集了一千多通碑刻和銘文，内容主要涉及民間信仰與宗教儀式活動，其製作年代上迄唐宋。我們試圖把這些資料略作整理，編爲福建宗教碑銘選編出版。在編纂過程中，我們發現還有許多資料需要補充，遂把書名改爲福建宗教碑銘彙編，繼續拓展收集資料的範圍。没想到就是這一念之差，使本書的編纂計劃變得遥遥無期，幾乎耗盡了我們所有的業餘時間。

我們當時改『選編』爲『彙編』，主要是因爲福建歷史上有許多重要的宗教碑銘，如今已經找不到實物，但却見諸各種傳世文獻。因此，我們試圖通過檢索歷代文獻，找回這些遺失的碑銘原文，使這一專題資料集相對完整。與

此同時，我們發現即使是現存的宗教碑銘，在近年來的搬遷拆建過程中也面臨遺失、毁壞的危機。因此，我們的工作重點又逐漸回到發掘與搶救現存的宗教碑銘。我們知道，福建各地還存在大量宗教碑銘，我們不可能窮竭；但每次發現新的綫索，又總是希望儘可能補録。這就使本書的編纂一再拖延，遲遲未能定稿。

大約三年前，我們已大致完成本分册的編纂工作，把書稿交付福建人民出版社審閲。然而，我們最近在九龍江流域開展教學實習活動時，又陸續發現了大批實物宗教碑銘，不得不再次打亂編排順序，不斷補入新發現的資料。三年來，由於本書數易其稿，給出版社帶來了許多困擾，我們對此深感歉疚。本書的復審編輯賴炳偉先生和責任編輯江叔維先生，爲審閲和校正書稿付出了許多心血。江叔維先生經常在節假日加班看稿，我們於心不忍，勸他先休息好再工作，他的答復是：『這不是工作，是情懷。』這種近乎癡迷的敬業精神，令我們深爲欽佩和感動。

本書的資料收集與整理，得到了許多同行學者的支持與幫助。八十年代末至九十年代初就學於厦門大學歷史系的周建昌、張勤、林黎勝、劉永華、蘇忠紅、林新春等同學，曾經參與漳州宗教碑銘的早期收集工作。厦門大學歷史系研究生饒偉新、曹駿、羅桂林、魏德毓、王鵬舉、陳金亮、鄭莉、朱忠飛、方勇駿、廖涵、曾龍生、陳顯露、高志峰、蔡丹妮、韓冬威、張智鈺、馬文睿、盧曾昌、蔡滄銘、鄭鵬程，厦門大學歷史系二〇一三、二〇一四、二〇一五級本科生『回到歷史現場——田野與文獻』專業實習組，以及許源泰、宋怡明、李宗翰、祁剛、大谷亨、鄭榕、羅峥輝、仲彦瑋、王正華、蘇曉聰、辛忠文、鄭小紅、李泓建、沈新野、袁新禾、吴澤藝、馬多、許爲國、高晨焜、劉文斌等老師和同學，先後參與本分册資料的收集與整理工作。漳州文管會王作人先生、漳浦文管會王文徑先生、龍海博物館江焕明先生、東山文管會劉小龍先生、雲霄博物館湯毓賢先生，爲收集當地宗教碑銘提供了無私的幫助。本分册資料的後期整理與編纂工作，得到了厦門大學歷史系鄭莉教授的鼎力協助。謹藉此機會，向上述同行學者表示由衷的感謝！

鄭振滿　二〇一八年十月

碑銘編目

卷一　漳州府城、龍溪縣、海澄縣

一　龍溪唐墓買地券　唐咸通二年……三
二　尊勝陁羅尼經幢序及題名　唐咸通四年……三
三　開元景祐鐘款識　宋景祐四年……五
四　湖内古井題刻　宋紹興九年……五
五　大宋進封陳聖王許昭佚等敕　宋紹興二十年……五
六　教授廳題名記　宋紹興二十六年……八
七　柯坑井題刻　宋淳熙九年……九
八　霞陂井題刻　宋紹熙元年……九
九　虎甲井題刻　宋紹熙五年……九
一〇　訪求民瘼碑記　宋嘉泰四年……九
一一　四先生祠堂記　宋嘉定五年……一二
一二　續郡守題名記　宋嘉定七年……一三
一三　上墩井題刻　宋嘉定十五年……一三
一四　漳州義塚記　宋嘉定十七年……一三

一五　高美亭井題刻　宋紹定四年……一四
一六　雲洞岩棧橋題刻　宋端平三年……一四
一七　龍溪虎渡橋記　宋淳祐元年……一五
一八　道原堂記　宋淳祐六年……一六
一九　威惠廟祭田記　宋淳祐八年……一七
二〇　學廪記　宋淳祐十年……一八
二一　顯應廟記　元至元年間……一九
二二　南山崇福寺鐘銘　元延祐三年……一九
二三　南山崇福寺鐘銘（二）　元延祐六年……一九
二四　旌表烈婦王氏祠記　元延祐七年……二〇
二五　漳州路新建龍江書院記　元至順三年……二一
二六　雙節廟記　元元統元年……二二
二七　觀音造像題刻　元至正五年……二四
二八　豐田慈濟宫碑記　元至正二十四年……二四
二九　漳州路達魯花赤合魯侯墓表　明洪武元年……二五
三〇　漳州府新建府治記　明洪武二年……二六
三一　劉侯重修縣學記　明洪武十二年……二七
三二　思成庵記　明永樂八年……二八
三三　永思堂記　明永樂十三年……二九

三四　重修文廟及諸神祠碑記　明正統十年……三〇
三五　重建道原堂碑記　明成化四年……三一
三六　表忠祠記　明成化五年……三二
三七　鎮海衛新建朱文公祠記　明成化八年……三三
三八　漳州衛指揮同知顧侯全城碑記　明成化十五年……三五
三九　金仙岩香燈田碑　明成化十五年……三六
四〇　祠堂門記　明成化十六年……三六
四一　陳北溪祠記　明成化十七年……三七
四二　漳州府進士題名記　明成化十八年……三八
四三　郡侯姜公新砌南溪護城大隄官路記　明成化十九年……三九
四四　重建達魯花赤祠堂記　明成化十九年……四一
四五　三元真君功德碑　明成化二十年……四二
四六　重興威惠廟施田記　明成化二十一年……四二
四七　烏礁慈濟宫石砱題刻　明弘治八年……四三
四八　重建雙節廟碑記　明弘治十三年……四三
四九　重修北溪祠記　明正德年間……四五
五〇　新芝峰朱文公祠記　明正德六年……四六
五一　漳郡名宦鄉賢祠記　明正德七年……四七
五二　漳州衛旗纛廟記　明正德九年……四八

五三　鳳山嶽石供案題刻　明正德十二年……四九
五四　浦西耆民懼齋陳公頌德碑　明正德十五年……五〇
五五　重修廣濟庫記　明嘉靖元年……五一
五六　教授陳公祠記　明嘉靖四年……五二
五七　霞苑黄氏墓庵記　明嘉靖五年……五二
五八　重鎸請建鎮海衛聖廟儒學石碑記　明嘉靖六年……五三
五九　鶴峰雲洞遊記　明嘉靖六年……五四
六〇　勉齋祠記　明嘉靖七年……五六
六一　東湖祠記　明嘉靖七年……五七
六二　重建府後堂記　明嘉靖七年……五八
六三　安邊館記　明嘉靖十年……五九
六四　文信公祠記　明嘉靖十二年……六〇
六五　府學麗澤記　明嘉靖十二年……六一
六六　鎮海衛鄉賢祠碑記　明嘉靖十二年……六二
六七　明大參白石林公重興官港水利功德碑　明嘉靖十二年……六三
六八　協夢堂記　明嘉靖十四年……六四
六九　戚鎮亭記　明嘉靖十九年……六五
七〇　寧壽里記　明嘉靖十九年……六五
七一　江東石梁橋記　明嘉靖十九年……六六

七二　文山重建社學碑記　明嘉靖二十一年……六八
七三　六泉生祠記　明嘉靖二十二年……六九
七四　重新城隍廟記　明嘉靖二十五年……六九
七五　霞苑賢舍社重興祠記　明嘉靖二十五年……七〇
七六　林侯重修縣學記　明嘉靖二十六年……七一
七七　厚寶曾氏重修祠堂碑記　明嘉靖二十八年……七三
七八　蔡侯重修縣學記　明嘉靖三十六年……七三
七九　蔡氏小宗祠堂碑記　明嘉靖三十六年……七四
八〇　新亭水利碑記　明嘉靖三十六年……七五
八一　新修新田岸記　明隆慶元年……七六
八二　李侯重修縣學記　明隆慶四年……七七
八三　本府改建門樓記　明隆慶五年……七八
八四　郡侯羅公新置學田記　明隆慶五年……八〇
八五　新建漏澤園記　明隆慶五年……八一
八六　直指祠記　明隆慶五年……八二
八七　重修城南石橋記　明隆慶五年……八三
八八　重修城垣敵臺記　明隆慶六年……八四
八九　重修漳州府堂記　明隆慶六年……八五
九〇　重修朱文公祠記　明隆慶六年……八六

九一　郡守羅公祈雨記　明隆慶六年……八八
九二　養正書院記　明隆慶六年……八九
九三　新建海澄縣城碑記　明隆慶六年……九〇
九四　學博木灣陳先生剏行鄉飲記　明萬曆元年……九二
九五　鎮海學創修堂廟新給廪糧造祭器暨泮宫碑　明萬曆七年……九三
九六　鎮海衛學重建啓聖公祠記　明萬曆八年……九五
九七　大廟碼頭公議碑記　明萬曆十年……九六
九八　雲塔寺柯挺題刻　明萬曆十七年……九六
九九　大參藩龍望鄒公遺愛祠碑記　明萬曆二十年……九六
一〇〇　察院禁約碑　明萬曆二十五年……九九
一〇一　邑侯洛沙蔡公開設水閘功績碑記　明萬曆二十五年……一〇〇
一〇二　鴻序崇師記學博王蓮紫存碑　明萬曆二十六年……一〇一
一〇三　潘嶺祖山碑記　明萬曆二十七年……一〇一
一〇四　鼎建始祖林公源流碑記　明萬曆二十七年……一〇二
一〇五　壽春宫碑記　明萬曆年間……一〇三
一〇六　壽春宫頌　明萬曆年間……一〇四
一〇七　重修鎮海衛寓賢祠記　明萬曆二十九年……一〇五
一〇八　時思碑　明萬曆三十年……一〇六
一〇九　重建天妃宫記　明萬曆三十一年……一〇六

一一〇 海澄重建儒學記略 明萬曆三十一年 …… 一〇七
一一一 姚侯大岩寺山南北惠民頌德碑 明萬曆三十二年 …… 一〇七
一一二 龍邑侯袁公水利功德碑記 明萬曆三十三年 …… 一〇八
一一三 邑侯姚築港濱橋碑記 明萬曆三十四年 …… 一〇九
一一四 澄邑禾平莊碑 明萬曆三十四年 …… 一一〇
一一五 重修朱文公祠碑記 明萬曆三十八年 …… 一一一
一一六 高氏家廟義田祭田銘德碑記 明萬曆三十九年 …… 一一二
一一七 郡侯閔公肇闢泮池記 明萬曆三十九年 …… 一一三
一一八 計侯重修縣學記 明萬曆三十九年 …… 一一四
一一九 鎮海衛儒學頌蕭公祖釐正祀典碑記 明萬曆四十四年 …… 一一五
一二〇 大參藩洪公重建鎮海衛學文廟功德碑記 明萬曆四十五年 …… 一一六
一二一 蕭司理修建鎮海衛儒學功德碑記 明萬曆四十五年 …… 一一八
一二二 修建嘉濟廟聖跡碑記 明萬曆四十六年 …… 一一九
一二三 王氏重建小宗祠堂記 明萬曆四十六年 …… 一二一
一二四 學博賴老師重修文廟去思碑 明萬曆四十六年 …… 一二二
一二五 周侍御綿貞先生頌德碑 明萬曆四十六年 …… 一二三
一二六 傅霖潭摩崖石刻 明萬曆四十七年 …… 一二五
一二七 漸山霞莊李氏宗基記 明萬曆年間 …… 一二五
一二八 樓山廟碑 明萬曆年間 …… 一二六

一二九 修建雲蓋寺碑記 明天啓元年 …… 一一七
一三〇 郡司馬梁公均匠德政碑 明天啓元年 …… 一一七
一三一 南園林氏牌坊題刻 明天啓二年 …… 一一九
一三二 封君曾槐江公興建水利祠碑 明天啓三年 …… 一一九
一三三 漳郡司馬趙公德政碑記 明天啓三年 …… 一三〇
一三四 漳郡司馬趙公德政碑記（二） 明天啓三年 …… 一三二
一三五 直軒公配享始祖廟記 明崇禎元年 …… 一三三
一三六 旌忠祠記 明崇禎元年 …… 一三三
一三七 施公新築萬松關記迹碑 明崇禎二年 …… 一三四
一三八 謝氏大宗蒸嘗示諭碑 明崇禎三年 …… 一三五
一三九 南院寺題刻 明崇禎五年 …… 一三五
一四〇 忠文王公祠記 明崇禎五年 …… 一三六
一四一 梁明府重修文廟碑記 明崇禎六年 …… 一三七
一四二 增建文昌閣記 明崇禎十三年 …… 一三八
一四三 塔口庵經幢題刻 明崇禎十五年 …… 一三九
一四四 與善堂記 明崇禎十七年 …… 一三九
一四五 容川碼頭題刻 明代 …… 一四一
一四六 置立甘氏大宗祀田記 清順治八年 …… 一四二
一四七 鎮海衛儒學卧碑 清順治九年 …… 一四二

一四八　圖將軍祠碑　清順治十四年……一四三
一四九　龍溪磘户奉道憲示禁碑　清順治十五年……一四四
一五〇　鼎建崇真寺院功德碑記　清順治十八年……一四四
一五一　參政宗公碑記　清康熙元年……一四六
一五二　法濟寺勒閔使君去思碑記　清康熙四年……一四七
一五三　馴虎岩逸然和尚塔銘　清康熙六年……一四八
一五四　修建漳郡文廟碑記　清康熙八年……一四九
一五五　重興漳郡學宫碑記　清康熙九年……一五〇
一五六　報劬禪寺笨翁和尚塔銘　清康熙十五年……一五一
一五七　疏濬官河水利碑　清康熙二十三年……一五三
一五八　浯嶼天后宫諭祭匾　清康熙二十四年……一五四
一五九　方氏家廟義田碑　清康熙二十四年……一五四
一六〇　重興花亭宫題刻　清康熙二十六年……一五五
一六一　坂山周氏祠堂碑記　清康熙二十九年……一五五
一六二　重建鳳田嶽記　清康熙三十三年……一五五
一六三　紫帽山金仙岩記　清康熙三十三年……一五六
一六四　正順廟緣田碑記　清康熙三十三年……一五七
一六五　浦頭崇福宫重建碑記　清康熙三十四年……一五七
一六六　郭氏中元義田碑記　清康熙三十六年……一五七

一六七　漳州分府太老爺趙掌攝澄篆革除書筭縣総吏定里書脩廟充局功德碑　清康熙三十六年……一五八
一六八　漳州分府兼攝澄篆趙太老爺清政惠民頌德碑　清康熙三十六年……一五八
一六九　方氏遷祖碑記　清康熙三十七年……一五九
一七〇　大山廣岩禪寺碑記　清康熙三十八年……一六〇
一七一　列祖行實墳塋之記　清康熙四十年……一六一
一七二　港邊祖廟堂前水道記　清康熙四十年……一六二
一七三　浦南墟示禁碑　清康熙四十一年……一六二
一七四　重修紫雲碑記　清康熙四十一年……一六三
一七五　官山義塚憲示碑　清康熙四十三年……一六四
一七六　重修赤嶺關聖帝廟碑記　清康熙四十四年……一六五
一七七　茗南書院碑記　清康熙四十五年……一六六
一七八　邑侯陳公重建樹兜橋功德碑　清康熙四十七年……一六八
一七九　邑侯陳公功德碑記　清康熙四十八年……一六九
一八〇　正順廟緣田碑記（二）　清康熙四十九年……一七〇
一八一　興修港邊祖廟前後總記　清康熙五十二年……一七〇
一八二　重修港濱祖廟記　清康熙五十二年……一七一
一八三　仰文書院碑記　清康熙五十三年……一七二
一八四　福岸郭氏營建家山碑記　清康熙五十五年……一七三
一八五　港濱許氏捐置祀田記　清康熙五十五年……一七四

一八六　隆壽宮祀田碑記　清康熙五十五年……一七四
一八七　龍雲岩祀田碑記　清康熙五十六年……一七五
一八八　唐開漳陳將軍墓記　清康熙五十七年……一七五
一八九　鴻湖社會禁牌　清康熙五十七年……一七六
一九〇　良璞社良子山緣山碑記　清康熙五十七年……一七六
一九一　開山古林寺記　清康熙五十八年……一七七
一九二　重建紀氏祖廟碑記　清康熙五十九年……一七七
一九三　鎮海衛義學碑記　清雍正四年……一七八
一九四　劉燦重修關帝廟碑記　清雍正六年……一七九
一九五　李氏石巢記　清雍正六年……一七九
一九六　重建浯江大宗祠記　清雍正七年……一八〇
一九七　美江大宗重興記　清雍正七年……一八一
一九八　烏礁免費功德碑記　清雍正九年……一八二
一九九　本縣主太老爺劉斷地功德碑　清雍正九年……一八三
二〇〇　武興宮緣田碑記　清雍正九年……一八五
二〇一　港濱許氏重修祖廟碑記　清雍正十年……一八五
二〇二　倉嶺亭碑記　清雍正十年……一八六
二〇三　合祀陳黃二先生碑記　清雍正年間……一八七
二〇四　合美宮祀業碑記　清雍正十一年……一八八

二〇五　疏濬官河碑記　清雍正十三年……一八八
二〇六　重修威惠廟碑記　清乾隆二年……一八九
二〇七　赤嶺關帝廟示禁碑　清乾隆四年……一九〇
二〇八　雲盖寺山門題刻　清乾隆四年……一九一
二〇九　藍理神位碑　清乾隆五年……一九一
二一〇　磁美吴氏祖祠碑記　清乾隆五年……一九二
二一一　吴氏祠堂配享碑記　清乾隆六年……一九二
二一二　奉憲示禁鎮頭不許強豪霸佔網位橫抽碑文　清乾隆六年……一九三
二一三　岱洲慈濟宫功德碑　清乾隆七年……一九三
二一四　岱洲慈濟宫祀業碑記　清乾隆七年……一九五
二一五　高陽業記　清乾隆七年……一九六
二一六　洋西渡頭憲示碑　清乾隆八年……一九八
二一七　朱氏大宗祠堂記　清乾隆八年……一九八
二一八　虎溪大宗義捐增置春秋兩祭資田序　清乾隆九年……一九九
二一九　福岸郭氏宗祠功德碑記　清乾隆十年……二〇〇
二二〇　重興溪東橋碑記　清乾隆十年……二〇一
二二一　奉憲嚴禁渡船勒索貪載碑記　清乾隆十年……二〇一
二二二　修理四合宫路功德碑記　清乾隆十年……二〇二
二二三　重築新圍外洲修紫風塔記　清乾隆十一年……二〇三

二二四 邑侯黄公重修樹兜橋功德碑 清乾隆十一年……二〇三
二二五 沐恩本縣主章勘丈緣洲碑記 清乾隆十一年……二〇五
二二六 重修八卦樓丹霞書院碑記 清乾隆十一年……二〇六
二二七 著存堂記 清乾隆十一年……二〇七
二二八 木棉庵至界碑記 清乾隆十二年……二〇八
二二九 重修浯江太宗祠宇引言 清乾隆十三年……二〇九
二三〇 重修鄴山講堂碑記 清乾隆十三年……二一〇
二三一 重建鄴山講堂記 清乾隆十三年……二一一
二三二 戴氏墳山示禁碑 清乾隆十四年……二一二
二三三 郡侯金公惠政去思碑記 清乾隆十四年……二一三
二三四 武興宫緣田碑記（二） 清乾隆十四年……二一四
二三五 修石碼港南橋碑記 清乾隆十六年……二一四
二三六 浯江大宗祠宇落成記 清乾隆十六年……二一五
二三七 重修田霞通廣巷橋路碑記 清乾隆十七年……二一六
二三八 重修柯氏祖廟碑記 清乾隆十七年……二一六
二三九 霞林林氏祀田記 清乾隆十七年……二一七
二四〇 霞林林氏義創嘗田記 清乾隆十八年……二一八
二四一 嚴禁丐夥肆横憲示碑 清乾隆十八年……二一九
二四二 嚴禁惡丐抗横憲示碑 清乾隆十八年……二二一

二四三　重建仰和宫題刻　清乾隆十九年……二二二
二四四　重修大宗祠宇題名記　清乾隆二十年……二二二
二四五　募建四合宫中軍府碑記　清乾隆二十一年……二二三
二四六　水道流通功德碑記　清乾隆二十二年……二二四
二四七　鹿陽宫重修廟宇碑記　清乾隆二十二年……二二五
二四八　金鰲楊氏募積蒸嘗碑記　清乾隆二十三年……二二五
二四九　重興鳳田嶽記　清乾隆二十三年……二二六
二五〇　重興鳳田嶽題捐碑　清乾隆二十三年……二二七
二五一　重興鳳田嶽題捐碑（二）　清乾隆二十三年……二二八
二五二　厚寶曾氏蒸嘗碑記　清乾隆二十五年……二三〇
二五三　郭氏節孝坊題刻　清乾隆二十五年……二三一
二五四　重修丹霞書院及威鎮閣碑記　清乾隆二十五年……二三一
二五五　三官堂樂捐緣田碑記　清乾隆二十六年……二三二
二五六　鋪路功德碑記　清乾隆二十六年……二三三
二五七　修建天后宫碑記　清乾隆二十六年……二三三
二五八　重修漳郡關帝廟碑記　清乾隆年間……二三四
二五九　長生堂記　清乾隆年間……二三五
二六〇　新建龍神廟碑記　清乾隆二十七年……二三五
二六一　修埠頭功德碑　清乾隆二十七年……二三六

二六二　林氏祖廟祀田碑記　清乾隆二十七年……二三七
二六三　重興扶搖關帝廟碑記　清乾隆二十七年……二三九
二六四　贖回上張祠地碑記　清乾隆二十七年……二三九
二六五　重興鳳山嶽碑記　清乾隆二十七年……二四〇
二六六　朱文公祠重興碑記　清乾隆二十八年……二四一
二六七　重修龍泉橋路牌記　清乾隆二十八年……二四二
二六八　岱仙岩康長史牌記　清乾隆二十九年……二四三
二六九　東興宮題捐碑　清乾隆二十九年……二四四
二七〇　邑侯王太老爺断毀壩洲功德碑記　清乾隆二十九年……二四四
二七一　雲盖寺緣田碑記　清乾隆二十九年……二四六
二七二　公立祖祠經費碑記　清乾隆二十九年……二四六
二七三　重修講書里慈濟宮記　清乾隆三十年……二四七
二七四　碧濚宮緣業碑記　清乾隆三十年……二四八
二七五　福岸郭氏宗祠樂捐祀田記　清乾隆三十一年……二四八
二七六　騰鯉廟緣田碑記　清乾隆三十二年……二四九
二七七　港濱許氏更新祖廟捐充碑　清乾隆三十二年……二四九
二七八　重興石鎮下碼武廟碑記　清乾隆三十三年……二五〇
二七九　白石祠堂記　清乾隆三十四年……二五一
二八〇　義士張友信碑記　清乾隆三十四年……二五二

二八一　重興龍應寺碑記　清乾隆三十四年……二五三
二八二　重修蓮堂廟碑記　清乾隆三十五年……二五四
二八三　重興蓮堂廟題捐禁約碑　清乾隆三十五年……二五五
二八四　北園募建中洲東門石路記　清乾隆三十六年……二五五
二八五　重修高氏家廟題捐碑　清乾隆三十六年……二五六
二八六　署理丞海澄縣事邑尉裘公惠愛紀績碑　清乾隆三十六年……二五七
二八七　重修鳳山嶺路碑記　清乾隆三十七年……二五七
二八八　重興石鎮上碼武廟碑記　清乾隆三十八年……二五八
二八九　重興上碼武廟題捐碑　清乾隆三十八年……二五八
二九〇　安懷宫功德碑　清乾隆三十九年……二五九
二九一　觀察蔣公申禁阻遏水道傷害田禾示文　清乾隆三十九年……二六〇
二九二　福興岩祀業碑記　清乾隆年間……二六一
二九三　翠林社禁行碑　清乾隆四十年……二六二
二九四　龍溪宫邊黄氏家廟祀田學田碑記　清乾隆四十年……二六二
二九五　鄭氏家廟規約碑記　清乾隆四十年……二六三
二九六　重修豐樂庵碑　清乾隆四十年……二六四
二九七　豐樂庵碑記　清乾隆四十年……二六五
二九八　嚴氏崇本堂規約　清乾隆四十一年……二六六
二九九　港口社觀音亭公禁碑　清乾隆四十一年……二六七

三〇〇　重修文山徐氏宗祠規約碑記　清乾隆四十二年……二六七
三〇一　福德王姑爺廟祀田碑　清乾隆四十二年……二六八
三〇二　革除換紋弊政孫太老爺功德永垂碑記　清乾隆四十三年……二六八
三〇三　橋路功德碑記　清乾隆四十三年……二六九
三〇四　崇興院重建碑記　清乾隆四十三年……二七〇
三〇五　重修鳳山嶽碑記　清乾隆四十三年……二七一
三〇六　上碼武廟示禁碑　清乾隆四十三年……二七二
三〇七　烏礁慈濟宫祀産碑記　清乾隆四十三年……二七二
三〇八　重興四合宫碑記　清乾隆四十四年……二七三
三〇九　玉玹堂祖廳捐銀碑　清乾隆四十五年……二七四
三一〇　興建前廳功德碑　清乾隆四十五年……二七五
三一一　重修曾氏宗祠碑記　清乾隆四十五年……二七六
三一二　重修曾氏宗祠題捐碑　清乾隆四十五年……二七六
三一三　平林謝氏祖祠記　清乾隆四十五年……二七七
三一四　重興石佛嶺廟功德碑　清乾隆四十六年……二七八
三一五　重建烝田碑記　清乾隆四十六年……二七九
三一六　後境許氏祠堂碑記　清乾隆四十七年……二八〇
三一七　重修方田慈濟宫功德牌　清乾隆四十七年……二八〇
三一八　重修大隱宫碑記　清乾隆四十七年……二八一

三一九　重興法真禪院碑記　清乾隆五十年……二八二
三二〇　重修白雲山紫陽書院碑記　清乾隆五十年……二八三
三二一　重新楊氏大宗祠題捐碑　清乾隆五十年……二八四
三二二　柯氏祠堂題捐碑　清乾隆五十年……二八五
三二三　重造樹兜橋碑記　清乾隆五十一年……二八六
三二四　新興增福橋石碑記　清乾隆年間……二八七
三二五　重修外樓記　清乾隆五十二年……二八九
三二六　重修保福庵閩社捐貲緣碑　清乾隆五十二年……二九〇
三二七　重修鰲西祖廟碑記　清乾隆五十三年……二九一
三二八　重修瀛洲祖祠入主捐銀碑記　清乾隆五十七年……二九一
三二九　肅清北邊廟示禁碑　清乾隆五十七年……二九二
三三〇　浦南墟鹽館示禁碑　清乾隆五十七年……二九三
三三一　重建龍溪縣學碑記　清乾隆五十七年……二九三
三三二　保護沈世紀墓憲示碑　清乾隆五十七年……二九五
三三三　俊美陳氏大宗祠題捐祭田書田碑記　清乾隆六十年……二九六
三三四　高氏家廟入主配享碑記　清乾隆六十年……二九七
三三五　樹德祖祠重興記　清嘉慶元年……二九八
三三六　内樓劉氏重建祠堂記　清嘉慶二年……二九八
三三七　潭頭陳氏蒸嘗碑記　清嘉慶四年……二九九

三三八　重修古縣大廟記　清嘉慶五年……二九九
三三九　增修大宗祀田記　清嘉慶五年……三〇〇
三四〇　普邊宫祀業碑記　清嘉慶五年……三〇一
三四一　重修石路功德碑記　清嘉慶六年……三〇一
三四二　陳氏燕翼堂禁約碑　清嘉慶六年……三〇一
三四三　謝倉蔡氏捐置祭田碑記　清嘉慶六年……三〇二
三四四　官園社公議禁約碑　清嘉慶六年……三〇三
三四五　謝悃廟題名記　清嘉慶年間……三〇四
三四六　重興清寶殿碑記　清嘉慶七年……三〇四
三四七　創建沈氏大宗祠碑記　清嘉慶八年……三〇五
三四八　林氏木本堂捐題碑　清嘉慶八年……三〇六
三四九　鳳霞祖宫題捐祀業碑　清嘉慶九年……三〇七
三五〇　新建文昌廟碑記　清嘉慶年間……三〇九
三五一　内樓劉氏大宗祠烝業碑記　清嘉慶十年……三一〇
三五二　重修曾氏小宗祠碑記　清嘉慶十年……三一一
三五三　鳳霞祖宫議約碑　清嘉慶十年……三一二
三五四　大埔圩公禁碑　清嘉慶十年……三一二
三五五　重興賜策堂記　清嘉慶十一年……三一三
三五六　重建習益宫碑記　清嘉慶十二年……三一三

三五七　港水分界憲示碑　清嘉慶十二年……三一四
三五八　重修崇真堂題捐碑　清嘉慶十三年……三一五
三五九　河陽家規十二則　清嘉慶十三年……三一六
三六〇　重修文英樓碑記　清嘉慶十三年……三一八
三六一　烏石岩寺田碑記　清嘉慶十三年……三一九
三六二　溪頭重修林氏家廟敬愉堂碑誌　清嘉慶十三年……三二〇
三六三　重興東嶽公禁條規　清嘉慶十四年……三二〇
三六四　重興東嶽廟題捐碑　清嘉慶十四年……三二一
三六五　重興東嶽廟題捐碑（二）　清嘉慶十四年……三二二
三六六　重興東嶽廟題捐碑（三）　清嘉慶十四年……三二三
三六七　重興東嶽廟題捐碑（四）　清嘉慶十四年……三二四
三六八　重興東嶽廟題捐碑（五）　清嘉慶十四年……三二五
三六九　重興東嶽廟題捐碑（六）　清嘉慶十四年……三二六
三七〇　重興東嶽廟題捐碑（七）　清嘉慶十四年……三二七
三七一　重修溪頭坊橋記　清嘉慶十四年……三二八
三七二　林氏宗祠燕翼堂規約　清嘉慶十四年……三二九
三七三　岱峰寺緣田祭田碑記　清嘉慶十五年……三三〇
三七四　東原高氏重脩祖祠序　清嘉慶十五年……三三一
三七五　重修龍威廟碑記　清嘉慶十五年……三三一

三七六　鳳霞宮捐題緣業碑　清嘉慶十五年……三三二
三七七　騰鯉廟緣田碑記（二）　清嘉慶十六年……三三三
三七八　景山宗祠禁約　清嘉慶十六年……三三三
三七九　圓應宮題捐碑　清嘉慶十六年……三三四
三八〇　大埔圩議約碑　清嘉慶十六年……三三四
三八一　重修儒山廟碑記　清嘉慶十六年……三三四
三八二　河福張氏祭田碑記　清嘉慶十七年……三三六
三八三　重興樹兜橋功德碑記　清嘉慶十七年……三三六
三八四　重修聖興堂碑記　清嘉慶十七年……三三八
三八五　重興鴻團武廟題捐碑　清嘉慶十七年……三三九
三八六　東興宮廟産議約碑　清嘉慶十八年……三四〇
三八七　烏石岩緣田碑記　清嘉慶十八年……三四〇
三八八　重修南山寺碑記　清嘉慶十八年……三四一
三八九　陳太傅祠示禁碑　清嘉慶十八年……三四三
三九〇　重濬二溝碑記　清嘉慶十九年……三四二
三九一　港濱許氏重修祖廟題捐碑　清嘉慶二十年……三四四
三九二　潭頭重修陳氏宗祠題捐碑　清嘉慶二十一年……三四五
三九三　重修碧浦觀音亭碑記　清嘉慶二十一年……三四六
三九四　重新厚寶祖社碑記　清嘉慶二十一年……三四八

三九五　曾氏槐陰社碑記　清嘉慶二十二年……三四九
三九六　重修赤嶺武廟碑記　清嘉慶二十二年……三五〇
三九七　重修太古廟碑記　清嘉慶二十二年……三五二
三九八　潘厝始祖蒸嘗銀合約碑記　清嘉慶二十三年……三五三
三九九　重修禹王廟碑　清嘉慶二十三年……三五四
四〇〇　三元祖廟僧應輝遺囑碑　清嘉慶二十三年……三五四
四〇一　三坪祖師公牌記　清嘉慶二十三年……三五五
四〇二　重興五福禪寺碑記　清嘉慶二十三年……三五五
四〇三　謝倉蔡氏獻地碑記　清嘉慶二十四年……三五九
四〇四　南山寺重脩佛像碑記　清嘉慶二十四年……三五九
四〇五　同俾港水憲示碑　清嘉慶二十五年……三六一
四〇六　林氏義莊規約碑記　清道光元年……三六二
四〇七　仁和宫重修牌記　清道光元年……三六八
四〇八　重興鳳山嶽題捐碑　清道光元年……三六九
四〇九　重興鳳山嶽題捐碑（二）　清道光元年……三七〇
四一〇　重修玄靈宫碑記　清道光元年……三七二
四一一　重修觀音亭捐銀碑記　清道光元年……三七二
四一二　重修上碼武廟碑記　清道光元年……三七四
四一三　重修上碼武廟碑記（二）　清道光元年……三七五

四一四　重建霞東書院碑記　清道光元年……三七六
四一五　重建霞東書院題捐碑　清道光元年……三七七
四一六　重修龍應寺碑記　清道光元年……三七九
四一七　重興蓮堂廟題捐碑　清道光二年……三八〇
四一八　河福張氏祭田碑記（二）　清道光三年……三八一
四一九　重修新垵威惠廟碑記　清道光三年……三八二
四二〇　重修鳳霞宫碑記　清道光三年……三八三
四二一　重修鳳霞宫碑記（二）　清道光三年……三八四
四二二　石碼天后宫祀業碑記　清道光三年……三八六
四二三　三房小宗内公置祀業碑記　清道光三年……三八七
四二四　白雲山紫陽書院建置祭田記　清道光三年……三八七
四二五　重修白雲山紫陽書院建置祭田記　清道光四年……三八九
四二六　海門巡司示禁碑　清道光四年……三九〇
四二七　重修增福祠碑記　清道光四年……三九一
四二八　重興蘭徑廟石碑記　清道光四年……三九一
四二九　石碼文祠碑記　清道光四年……三九二
四三〇　興建石碼文祠題捐碑　清道光四年……三九三
四三一　楓林蔡氏祠堂重修碑記　清道光五年……三九四
四三二　嚴禁船户攬載憲示碑　清道光五年……三九五

四三三　重修浯嶼宮碑記　清道光五年……三九六
四三四　重脩仙堂本族姻門題捐碑　清道光五年……三九六
四三五　慈安宮題捐碑　清道光五年……三九七
四三六　重興輔信將軍廟宇捐金姓氏碑記　清道光六年……三九八
四三七　往臺族人私置蒸田碑記　清道光六年……三九八
四三八　重新安山宮題捐碑　清道光六年……三九九
四三九　重新安山宮題捐碑（二）　清道光六年……三九九
四四〇　重新安山宮題捐碑（三）　清道光六年……四〇〇
四四一　重興福安宮題名記　清道光六年……四〇一
四四二　重興黄氏大宗祖祠序　清道光六年……四〇二
四四三　重興黄氏大宗祠題捐碑　清道光六年……四〇三
四四四　重修崇興院捐金芳名碑　清道光六年……四〇五
四四五　鄭氏致和堂示禁碑　清道光六年……四〇六
四四六　鳳山嶽祀田碑記　清道光六年……四〇七
四四七　樹德里福德祠重興碑記　清道光七年……四〇八
四四八　重修蔡氏三房祖厝碑記　清道光七年……四〇八
四四九　慈德宮題捐碑　清道光七年……四〇九
四五〇　重修郡城隍廟碑記　清道光八年……四一〇
四五一　靈嶼宮天上聖母碑記　清道光八年……四一一

四五二　萬壽宮題捐碑　清道光八年……四一二
四五三　林家祖厝修造碑　清道光八年……四一三
四五四　重修南浦亭碑記　清道光十年……四一三
四五五　西峰廟緣田碑記　清道光十年……四一五
四五六　重造樹德橋并橋南浮泊砌石捐金碑記　清道光十年……四一五
四五七　重修浯嶼天后宮功德碑　清道光十年……四一七
四五八　重興英濟廟暨蓮堂寺捐金姓氏功德碑記　清道光十一年……四一八
四五九　嚴禁牛灶窩匪憲示碑　清道光十一年……四一八
四六〇　嚴禁阻葬勒索憲示碑　清道光十一年……四一九
四六一　林坑社重興開漳聖王廟碑記　清道光十一年……四二〇
四六二　廈關税行公啟　清道光十二年……四二〇
四六三　重修靈應宮碑記　清道光十二年……四二一
四六四　重修靈應宮碑記（二）　清道光十二年……四二二
四六五　重修關帝廟功德碑　清道光十二年……四二三
四六六　重修永興宮捐金姓氏功德碑　清道光十三年……四二四
四六七　謝倉蔡氏士章派題捐碑記　清道光十三年……四二五
四六八　重修城隍廟捐金姓氏碑記　清道光十三年……四二六
四六九　增置鄉會賓興産業碑記　清道光十三年……四二七
四七〇　重修清安岩碑記　清道光十四年……四二八

四七一　重修清寶殿碑記　清道光十四年……四二九
四七二　重興光裕堂記　清道光十四年……四二九
四七三　蔡氏熾昌堂合約碑　清道光十四年……四三〇
四七四　重修五社廟題捐碑　清道光十五年……四三一
四七五　重修清溪廟捐金名次碑記　清道光十五年……四三二
四七六　喜捨三官大帝緣田碑記　清道光十五年……四三三
四七七　重修田霞正順祖廟碑記　清道光十五年……四三四
四七八　重修田霞正順祖廟題捐碑　清道光十五年……四三四
四七九　重修祈保亭碑記　清道光十六年……四三六
四八〇　祠堂後公地碑記　清道光十八年……四三七
四八一　鄴山講堂嚴禁砍伐樹木告示　清道光十八年……四三七
四八二　文昌帝君春秋祀金題捐碑　清道光十八年……四三八
四八三　重修代天府碑記　清道光十八年……四三九
四八四　豐樂社流丐禁約碑　清道光十八年……四四〇
四八五　德雲宫禁約碑記　清道光十九年……四四一
四八六　沈氏墳山示禁碑　清道光十九年……四四一
四八七　重修古縣大廟記（二）　清道光十九年……四四二
四八八　太陽宗祠重申示禁條規　清道光十九年……四四三
四八九　重修鎮北宫碑記　清道光二十年……四四四

四九〇　廉明恩主太老爺王革除包納屯米奸弊功德碑記　清道光二十一年……四四五
四九一　南浦亭規約碑記　清道光二十一年……四四五
四九二　郭氏祀業示禁碑　清道光二十二年……四四六
四九三　重修科山祖廟碑記　清道光二十二年……四四六
四九四　重興東興宮捐題姓氏碑記　清道光二十二年……四四七
四九五　金沙天后宮重新捐銀条目碑記　清道光二十三年……四四九
四九六　重興慈濟宮捐金姓氏功德碑記　清道光二十三年……四四九
四九七　重興瑞青宮碑記　清道光二十三年……四五一
四九八　重修清惠宮碑記　清道光二十三年……四五二
四九九　重修靈惠宮題捐碑　清道光二十三年……四五四
五〇〇　重興百回宮碑記　清道光二十四年……四五五
五〇一　蔡氏崇本堂建立祀田碑記　清道光二十五年……四五五
五〇二　内樓劉氏大宗祠祔主碑記　清道光二十五年……四五六
五〇三　内樓劉氏大宗祠祔主碑記（二）　清道光二十五年……四五六
五〇四　重修岱洲慈濟宮題捐碑　清道光二十六年……四五七
五〇五　重修廟宇建室仔捐金碑記　清道光二十七年……四五九
五〇六　重建樹德橋捐金姓氏碑　清道光二十七年……四五九
五〇七　謝倉蔡氏草洲碑記　清道光二十八年……四六〇
五〇八　鄭氏祖祠禁約碑記　清道光二十八年……四六一

五〇九　重修大橋碑記　清道光二十九年……四六二
五一〇　定山宫仙姑媽牌記　清道光二十九年……四六三
五一一　篁津宫碑記　清道光二十九年……四六四
五一二　謝倉蔡氏祠堂題捐碑　清道光年間……四六五
五一三　陳氏大宗燕昌堂記　清咸豐元年……四六五
五一四　陳氏燕昌堂條規祀業費用碑記　清咸豐元年……四六六
五一五　太師碑記　清咸豐元年……四六七
五一六　林旺生增置祀田碑記　清咸豐元年……四六八
五一七　重修崇真堂碑記　清咸豐元年……四六八
五一八　清安岩陳氏墳地碑記　清咸豐二年……四六九
五一九　重修美江許氏祖廟題捐碑　清咸豐二年……四七〇
五二〇　建置嘗田碑記　清咸豐二年……四七一
五二一　重修鳳林宫題捐碑記　清咸豐二年……四七二
五二二　重修萬壽宫記　清咸豐三年……四七四
五二三　許述慈緣田碑記　清咸豐三年……四七五
五二四　許述慈緣田碑記（二）　清咸豐三年……四七五
五二五　重修保安宫碑誌　清咸豐四年……四七五
五二六　蔡氏祖厝禁約碑　清咸豐四年……四七六
五二七　重修城隍廟題捐碑　清咸豐四年……四七六

五二八　重興北斗廟牌記　清咸豐五年……四七七
五二九　鳳霞祖宫重修碑記　清咸豐五年……四七八
五三〇　陳氏燕翼堂書租碑記　清咸豐五年……四七九
五三一　重修西崑慈濟宫題捐碑　清咸豐六年……四七九
五三二　定山宫題捐碑　清咸豐七年……四八三
五三三　重修輔信將軍廟碑記　清咸豐七年……四八四
五三四　重修龍應寺陰德碑記　清咸豐七年……四八五
五三五　重修龍應寺陽德碑記　清咸豐七年……四八五
五三六　鳳霞祖宫重修神座儀仗碑記　清咸豐八年……四八六
五三七　重修龍山宫題捐碑　清咸豐八年……四八七
五三八　河福張氏祭田碑記（三）　清咸豐八年……四八八
五三九　重修霞坡橋碑　清咸豐九年……四八八
五四〇　霞陂橋路功德碑記　清咸豐九年……四八八
五四一　重修西崑慈濟宫題捐碑（二）　清咸豐九年……四八九
五四二　龍應寺功德併緣田碑記　清咸豐九年……四九三
五四三　清寶殿吕宋題緣碑記　清咸豐九年……四九四
五四四　重起石厝威惠廟題捐碑　清咸豐十年……四九四
五四五　清寶殿下州府題捐碑　清咸豐十一年……四九六
五四六　西林蔡氏祠堂碑記　清咸豐十一年……四九六

五四七 重修鴻江書院碑 清同治元年……四九七
五四八 重修金興宫頭家角題捐碑 清同治元年……四九八
五四九 重修金興宫中寮甲題捐碑 清同治元年……四九九
五五〇 重修金興宫新寮甲題捐碑 清同治元年……四九九
五五一 重修陳氏宗祠題捐碑 清同治元年……五〇〇
五五二 重修陳氏宗祠題捐碑（二） 清同治元年……五〇一
五五三 齊天宫敬獻公業碑 清同治二年……五〇一
五五四 重修謝倉祖廟碑記 清同治二年……五〇二
五五五 重修鎮南宫碑記 清同治二年……五〇三
五五六 重修鄭氏祖廟題捐碑 清同治三年……五〇四
五五七 石坑山示禁碑 清同治三年……五〇四
五五八 重修輔信將軍廟題捐碑 清同治五年……五〇四
五五九 重修懷安宫題捐碑 清同治六年……五〇五
五六〇 重修龍鷩堂西洋題捐碑 清同治六年……五〇五
五六一 騰鯉廟功德碑記 清同治七年……五〇六
五六二 重興海澄縣城隍廟題捐碑 清同治八年……五〇七
五六三 霞園黄氏祖祠祀田碑記 清同治八年……五〇八
五六四 嚴禁勒索米船鎮道憲示碑 清同治八年……五〇九
五六五 嚴禁勒索米船府憲示碑 清同治八年……五一〇

五六六　林光合增置祀田碑記　清同治八年……五一一
五六七　沿海鹽浸地免配犯示禁碑　清同治九年……五一二
五六八　五社廟緣田碑記　清同治九年……五一二
五六九　重修萬壽宫題捐碑　清同治九年……五一三
五七〇　嚴禁丐首勒索憲示碑　清同治十年……五一五
五七一　重修鳳霞宫碑記（三）　清同治十年……五一六
五七二　重修海澄縣城隍廟題捐碑　清同治十年……五一八
五七三　南山寺放生池示禁碑　清同治十一年……五一九
五七四　重修楓林蔡氏祠堂入主碑記　清同治十一年……五二〇
五七五　翠嶺岩禁約碑　清同治十二年……五二一
五七六　重興雲塔寺碑記　清同治十二年……五二一
五七七　重興雲塔寺碑記（二）　清同治十二年……五二二
五七八　紫雲岩神像題捐碑　清同治十二年……五二三
五七九　重修禹王廟碑記　清同治十二年……五二三
五八〇　郯岱社憲示碑　清同治十三年……五二四
五八一　岱洲慈濟宫題捐碑　清同治十三年……五二四
五八二　重興黄氏祠堂碑記　清同治十三年……五二五
五八三　重修祖聖宫題捐碑　清光緒元年……五二六
五八四　廣慶宫石牌記　清光緒元年……五二七

五八五　重修安山宫題捐碑　清光緒元年……五二九
五八六　重脩三合宫題捐碑　清光緒元年……五二九
五八七　邱氏崇本堂家廟記　清光緒二年……五三〇
五八八　倉嶺亭碑記（二）　清光緒二年……五三一
五八九　福興廟功德碑記　清光緒二年……五三二
五九〇　敕建漳州忠義祠碑記　清光緒二年……五三四
五九一　重修儒山廟前後殿功德牌　清光緒二年……五三五
五九二　重修儒山廟前後殿功德牌（二）　清光緒二年……五三五
五九三　重修劉氏家廟碑記　清光緒三年……五三六
五九四　重修祖廟番邦捐資芳名碑記　清光緒三年……五三七
五九五　重脩福林宫碑　清光緒三年……五三七
五九六　重脩龍山宫石碑記　清光緒三年……五三八
五九七　鯉魚寺廣澤尊王功德碑記　清光緒三年……五四〇
五九八　鳳霞宫武當山進香碑記　清光緒三年……五四〇
五九九　重建漳州府節孝祠碑記　清光緒三年……五四一
六〇〇　重修許氏宗祠碑記　清光緒三年……五四二
六〇一　革除新充牙税憲示碑　清光緒四年……五四二
六〇二　李氏祖山合約碑　清光緒四年……五四三
六〇三　青美鄭氏清港碑記　清光緒四年……五四四

六〇四　管束流丐憲示碑　清光緒四年……五四五
六〇五　重修龍溪縣學記　清光緒五年……五四五
六〇六　重建篁津宮碑記　清光緒五年……五四六
六〇七　抄奉福建巡撫部院丁示碑　清光緒五年……五四九
六〇八　陳氏四世祖祠謝土題捐碑　清光緒五年……五五一
六〇九　三元祖廟吕宋題捐碑　清光緒五年……五五一
六一〇　禁山碑記　清光緒六年……五五二
六一一　大覺堂獻地碑記　清光緒六年……五五二
六一二　重修天池宮并室仔捐金芳名　清光緒六年……五五三
六一三　朱文公祠界址示禁碑　清光緒六年……五五三
六一四　重建龍溪縣學左齋暨疏浚泮池記　清光緒六年……五五四
六一五　重修俊美陳氏大宗祠題捐碑　清光緒七年……五五五
六一六　重脩五福禪寺碑記　清光緒八年……五五五
六一七　重修田霞正順祖廟捐啟　清光緒八年……五五七
六一八　穀詒堂碑記　清光緒八年……五五八
六一九　重修天賜東宮題緣碑記　清光緒九年……五五八
六二〇　重修天賜東宮題緣碑記（二）　清光緒九年……五五九
六二一　雲塔寺碑記　清光緒九年……五六〇
六二二　新建長房三小宗懋德堂碑記　清光緒十年……五六一

六二三　重修石佛廟亭并嶺路碑　清光緒十年……五六二
六二四　重脩龍山宫碑記　清光緒十年……五六三
六二五　陳氏燕翼堂祖山碑記　清光緒十年……五六五
六二六　重興扶揺關帝廟碑記（二）　清光緒十年……五六五
六二七　重修永興堂石碑　清光緒十一年……五六六
六二八　重修陳氏宗祠追遠堂題捐碑記　清光緒十一年……五六七
六二九　鄭氏墳山示禁碑　清光緒十一年……五六八
六三〇　三元祖廟題捐碑　清光緒十二年……五六九
六三一　重修卿山紫雲岩碑記　清光緒十二年……五七〇
六三二　重修安懷宫碑記　清光緒十二年……五七一
六三三　約束流丐憲示碑　清光緒十二年……五七二
六三四　重修永興堂碑記　清光緒十二年……五七三
六三五　重修大隱宫碑記（二）　清光緒十三年……五七四
六三六　陳氏祖山示禁碑　清光緒十三年……五七五
六三七　重修新垵威惠廟碑記（二）　清光緒十三年……五七六
六三八　重修新垵威惠廟碑記（三）　清光緒十三年……五七八
六三九　肅清南山寺憲示碑　清光緒十三年……五七八
六四〇　重修樹德橋溪邑徵仕鄭圭海功德碑　清光緒十三年……五八〇
六四一　重造溪頭坊橋記　清光緒十三年……五八〇

六四二　重修鎮南宫碑記（二）　清光緒十三年……五八一
六四三　重修慈雲寺功德碑記　清光緒十三年……五八一
六四四　重修官園大廟功德碑　清光緒十五年……五八二
六四五　雁塔林氏重修祖祠碑記　清光緒十五年……五八三
六四六　重興延壽堂倡捐序文　清光緒十五年……五八三
六四七　重修古林碑記　清光緒十五年……五八四
六四八　重建新興圍碑記　清光緒十六年……五八六
六四九　禁革私抽船規憲示碑　清光緒十七年……五八八
六五〇　修港濱大宗祠碑記　清光緒十七年……五八九
六五一　藍村謙光鄭氏廟記　清光緒十八年……五九〇
六五二　重脩瑞青宫碑記　清光緒十八年……五九三
六五三　重脩瑞青宫碑記（二）　清光緒十八年……五九五
六五四　重修赤嶺廟碑記　清光緒十八年……五九六
六五五　重修崇興院題捐碑　清光緒十八年……五九六
六五六　重修定山宫題捐碑　清光緒十八年……五九八
六五七　重修定山宫題捐碑（二）　清光緒十八年……五九九
六五八　謝倉蔡氏祠堂禁約碑　清光緒十九年……六〇〇
六五九　重興鰲南宫碑記　清光緒十九年……六〇〇
六六〇　重脩中元宫碑記　清光緒十九年……六〇一

六六一　重修鳳安宫題捐碑　清光緒十九年……六〇一
六六二　修理東山宫徵信碑　清光緒十九年……六〇二
六六三　重修上林宫題捐碑　清光緒十九年……六〇三
六六四　潭頭陳氏增置書田碑記　清光緒二十年……六〇五
六六五　仁和樓土地廟祀業碑記　清光緒二十年……六〇五
六六六　革除轎費丐禮憲示碑　清光緒二十年……六〇六
六六七　岱仙岩陳氏祀業碑記　清光緒二十一年……六〇七
六六八　重修振東宫碑記　清光緒二十三年……六〇七
六六九　重修王氏祖廟碑記　清光緒二十三年……六〇八
六七〇　重修崇真堂碑記（二）　清光緒二十四年……六〇九
六七一　重修龍潜宗祠及龍山宫碑記　清光緒二十四年……六一〇
六七二　重興美江許氏祖廟碑記　清光緒二十四年……六一一
六七三　重修保鴻宫題捐碑　清光緒二十四年……六一三
六七四　重修玄靈宫捐緣碑　清光緒二十五年……六一三
六七五　重脩文祠碑記　清光緒年間……六一四
六七六　正順廟題捐緣田碑記　清光緒二十六年……六一六
六七七　重修追遠堂序　清光緒二十六年……六一六
六七八　重修慈壽宫題捐碑　清光緒二十六年……六一七
六七九　重修林氏祖祠禁約碑　清光緒二十六年……六一八

六八〇　重修謝烟廟題捐碑　清光緒二十七年……六一八
六八一　安山村廟産碑記　清光緒二十八年……六一九
六八二　靈嶼宫恒泥弟子題捐碑　清光緒二十八年……六二〇
六八三　漳州崇福寺佛乘禪師塔銘　清光緒三十年……六二一
六八四　修理金興宫題捐碑　清光緒三十年……六二二
六八五　修理金興宫頂寮角題捐碑　清光緒三十年……六二三
六八六　修理金興宫什姓角題捐碑　清光緒三十年……六二四
六八七　重修霞室廟題捐碑　清光緒三十年……六二五
六八八　重修翼晋宫石碑　清光緒三十年……六二五
六八九　登仙殿碑記　清光緒三十年……六二七
六九〇　重修蘭徑廟石碑記　清光緒三十一年……六二九
六九一　内樓劉氏大宗祠配享碑記　清光緒三十一年……六二九
六九二　鳳鳴陳氏重修本族大宗祠碑記　清光緒三十一年……六三〇
六九三　靈嶼宫天上聖母碑記（二）　清光緒三十一年……六三一
六九四　重脩嶼頭美有應公祠捐金芳名　清光緒三十二年……六三二
六九五　紅滚廟題捐置産碑記　清光緒三十二年……六三三
六九六　重興百回宫題捐碑　清光緒三十二年……六三三
六九七　重修西港橋路碑記　清光緒三十二年……六三四
六九八　永真堂公田碑記　清光緒三十二年……六三五

六九九　重修林坑社開漳聖王廟題捐碑　清光緒三十三年……六三六
七〇〇　重脩仙堂本社蘇姓題捐碑　清光緒三十三年……六三六
七〇一　李氏祠堂獻田碑記　清光緒三十四年……六三七
七〇二　興建文山書院碑記　清光緒年間……六三八
七〇三　重修普邊宫題捐碑　清光緒年間……六三九
七〇四　重修普邊宫小吕宋題捐碑　清光緒年間……六四〇
七〇五　金鰲重脩祠堂記　清宣統元年……六四一
七〇六　重修周氏大宗祠題捐碑　清宣統元年……六四二
七〇七　重修霞邊陡門碑記　清宣統二年……六四二
七〇八　鳳山嶽題捐碑　清宣統二年……六四三
七〇九　重修北斗輔順將軍廟牌記　清宣統二年……六四三
七一〇　岱洲慈濟宫題捐碑（二）　清宣統二年……六四五
七一一　霞室廟建業功德碑　清宣統三年……六四七
七一二　勘斷鄒塘水利碑記　清宣統三年……六四七
七一三　重修古縣大廟碑記　清宣統三年……六四八
七一四　重修龍應寺功德碑記　清宣統三年……六四八
七一五　重修浯嶼佛祖廟石碑記　清宣統三年……六五〇
七一六　重修石厝威惠廟題捐碑　清宣統三年……六五〇
七一七　鳳山嶽題捐碑（二）　清宣統三年……六五一

七一八　鳳山嶽題捐碑（三）　清宣統年間……六五三
七一九　鳳山嶽題捐碑（四）　清宣統年間……六五四
七二〇　鳳山嶽題捐碑（五）　清宣統年間……六五五
七二一　重修碧瀿祖宮功德碑記　清代……六五六
七二二　霞井甘氏重修禪室功德碑　民國元年……六五六
七二三　紅滚廟題捐置産碑記（二）　民國二年……六五七
七二四　劉氏家廟題捐碑　民國二年……六五八
七二五　方田慈濟宮功德碑　民國年間……六五八
七二六　重修田霞正順祖廟捐啟（二）　民國三年……六五九
七二七　古林寺观音佛祖碑　民國四年……六五九
七二八　大宗祠堂内示禁盗鋸墓樹碑記　民國五年……六六〇
七二九　重修敬修敬慎堂碑序　民國五年……六六一
七三〇　重建戲臺碑記　民國五年……六六一
七三一　海澄縣飭禁轎長惡俗碑　民國六年……六六二
七三二　重修佛祖廟碑記　民國七年……六六三
七三三　重修碧瀿宮題捐碑　民國七年……六六四
七三四　重修仁和宮題捐碑　民國七年……六六四
七三五　民国八年冬月重修祖廟序　民國八年……六六五
七三六　重修玉麟宮功德碑　民國十年……六六五

七三七　采蘩醫局産業告示碑記　民國十年……六六六
七三八　大埔圩修理路頭功德碑記　民國十年……六六八
七三九　重修渡頭及横坛碑記　民國十年……六六八
七四〇　重申保護水利告示碑　民國十一年……六六八
七四一　重修陳氏燕翼堂收支碑　民國十三年……六七〇
七四二　重修漳州學宫記　民國十三年……六七一
七四三　重修陳氏燕昌堂收支碑　民國十四年……六七二
七四四　獻助業産保存帝廟碑　民國十五年……六七三
七四五　科山祖廟題捐碑　民國十五年……六七三
七四六　重修蔡氏崇本堂碑記　民國十六年……六七四
七四七　重修金鰲楊氏祖廟序　民國十六年……六七五
七四八　保護沈世紀墓告示碑　民國十七年……六七六
七四九　重修鳳高山二世祖都指揮公墳塋誌　民國十七年……六七六
七五〇　重修鳳霞祖宫碑記　民國十八年……六七七
七五一　重修鎮南宫碑記（三）　民國十八年……六八〇
七五二　重修裕文堂碑記　民國十八年……六八一
七五三　石碼平林謝氏大宗募捐置業配祭序　民國十八年……六八三
七五四　重修瀛洲宫題捐碑　民國十八年……六八三
七五五　重修俊美陳氏大宗祠堂題捐碑　民國十八年……六八四

七五六　四合宫柱聯題刻　民國十九年……六八四
七五七　重修頂田聖社媽祖廟碑記　民國二十年……六八四
七五八　嚴禁刺泥傷路告示碑　民國二十一年……六八五
七五九　紅滚廟産業契約碑記　民國二十四年……六八五
七六〇　鄭氏家廟示禁碑　民國二十四年……六八六
七六一　重建新橋頭大廟題捐碑　民國二十五年……六八六
七六二　重建新橋頭大廟題捐碑（二）　民國二十五年……六八八
七六三　重建新橋頭大廟題捐碑（三）　民國二十五年……六八九
七六四　木棉亭記　民國二十五年……六九〇
七六五　重修永真堂石碑　民國二十五年……六九〇
七六六　重修厚寶祖廟碑記　民國二十五年……六九一
七六七　霞坡社重修橋路碑記　民國二十五年……六九二
七六八　重修漳州文廟記　民國二十五年……六九二
七六九　重修永福亭記　民國二十六年……六九三
七七〇　重興同和宫碑記　民國二十六年……六九四
七七一　瑞竹岩記　民國二十七年……六九四
七七二　重修廣王廟碑記　民國二十八年……六九五
七七三　重建東興宫碑記　民國二十八年……六九五
七七四　重修積倉廟碑記　民國二十九年……六九六

七七五 重建玄靈宫捐緣芳名碑 民國三十年 …… 六九七
七七六 重修世德堂碑記 民國三十年 …… 六九八
七七七 翼晋宫第三次重脩碑記 民國三十年 …… 六九九
七七八 重修永興宫題捐碑 民國三十一年 …… 六九九
七七九 重修西曾祖廟碑記 民國三十一年 …… 七〇〇
七八〇 重修謝倉蔡氏崇報堂碑記 民國三十三年 …… 七〇一
七八一 重修中武廟題捐碑 民國三十四年 …… 七〇二
七八二 重修姜公祠碑記 民國三十六年 …… 七〇三
七八三 重修玄靈宫募穀芳名碑 民國三十六年 …… 七〇三
七八四 重修鳳山嶽緣碑 民國三十七年 …… 七〇四
七八五 重建重修鳳山嶽題捐碑 民國三十八年 …… 七〇四
七八六 修建上碼武廟碑記 民國三十八年 …… 七〇六
七八七 修建上碼武廟題捐碑 民國三十八年 …… 七〇六
七八八 重興文昌樓題捐碑 民國年間 …… 七〇七
七八九 重興文昌樓題捐碑（二） 民國年間 …… 七〇八
七九〇 重興文昌樓題捐碑（三） 民國年間 …… 七〇九
七九一 重修南園宫題捐碑 民國年間 …… 七一〇
七九二 重修南園宫題捐碑（二） 民國年間 …… 七一一
七九三 方氏餘慶堂牌位碑 年代不明 …… 七一二

七九四　許氏家廟捐置嘗田碑記　年代不明……七一二

卷二　漳浦縣

七九五　竈山唐墓買地券　晚唐……七一五
七九六　小磜嶺造路題刻　宋嘉祐四年……七一五
七九七　印石記　宋大觀二年……七一五
七九八　海雲岩題刻　宋紹興十九年……七一六
七九九　昭應菩薩記　宋淳熙二年……七一六
八〇〇　海雲岩石槽題刻　宋淳熙八年……七一七
八〇一　東溪高先生祠記　宋淳熙十四年……七一七
八〇二　庵後溪造橋路題刻　宋紹熙二年……七一八
八〇三　三十五橋記　宋慶元四年……七一八
八〇四　漳浦縣聖祖殿記　宋嘉定八年……七一九
八〇五　東館廟記　元大德十年……七二〇
八〇六　赤水岩喜捨石獅碑　元至正九年……七二一
八〇七　上蔡廟石柱題刻　元代……七二二
八〇八　正陽宫柱聯題刻　明洪武二年……七二二
八〇九　漳浦文廟碑記　明洪武二年……七二二
八一〇　東羅岩題刻　明正統元年……七二三

八一一　重建東溪先生祠堂碑記　明成化十九年……七二三
八一二　重刻東館廟記　明成化二十年……七二五
八一三　重興大興教禪寺僧順庵事跡碑記　明成化年間……七二七
八一四　東安戴氏祠堂碑記　明弘治三年……七二七
八一五　重建無象院碑記　明弘治九年……七二九
八一六　東羅岩餞别和詩碑　明弘治十四年……七三〇
八一七　龍興塔記　明弘治十四年……七三一
八一八　重建龍興禪寺碑記　明弘治十六年……七三二
八一九　重建青陽威惠廟記　明弘治十八年……七三三
八二〇　許大母淑姿孺人陳氏守節持家記　明正德元年……七三五
八二一　青龍岩置田碑記　明正德十四年……七三六
八二二　重建明倫堂記　明嘉靖五年……七三七
八二三　東安戴氏祭田碑記　明嘉靖三十五年……七三八
八二四　敘大閩戎南江楊君鼎建關侯廟碑　明隆慶五年……七三九
八二五　海月岩題刻　明萬曆四年……七四〇
八二六　祖德祠堂記　明萬曆七年……七四〇
八二七　朱姚二侯憲断石碑存証　明萬曆八年……七四一
八二八　聖王廟木牌題記　明萬曆十三年……七四一
八二九　黛峰林氏世祖祭田碑記　明萬曆十七年……七四二

八三〇　重興龍興禪寺碑記　明萬曆二十四年……七四三
八三一　漳浦縣重建儒學大門記　明萬曆二十六年……七四四
八三二　高林王家山界碑　明萬曆三十年……七四六
八三三　海月岩題刻（二）　明萬曆三十年……七四六
八三四　王侯畫定法濟應城寺租餉德政碑記　明萬曆三十二年……七四六
八三五　蒖龍脈碑記　明萬曆三十二年……七四八
八三六　重修東溪先生祠堂記　明萬曆三十三年……七四九
八三七　漳浦縣儒學重修新明倫堂記　明萬曆三十四年……七五〇
八三八　大興建海月岩碑記　明萬曆三十六年……七五一
八三九　邑侯黄公立游孝子祭田碑記　明萬曆三十七年……七五三
八四〇　碩高築堡記　明萬曆四十一年……七五四
八四一　海月岩題刻（三）　明萬曆四十六年……七五五
八四二　重修忠勇廟及乾橋便民橋記　明萬曆四十八年……七五六
八四三　興祖碑記　明天啓五年……七五七
八四四　鼎新本宗祖廟誌　明崇禎八年……七五八
八四五　新建茗溪嶺蘭若碑記　清康熙五年……七五八
八四六　建置金浦湖西詒安堡家廟義學祭田學田義田碑記　清康熙二十七年……七五九
八四七　大方伯黄公建置金浦湖西詒安堡家廟義學祭田學田義田碑記　清康熙二十八年……七六二
八四八　詒安堡小宗祠碑記　清康熙二十九年……七六四

八四九　龍江廟憲禁碑　清康熙二十九年……七六六
八五〇　大宗家廟公地界碑　清康熙三十二年……七六六
八五一　大宗家廟公地界碑（二）　清康熙三十二年……七六七
八五二　重修藍氏祖廟碑記　清康熙三十四年……七六七
八五三　修學宫置義田碑記　清康熙年間……七六八
八五四　明誠書院記　清康熙四十年……七六九
八五五　月湖書院碑記　清康熙四十七年……七七〇
八五六　海月岩題刻（四）　清康熙四十八年……七七二
八五七　古雷鹽課示禁碑　清康熙五十年……七七二
八五八　重新垢洗書院記　清康熙五十四年……七七三
八五九　重建梅月楊氏祖廟序　清康熙五十五年……七七四
八六〇　海月岩緣田碑記　清康熙五十八年……七七五
八六一　欽奉旨諭頒行碑　清雍正二年……七七五
八六二　鹿坑岩院湯道士記　清雍正四年……七七七
八六三　埔尾媽祖廟祖佃石刻　清雍正十二年……七七七
八六四　端肅公配享碑記　清乾隆元年……七七八
八六五　蔡世遠墓諭祭碑　清乾隆二年……七七九
八六六　悟道岩記　清乾隆四年……七七九
八六七　清泉岩傳燈遺産記　清乾隆九年……七八〇

八六八　吴氏宗祠配享碑記　清乾隆十五年……七八一
八六九　邑侯徐老爺禁示碑記　清乾隆十八年……七八一
八七〇　重興梁山大廟碑記　清乾隆十八年……七八二
八七一　重修漳浦懷德書院碑記　清乾隆十八年……七八三
八七二　重興新修威奕廟記　清乾隆二十一年……七八四
八七三　清泉岩山界碑記　清乾隆二十四年……七八五
八七四　六鰲沙埔示禁碑　清乾隆二十五年……七八五
八七五　沙底廟水利契約碑記　清乾隆二十八年……七八六
八七六　邑侯何公斷定官陂水例便民碑記　清乾隆二十八年……七八八
八七七　官潯洋水利示禁碑　清乾隆三十年……七九〇
八七八　劉氏祠堂公約碑記　清乾隆三十年……七九一
八七九　青龍岩緣田碑記　清乾隆三十年……七九二
八八〇　象牙庵祀産碑記　清乾隆三十年……七九三
八八一　勘斷海泊苗界憲示碑　清乾隆三十一年……七九三
八八二　重修後江吴氏祠堂碑記　清乾隆三十三年……七九四
八八三　重修福興聖王廟碑記　清乾隆三十七年……七九四
八八四　蔡氏祠堂柱聯題刻　清乾隆四十一年……七九六
八八五　西來庵緣田石碑　清乾隆四十三年……七九六
八八六　象牙庵題刻　清乾隆四十三年……七九七

八八七　重興隆壽室緣碑　清乾隆四十九年……七九七
八八八　東林廟乩示碑　清乾隆五十年……七九八
八八九　泗州岩功德碑記　清乾隆五十年……七九八
八九〇　重興仙都宫功德碑記　清乾隆五十二年……七九九
八九一　舊鎮天后宫祀産碑記　清乾隆五十六年……八〇〇
八九二　重興棲雲岩碑記　清乾隆五十七年……八〇〇
八九三　青龍庵功德碑記　清乾隆五十七年……八〇一
八九四　重修真武廟功德碑記　清乾隆五十八年……八〇二
八九五　明誠堂新置祀田記　清嘉慶四年……八〇三
八九六　重修明誠堂碑記　清嘉慶四年……八〇四
八九七　重興圓通岩碑　清嘉慶五年……八〇五
八九八　重興開漳聖王廟碑記　清嘉慶六年……八〇六
八九九　本社陳族弟子興廟碑記　清嘉慶六年……八〇七
九〇〇　雨霽廟緣田碑記　清嘉慶九年……八〇七
九〇一　佛曇楊氏重修祖廟碑　清嘉慶十二年……八〇八
九〇二　累葉追遠建廟碑　清嘉慶十三年……八〇九
九〇三　雨霽廟緣田碑記（二）　清嘉慶十九年……八一一
九〇四　陳氏公約石刻　清道光元年……八一一
九〇五　重修正陽宫題捐碑　清道光四年……八一一

九〇六　正陽宫柱聯題刻（二）　清道光四年……八一三
九〇七　仙都宫緣田碑記　清道光五年……八一三
九〇八　長興庵緣田碑記　清道光五年……八一三
九〇九　陳氏祠堂題捐碑　清道光六年……八一四
九一〇　重新祖廟落成題名記　清道光八年……八一五
九一一　白石葉氏重興祀業碑記　清道光九年……八一七
九一二　雨霽廟題捐碑記　清道光九年……八一八
九一三　碧霞寺緣田碑記　清道光十二年……八一九
九一四　洪氏追遠堂碑記　清道光十二年……八一九
九一五　赤湖重修威奕廟碑記　清道光十三年……八二一
九一六　重修興嶼埔廟寺募緣捐銀碑記　清道光二十一年……八二二
九一七　興建文昌宫題捐碑記　清道光二十二年……八二三
九一八　仙峰岩産業碑記　清道光二十七年……八二四
九一九　保護仙峰岩憲示碑　清咸豐八年……八二五
九二〇　雨霽廟緣田碑記（三）　清咸豐八年……八二六
九二一　赤水岩廟産碑記　清同治十三年……八二六
九二二　海月岩功德配祀碑記　清光緒四年……八二七
九二三　雨霽廟産業碑記　清光緒五年……八二七
九二四　重修林氏祠堂碑記　清光緒七年……八二八

九二五　雨霽廟緣田碑記（四）　清光緒十八年……八三〇
九二六　革出族户永示碑　清光緒二十四年……八三〇
九二七　雨霽廟題捐碑記（二）　清光緒二十八年……八三〇
九二八　梁山祈雨石刻　清宣統二年……八三一
九二九　重興官澳楊氏祖廟記　清宣統三年……八三一
九三〇　重興官澳楊氏祖廟續記　清宣統三年……八三二
九三一　仙峰岩産業碑記（二）　民國三年……八三三
九三二　重修開漳聖王祖宫石碑　民國四年……八三三
九三三　重修聖母廟序　民國十三年……八三五
九三四　舊鎮天后宫記　民國二十一年……八三六
九三五　廟都宫題捐碑　民國二十五年……八三六
九三六　梁山祈雨石刻（二）　民國三十二年……八三七
九三七　福興聖王廟題捐碑　年代不明……八三七
九三八　邑厲壇祭文碑　年代不明……八三八
九三九　歸佛田碑　年代不明……八三八
九四〇　重建丹湖寺碑　年代不明……八三九
九四一　重修始祖高夫子祠記　年代不明……八三九
九四二　難兵義冢碑　年代不明……八四〇

卷三　雲霄縣

九四三　石屏陳公廟碑記　宋嘉定十五年……八四三
九四四　陳政墓前題刻　宋嘉熙四年……八四三
九四五　明故正議大夫資治尹户部左侍郎吴公神道碑記　明弘治九年……八四四
九四六　莆美張氏先祖築土城碑記　明代……八四五
九四七　募建龍湫岩碑記　明崇禎四年……八四六
九四八　雲霄威惠廟石香爐題刻　明崇禎五年……八四七
九四九　碧湖岩誌　明崇禎五年……八四七
九五〇　鄉約碑記　明崇禎六年……八四八
九五一　旌表節婦林母王太孺人墓碣　明崇禎七年……八四八
九五二　吴中舍護義阡頌　明崇禎十一年……八四九
九五三　雲海公創建祖祠記　明崇禎十五年……八五〇
九五四　奉按察使司禁革衙蠹碑　清康熙二十七年……八五一
九五五　遵奉憲行禁革商漁船隻陋規碑記　清康熙四十四年……八五二
九五六　碧湖岩題捐碑　清雍正四年……八五四
九五七　湯氏家廟海界碑記　清雍正九年……八五四
九五八　世掌祖山祭祀公業碑記　清乾隆三年……八五五
九五九　重修碧湖岩記　清乾隆八年……八五五

九六〇　庵仔渡船貪載示禁碑　清乾隆十年……八五六
九六一　重修和義橋碑記　清乾隆十一年……八五七
九六二　碧湖岩誌（二）　清乾隆十二年……八五八
九六三　重建神壇題捐碑　清乾隆十三年……八五八
九六四　雞公崙虎墳禁碑　清乾隆十五年……八五九
九六五　漁船採捕免税憲示碑　清乾隆二十九年……八六〇
九六六　龔氏廣恩室移建畲子園記　清乾隆二十九年……八六一
九六七　禁革田皮田根碑記　清乾隆二十九年……八六二
九六八　碧湖岩緣田碑　清乾隆三十二年……八六四
九六九　嚴禁澳差勒索憲示碑　清乾隆三十七年……八六五
九七〇　移建朱文公祠記　清乾隆四十一年……八六六
九七一　西霞亭功德碑　清乾隆四十二年……八六六
九七二　重建西霞亭碑記　清乾隆四十五年……八六七
九七三　嚴禁私徵漁課憲示碑　清乾隆四十八年……八六七
九七四　衆船户捐金牌記　清乾隆四十八年……八六九
九七五　劍石岩喜緣記　清乾隆四十八年……八七〇
九七六　重興碧湖岩記　清乾隆五十年……八七〇
九七七　捐置武帝廟別室記　清乾隆五十五年……八七一
九七八　龍湫岩捐緣碑記　清乾隆五十八年……八七二

九七九　峛嶼紫陽書院碑記　清乾隆六十年……八七二
九八〇　何地義壇記　清乾隆年間……八七三
九八一　香火田碑記　清嘉慶六年……八七四
九八二　新拓紫陽書院學舍記　清嘉慶七年……八七四
九八三　新建先農祠記　清嘉慶七年……八七五
九八四　紫陽書院祀田碑記　清嘉慶八年……八七五
九八五　太平廟捐置緣田碑記　清嘉慶八年……八七六
九八六　捐造華廟石路碑　清嘉慶十八年……八七七
九八七　捐造華廟石路碑（二）　清嘉慶十八年……八七七
九八八　新建雲霄石磐塔碑記　清嘉慶二十年……八七八
九八九　重修廣平王廟碑記　清嘉慶二十年……八七九
九九〇　廣平王廟緣田碑記　清嘉慶年間……八八一
九九一　關廟重修雲間捐金題名碑記　清嘉慶二十一年……八八一
九九二　石磐塔祀田紀略　清嘉慶二十一年……八八二
九九三　紫陽書院祀產碑記　清嘉慶二十三年……八八三
九九四　重修碧湖岩記（二）　清嘉慶二十五年……八八三
九九五　霞港關帝廟天后宫緣田碑記　清道光元年……八八四
九九六　重建紫陽書院題捐碑　清道光五年……八八五
九九七　碧湖岩誌（三）　清道光二十四年……八八六

九九八　龍湫岩緣田碑記　清道光二十五年……八八六
九九九　勘斷埠頭争挑憲示碑　清咸豐六年……八八六
一〇〇〇　勘斷海泊争佃憲示碑　清咸豐六年……八八七
一〇〇一　重修高溪廟題捐碑　清咸豐七年……八八八
一〇〇二　重修高溪廟題捐碑（二）　清咸豐七年……八八九
一〇〇三　重修高溪廟甘棠脚社捐緣碑記　清咸豐七年……八八九
一〇〇四　重修岱山大廟題捐碑　清咸豐七年……八九〇
一〇〇五　静雲室佛祖香燈田碑記　清咸豐八年……八九一
一〇〇六　重脩關帝廟碑記　清咸豐九年……八九二
一〇〇七　重修觀音亭題捐碑　清咸豐十一年……八九三
一〇〇八　碧湖岩誌（四）　清同治三年……八九四
一〇〇九　鄭氏祖厝産權碑記　清同治十一年……八九四
一〇一〇　重興廣平王廟碑記　清同治十二年……八九四
一〇一一　碧湖田碑記　清光緒元年……八九六
一〇一二　嚴禁賣掘田地碑　清光緒元年……八九六
一〇一三　嚴禁自盡圖賴憲示碑　清光緒四年……八九七
一〇一四　嚴禁衙役勒索憲示碑　清光緒十七年……八九八
一〇一五　重修七里舖橋碑記　清光緒十八年……八九八
一〇一六　重修頂廟路題捐碑　清光緒十八年……八九九

一〇一七 重修岱山大廟碑記 清光緒十九年……九〇〇
一〇一八 紫陽書院祀田碑記（二） 清光緒二十二年……九〇一
一〇一九 新南埭水利議約碑 清光緒二十三年……九〇二
一〇二〇 十文良法碑記 清光緒二十八年……九〇二
一〇二一 募修上帝宫碑記 清光緒二十八年……九〇四
一〇二二 開漳聖王緣田碑記 清光緒二十八年……九〇四
一〇二三 重建金山寺喜題緣銀牌記 清宣統二年……九〇五
一〇二四 濬港通潮碑記 民國三年……九〇六
一〇二五 湯氏祖業告示碑 民國七年……九〇七
一〇二六 重修霞港關帝廟碑記 民國八年……九〇七
一〇二七 龍湫岩玉身佛祖鐘銘 民國十年……九〇八
一〇二八 重修何氏大宗祠題捐碑 民國十年……九〇九
一〇二九 申明嘗田僞契碑記 民國十二年……九〇九
一〇三〇 龍湫岩考實記 民國十五年……九一〇
一〇三一 鄉賢石齋先生手蹟碑記 民國二十一年……九一一
一〇三二 雲霄縣雷縣長壽彭公德政碑 民國二十四年……九一一
一〇三三 霞港關帝廟緣田碑記 民國二十五年……九一一
一〇三四 重修榕頂庵題捐碑 民國二十九年……九一二
一〇三五 創建祠宇碑記 民國年間……九一二

一〇三六　重修劍石岩題捐碑　年代不明……九一三
一〇三七　九天玄女敕令碑　年代不明……九一三

卷四　詔安縣

一〇三八　重修福勝岩題刻　宋重和元年……九一七
一〇三九　九侯山石槽題刻　宋紹興十年……九一七
一〇四〇　九侯山造路題刻　宋紹興十三年……九一七
一〇四一　重開九侯山碑記　宋淳祐五年……九一七
一〇四二　九侯山緣田題刻　明正統十二年……九一八
一〇四三　九侯山清水堂鐘銘　明成化五年……九一八
一〇四四　保福庵香爐題刻　明正德元年……九一八
一〇四五　詔安修學記　明嘉靖二十三年……九一九
一〇四六　九侯山祈願石刻　明嘉靖二十五年……九二〇
一〇四七　頂福宫捐緣碑記　明嘉靖三十四年……九二〇
一〇四八　真父母邑侯蔡公遺愛碑　明萬曆十九年……九二〇
一〇四九　東嶽廟祈願碑　明萬曆二十一年……九二一
一〇五〇　新創石橋東岸學税記　明萬曆二十四年……九二一
一〇五一　重建武安王廟記　明萬曆三十三年……九二三
一〇五二　邑侯鄭公重修儒學泮宫碑記　明萬曆三十七年……九二三

一〇五三 夏車兩侯合創懸鐘文祠祀典碑記 明萬曆四十年……九二四
一〇五四 武安王廟首創香灯租碑記 明萬曆四十年……九二五
一〇五五 重建城隍廟紀靈記 明萬曆四十五年……九二七
一〇五六 泰山寺祈願碑 明萬曆四十五年……九二八
一〇五七 邑侯黄公重建丹詔城隍廟碑記 明萬曆四十六年……九二八
一〇五八 三清觀碑記 明天啓年間……九二九
一〇五九 關帝坊題刻 明天啓五年……九三〇
一〇六〇 重建城隍廟碑 明天啓五年……九三〇
一〇六一 盛侯重建朱文公祠記 明崇禎四年……九三二
一〇六二 朱文公祠碑記 明崇禎四年……九三二
一〇六三 雙屏泰山廟記 明崇禎八年……九三三
一〇六四 保福庵佛座題刻 明崇禎十年……九三四
一〇六五 改建文昌祠記 明崇禎十年……九三四
一〇六六 泰山寺緣田碑記 明崇禎十一年……九三五
一〇六七 龍光庵石香爐題刻 明崇禎十二年……九三六
一〇六八 郡司農江藩朱公重建唐玉鈐廟碑 明崇禎十三年……九三六
一〇六九 龍光庵石香爐題刻（二） 明崇禎十三年……九三八
一〇七〇 龍光庵石香爐題刻（三） 明崇禎十四年……九三八
一〇七一 開元寺祀田碑記 南明隆武二年……九三八

一〇七二 化蓮堂牌匾題刻 南明永曆六年……九三八
一〇七三 皇明長林寺記 南明永曆八年……九三九
一〇七四 清立社租碑 清康熙三年……九四〇
一〇七五 創建関聖廟衆姓助緣碑記 清康熙三年……九四〇
一〇七六 欽旌逸學孝親徵君遂一林先生碑 清康熙四年……九四一
一〇七七 重新詔安縣學文廟碑 清康熙八年……九四二
一〇七八 泰山寺祀田碑記 清康熙十六年……九四三
一〇七九 重脩關聖廟功德碑 清康熙十八年……九四三
一〇八〇 鼎建泰山寺募緣碑記 清康熙二十五年……九四四
一〇八一 鼎建開元院募緣題刻 清康熙二十五年……九四五
一〇八二 福星庵緣田碑記 清康熙四十二年……九四五
一〇八三 鍾氏祖山示禁碑 清康熙四十六年……九四五
一〇八四 泰山寺捐緣題刻 清康熙五十年……九四六
一〇八五 重建城隍廟碑記 清康熙五十三年……九四六
一〇八六 保福庵緣田碑記 清康熙五十八年……九四八
一〇八七 鍾氏祖山示禁碑（二） 清康熙六十年……九四八
一〇八八 保林寺祀産碑記 清康熙六十年……九五〇
一〇八九 龍潭祖祠規制碑 清康熙六十一年……九五〇
一〇九〇 九侯岩指南傳 清康熙六十一年……九五一

一〇九一　重建明倫堂崇聖祠記　清雍正三年……九五一
一〇九二　龍光庵石香爐題刻（四）　清雍正三年……九五三
一〇九三　黄氏燕翼堂新春演戲祭産碑記　清雍正六年……九五三
一〇九四　趙真堂碑記　清雍正八年……九五四
一〇九五　趙真堂寺租碑記　清雍正九年……九五五
一〇九六　重修福星庵合境緣碑　清雍正十年……九五七
一〇九七　重建長林寺碑　清雍正十年……九五八
一〇九八　重修龍光庵碑記　清雍正十一年……九五八
一〇九九　重修鎮龍庵碑記　清雍正十二年……九六〇
一一〇〇　頂福宮捐緣碑記（二）　清雍正十三年……九六一
一一〇一　石橋廟題刻　清乾隆二年……九六一
一一〇二　鎮龍庵題捐緣田碑記　清乾隆二年……九六一
一一〇三　永豐庵記　清乾隆二年……九六二
一一〇四　五通宮水利示禁碑　清乾隆七年……九六四
一一〇五　歷朝敕封天后娘娘祀典牌匾　清乾隆十年……九六四
一一〇六　保護九侯岩憲示碑　清乾隆十一年……九六六
一一〇七　重修詔安文廟記　清乾隆十一年……九六七
一一〇八　重脩詔安帝廟誌　清乾隆十二年……九六七
一一〇九　朝天宮界址憲示碑　清乾隆十四年……九六八

一一一〇　龍潭家廟修路碑記　清乾隆十九年……九六九
一一一一　重修趙真堂緣碑　清乾隆二十年……九七〇
一一一二　採捕免税憲示碑　清乾隆二十年……九七一
一一一三　嚴禁胥役勒索憲示碑　清乾隆二十年……九七一
一一一四　重修鎮龍庵碑記（二）　清乾隆二十二年……九七二
一一一五　文昌閣碑記　清乾隆二十二年……九七四
一一一六　本縣主林公奉憲革除灰窯德政碑　清乾隆二十六年……九七五
一一一七　重脩永豐庵碑記　清乾隆二十六年……九七六
一一一八　九侯禪寺重開鐘銘　清乾隆二十七年……九七七
一一一九　重新泮池記　清乾隆二十八年……九七八
一一二〇　邑侯張公濬溝碑記　清乾隆二十九年……九七八
一一二一　天后聖母本傳牌匾　清乾隆二十九年……九七九
一一二二　東嶽廟憲示碑　清乾隆三十一年……九八〇
一一二三　丹詔書院記　清乾隆三十一年……九八一
一一二四　羅星塔碑　清乾隆三十二年……九八二
一一二五　金環寶塔戚屬樂助緣碑　清乾隆三十二年……九八三
一一二六　重建霞隱寺碑記　清乾隆三十二年……九八四
一一二七　追報堂家規　清乾隆三十三年……九八五
一一二八　重修永寧宮緣碑　清乾隆三十五年……九八六

一一二九　本社募修僧室碑記　清乾隆三十六年……九八七
一一三〇　白石陂勒恩碑　清乾隆三十七年……九八七
一一三一　鎮龍庵題捐碑　清乾隆三十八年……九八八
一一三二　重修上龍庵緣碑　清乾隆三十八年……九八八
一一三三　重修上龍庵緣碑（二）　清乾隆三十八年……九九〇
一一三四　詔安縣批結廟地憲示碑　清乾隆三十九年……九九〇
一一三五　禪林室題捐碑　清乾隆四十一年……九九〇
一一三六　横山祠記　清乾隆四十一年……九九一
一一三七　重修鎮龍庵碑記（三）　清乾隆四十一年……九九二
一一三八　嚴禁加課漁鹽憲示碑　清乾隆四十三年……九九三
一一三九　重建明倫堂並創尊經閣記　清乾隆四十四年……九九四
一一四〇　重修城隍廟碑記　清乾隆四十五年……九九四
一一四一　南壇廟題捐碑　清乾隆四十五年……九九五
一一四二　趙真堂修築碑記　清乾隆四十七年……九九六
一一四三　重修鎮龍庵記　清乾隆四十八年……九九八
一一四四　重修五通宫碑記　清乾隆四十八年……一〇〇一
一一四五　通隱室題捐碑　清乾隆四十八年……一〇〇二
一一四六　重修龍光庵碑記（二）　清乾隆五十三年……一〇〇二
一一四七　龍光庵功德碑　清乾隆五十三年……一〇〇五

一一四八 分水關大士庵碑記 清乾隆五十四年……………………一〇〇六
一一四九 重建分水關觀音亭碑記 清乾隆五十四年……………………一〇〇七
一一五〇 重建南詔威惠王廟碑記 清乾隆五十五年……………………一〇〇八
一一五一 福善庵緣田碑記 清乾隆五十六年……………………一〇一〇
一一五二 關帝坊題刻（二） 清乾隆五十八年……………………一〇一一
一一五三 禪林室重修緣碑 清乾隆五十九年……………………一〇一一
一一五四 朝天宫捐地碑記 清乾隆年間……………………一〇一二
一一五五 永豐庵增修碑記 清嘉慶二年……………………一〇一二
一一五六 護濟宫緣田碑記 清嘉慶二年……………………一〇一五
一一五七 慈雲寺緣田碑記 清嘉慶二年……………………一〇一六
一一五八 修造南山大峰記 清嘉慶二年……………………一〇一六
一一五九 修露臺廟門牌坊記 清嘉慶三年……………………一〇一七
一一六〇 建祥麟塔並修峰培龍記 清嘉慶四年……………………一〇一七
一一六一 重興龍山岩記 清嘉慶五年……………………一〇一八
一一六二 慈雲寺議約碑 清嘉慶七年……………………一〇二〇
一一六三 太平宫題捐碑 清嘉慶八年……………………一〇二〇
一一六四 本社香燈碑記 清嘉慶九年……………………一〇二一
一一六五 龍山岩題捐碑 清嘉慶十一年……………………一〇二一
一一六六 重修溪雅天后宫題捐碑 清嘉慶十一年……………………一〇二二

一一六七　西關武廟香燈田園碑　清嘉慶十二年……一〇二三
一一六八　福星庵重修緣碑　清嘉慶十三年……一〇二三
一一六九　福星庵整修緣碑　清嘉慶十三年……一〇二四
一一七〇　護濟宫緣田碑記（二）　清嘉慶十七年……一〇二六
一一七一　南山寺樂捐寺田碑記　清嘉慶十七年……一〇二六
一一七二　重修長林寺碑　清嘉慶十八年……一〇二八
一一七三　重脩武廟樂捐芳名碑　清嘉慶十八年……一〇二九
一一七四　重修武廟喜緣碑　清嘉慶十八年……一〇二九
一一七五　北帝廟碑記　清嘉慶二十年……一〇三一
一一七六　北帝廟樂捐芳名碑　清嘉慶二十年……一〇三二
一一七七　重修霞隱寺碑記　清嘉慶二十年……一〇三三
一一七八　本社香燈碑記（二）　清嘉慶二十四年……一〇三四
一一七九　慈雲寺緣田碑記（二）　清道光元年……一〇三四
一一八〇　重新太平宫碑記　清道光元年……一〇三五
一一八一　龍光庵佛祖千秋功德緣碑　清道光元年……一〇三七
一一八二　英濟宫重修碑記　清道光二年……一〇三九
一一八三　南興樓關帝廟臺助緣碑　清道光二年……一〇三九
一一八四　南興樓關帝廟喜助緣碑　清道光二年……一〇四〇
一一八五　重修開元院碑記　清道光二年……一〇四一

一一八六　重建龍山碑記　清道光二年……一〇四三
一一八七　龍潭家廟題捐碑記　清道光三年……一〇四四
一一八八　重修東嶽廟題捐碑　清道光四年……一〇四五
一一八九　碧湖庵樂捐題名碑　清道光五年……一〇四七
一一九〇　石橋廟重修緣碑　清道光五年……一〇四八
一一九一　東嶽廟憲示碑（二）　清道光五年……一〇四九
一一九二　太平宫聖誕演戲題捐碑　清道光五年……一〇四九
一一九三　鎮龍庵捐書資碑　清道光五年……一〇五一
一一九四　福星庵築修緣碑　清道光六年……一〇五一
一一九五　開元院神誕演戲題捐碑　清道光七年……一〇五二
一一九六　重興長林寺碑　清道光七年……一〇五四
一一九七　重興丹詔書院碑記　清道光八年……一〇五五
一一九八　上龍庵題捐碑　清道光十年……一〇五六
一一九九　重修本爵萬公祖祠碑記　清道光十年……一〇五八
一二〇〇　龍光庵信士助緣殘碑　清道光十二年……一〇五八
一二〇一　重修鎮龍庵碑記（四）　清道光十五年……一〇五九
一二〇二　龍光庵中元緣碑　清道光十五年……一〇六〇
一二〇三　重修聖王廟樂捐芳名碑　清道光十五年……一〇六一
一二〇四　重修永豐庵緣碑記　清道光二十三年……一〇六三

一二〇五　重修永豐庵緣碑記（二）　清道光二十五年……一〇六四
一二〇六　龍光庵重修緣碑　清道光二十六年……一〇六六
一二〇七　重修威惠王廟題捐碑　清咸豐元年……一〇六七
一二〇八　趙真堂修築碑記（二）　清咸豐六年……一〇六八
一二〇九　重修溪雅天后宫題捐碑（二）　清咸豐八年……一〇六九
一二一〇　重修鶴立亭樂捐芳名　清咸豐九年……一〇七〇
一二一一　重修上龍庵碑記　清咸豐十一年……一〇七一
一二一二　石橋廟福緣善慶碑　清同治七年……一〇七二
一二一三　重修東関上帝宫碑記　清同治八年……一〇七三
一二一四　上帝宫樂捐芳名碑　清同治八年……一〇七五
一二一五　上帝宫林衙題捐碑　清同治八年……一〇七八
一二一六　五通宫香爐題刻　清同治九年……一〇七八
一二一七　修龍山岩碑　清同治十一年……一〇七八
一二一八　重修萬古廟題捐碑　清同治十一年……一〇七九
一二一九　重修鎮龍庵碑記（五）　清光緒元年……一〇八一
一二二〇　重修武廟緣碑　清光緒二年……一〇八四
一二二一　臺灣裔孫承買蒸田園碑　清光緒三年……一〇八六
一二二二　重修碧湖庵題捐碑　清光緒四年……一〇八七
一二二三　重修碧湖庵題捐碑（二）　清光緒四年……一〇八八

一二二四　重修碧湖庵題捐碑（三）　清光緒四年……一〇八九
一二二五　斗山岩題捐碑　清光緒五年……一〇九一
一二二六　重修溪雅天后宫題捐碑（三）　清光緒六年……一〇九二
一二二七　西關武廟帝君神像題捐碑　清光緒七年……一〇九三
一二二八　福星庵整修緣碑（二）　清光緒八年……一〇九四
一二二九　福星庵整修緣碑（三）　清光緒八年……一〇九五
一二三〇　修龍山岩碑（二）　清光緒八年……一〇九六
一二三一　三仙姑墓碑記　清光緒九年……一〇九七
一二三二　三仙姑墓題捐碑　清光緒九年……一〇九八
一二三三　重修鎮龍庵碑記（六）　清光緒十八年……一〇九九
一二三四　上龍庵題捐碑（二）　清光緒十九年……一一〇一
一二三五　林氏宗祠清丈堂諭碑　清光緒二十三年……一一〇二
一二三六　金馬臺産業碑記　清光緒二十四年……一一〇四
一二三七　金馬臺題捐碑　清光緒二十四年……一一〇五
一二三八　重脩南壇廟題捐碑　清光緒二十五年……一一〇六
一二三九　重脩南壇廟沈族題捐碑　清光緒二十五年……一一〇八
一二四〇　重修龍山岩緣碑　清光緒二十六年……一一〇九
一二四一　重修西關武廟本關題捐碑　清光緒二十七年……一一一一
一二四二　重修西關武廟各關題捐碑　清光緒二十七年……一一一三

一二四三　重修大廟西亭南門題捐碑　清光緒二十八年……一一一五
一二四四　重修大廟西亭西門題捐碑　清光緒二十八年……一一一六
一二四五　重修大廟西亭北門題捐碑　清光緒三十年……一一一七
一二四六　趙真堂重修緣碑　清宣統元年……一一一八
一二四七　趙真堂暹邦弟子題捐碑　清宣統元年……一一二〇
一二四八　趙真堂鼎新題捐碑　清代……一一二〇
一二四九　林頭村教堂憲示碑　民國三年……一一二一
一二五〇　重修溪雅天后宫題捐碑（四）　民國六年……一一二二
一二五一　重修龍山岩題捐碑　民國十年……一一二三
一二五二　重修龍山岩題捐碑（二）　年代不明……一一二四
一二五三　重修龍山岩題捐碑（三）　年代不明……一一二六
一二五四　重修龍山岩題捐碑（四）　年代不明……一一二六
一二五五　重修碧湖庵題捐碑（四）　民國十一年……一一二七
一二五六　重修永豐庵緣碑記（三）　民國十二年……一一二八
一二五七　重修永豐庵緣碑記（四）　民國十二年……一一三〇
一二五八　長林山牌記　民國十五年……一一三二
一二五九　重修西亭寺四城樂捐碑　民國十六年……一一三二
一二六〇　重修聚德堂家廟記　民國十七年……一一三四
一二六一　重修泰山宫樂捐芳名碑　民國二十四年……一一三五

一二六二　上龍庵題捐碑（三）　民國三十年……一一三六
一二六三　抗倭紀蹟碑　民國三十四年……一一三八
一二六四　上湖鄉僑民捐銀碑　民國三十六年……一一三九
一二六五　泰山寺石柱題刻　年代不明……一一三九
一二六六　永豐庵示禁碑　年代不明……一一四〇
一二六七　王官嶺禁墳林石碑志　年代不明……一一四〇
一二六八　林氏祠堂碑刻　年代不明……一一四〇
一二六九　鎮龍庵題捐碑（二）　年代不明……一一四一

卷五　東山縣

一二七〇　舟師往西洋記　明永樂十五年……一一四五
一二七一　古來院開山僧明雪熙賢和尚碑記　明成化三年……一一四六
一二七二　鼎建銅城關王廟題刻　明正德四年……一一四六
一二七三　重建銅城保安堂記　明正德十年……一一四六
一二七四　鼎建銅城關王廟記　明正德十一年……一一四七
一二七五　大明把總泉揮使王公靖海碑　明嘉靖三十四年……一一四八
一二七六　憲斷公海帖文題刻　明萬曆七年……一一四八
一二七七　銅山朱文公祠記　明萬曆二十四年……一一四九
一二七八　關帝聖君贊　明萬曆年間……一一五〇

一二七九　北極殿護界碑　明代……一一五一
一二八〇　銅山石室記　明代……一一五一
一二八一　仙嶠記言　南明永曆六年……一一五二
一二八二　大都督黄公興廟惠民功德碑　清康熙二十年……一一五二
一二八三　宮前天后宮諭祭匾　清康熙二十四年……一一五四
一二八四　大都督詹公重建銅城功德碑記　清康熙三十九年……一一五四
一二八五　重建南溟書院碑記　清康熙三十九年……一一五五
一二八六　重建南溟書院碑記（二）　清康熙三十九年……一一五六
一二八七　公立關永茂碑記　清康熙五十二年……一一五七
一二八八　南嶼陳氏重修祖墳記　清雍正十年……一一五八
一二八九　重興解山廟碑記　清乾隆十五年……一一五九
一二九〇　水利議約碑記　清乾隆二十年……一一六〇
一二九一　南嶼陳氏祖墳憲示碑　清乾隆二十八年……一一六〇
一二九二　關廟香燈田碑記　清乾隆五十一年……一一六一
一二九三　銅山關帝廟酬恩匾　清乾隆五十三年……一一六二
一二九四　銅山港爲舵水屍親勒索禁約碑　清乾隆五十七年……一一六二
一二九五　重修銅陵武廟記　清道光四年……一一六四
一二九六　重興山坪院題捐碑　清道光五年……一一六五
一二九七　重修保安堂記　清道光八年……一一六六

一二九八　古來院産業碑記　清道光十一年……一一六七
一二九九　黄道周祖塋神道碑　清道光十三年……一一六七
一三〇〇　重修古來寺功德碑　清道光十四年……一一六八
一三〇一　嚴禁舵水屍親勒索憲示碑　清道光二十三年……一一六八
一三〇二　黄道周祖塋憲示碑　清道光二十四年……一一六九
一三〇三　鼎建翠雲宫鄉厲壇碑記　清道光二十六年……一一六九
一三〇四　黄山碑界序　清咸豐五年……一一七〇
一三〇五　禁革漁船網捐憲示碑　清同治八年……一一七一
一三〇六　重修銅陵武廟碑記　清光緒二年……一一七二
一三〇七　重修前明朱黄氏節孝碑　清光緒二年……一一七七
一三〇八　重興南溟書院碑記　清光緒七年……一一七八
一三〇九　擬續捐南溟書院膏火記　清光緒八年……一一七九
一三一〇　重修山坪院紫雲樓題捐碑　清光緒十五年……一一七九
一三一一　重修松柏門庵題捐碑　清光緒十六年……一一八一
一三一二　嚴禁轎夫勒索憲示碑　清光緒十八年……一一八二
一三一三　明旌表孝子保禎蔡先生神道碑題識　清光緒二十年……一一八三
一三一四　旌表孝子喬烈余先生故里碑　清光緒年間……一一八三
一三一五　重修山坪院題捐碑　清光緒二十二年……一一八四
一三一六　革除進口米例米禮憲示碑　清光緒二十九年……一一八五

一三一七　古來寺五甲公地碑記　清光緒三十一年……一一八五
一三一八　重修解山廟合慶成碑　清光緒三十三年……一一八六
一三一九　重修石廟寺題捐碑　清宣統元年……一一八八
一三二〇　重修銅陵武廟碑記（二）　民國九年……一一八九
一三二一　嚴禁黄忠端公祖坟界内不准盗葬牌示　民國九年……一一九二
一三二二　重修王爺廟碑　民國十三年……一一九四
一三二三　重修東山城隍廟碑記　民國二十二年……一一九四
一三二四　昭義亭序　民國二十三年……一一九六
一三二五　抗戰紀念亭記　民國三十年……一一九七
一三二六　東山縣僑胞捐資建築抗戰陣亡烈士公墓記　民國三十年……一一九七
一三二七　重修石廟寺題捐碑（二）　民國三十六年……一一九八

卷六　長泰縣

一三二八　孤星橋題刻　宋大觀元年……一二〇一
一三二九　東溪路記　宋淳熙十五年……一二〇一
一三三〇　長泰縣儒學記　宋淳祐八年……一二〇二
一三三一　長泰虎渡橋記　宋淳祐九年……一二〇三
一三三二　重建長泰縣學記　元至正十八年……一二〇四
一三三三　建明倫堂記　明建文二年……一二〇五

一三三四 泰亨書院記 明建文三年……一二〇六
一三三五 長泰縣慈濟宫記 明永樂十二年……一二〇七
一三三六 長泰城隍廟記 明成化十五年……一二〇八
一三三七 重建長泰縣儒學記 明成化十七年……一二〇九
一三三八 邑侯趙公卻金亭記 明正德十三年……一二一〇
一三三九 邑侯朱公去思碑記 明嘉靖元年……一二一一
一三四〇 重建長泰儒學記 明嘉靖六年……一二一二
一三四一 登龍境重興慈濟宫記 明萬曆元年……一二一三
一三四二 長泰縣惠民祠記 明萬曆二年……一二一四
一三四三 石岡山底績記 明萬曆八年……一二一五
一三四四 重建長泰城隍廟記 明萬曆九年……一二一六
一三四五 重修射圃記 明萬曆九年……一二一八
一三四六 文昌閣記 明萬曆十年……一二一九
一三四七 朱文公祠碑 明萬曆十一年……一二二〇
一三四八 復蕁塘陂蓮坂橋道記 明萬曆十二年……一二二一
一三四九 長泰令方侯去思碑 明萬曆十三年……一二二二
一三五〇 長泰縣新增學田記 明萬曆年間……一二二三
一三五一 管侯重修廟學記 明萬曆二十九年……一二二四
一三五二 宋紫陽朱夫子遺跡祠記 明萬曆二十九年……一二二五

一三五三　管侯重修紫陽祠頌　明萬曆二十九年……一二二七
一三五四　長泰縣五里亭碑記　明萬曆二十九年……一二二八
一三五五　管侯新建五里亭頌　明萬曆二十九年……一二二九
一三五六　長泰令管侯礦山紀德碑　明萬曆三十年……一二三〇
一三五七　管侯岩溪治陂渠碑記　明萬曆三十年……一二三一
一三五八　長泰管侯興革功績碑　明萬曆三十年……一二三二
一三五九　管侯重新天柱岩記　明萬曆三十二年……一二三四
一三六〇　管侯興復天柱山記　明萬曆三十二年……一二三五
一三六一　天柱山官山田告示　明萬曆三十二年……一二三七
一三六二　袁爺斷便民汲井功德碑　明天啓二年……一二三七
一三六三　重建長泰文廟記　清順治七年……一二三七
一三六四　戴封君董興文廟記　清順治七年……一二三八
一三六五　方父母惠民石碑記　清順治十七年……一二三九
一三六六　邑侯父母方老爺愛民去思碑　清康熙六年……一二三九
一三六七　邑侯趙公永德碑記　清康熙八年……一二四〇
一三六八　重興石岡山文昌閣記　清康熙二十年……一二四一
一三六九　長泰縣新置學田記　清康熙年間……一二四二
一三七〇　重修長泰文廟碑記　清雍正元年……一二四三
一三七一　新建贈公葉先生祠堂記　清雍正四年……一二四四

一三七二　重修明倫堂記　清乾隆三年……一二四五
一三七三　李邑侯修理紫陽祠碑記　清乾隆七年……一二四六
一三七四　皇龍宫護林公禁碑　清乾隆八年……一二四七
一三七五　長泰縣清理雙圳陂碑記　清乾隆十三年……一二四七
一三七六　清理雙圳陂碑記　清乾隆十四年……一二四九
一三七七　靈順廟禁約碑記　清乾隆十五年……一二五〇
一三七八　歐江宫清肅碑記　清乾隆十八年……一二五一
一三七九　凌虚廟香祀田碑記　清乾隆二十六年……一二五一
一三八〇　瑞煙岩記　清乾隆三十五年……一二五三
一三八一　皇龍宫廣平宣王杯詩牌　清乾隆三十七年……一二五四
一三八二　龍仙宫護樟碑記　清乾隆四十三年……一二五六
一三八三　祖墳蔭石公禁碑　清乾隆五十二年……一二五六
一三八四　瀛山碑記　清嘉慶十年……一二五六
一三八五　重興咼山廟題捐碑　清嘉慶二十四年……一二五七
一三八六　皇龍宫修塘碑記　清道光元年……一二五八
一三八七　張氏宗祠公約碑　清道光三年……一二五九
一三八八　葉氏宗祠公禁碑　清道光二十三年……一二五九
一三八九　重修咼山殿碑記　清咸豐三年……一二六〇
一三九〇　募建敬聖亭小引　清咸豐十年……一二六〇

一三九一　長泰慈濟宮殘碑　清代……一二六一
一三九二　武廟水利告示碑　民國二十六年……一二六二
一三九三　五里亭殘碑　年代不明……一二六三
一三九四　正順廟石柱題刻　年代不明……一二六三

卷七　南靖縣

一三九五　正峰寺造橋碑記　宋熙寧九年……一二六七
一三九六　正峰橋捐修碑記　宋乾道六年……一二六七
一三九七　正峰寺造路碑記　宋淳熙三年……一二六七
一三九八　霞嶂庵捨井碑記　宋淳熙十六年……一二六七
一三九九　霞嶂庵捨井碑記（二）　宋嘉熙二年……一二六八
一四〇〇　西山硿口陂造路石刻　宋淳祐十二年……一二六八
一四〇一　故凝静冲真大師前撫路道録祥符知観容庵戴公壙記　元至元三十年……一二六八
一四〇二　慈濟宫鐵香爐銘文　元至正九年……一二六九
一四〇三　雁塔水圳官碑記　明宣德年間……一二七〇
一四〇四　重修清水庵碑記　明天順二年……一二七〇
一四〇五　盧氏風水林示禁碑　明弘治元年……一二七一
一四〇六　陳祖生墓諭祭碑　明弘治四年……一二七一
一四〇七　恭題誥勑封贈陳祖生父母碑記　明弘治四年……一二七二

一四〇八　黄氏科第山碑記　明嘉靖五年……一二七三
一四〇九　大明南靖縣尹郭侯興水利碑記　明嘉靖二十二年……一二七四
一四一〇　陳氏一門三節傳　明隆慶六年……一二七四
一四一一　吴宅樵牧山記　明萬曆五年……一二七六
一四一二　官洋北充官山水利碑記　明萬曆九年……一二七八
一四一三　官洋北充官山記　明萬曆十年……一二七八
一四一四　李公和溪惠民碑記　明萬曆十九年……一二七九
一四一五　龍山閣記　明萬曆二十一年……一二八〇
一四一六　三節亭記　明萬曆二十三年……一二八一
一四一七　重建南靖城隍廟記　明萬曆二十三年……一二八二
一四一八　新建南靖儒學記　明萬曆二十三年……一二八三
一四一九　安福禪寺會講記　明萬曆二十三年……一二八四
一四二〇　雨仙洞牌坊題刻　明萬曆二十三年……一二八五
一四二一　儒學洲碑記　明萬曆三十八年……一二八五
一四二二　上寨社水利塘碑記　明萬曆三十九年……一二八六
一四二三　守道劉爺批允刑館蕭爺断還官山利民功德碑記　明萬曆四十二年……一二八七
一四二四　南靖下湧官山碑記　明萬曆四十四年……一二八八
一四二五　分守漳南道洪爺審断官山救活萬命功德碑　明萬曆四十四年……一二八九
一四二六　寶林水利碑記　明萬曆四十五年……一二九一

一四二七　南靖縣重修城宇功德碑記　明萬曆四十六年……一二九二
一四二八　藩憲洪公邑侯黄公鼎建官洋水利碑記　明萬曆四十六年……一二九二
一四二九　建文昌塔序　明天啓元年……一二九三
一四三〇　楊邑侯惠神碑　明天啓二年……一二九四
一四三一　楊侯興復三道岩緣田功德碑　明天啓二年……一二九四
一四三二　船場樵牧碑記　明天啓二年……一二九六
一四三三　斗米太平橋碑記　明天啓二年……一二九七
一四三四　楊公祠碑記　明天啓二年……一二九八
一四三五　文昌塔碑記　明天啓六年……一二九九
一四三六　道府縣審斷庵尾寨祖山碑記　明崇禎十六年……一二九九
一四三七　四甲粮山案契記　清康熙十九年……一三〇一
一四三八　紫雲山寺鐘銘　清康熙二十年……一三〇二
一四三九　福慶堂緣田記　清康熙二十五年……一三〇二
一四四〇　重修文廟明倫堂捐置科舉盤費銀碑記　清康熙三十三年……一三〇三
一四四一　重修周濂溪祠記　清康熙年間……一三〇四
一四四二　南靖縣詳報開墾古田洲税銀兑入學宫碑記　清康熙四十一年……一三〇五
一四四三　張氏宗祠重興記　清康熙五十一年……一三〇六
一四四四　禁革各屬陋規碑記　清康熙五十三年……一三〇七
一四四五　募修橋會緣碑　清康熙五十七年……一三〇七

一四四六　帝君廟祀田碑記　清康熙五十八年……一三〇八
一四四七　簡氏大宗祠祀田碑記　清雍正二年……一三〇九
一四四八　十一層岩緣園碑記　清雍正七年……一三一〇
一四四九　王氏忠孝坊題刻　清雍正年間……一三一一
一四五〇　重修定水橋碑　清乾隆二年……一三一一
一四五一　大総戎林公惠德碑記　清乾隆四年……一三一一
一四五二　登雲寺碑記　清乾隆五年……一三一二
一四五三　葛園韓氏祀産碑記　清乾隆五年……一三一三
一四五四　東嶽廟緣洲石碑記　清乾隆六年……一三一四
一四五五　重修兆豐橋碑記　清乾隆八年……一三一五
一四五六　重建崇聖祠記　清乾隆八年……一三一五
一四五七　新建奎光閣記　清乾隆八年……一三一六
一四五八　正峰寺盜賣田蔭示禁碑　清乾隆九年……一三一七
一四五九　五雲寺施田碑記　清乾隆九年……一三一七
一四六〇　徑裡林氏建祠入主碑記　清乾隆九年……一三一八
一四六一　嚴禁鋤岸碑記　清乾隆九年……一三一九
一四六二　厦寨威德廟緣田碑記　清乾隆十年……一三一九
一四六三　興牌廟造像碑　清乾隆十三年……一三二〇
一四六四　募題茶水租額牌　清乾隆十五年……一三二〇

一四六五　魏氏宗祠議約碑　清乾隆十八年……一三二一
一四六六　西河堤碑記　清乾隆十九年……一三二一
一四六七　龍興壇會份碑　清乾隆二十年……一三二二
一四六八　湧江會文樂輸碑記　清乾隆二十年……一三二二
一四六九　湧江會文樂輸碑記（二）　清乾隆二十一年……一三二四
一四七〇　錫慶堂碑記　清乾隆二十二年……一三二五
一四七一　新建魁寮第一溪兩橋碑　清乾隆二十四年……一三二六
一四七二　重修草坂帝君廟碑記　清乾隆二十五年……一三二七
一四七三　唐趙將軍廟碑記　清乾隆二十六年……一三二八
一四七四　重建靖城天后宮碑記　清乾隆二十六年……一三三〇
一四七五　麟山振路碑記　清乾隆二十七年……一三三一
一四七六　聯橋劉氏書香碑　清乾隆二十八年……一三三三
一四七七　上湧蕭氏小宗記　清乾隆二十八年……一三三四
一四七八　鳳尾壇樂施碑　清乾隆二十九年……一三三四
一四七九　下店溪列憲廉明碑記　清乾隆三十年……一三三五
一四八〇　嚴禁縱牛毀堤憲示碑　清乾隆三十年……一三三七
一四八一　樹德橋碑記　清乾隆三十二年……一三三八
一四八二　十一層岩重興牌記　清乾隆三十三年……一三三九
一四八三　鄭氏宗祠嘗田碑記　清乾隆三十六年……一三四〇

一四八四　廟兜郭氏重修大宗祠堂記　清乾隆三十七年……一三四〇
一四八五　廟兜郭氏書租碑記　清乾隆三十八年……一三四一
一四八六　五雲寺施田碑記（二）　清乾隆四十年……一三四二
一四八七　董氏祖厝重修碑記　清乾隆四十年……一三四二
一四八八　重修金壁慈濟宫碑記　清乾隆四十年……一三四三
一四八九　武林顯應宫碑記　清乾隆四十一年……一三四四
一四九〇　重修顯應宫外戚題捐碑　清乾隆四十一年……一三四六
一四九一　龍興壇規約碑記　清乾隆四十一年……一三四八
一四九二　重修千家宫碑記　清乾隆四十一年……一三四九
一四九三　顯應宫會禁碑記　清乾隆四十二年……一三五〇
一四九四　重建注生宫碑記　清乾隆四十四年……一三五〇
一四九五　重建注生宫碑記（二）　清乾隆四十四年……一三五二
一四九六　注生宫公議禁碑　清乾隆四十四年……一三五三
一四九七　寧浤橋記　清乾隆四十四年……一三五四
一四九八　陳氏墳山示禁碑　清乾隆四十四年……一三五四
一四九九　黄氏祖祠會禁碑記　清乾隆四十五年……一三五五
一五〇〇　重修向止亭記　清乾隆四十六年……一三五六
一五〇一　版寮社流丐示禁碑　清乾隆四十六年……一三五七
一五〇二　造峰樂輸碑記　清乾隆四十六年……一三五八

一五〇三 吴氏賓興田樂輸碑記 清乾隆四十六年……一三六〇
一五〇四 阮氏墳山示禁碑 清乾隆四十六年……一三六〇
一五〇五 阮氏墳山示禁碑（二） 清乾隆四十七年……一三六一
一五〇六 運木水道示禁碑 清乾隆四十九年……一三六一
一五〇七 重興大房庵碑記 清乾隆五十年……一三六三
一五〇八 十一層岩重興牌記（二） 清乾隆五十三年……一三六四
一五〇九 重修南靖縣學記 清乾隆五十四年……一三六五
一五一〇 肅清廟前碑記 清乾隆五十四年……一三六六
一五一一 王公捐題碑記 清乾隆五十四年……一三六七
一五一二 高樹門風水林示禁碑 清乾隆五十五年……一三六九
一五一三 登雲寺題捐碑記 清乾隆五十七年……一三六九
一五一四 和溪墟府憲示禁碑 清乾隆五十七年……一三七一
一五一五 嚴禁差保截船勒索憲示碑 清乾隆五十七年……一三七一
一五一六 重修陳氏家廟碑記 清乾隆五十七年……一三七二
一五一七 重修朝古嶺碑記 清乾隆五十八年……一三七三
一五一八 重修長慶橋碑記 清乾隆五十九年……一三七三
一五一九 嚴禁丐首索擾碑記 清嘉慶元年……一三七四
一五二〇 山根兜石牌記 清嘉慶元年……一三七五
一五二一 重建登雲岩碑 清嘉慶元年……一三七六

一五二二　朱文公祠地脈示禁碑　清嘉慶二年……一三七六
一五二三　寨嶺福壇重興牌記　清嘉慶二年……一三七七
一五二四　廟兜郭氏崇本堂碑記　清嘉慶二年……一三七八
一五二五　簡氏東山祠碑記　清嘉慶三年……一三七八
一五二六　湧口吴氏翠峰堂碑記　清嘉慶五年……一三七九
一五二七　嚴禁横丐盜風憲示碑　清嘉慶五年……一三八一
一五二八　重興惠濟廟題捐碑　清嘉慶六年……一三八一
一五二九　保護雲溪岩憲示碑　清嘉慶八年……一三八三
一五三〇　吴氏宗祠重興碑記　清嘉慶九年……一三八四
一五三一　重修長興堂題捐碑　清嘉慶九年……一三八四
一五三二　鴻坪田墩壹甲捐銀重興牌記　清嘉慶十一年……一三八六
一五三三　重修霞徑庵弍甲徑山捐銀牌記　清嘉慶十一年……一三八七
一五三四　鴻邊水朝宫三甲捐銀重興牌記　清嘉慶十一年……一三八八
一五三五　萬善壇蔭園示禁碑　清嘉慶十一年……一三八九
一五三六　磜頭鄉山林禁約碑　清嘉慶十三年……一三八九
一五三七　大廟佛祖廟重修碑記　清嘉慶十五年……一三九〇
一五三八　山城汛兵防寨記　清嘉慶十六年……一三九一
一五三九　遇雨祠碑記　清嘉慶十六年……一三九二
一五四〇　重興李洋廟碑記　清嘉慶十六年……一三九三

一五四一　重興周濂溪先生祠捐銀碑記　清嘉慶十七年……一三九四
一五四二　豐熟宫重興廟碑　清嘉慶十七年……一三九六
一五四三　新建南山堂記　清嘉慶十七年……一三九六
一五四四　河垌庵碑記　清嘉慶十七年……一三九七
一五四五　北坑古道樂充碑記　清嘉慶十七年……一三九九
一五四六　翠峰樓禁約碑　清嘉慶十八年……一四〇一
一五四七　重修注生宫碑記　清嘉慶二十年……一四〇一
一五四八　紫陽書院碑記　清嘉慶二十年……一四〇二
一五四九　凉露亭施田碑記　清嘉慶二十一年……一四〇三
一五五〇　劉氏節孝坊題刻　清嘉慶二十二年……一四〇四
一五五一　正峰寺盜賣田園示禁碑　清嘉慶二十二年……一四〇四
一五五二　重建舖口宫碑記　清嘉慶二十三年……一四〇五
一五五三　題充文峰家課碑記　清道光二年……一四〇六
一五五四　重修草坂帝君廟碑記（二）　清道光五年……一四〇七
一五五五　霞瑞廟緣溝示禁碑　清道光五年……一四一〇
一五五六　重修振南廟碑記　清道光五年……一四一一
一五五七　復祀田記　清道光六年……一四一二
一五五八　重修聖龍宫莊家弟子題捐碑　清道光七年……一四一三
一五五九　重修聖龍宫莊家弟子題捐碑（二）　清道光七年……一四一六

一五六〇　重修聖龍宫親朋善信題捐碑　清道光七年……一四一七
一五六一　鼎建興仁宫碑記　清道光九年……一四一八
一五六二　建造天后宫魏姓題捐碑　清道光九年……一四一九
一五六三　峋嶁碑　清道光十年……一四二〇
一五六四　德遠堂捐祀香題名碑　清道光十四年……一四二一
一五六五　慈慧宫樂輸碑記　清道光十五年……一四二一
一五六六　王氏議約碑記　清道光十六年……一四二二
一五六七　文昌塔碑記（二）　清道光十六年……一四二三
一五六八　劉氏臺灣裔孫三捐祭銀碑記　清道光十六年……一四二四
一五六九　永安橋碑記　清道光十七年……一四二四
一五七〇　韓氏祠堂公議碑　清道光十八年……一四二五
一五七一　安善堂捐題牌記　清道光十八年……一四二五
一五七二　重修南興廟碑記　清道光十九年……一四二六
一五七三　重修河坰宫碑記　清道光二十年……一四二七
一五七四　水朝宫緣田碑記　清道光二十年……一四二八
一五七五　嚴禁擄人勒贖憲示碑　清道光二十二年……一四二九
一五七六　十八家禁除丐首憲示碑　清道光二十二年……一四二九
一五七七　下寮禁除丐首憲示碑　清道光二十二年……一四三〇
一五七八　鳳嶺廟祀田碑記　清道光二十四年……一四三一

一五七九　徑裡林氏宗祠擴建碑記　清道光二十四年……一四三一
一五八〇　重脩南靖縣學宫記　清道光二十四年……一四三二
一五八一　重脩南靖縣學宫題捐碑　清道光二十四年……一四三二
一五八二　賴氏臺灣裔孫捐置烝田碑記　清道光二十六年……一四三五
一五八三　盧氏祖山示禁碑　清道光二十七年……一四三五
一五八四　白岩社風水林伸禁碑　清道光三十年……一四三六
一五八五　嚴禁轎夫丐首勒索憲示碑　清咸豐元年……一四三六
一五八六　札諭完粮憲示碑　清咸豐四年……一四三七
一五八七　重修官興廟碑記　清咸豐六年……一四三八
一五八八　鋪口宫樂輸碑　清咸豐七年……一四三八
一五八九　修開山祖廟碑記　清咸豐九年……一四三九
一五九〇　金山再造金湯橋碑記　清咸豐九年……一四四〇
一五九一　天庭宫中元緣租碑記　清咸豐十年……一四四一
一五九二　重修盧氏報本堂碑記　清咸豐十年……一四四二
一五九三　龍興廟碑　清同治二年……一四四三
一五九四　重建鋪口宫碑記（二）　清同治三年……一四四四
一五九五　重修長興堂碑記　清同治三年……一四四五
一五九六　藩憲王大人德政碑記　清同治四年……一四四八
一五九七　修整船場路碑記　清同治八年……一四四八

一五九八　重修山城朝陽廟碑記　清同治九年……一四四九
一五九九　重修大房庵題捐碑　清同治九年……一四五〇
一六〇〇　乾源祠重興題捐碑　清同治十一年……一四五一
一六〇一　山城墟示禁碑　清同治十二年……一四五二
一六〇二　天庭宫祀田碑記　清同治十二年……一四五三
一六〇三　嚴禁丐夥訛詐憲示碑　清光緒三年……一四五三
一六〇四　大陂山界憲示碑　清光緒三年……一四五四
一六〇五　長教墟重申章程告示碑　清光緒四年……一四五五
一六〇六　重修壁溪慈濟宫碑記　清光緒五年……一四五六
一六〇七　重修壁溪慈濟宫題捐碑　清光緒五年……一四五七
一六〇八　月眉橋序　清光緒八年……一四五九
一六〇九　天庭宫小普慶讚中元題捐碑　清光緒八年……一四六〇
一六一〇　梯雲社牌記　清光緒十二年……一四六一
一六一一　荆美李氏宗祠碑記　清光緒十六年……一四六一
一六一二　鎮南宫碑記　清光緒二十四年……一四六二
一六一三　重修内外杉脚造路牌記　清光緒二十五年……一四六三
一六一四　重修錢坂廟題捐碑　清光緒二十七年……一四六四
一六一五　重修武廟魏姓題捐碑　清光緒三十一年……一四六五
一六一六　長窖総申明禮教告示碑　清光緒三十一年……一四六六

一六一七　重修武廟兼油漆魏姓題捐碑　清光緒三十二年……一四六七
一六一八　南靖縣申明禮教告示碑　清光緒三十三年……一四六七
一六一九　重修界碑嶺路至流坑碑記　清光緒三十四年……一四六八
一六二〇　重修閘溪仔小嶺兩處路碑記　清宣統三年……一四六九
一六二一　重修霞嶂庵碑記　清代……一四七〇
一六二二　霞嶂庵柱聯題刻　年代不明……一四七一
一六二三　重修南靖隄岸碑記　民國二年……一四七一
一六二四　各埠捐賑水災簡明數目總表　民國二年……一四七二
一六二五　重建天后宫魏姓題捐碑　民國五年……一四七四
一六二六　重建吴氏大宗祠碑記　民國六年……一四七五
一六二七　縣獄遷善碑記　民國八年……一四七六
一六二八　重興太監亭碑記　民國九年……一四七七
一六二九　修築朱公祠堂題捐碑　民國十一年……一四七七
一六三〇　重修山城朝陽廟碑記（二）　民國十三年……一四七八
一六三一　重修簡氏大宗廟石碑　民國十三年……一四七九
一六三二　遷建縣治思德碑　民國十五年……一四八一
一六三三　重建千家宫碑記　民國十七年……一四八一
一六三四　追來堂公議碑記　民國十八年……一四八二
一六三五　靖南橋告示碑　民國十九年……一四八三

一六三六　重修山水亭碑　民國二十年……一四八三
一六三七　莊氏考妣序書碑　民國二十年……一四八四
一六三八　大廟佛亭重修碑記　民國二十四年……一四八五
一六三九　山城教會學校史略　民國二十八年……一四八七
一六四〇　正峰寺古井題刻　年代不明……一四八七
一六四一　安福寺石盆題刻　年代不明……一四八七
一六四二　新村造橋石刻　年代不明……一四八八
一六四三　登雲寺示禁碑　年代不明……一四八八

卷八　平和縣

一六四四　漳州三平大師碑銘並序　唐咸通十三年……一四九一
一六四五　水口摩崖石刻　宋代……一四九二
一六四六　崇福堂題刻　明洪武四年……一四九二
一六四七　重建平和儒學碑　明嘉靖三十一年……一四九二
一六四八　平和城隍廟緣田碑記　明嘉靖四十二年……一四九三
一六四九　新築文峰碑記　明隆慶三年……一四九四
一六五〇　文峰碑記　明隆慶三年……一四九六
一六五一　三平寺題刻　明萬曆二年……一四九七
一六五二　射圃碑記　明萬曆三年……一四九七

一六五三　置和庠學田碑記　明萬曆六年……一四九八
一六五四　新平和縣學記　明萬曆二十二年……一四九九
一六五五　平和新作塔峰及雲龍精舍文昌閣碑記　明萬曆二十二年……一五〇一
一六五六　平和縣重修儒學始建尊經閣記　明萬曆二十二年……一五〇二
一六五七　燕溪饒先生立祠記　明萬曆二十四年……一五〇三
一六五八　龍安堂鐘銘　明萬曆二十四年……一五〇五
一六五九　重建三平廣濟大師行録碑　明萬曆三十五年……一五〇五
一六六〇　夏坪禁示碑　明萬曆三十七年……一五〇八
一六六一　奉院司批允三平寺僧業分四六各自徵碑記　明萬曆四十六年……一五〇八
一六六二　重修平和縣儒學宫碑記　明萬曆四十六年……一五一〇
一六六三　恩置宫緣田屋碑記　明天啓元年……一五一〇
一六六四　平和縣城隍祀田記　明天啓三年……一五一二
一六六五　遺逸公從祀記　明崇禎五年……一五一三
一六六六　平和縣鼎建王文成先生祠碑記　明崇禎六年……一五一三
一六六七　漳三府朱侯署和德政祠碑記　明崇禎十年……一五一五
一六六八　重修尊經閣記　清順治九年……一五一五
一六六九　重修平和縣學碑記　清康熙元年……一五一六
一六七〇　文昌祠碑記　清康熙三年……一五一八
一六七一　重興三平寺碑記　清康熙二十八年……一五一九

一六七二　舊縣文公祠記　清康熙三十七年……一五二〇
一六七三　高隱寺石碑記　清康熙五十五年……一五二一
一六七四　萬壽堂緣田碑記　清康熙五十六年……一五二二
一六七五　西銘碑記　清康熙六十一年……一五二二
一六七六　漳城播蘭堂募修理三平石路牌記　清雍正十年……一五二三
一六七七　李氏重修祖廟記　清乾隆十六年……一五二五
一六七八　重興三平寺碑記（二）　清乾隆二十三年……一五二六
一六七九　平和安厚書院記　清乾隆二十三年……一五二七
一六八〇　林氏思敬碑　清乾隆三十四年……一五二九
一六八一　鼎建武當宫碑記　清乾隆三十七年……一五三〇
一六八二　林氏祖山示禁碑　清乾隆三十九年……一五三一
一六八三　重興三平寺中殿牌記　清乾隆四十二年……一五三二
一六八四　莊氏祖祠禁約碑　清乾隆四十四年……一五三四
一六八五　楊氏宗祠禁約碑　清乾隆四十七年……一五三五
一六八六　重建恩置宫題捐碑　清乾隆四十八年……一五三五
一六八七　重修三平寺牌記　清乾隆四十九年……一五三六
一六八八　萬善壇碑記　清乾隆五十七年……一五三八
一六八九　重修上湖家廟碑記　清乾隆五十八年……一五三九
一六九〇　上閘合約禁碑　清嘉慶四年……一五四〇

一六九一　重建平和城隍廟碑記　清嘉慶七年……一五四一
一六九二　重建平和城隍廟碑記（二）　清嘉慶七年……一五四三
一六九三　重建平和城隍廟碑記（三）　清嘉慶七年……一五四四
一六九四　高隱寺重修緣碑　清嘉慶九年……一五四六
一六九五　重修三平寺碑記　清嘉慶十一年……一五四七
一六九六　靈協祠鼎建碑記　清嘉慶十四年……一五四九
一六九七　課資題名記　清嘉慶十六年……一五五〇
一六九八　平和武廟碑記　清嘉慶十六年……一五五一
一六九九　追祀邦畿媽功牌記　清嘉慶十八年……一五五二
一七〇〇　重修塔殿併義壇功德牌記　清嘉慶二十三年……一五五二
一七〇一　重修崇福堂碑記　清嘉慶二十五年……一五五四
一七〇二　重修崇福堂碑記（二）　清嘉慶二十五年……一五五五
一七〇三　重修萬壽堂碑記　清道光元年……一五五六
一七〇四　三平寺祭田碑　清道光六年……一五五七
一七〇五　三平寺祭田碑（二）　清道光六年……一五五八
一七〇六　重修平和城隍廟碑記　清道光七年……一五五八
一七〇七　重修平和城隍廟碑記（二）　清道光七年……一五六〇
一七〇八　重修天湖堂碑記　清道光八年……一五六一
一七〇九　重修萬壽堂碑記（二）　清道光九年……一五六四

一七一〇　官山義塚禁牧碑　清道光十年……一五六五
一七一一　重興心田宫碑記　清道光二十一年……一五六六
一七一二　重修武當宫碑記　清道光二十三年……一五六七
一七一三　平和城隍廟祀田碑記　清道光三十年……一五六八
一七一四　三坪院重修石橋牌記　清咸豐三年……一五六九
一七一五　重修平和城隍廟碑記（三）　清咸豐十年……一五六九
一七一六　重修福興堂記　清同治六年……一五七一
一七一七　三平寺祭田碑（三）　清同治九年……一五七二
一七一八　萬壽堂捐金牌記　清同治十年……一五七二
一七一九　重建萬壽堂碑記　清同治十一年……一五七四
一七二〇　重建東山寺碑記　清同治十二年……一五七五
一七二一　重建東山寺碑記（二）　清同治十二年……一五七六
一七二二　重建東山寺碑記（三）　清同治十二年……一五七七
一七二三　曾楊合同碑記　清光緒元年……一五七八
一七二四　萃文祠合同碑記　清光緒二年……一五七九
一七二五　重修天湖堂碑記（二）　清光緒二年……一五八〇
一七二六　福興堂碑記　清光緒三年……一五八四
一七二七　平和縣義倉碑記　清光緒七年……一五八四
一七二八　平和縣義倉碑記（二）　清光緒七年……一五八六

一七二九　楊氏祖墳示禁碑　清光緒十三年……一五八七
一七三〇　建立奇昂公祀田請存案致祭條款　清光緒十九年……一五八八
一七三一　建立收送聖蹟業息碑記　清光緒二十二年……一五八八
一七三二　重修石恩宫碑記　清光緒年間……一五八九
一七三三　重建清水廟碑記　清光緒年間……一五九〇
一七三四　重修城東威惠廟碑記　清代……一五九一
一七三五　重修城東威惠廟碑記（二）　清代……一五九二
一七三六　文昌祠題捐碑　清代……一五九四
一七三七　西河宫碑記　年代不明……一五九六
一七三八　圓應岩碑記　民國元年……一五九七
一七三九　重修萬壽堂牌記　民國三年……一五九八
一七四〇　修整恩置宫題捐碑　民國八年……一五九八
一七四一　重修福興堂碑記　民國十年……一五九九
一七四二　修塚碑記　民國十五年……一六〇〇
一七四三　重修天湖堂碑記（三）　民國二十三年……一六〇一
一七四四　曾楊粮河禁約碑　年代不明……一六〇六

卷九　華安縣

一七四五　狀元橋題刻　元至正九年……一六〇九

一七四六 慈西庵鐘銘 明永樂九年……………………一六〇九
一七四七 威惠廟神龕題刻 明正德元年……………………一六〇九
一七四八 邦都山契碑 明嘉靖三十六年……………………一六〇九
一七四九 慧眼堂鐘銘 明萬曆十九年……………………一六一二
一七五〇 貳守一我羅公喜雨碑 明萬曆三十年……………………一六一二
一七五一 威惠廟香爐題刻 明崇禎九年……………………一六一三
一七五二 劉味玄公義田記 明崇禎十七年……………………一六一三
一七五三 布山功德主太師文明伯黄忠烈公博濟祠記 清康熙四十年……………………一六一四
一七五四 創建玄天閣碑記 清乾隆二年……………………一六一五
一七五五 大地蔣氏廷宗祠堂記 清乾隆三年……………………一六一六
一七五六 碧雲宫記 清乾隆二十二年……………………一六一七
一七五七 萬安亭記 清乾隆三十一年……………………一六一八
一七五八 東亭福橋記 清乾隆三十二年……………………一六一九
一七五九 重興慈西庵碑記 清乾隆四十七年……………………一六一九
一七六〇 大地蔣氏重修廷宗祠堂記 清嘉慶七年……………………一六二〇
一七六一 威惠廟緣園碑記 清嘉慶十五年……………………一六二一
一七六二 重新五雷宫衆信捐銀碑記 清嘉慶十八年……………………一六二一
一七六三 威惠廟修理廟坪記 清同治四年……………………一六二二
一七六四 旗杆和石敢當題刻 清同治十年……………………一六二二

一七六五　蔣氏廷宗祠重修志　清光緒十六年……一六二二
一七六六　慈西庵題捐碑　清光緒二十二年……一六二三
一七六七　南山宮題記　清光緒三十一年……一六二四
一七六八　芹嶺百歲坊題刻　清光緒三十四年……一六二四
一七六九　南山宮鐘銘　民國二十一年……一六二五
一七七〇　五雷宮題刻　年代不明……一六二五
一七七一　玄天閣題刻　年代不明……一六二五

卷一

漳州府城
龍溪縣
海澄縣

一　龍溪唐墓買地券

維咸通二年歲次辛巳朔十五日乙酉，漳州龍溪縣永泰鄉唐化里没故琅琊府君、押衙兼南界遊弈將、知孔目官王楚中，行年五十三，咸通二年六月五日身亡故，十一月十五日移就祖宗。

今用白銀錢九千九百九十九貫文，就土下卅六神買得信義里箭竹洋村祖墓西北邊乹山崗華盖之前壙地一所。長九尺九寸九分，闊三尺三寸三分，東至甲乙、南至丙丁、西至庚辛、北至壬癸、中至戊己，内圓外方，各掌四夷，上至青天、下至黄泉，以將安葬亡人黄金。從今已後，他鬼異神不得妄有侵奪。如有此，已並仰地下卅六神能了事，不涉亡人；如不能了，任亡人執此契券詣天帝，釋論訟追科，並敕狀倍錢者。

見署人：東王公，西王母，鎮墓神，青龍白虎，前行朱雀，後至玄武，日月星宿爲明。

永保人：張堅固、李定度。並依買地界古今爲志。急急如律令！

按：此爲石刻券，約於二〇〇三年遭盗掘出土於薌城區北郊，現爲漳州私人收藏。券中『邊乹』『倍錢』等當係漳州方言。

二　尊勝陁羅尼經幢序及題名

漳州押衙兼南界遊弈將王剬，及母陳大娘、妻林八娘、男薰，發願造此寳幢。

宣義郎、前建州司户參軍事劉鏞書。

佛頂尊勝陁羅尼經者，婆羅門僧佛陁波利，儀鳳元年從西國來至此土，到五臺山次，遂五體投地，向山頂禮曰：『如來滅後，衆聖潛靈。唯有大士文殊師利於此山中，汲引□教諸菩薩。波利所恨，生逢八難，不覩聖容。遠涉流沙，故來敬謁，伏乞大慈大悲普覆，令見尊儀。』言已，悲泣雨淚，向山頂禮。禮已舉頭，忽見一老人從山中出來，遂作婆羅門語謂僧曰：『法師情存慕道，追訪聖蹤，不憚劬勞，遠尋遺跡。然漢地衆生多造罪業，出家之輩亦多

犯戒律，唯有佛頂尊勝陁羅尼經能滅除惡業。未知法師頗將此經來否？」波利曰：『直來禮謁，不將經來。』老人曰：『既不將經，空來何益？縱見文殊，亦何必識？師可倒向西國，取此經來，流傳漢土，即是遍奉衆聖，廣利羣生，極濟幽明，報諸佛恩也。師取經至此，弟子當示師文殊師利菩薩所在。』僧聞此語，不勝喜躍，遂裁抑悲淚，至心敬禮。舉頭之頃，忽不見老人，其僧驚愕，倍更虔心，繫念傾誠，迴還西國，取佛頂尊勝陁羅尼經。

至永淳二年，迴至京，具以上事聞奏。天子大喜，遂將其本入内，請日照三藏法師及勑司賓寺典客令杜行顗等共譯此經，施僧絹三十疋，其經本禁在内不出。僧悲泣奏曰：『貧道捐軀委命，遠取經來，情望普濟衆生，救拔苦難，不以財寶爲念，不以名利關懷。請還經本流行，庶望含靈同益。』帝遂留翻得之經，還僧梵本。其僧得梵本，向西明寺訪得善梵語漢僧順貞，奏共翻譯，帝隨其請。僧遂對諸大德，共貞翻譯。譯訖，僧將梵本向五臺山，入山於今不出。今前後所翻兩本並流行於代，小小語有不同者，幸勿怪焉。

至垂拱三年，定覺寺主僧志静因停在神都魏□□寺，親見日照三藏法師，問其逗留，一如上説，志静遂就三藏法師諮受神呪。法師於是口宣梵音經二七日，句句委授具足梵音，一無差失。仍更取舊翻梵本，初□所有脱錯，悉皆改定，其呪初註云最後别翻者是也。其呪句稍異於杜令所翻者，其新呪改定不錯，并註其音。訖後有學，幸詳此焉。至永昌元年八月，於大□□寺見西明寺上座澄法師，問其逗留，亦如前説。其翻經僧順貞，現在住西明寺。此經救拔幽顯，不可思議，恐學者不知，故具録委曲，以傳未悟。〈以下經文略〉

朝議郎、使持節漳州諸軍事、守漳州刺史、柱國崔袞，大德僧義中、文古，寺主貞素，上座行充、黄軒、陳充。

佛頂尊勝陁羅尼經勾當僧令如、同勾當都維那行逢，居士鍾徵，工匠程雲，魏操，畫人邵琮、陳訔、黄照、林造。

陳大娘，男文教、男効、男坤、男軿，女三娘、四娘，已上並奉爲先考，入緣贖造。新婦潘二娘、陳四娘、姜五娘、吴一娘，入緣弟子周迴及男女等，萘望母賀二娘、妻林四娘，王繼、沈遇及方一娘、盧澣及男湘，軍事直典陳，吴顒及弟璲、弟榮，陳賀，林茸，黄審，張濆，王用，周弘，鄭儀及男環，黄穗，王特，黄展，王賞，杜簡，曾□。

維唐咸通四年歲在癸未八月辛酉朔廿一日辛巳建立。鐫字：湯惟晟。

按：此經幢高五尺八寸，爲八角石柱形，原在漳州南山寺，後移置中山公園仰文樓，殘缺不全。銘文另見於清陳棨仁編《閩中金石略》卷一。

三　開元景祐鐘款識

當寺洪鐘一口，唐大曆十三年所鑄，已邁二百五十六載。爰自明道元年壬申太歲，已經蝕壞，收萃元銅。州府聞奏於朝廷，三司牒准於敕命，許重鑄造，丁丑厥功爾。乃高八尺三寸，廣五尺。洪梁將掛於蒲牢，擊朴上資於帝祚。勝緣將獲，用紀年華。

時景祐四年丁丑歲三月甲辰朔十五日戊子謹題。

按：此鐘原在漳州開元寺，上有太守方慎從等題名，已佚，銘文見於乾隆《龍溪縣志》卷二十一。

四　湖内古井題刻

本院僧惟德造，及砌外□，紹興己未。

寶慶丁亥重修。

按：此井在薌城區通北街道湖内社區真濟宫，題刻見於石井欄。

五　大宋進封陳聖王許昭侯等敕

奉天承運，皇帝詔曰：

聿稽往古之淵源，爰覽當今之世系，出自河東，允矣！閔公之胄，徙居漳郡，亶哉！霸漢之孫，惟一脈之相傳

也遠。故諸侯之繼，志賢有開，必先克昌厥後。王爵攸崇，既累封於靈著；諸侯顯秩，直追贈乎先人。紀德覃恩，論功行賞，不惟大賚於一門，蓋亦有推於列將。於戲！踐其位，行其禮，於以去舊而從新；敬所尊，愛所親，於以崇功而報德。

故隋陳果仁，王之曾大父，任大司徒，可追封忠烈王；葉氏，王之曾大母，追贈爲衍惠貞烈夫人。

陳克耕，王之大父，唐開國元勳，追封濟美嘉慶侯；魏氏，王之大母，可追贈爲濟順嘉淑夫人。

陳政，王之嚴父，任左郎將，追封祚昌開祐侯；司空氏，王之慈母，追贈爲厚慶啟位夫人。

陳元光，中解元，任中郎將，平閩有功，鎮守漳州，追封開漳州主聖王，加謚忠毅文惠王；种氏，王之妻，追贈爲恭懿肅雍夫人；甯氏，王側室，追贈爲寅恭協肅夫人；宋氏，王副室，追贈爲寅敬協雍夫人。

陳珦，王之子，明經及第，授翰林院，承旨兼守漳州刺史，可蔭封爲昭貺通感文英公；歐氏，王之子婦，可蔭封贊美祐慶夫人。

陳懷珠，王之長女，蔭封爲柔姬廣濟夫人；盧伯道，王之女婿，蔭封爲鈐轄司崇儀使郡馬都元帥。陳懷玉，王之次女，追封爲柔懿慈濟夫人。陳懷金，王之季女，追封爲柔徽克濟夫人；戴君胄，王之女婿，蔭封爲鈐轄司崇儀使郡馬副元帥。

陳酆，王之孫，任中郎將兼守漳州刺史，蔭封爲昭素贊美忠正武英侯；鄭氏，王之孫婦，蔭封爲協應静恭夫人。

陳閨玉，王之孫女，蔭封金閨福應柔嘉夫人。

陳謨，王之曾孫，任中郎將兼守漳州刺史，蔭封爲昭義翊忠侯；翟氏，王之曾孫婦，蔭封爲嗣徽嘉應夫人。陳諭，王之曾孫，授國子監四門博士，蔭封爲昭信翊順侯；甘氏，王之曾孫婦，蔭封爲淑邑嘉翊夫人。陳性温，王之曾孫女，蔭封爲嗣嘉福紹夫人。

陳茹素，王之堂侄，奉郎醫學教授，蔭封爲太醫正輔安保正真人；顔氏，王之堂侄婦，蔭封爲一天明月夫人。

聖王前鋒將許天正，任宣威將軍團練副使，追封殿前都統太尉翊惠昭應侯；姚氏，應侯之妻，追贈爲淑節妙惠夫人。

聖王部下各營將：

馬仁，任明威將軍，追封爲殿前都檢使威武輔順上將軍；韓氏，輔順之妻，蔭封爲策應妙英夫人。

李伯瑶，任定遠將軍，可追封爲殿前點檢使威武輔勝將軍；邵氏，輔勝之妻，蔭封爲金德妙順夫人。

歐哲，任甯遠將軍，追封爲殿前親軍都指揮使威武輔德上將軍；尹氏，輔德之妻，可蔭封爲輔昌妙應夫人。

張伯紀，任遊騎將軍，追封爲殿前親軍副指揮使威武輔應將軍；涂氏，輔應之妻，可蔭封爲弼德妙興夫人。

沈世紀，任遊擊將軍，可追封爲殿前親軍副指揮使威武輔美上將軍；尤氏，輔美之妻，可蔭封爲贊德妙嘉夫人。

林孔著、黄世紀、鄭時中、魏有仁、朱咨英等五人，任軍諮祭酒、府兵長史、行軍司馬、進營贊美、糧儲主簿，可蔭封爲竭忠謀國將軍；陰氏、吴氏、令狐氏、孫氏、盧氏等五人之妻，可蔭封爲秦、趙、魏、韓、楚五國夫人。

盧如金、劉舉、涂本順、歐真、沈天學、張光遠、廖光達、湯智、鄭平仲、涂光彦、吴貴、林章、李牛、周廣德、戴仁、柳彦深等十六人，任府兵校尉，可蔭封爲竭忠輔國將軍；程氏、司馬氏、錢氏、朱氏、詹氏、曹氏、上官氏、曾氏、翟氏、陳氏、方氏、謝氏、潘氏、名氏、韋氏、卜氏等十六人之妻，可蔭封楚、韓、趙、魏、吴、魯、曹、衛、虢、陳、留、會、鄭、蔡、曲、澳等郡夫人。

陸明、蘇道、歐陽傳惠、司馬仲章、楊永、詹英、曾仲規、蕭固甫、胡賢、趙瑞、蔡彧、張來、葉清、顔伯矩、柯敦頤、潘節、錢仲先、魏仁溥、鄭業、余良、朱參、羅幼鄰、姚廉潔、余克、鄭惠、湯公簡、韓器、吴弼、王華、陳淑章、王一中、張木儀、林克非、陳馬、詹以孫、梁文、何德、方子重、趙伯恭、莊肅鸞、唐宗禮、陳實、鄒牛客、丘安道、馮雋水、江延興、石子尊、韓求、李彪、郭魚、曹敦厚、李仙客、高盛典、鍾法興、徐睦、翟恕、汪子固、韓堯、洪有道、章鼇、宋用、楊珍、王佑甫等六十四人，任府兵隊正，蔭封爲昭德將軍；麥氏、耿氏、弘氏等六十四人之妻，可蔭封爲夫人。

章敦復、汪延君等三百八十人，故任府兵夥長，可蔭封昭德校尉；金氏、王氏等三百八十人之妻，可蔭封孺人。咨爾有位，體予衷懷。戴錫之光，佐我皇圖於鞏固；益篤其慶，保爾血食於無疆！

紹興二十年正月十二日。

按：此碑未見，今薌城區浦南鎮鼇浦村陳元光墓旁之碑係近年翻刻，碑名中『大宋』後有『紹興拾三年』。按宋會要輯稿·禮二十(下)·陳元光祠，此次進封在紹興二十年六月。

六　教授廳題名記

教授之爲職，其可謂難矣。惟自任重而不苟者知之，其以爲易而無難者則苟道也。何也？曰：『教授者，以天子之命，教其邦人。』凡邦之士廩食縣官，而充子弟員者，多至五六百餘，少不下百十數，皆惟教授者是師。其必有以率勵化服之，使躬問學、蹈繩矩、出入不悖所聞，然後爲稱。此非反之身而何以哉？是可不謂難以乎？不特此爾，又當嚴先聖先師之典祀，領護廟學而守其圖書服器之藏，其體至重。下至金穀出納之纖悉，亦皆獨任之。嗚呼！是亦難矣。然凡仕於今者，無大小，莫不有所臨制；總攝其任，無劇易，必皆具文書，使可覆視。是以雖甚弛者，亦有所難而不敢肆。獨教授官雖有統，若其任之本諸身者，則非簿書期會之所能察。至其具於有司而可考者，上之人又以其儒官優容之；雖有不合不問，以是爲便。故今之士者，反利焉而喜爲之。而孰知所以充其任者，如彼其難哉？故曰：『惟自任重而不苟者知之，其以爲易而無難者則苟道也。』

予嘗以事至漳，其教授陳君與予有故，館予於其寓直之舍。因得盡觀陳君所施於學者。予謂，若陳君，則可謂知其難矣。時陳君方將刻前人名氏於壁，屬予記，予辭謝不能者再三。既不得命，乃退而書其所聞見如此以爲記，且以勵後之君子云。

紹興二十六年七月甲子，新安朱熹記。

按：此碑未見，碑文見於萬曆元年漳州府志卷十一，落款據晦庵集卷七十七補。朱熹時爲同安縣主簿，後於紹熙元年任漳州知州。

七　柯坑井題刻

雲峰院僧興煥抽衣資，捨井一口，爲恩安龍神、考妣、自身，同增福惠莊嚴。

壬寅歲淳熙九陽月日題。

按：此井在榜山鎮柯坑村，題刻見於石井欄。

八　霞陂井題刻

城西安定坊吴廷慶施。紹熙庚戌□。

按：此井在薌城區霞陂大廟前，題刻見於石井欄。

九　虎甲井題刻

化緣造井一口。太歲甲寅紹熙五年，會首魏道謹題。

按：此井在海澄鎮黎明村，題刻見於石井欄。

一〇　訪求民瘼碑記

臨漳爲郡，負山阻海，地連潮、梅，蓋七閩之極陬。彌望皆崇岡疊阜，榛荆莽翳，象獸之所窟宅，可耕之田絶少，又大半爲僧寺所據。民生其間，窮苦而畏謹，淳質而樸儉，賦輸以時，不待督索。山顛水涯之民，終歲無一詞溷官府，雖被誣抑亦不敢出官自直。奸民、猾吏顧其畏懦，生事而撓之，惟逃匿質貸以求解，其家資立見破壞，鄉

俗謂之折合。紹興間，所在經界，獨本州不及行。至今民間所執，尚多五代以來契約，模糊不可辨真僞；又多爲詭詐謀賴、豪強侵奪，所餘無幾。畝步不均，産錢無定，善良不察，官府追撓，往往盡折而入兼併之家。故鮮有衣食給足者，亦可憐矣。

地産鹽，無官鬻之令；江河山澤，從民逐利其間，官無所禁。乏絶之民，皆藉此以助不給。自頃草寇旁午，田萊多荒，郡計日蹙，用費日廣，官遂鬻鹽，以權一時之用。由郡城縣郭及鄉落村疃，皆列鋪置吏；斤錢十有七，公私之價相去不遠，民猶未以爲病。一二十年來，田既多歸兼併，民間日就貧窶，深山窮谷有逾時不食鹽者。加之生齒日繁，無以自業，私售益多，價益平，在官之直不減，人始憚官鬻而樂私售。爲州家便者，遂令計户均買。主户歲六十餘斤，單貧客户亦三十四斤，分季而催，急於常賦。於是始有抑配之撓。又其後，吏掾爲奸，鹽不時給，徒責價錢。稍不如期，則悍吏踵門無虚日，愁歎之聲聞於田里。蓋循習一時權宜之計，不知其弛於何年。

又罷在城二鋪，凡爲官鹽鋪，除罷無餘。惟龍平、水頭二鋪，居龍岩萬山之間，去海絶遠，民得此良便，兼舊無計户均配之擾，皆樂其留。且其地接汀州，往年二鋪未創，汀民之販鹽者深入吾境，因致争鬥殺掠。自官置鋪之後，私鹽不得越鋪以出境，汀販亦息。此又兩州之利，可存而不可廢者，以故不罷。然二鋪所置在三十年之前，是時民間寬裕，食用頗多，後人遂取爲額，責吏包賣。邇來民貧錢窘，食且不足，鹽用亦鮮，仍責如額；吏率破家鬻産以償官，一番差往，畏避逃遁，監繫填補，由此失業狼狽者甚衆，亦何忍使至於此？遂與減其原額十之四，今且不憚行。

是年七月，又盡罷諸違冒佃僕等一百一十八所，並罷逐村、鄉妄充官牙者十三處，取其拘催之籍、給佃之據，盡毁去之。外有沄頭、沄尾二澳，係龍溪縣歲收，以備經總制解發之乏，計緡錢百四十有七。本州亦爲代以他錢，並與除去。雖州家歲失三萬八千餘緡，然以今二年通計之，郡帑所支，實亦無闕。自經費之外，凡燕設之須，營繕之用，犒軍、賑民之費，如是者舉無廢缺。而又新招補廂、禁卒百三十餘人，增添各人廪給，代納民間丁輸。今行及滿秩，計郡帑所存，無虧前政交承之數。則其所支，不過量入爲出，稍加撙節，應之有餘。

至如諸邑動輒科罰無告之民，尤爲患苦。且民有詞訴無理者，必加之罪，然後民知所懲。今乃許其罰錢免罪。奸横之徒，公行無狀，謂將來不過罰得一二百千耳，何所畏憚？其得理者，無故見擾於人，所當哀矜而慰憐之，亦使罰錢輸官，謂之賀喜錢；兩家一時忿争，尋即悔懼和解，若不入錢輸官，即追逮愈急，不容私已，謂之繳案錢。其他科罰名色不一，官罰其一，吏取其十。在私之費已丘山，於公所入未絲粟。諸胥每於縣官始至之時，故爲急催以示倉庫之乏，緩發以激州郡之怒，因售其不科罰不可爲縣之説。故縣官多徇其請，積習既久，視爲當然。移文力禁止之，追治其承行科罰已甚者數輩，始知畏戢。到任之初，適四邑宰皆方書考，因與約勿科罰。近各滿替而去，不聞以不科罰官錢不辦留滯於此。是知一州一縣常賦，自足一州一縣支遣。凡前數端苛取於民者，徒以資不切浮費而已，郡計豐約實不在此。

初欲罷去數事，或勸以爲緡錢頗多，若遽罷此，將來必至闕乏。或以爲坐鋪之胥、僕佃之輩藉此爲奸，蟠固已深，表裏摇撼，勢將必復。或以爲在官雖弛罷，奸民佔據將必自若。竊嘗反覆或者之説，皆非所慮。若以爲必至闕乏，今行之已兩年，未嘗有一物一事廢闕，則知用度斷不至闕乏。若謂浮言可以動摇，凡爲長民之官，誰不思所以愛民奉法？察不及此、裁害未至此極則已，今既知之，害又已極，誰肯爲浮言所動？且如向來郡圃皆藝麻、植麥，歲入三數千緡，自前守黄監簿察其有科種之擾，即行廢罷；趙漕繼之，遂葺爲遊觀之圃，與民同樂，示不可復。迄今亭榭日增，花竹日盛，無復更種植者。爲民除害，誰無此心，肯因浮言而冒復之？若以爲將來豪猾必至雄據自若，此尤非所當慮。豪猾佔據借曰有之，非公家受其賄而縱其爲虐，彼方蓄縮畏憚，懼罪之及，亦安敢公然爲之？民亦安肯默然聽之哉？因詳述其所罷鹽鋪及除出僕佃之由，庶幾利害本末，不待咨諏尋究，一見而曉然云。

按：此碑未見，碑文見於萬曆元年《漳州府志》卷十一。作者俞亨宗，嘉泰三年任漳州知州。

一一 四先生祠堂記

漳舊祀郡先賢於學，其後始立周、程三先生。新安朱文公爲守，距今歲月遠矣，郡人獨未祠公。予至而謁學，首問諸生，以爲大缺典。教授敖陶孫、推官黄桂、縣尉鄭斯立亦以爲言。乃闢尊道堂之偏爲兩室，先賢居其左，三先生與公居其右。既成，將行舍菜，郡人有學於公者李唐咨、陳淳闔門不出，予物色得之，親訪其家，延請入學，使奉公祀。二子習禮朱氏，舍菜之日，執事其旁。蒼髮布袍，容體肅衎，人始知公之弟子也。退而序立堂上，諸生獻酬，咸大感悦，因請記之。

予雖不足以知公之學，獨念爲兒童日，則已聞世有大儒師三人：公與廣漢張公、東萊吕公一時同起，名震海内，士無愚智，聞風而景從。其間英才，嘗接餘論，心通而業成者有矣。故當乾道、淳熙之間，人物彬彬，號爲最盛。是豈非義理薰陶之功歟？蓋公與張、吕二公，皆推本周、程氏之説，講授學者，而公於究極尤精。阜陵晚欲用公，宰相多不樂，數沮之。既入爲郎矣，旋即去。光宗朝，稍起，帥長沙。上初即位，丞相趙公汝愚在政府，首引公置經筵，公年幾七十矣。每進講，必懇切爲上陳述孝道。屬時多故，姦臣得入禁中，將危趙公，圖國柄。以公儒老，上所尊敬，恐有關説，且非己之利，群小人方嫉正，相與乘間用計去公。未幾，趙公遭讒以貶，黨論遂大起，變異日出。馴至開禧，而兵禍作矣。彼姦臣雖武夫不學，然亦知公爲士類所宗，執典訓以事人主；不去公，則凡其意所欲爲者，終憚公而不敢發也。嗚呼！國其可不用儒哉？公早歲中進士科，一爲同安主簿，家居久，甚樂也。不日不仕，率少合而歸。然得以其間究經明教，任亦重矣。此公之本志也。

張、吕先没，予不及識。甲寅歲，拜公於都城；後十七年，來守是邦，樂問公之行事，庶君子之遺風也。其綱目尚在，可爲治郡法。嘗條畫經界甚詳，請諸朝矣，議竟格不用，惜哉！

壬申十一月，趙汝讜記。

按：此碑未見，碑文見於萬曆元年漳州府志卷十一、乾隆龍溪縣志卷二十四。作者趙汝譜，嘉定四年任漳州知州。

一二　續郡守題名記

官寺之有題名，非直紀到罷之歲月而已。能否、美惡，來者有所鑒戒，亦風教之一助也。道州之陽，見其姓名而思之；水中之蟹，見其姓名而惡之。爲政者恩威行於一時，而愛惡存於心，是非、賢不肖之論，凜然於數十年之後。某，廉也；某，貪也；某，勞於撫字也；某，煩於賦役也。耆老轉相傳授，一視其姓名，交口褒刺，昭昭如目前事。吁！可畏哉！

臨漳自唐貞元二年始移治龍溪，距今四百二十有九年。而郡守名氏，太平興國以前無傳焉。嘉祐中，太守屯田郎中鄭偕始裒次而序列之。沿襲登載，堇堇不墜，而刻以斷板，置之屋壁，過其下者若無睹焉，誠不足以示勸警也。夏蒙恩領郡之明年，易爲二碑，揭之道院，庶幾朝夕便於觀省。於其所愛敬而辟焉，於其所賤惡而辟焉，則賢者吾之師也，不賢者亦吾之師也。後之視今，猶今之視昔，必有感於斯文。

按：此碑未見，碑文見於萬曆元年漳州府志卷十一。作者莊夏，永春人，嘉定六年任漳州知州。

一三　上墩井題刻

當坊隅仙庵法廟奉施。嘉定壬午九月記。

按：此井在薌城區芝山鎮上墩村，題刻見於石井欄。

一四　漳州義塚記

人死曰歸，葬曰藏。歸者，復其所也；藏者，俾人之不得見也。故先王制禮，喪葬有期，下至於士，則逾月而

已。何漳之爲子若孫者，乃有不葬之俗耶？其親死，往往舉其柩而置之僧寺。是蓋始於苟簡，中則因循，久則忘之矣。嗚呼！久則忘之矣，而不知虚廊冷殿之間，寒聲泣霜，弱影吊月；其望於子孫一旦之興者，猶未已也。蓋嘗命官僚核其事，近城之五里，乃有木瓦棺合二千三百有奇。爰擇於城之西、南、北高燥地，立爲義塚三。每所大爲之域，既封覆以青莎，使如舊壟；前塗白堊，書其有名氏者，庶幾子孫猶來祭享也。

訖事，郡人合辭以請記。余曰：『義之名立，其始於不義而後見也。此其不義，果起於誰乎？曰僧人其作俑者也。是間層山疊林，梵宇無數，廊廡間率不置神若佛，類爲土室，其入如竇，黯然無光，斯皆誘愚俗以來殯者也。彼棘人者，舉其親而即安於彼，死者一入，杳無葬期。使其子若孫良心陷溺，不復知有天理之正、人道之終，此有識者之所深恨。原道曰：「不塞不流，不止不行。」近因爲令，下諸浮屠，必使盡改其室以爲僧房；不改，則鞭其人而俗之，籍其田而公之。蓋治盜之法，治其藏者。此法常存，則誘者始有所畏，死者始有所歸矣。』是爲記。

按：此碑未見，碑文見於萬曆元年漳州府志卷十一。作者危稹，嘉定十六年任漳州知州。

一五　高美亭井題刻

奉捨井一口，當保黄翁。紹定四年立。

按：此井在榜山鎮普邊村，題刻見於石井欄。

一六　雲洞岩棧橋題刻

西至祈雨石，南至孤魂壇，北至杉林山。
化衆造石欄杆，重修石街連衍。旹端平丙申三年十月　日謹題。
大元至正甲申春，化衆再造石欄杆。

按：此題刻現存龍文區藍田街道蔡坂村雲洞岩崖壁。

一七　龍溪虎渡橋記

漳之北溪，源發臨汀，循兩山而東，衆流赴之，匯於虎渡，南入於海。渡當溪海之交，飄風時至，篙師難之。舊有飛橋，聯艘以濟。摇蕩掀簸，過者凛容。腐黑撓摧，疲於數易。嘉定甲戌，郡侯宗正少卿莊公夏更治之，壘石爲址，輿樑其上而亭焉。後二十四年，嘉熙改元，橋圮於燬。今禮部侍郎、侍講李公韶，以集英修撰來守是邦，聞之蹙然曰：『是南北往來一都會，其議所以經理之！』有建議者曰：『樑用木而屋之，非計也。今易以石，毋屋焉，則善矣。』時郡無蓋藏，議幾寢。公乃輟私帑，又蠲南山招提非時科歛，俾出萬緡，以相斯役，聞者胥勸。郡人陳君正義，佛者廷濬與其徒浄音、德垕、師照、法聳，奉命惟謹。南走交、廣，北適興、泉，露宿風餐，求諸施者。會鄉大夫顔公頤仲持節入桂，莊公嗣子夢説貳郡五羊，捐貲佐之，更造如前。計其長二千尺，址高百尺，釃水一十五道。樑之跨於址者五十有八，長八十尺，廣博皆六尺有奇。東西結亭，以憩往來者。糜錢楮三十萬緡，經始於戊戌二月，其告成則辛丑三月也。

是歲，予被命守漳，獲踵後塵，别公里第。公念橋事不置，俾予記之，曰：『予將詣南越，橋方庀工，輕舸絶江，進寸退尺，眩目怵心，大類扶胥黄木間。今茲入境，樂其有成。屏車從橋，憑高眺遠，樵歌牧吹相屬於道。風景之夷曠，波濤之激壯，鳥獸之鳴號，黿魚之出没，獻奇騁怪，如在几席之側，誠一方偉觀也。嗟夫！臨不測之淵，興未必可成之役，工夥費廣，財殫廩絶，世之能臣才吏猝未易集。就使能之，其駭民聽豈少哉？』公懇惻至誠，未嘗疾言遽色，一鄉善士咸樂奔走，竟能成公志。余乃知自用之智淺，資人之功深也。方斯役未就，支海之橋填淵跨壑，雄偉宏壯，孰若清源萬安之石橋？昔梅溪王公賦萬安也，嘗有『山川人物兩奇』之嘆。以此較彼，殆似過之。余乃知立事惟人，今人未必不古若也。公自漳歸，杜門掃軌，若將終身。詔强起，公方將當大任，決大議。推是心以往，

豈特一橋之利濟哉？若夫護橋有田，主田有僧，勿爲勢攘，勿爲計取，有莊公記文在。

按：此碑未見，碑文見於萬曆元年漳州府志卷十八。作者黄朴，紹定二年狀元，閩縣人（出仕後移居侯官，故世以爲侯官人），淳祐元年任漳州知州。

一八　道原堂記

道原堂者，祠文公朱先生，以北溪陳先生配也。名堂之義，揭文公授北溪講學之要也。公爲州進諸士之秀者誨以聖賢之學，及門之徒，難疑答問，罕契師指。北溪袖自警詩以見，公得之喜甚，亟語之曰：『道理須各窮個根原。』因爲極論其所以然。從容扣請，久益融會，又贏糧千里而卒業焉。公每告人以『南來喜爲吾道得一安卿』，蓋深許之也。後三十餘年，臨川危侯稹始創龍江書院，聚生徒以明理學。而嚴師之祠，久未克建，士昧所從。東嘉集撰方公來，語博士陳君光大曰：『文公守於斯，北溪家於斯，合而祠之，若潮人之祠韓、趙，實應經誼。』乃闢明德堂之東偏，爲屋三楹，師席中臨，高弟旁侑，象塑惟肖，涓吉妥靈。

諸生請明叔書其顔，且記成事。明叔曰：『聖門之道，廣矣、大矣。非其人，道莫之明也。既明矣，非其人莫之傳也。洙泗一貫之旨，至孟子而無傳。周、程諸儒振千載之墜緒，游、楊而下誦其師説，轉相付受，浸失本真。文公集儒之粹，會聖之精，發揮斯文，爲東南一大爐鞴。成德達材，固不乏人，速而肖者，蓋亦罕矣。是邦何幸，親沐真儒之教。有先覺焉，奮於流俗之中，獨得師傳，真知實踐。淵源所漸，如此其近，曠而不續，非吾黨之羞乎？求道之要，下學而上達，詳説而反約；或遺下而語上，合詳而趨約者，妄也。考亭師友之學，理無不窮，物無不格，體用兼該，粗精不遺；片言貽後，剖析精義，學者可以易求之哉！四書之章句，字義之詳講，諸君固常誦習之矣。易有本義，詩有集傳，禮有經傳通解，史有通鑒綱目：文公之立教也甚備；先後天、河洛圖書之説，禮、詩、女學、宗法之書，道學體統、節目之四篇，異端似道、似學之二辯：北溪之衛道也尤嚴，幸博取而熟復焉。未得也，則專

精以究之；既得之，則篤實以守之。庶乎途轍不差，堂序可進，以紹師門傳宗之統，以副邦侯嚴祀之忱，顧不美歟？不然，徇末流而本原之昧，課俗學而利禄之媒，瞻斯堂者，將有泚其顙矣。尚念之哉！』皆對曰：『敢不勉？』遂書以授之。

按：此碑未見，碑文見於萬曆元年漳州府志卷十一。作者徐明叔，晋江人，淳祐五年任漳州通判。知州方來，淳祐五至七年任。

一九　威惠廟祭田記

靈著順應昭烈廣濟王，廟食于漳，歷年數百，祭皿未嘗一日乾也。然豐殺視情，不度於禮，或者尊奉之典猶有所未備。狃於俗歟？抑歉於力歟？淳祐乙巳，郡侯方公因祠者之請，於是定爲春秋二祀。其行事也，以仲月之吉，春曰祈歌載芟，秋曰報歌良耜，如周人之祀社稷焉。又取黄、汪二公祀神曲，次第歌之。籩豆簠簋、粢醴牲幣，既倣諸古，其有宜於今者亦不盡廢，禮視州社而微殺焉。

行之四年，余適守是邦，貢士蕭桂芳與其衆請曰：『禮之始行，費以緡計者百，桂芳給其半，餘則預廟事者共助之。嗣是以裒資爲例，懼弗克久，頃白于郡，將出衆力，置田助祭，使奉祀者遞掌其租入以給厥事。既得之，而余桂芳復捐田以助，計其費幸可以無乏，盍識之以遺後人？』余謂漳介泉、潮間，其初惟荒徼如也。自王惠綏兹土，始創爲州，夷群盗之藪，聚邑屋之繁，屹然爲閩壯藩。建邦啓土之功，誠不在社稷下。至於以死勤事，使聖人復生，亦當以殺身成仁歸之。然則方侯俾邦人以祀社稷者祀王，宜矣。夫自古禮不存，世之人憚於周旋登降之勞，而習於侈美游觀之餙。其祀神也，以瀆爲恭，豈理也哉！方侯嘗爲從臣，是舉誠知所本者；諸君又能不愛其力，相與扶植之。是可傳也，是可書也！後之人，其毋忘經始之艱云。

按：此碑未見，碑文見於嘉靖龍溪縣志卷三。作者章大任，淳祐八年任漳州知州。文中『淳祐乙巳』，明清以來縣志、府志均誤作『淳熙乙巳』。

二〇　學廪記

漳學廪，故號衍沃，視他郡相什伯。歲益久，田益增，視始至又相倍蓰。然所入僅足以給所出，凛凛乎常懼弗繼也，何居？或者田畝削於侵疆歟？斗斛虧於去籍歟？否則冗食之員贅歟？將送之費夥歟？疊是數者，幾何其不日辟而月蹙也？淳祐庚戌四月維夏，秘閣監丞史公賓之領州事，來謁學廟，與諸生會，鵠袍錯立，紛如也。公愕然謂曰：『人物盛矣，廪稍得無儉乎？』崇珜具以前數語對。則又慨然曰：『姑舍是，宜有以益之。』顧始末，未暇損郡計，得法濟廢寺田，入於住管僧者曰柳陂莊，入於民丁局者曰留塘莊。以歲會之，柳陂莊爲錢五百五十緡，舊爲住管僧所有者，今以全租歸於學；留塘莊除代納民丁外，寬剩爲錢可四百緡，舊爲局吏及佃僕人所有者，今亦以歸於學。

符下，諸生踵門，謂是不可以無紀也。崇珜竊惟政莫先於教，教莫急於養。世之爲政者，以版曹豐登爲能，以帑庾充實爲最，視學校教化直緩而不切者。今公下車之初，即留意教，而又無虧於官，有益於學。與其飽庸僧、黠吏之溪壑，孰若繼吾儕一飯之虀鹽？昔淳熙間，崇安令趙彦繩以白雲、中山等院絶産田歸邑學，朱文公記之，謂趙侯務一而得兩，且謂：浮屠氏豐屋連甍，良疇接畛，以安且飽，而莫之或禁；是雖盡逐其人、奪其所據而悉歸之學，使吾徒之學爲忠孝者得以無營於外而益進其業，猶恐未足以絶其邪説；况其荒墜蕪絶，偶自至此，又欲封植而永久之乎？然則公今此舉，與文公意見大略相似，是可紀也。而爲爾諸生與夫職教事者，又當相與講明學問，遵守規程，絶請謁以限冗食，謝遊俠以省將送，行有餘力，則可以正吏胥之去籍，復豪右之侵疆。俾公之惠與漳之學相爲長久，庶無負我公樂育之盛心云。

按：此碑未見，碑文見於萬曆元年漳州府志卷十一。作者趙崇珜，淳祐九年任州學教授。

二一　顯應廟記

神姓趙，名棠，弟名栢，洪州人。不知何代仕，殁於漳，鄉人立廟祀之。宋紹興間，有囈作神語者曰：『臘月二十五日，有賊犯境，當相助。』及期，寇果至。忽無數蜂螫之，遁去。嘉定十一年，勅賜『顯應』。嘉熙二年，封棠爲『廣福英濟孚忠普佑王』，栢爲『昭德英烈顯應協祐王』。東廡祀通靈顯化將軍，名淵，則王之孫也。

按：此碑未見，碑文見於乾隆龍溪縣志卷十一。

二二　南山崇福寺鐘銘

漳州路南山崇福禪寺謹募衆緣，鑄造洪鐘一口，永鎮山門，上祝聖壽，下報檀恩。

三山爐主：蕭大有、男仲直。化士：崇□、崇□、法興、忠清、□質。知事：□□、法□、□□、金妙通。頭首：崇淵、□□、□□、永順、本興。主緣：小溪、永洪。勸緣：法濟寺開山月湖、得清。住山：古愚、志惠。

延祐丙辰仲夏誌。

按：此鐘原在漳州南山寺，已佚，銘文見於閩中金石略卷十。

二三　南山崇福寺鐘銘（二）

漳城南，圓山東。古愚老，新梵宫。金錯落，碧玲瓏。覺皇殿，樓其中。陳法寶，器中鏞。結萬緣，衆信同。命梟氏，運神通。天地爐，造化工。電其火，山其銅。厥功就，厥音洪。警塵世，啓昏蒙。闢地户，開天聰。揚佛化，贊皇風。萬萬歲，祝聖躬。海岱清，歲時豐。文武官，爵秩穹。檀那華，福壽崇。參玄流，悟真空。孰不云，鐘之功。鋟篆文，垂無窮。銘者誰，古禪翁。

延祐己未上巳日。

按：此鐘原在漳州南山寺，已佚，銘文見於閩中金石略卷十。

二四　旌表烈婦王氏祠記

君者，臣所天；夫者，婦所天。固有臣死於君、婦死於夫者矣。獨有如闞氏一門，夫爲忠臣，婦爲烈婦者乎！初，闞氏諱文興，以建康土軍隸傅招討爲軍府知事，出戍於漳。漳爲七閩徼郡，東履海濱，西肘汀、贛，南襟潮、廣，地險民頑。赤眉、黄巾之屬，長薅之於此，而復蘖之於彼，其居使之然也。至元戊寅，畲寇陳吊眼者，入據城叛。張元帥南征，賊衆宵遁，於是傅招討等領軍鎮焉。越二載，賊衆乞降於福建行省。於時，革命之始，姑務懷柔，乃俾入城，與居民雜處。亡何，復叛，官軍忽諸，死者十八九，傅招討遇害，文興罵賊而死。其妻王氏，同郡人也。王文興之戍，以漳爲盗淵藪，不欲偕行；王氏以同室同穴死生之義，不可獨處。至是，王氏爲賊所掠，將遂室之。王氏因紿之曰：『今者不幸，夫死於兵，未知死所，於心終不忘。若引我焚瘞夫屍，以終結髮之義，兼夫有窖藏，當盡發之，並歸於汝。』賊以爲然，引至屍旁，爲之積薪熾火，王氏躍赴火中以殉。賊驚謂曰：『此真烈婦也！』欲拯而不可得，遂火化之而去。

大德丁未，萬户府昉以上聞，乃命録於史館，而旌表其門閭。皇慶壬子，郡侯張公請於帥閫，於元屯營所立烈婦坊。延祐甲寅，部使者憲副伯伯中義、憲僉張朝列，咸命廣坊爲亭。越七載庚申，郡侯史埜即亭爲祠，以厲風俗。上下四十年間，歷歷若前日事。其視效死樓前、甲士爲之變色，斷臂山店、昏暮恥於見汙，風斯下矣。昔卞壺之死蘇峻之難，二子盼盱見父没，相隨赴賊死之；朝議以父死於君、子死於父，忠孝之道萃於一門。今闞文興罵賊而死，王氏殉夫以焚，可謂夫死於君、婦死於夫，君臣之義、夫婦之倫在，三綱於是乎植，非若匹夫匹婦之爲諒也。則夫祠而表之，使百世之下聞其風者，尊尊親親之念油然而生矣。

系之辭曰：『君爲臣綱，夫爲婦綱。惟民秉彝，曰篤不忘。乃如之人，表表其節。夫死於忠，婦死於烈。夫舌既斷，妾身可焚。身重於義，匪妾攸聞。胡然而天，有一無二。生也而污，雖生猶死。之死無憾，重於泰山。美哉輪焉，千古大閑。』

按：此碑未見，碑文見於萬曆元年漳州府志卷十一。作者侯安，時爲漳州路總管府判官，生平無考。

二五　漳州路新建龍江書院記

漳州龍江書院者，本在城西北登高之山。徽國朱文公守漳時，愛其地高爽，將築室講學，未及有作。而後數十年，守臣危稹始克爲之，謂之龍江書院，置師弟子員，以成文公之志。又後十餘年，守臣方來即書院建『道原堂』，祠文公，以其門弟子郡人陳君淳配。郡人士觀感興起於一時，他郡莫之及焉。内附國朝時，書院燬于兵，而地歸浮屠氏矣。國家奄有四海，郡縣無小大遠邇，莫不建學立師。乃若先賢講學故地，遺跡所在，及賢士大夫好善樂道者，或因或創，爲之書院。其以文公而有所創立者甚衆，而七閩爲尤甚。獨清漳所謂龍江者，曠數十年，莫或過而問焉。

郡之儒者黄元淵，乃慨然以爲己任，曰：『今我朝崇尚朱氏之書，家誦人學，幾徧天下，奈何使之迹熄於吾邦乎？』謀諸郡守，出私錢，别置地東北隅，創書院。監郡自納兒苦伯以下，致其成功。經始泰定丁卯冬十月，作大成殿，奉先聖先師；作堂祠文公，以黄君幹與陳君淳並配；作講堂、齋舍，以容弟子。天曆戊辰秋九月告成，郡守貳與諸生行釋奠禮。明年，廉訪僉事東平馬益行部，見而善之，移書郡守，俾請於方伯連率，上之朝廷，以龍江舊額，列爲學官云。

至順三年，國子助教陳旅來告曰：『捐家業以爲浮屠、老子之宫，求福田利益者，何可勝數！元淵觀鄉邦之寥寂，慨斯文之泯墜，節衣食之資，以成義舉。書院成，家已貧矣。君子其有取於斯乎！願爲之記歲月，勒之金石，俾葺而勿壞，不亦可乎？』集承乏國史，事有當書者，不敢不書，謹敘其廢興之故如右。又竊有所聞焉，敢以告諸學于斯者：

蓋嘗聞之，先王有不忍人之心，斯有不忍人之政。政之所在，不有人民社稷，何以見其行事乎？文公之書，聖賢之學備矣，先王之道著矣。舉而措之，於天下國家者在斯矣。然而法度之所建立，必有規矩準繩之則，張弛先後之具。所謂關雎、麟趾之意，必施以周官之典而後可也。内聖外王之説，其可以偏舉乎？善乎！

昔守趙侯汝譡之言曰：『我來守是邦，樂文公之行事，庶君子之遺風也。其綱目尚在，可爲治郡法。嘗條畫經甚詳、請諸朝矣，議竟不用，惜哉！』蓋趙守有意於爲治之具，當時又有可知者。今二百年矣，豈復有可尋之跡哉？此昔之君子所以歎夫周公没而百世無善治者。管仲之治齊，其書盖有存者，見其爲法，則故先王之法也，豈若後世妄意私智之爲哉！其所以不得爲王者之政，以其有利之心耳。自是而後，惟諸葛孔明治蜀之法，盖庶幾焉。固嘗自比管、樂，而君子原其心，直以爲王者之佐，豈徒言哉？

吾是以知不修先王之法，則不足以成先王之功也。文公既不得大有爲於當時，一守南康，再守長沙，三守漳州。使得久於其地，而治法有所措焉，則聖賢之澤，深及乎人，不終爲空言之托，豈不盛哉？而卒不如其志，天也。孟子曰：『爲巨室，必使工師求大木。有璞玉者，必使玉人雕琢之。』夫工師、玉人，必有受於其師、習於其身者矣。而世之號能攻玉、攻木，各以其巧而爲之，幸而集事，則已名世，謂之善治，可乎？不可乎？吾悲夫趙守之所以論文公治漳者，并書以遺之。

按：此碑未見，此爲碑文節文，見於嘉靖龍溪縣志卷三。作者虞集，元代學者，領修經世大典，官至奎章閣侍書學士。

二六　雙節廟記

皇帝元年，江淛行省言：『漳州萬户府知事闞文興死其君，配王氏死其夫。邦人既爲之立廟，請加褒顯，以慰邦人，以爲天下後世勸。』乃下吏部定封，太常議謚，而封闞文興爲英毅侯，王氏爲貞烈夫人，廟曰雙節之廟。

今右司馬郎中范陽張侯士弘，爲吏部侍郎時所力行也。新安鄭玉復持張侯命，請暴其事於麗牲之石，謂：闞文

興，不知何許人；王氏，金陵民家女。至元十三年，從萬户賈將軍戍漳州。十七年八月望，劇賊陳吊眼夜率衆爲亂，殺招討傅全及其一家，官軍死者十八九。闞文興戰死，其配王氏有美色，爲賊所執，迫欲污之。紿曰：『我不幸至此，豈敢愛其身？願收瘞吾夫，然後唯命。』賊義而許之，得其夫亂屍中，置積薪火之，遂自躍火中併燒死。後十八年，府始上其事，連帥及部使者以達行省。又九年，行省始聞於朝，下禮部議。部請訪王氏族里，旌其門閭，收卹其宗親，仍以其事付史館。事下江淛，求之六年無所得，乃用漳守言，表其故營曰『烈女之坊』，然無及文興者。又二十有一年，士民言之不已，以有今日之請。

於戲！二人之死，卓卓如此，猶歷五十有四年，始獲五鼎之封、雙節之錫，且必待張侯賛之。人之伏岩藪、沉下寮，砥石礪操，欲聞於天下，亦難矣！况數十年之間，有司之請，朝廷之議，皆爲王氏而止。王氏信莫及也，闞文興詎亦可少哉！天下綰符杖節，擁萬夫之衆，鎮千里之地者，不知其幾。一旦四方有急，天子之命未及于境，已閉閤稱疾者有矣，遂委衆而逃者有矣。當是時，變起倉卒，使闞公文興第守簿書期會之常，負妻子踰垣而避之，人孰得而議之？而臨難忘身，見危受命，蒙兇威，蹈白刃，奮不顧身之勇，死而無悔者，何耶？蓋禍亂迫於前，忠義激於内，不暇擇地而死也。至於王氏決死生於俄頃，不辱其身，烈丈夫有弗逮矣。君子曰：『人皆死於危，二人獨死於安。』以皆有苟免之道而不爲也。然江淛之請雖堅，中書之命雖下，微張侯，英毅必不侯，貞烈之封亦不及；而闞之死其君、王之死其夫，亦豈欲求廟食、襃寵、要譽於天下哉？誠不忍棄君臣、夫婦之義焉耳。

傅全闔門死難，有司之請、朝廷之議皆不及者，武臣死事，國有常典云。

其詞曰：『世道升降，視綱與常。綱常弗紊，國乃吉昌。仡仡闞侯，夙佐戎幕。匪矛伊戟，簿書攸托。婉婉王嫗，來賓于闞。夙興夜寐，惟警戒是監。元有南土，爰鎮于漳。閩山岩岩，以海爲疆。謂國既平，威德既加，弗戒弗備。内生蘖芽，盗夜斫營。侯亦戰死，王嫗不辱，入火如水。五十四年，民請弗卻。廟有新號，封有新爵。載念厥初，風教未立。三綱如此，命侯不集，惟侯克齊。而家而婦，克配爾德。生雖不融，歿有遺則。民心孔懷，廟食孔宜。

式著刻辭，臣妾之規。」

按：此碑未見，碑文見於嘉靖龍溪縣志卷三。作者揭傒斯，元代文學家，領修遼、宋、金三史，官至翰林侍講學士。

二七 觀音造像題刻

觀音寶像，入龍口亭供。

石尾保信士黄真興偕室念七李氏，至正乙酉中元志造。

按：此造像現存角美鎮埭頭村石觀音亭，題刻見於造像腹部、左腿及右臂垂帶。

二八 豐田慈濟宫碑記

檀越霞城吴宅陳氏一小娘，於至正六年喜接香灯田土，坐落漳浦縣廿八都□□，東至陳莊嶺田，西至□西坑吴宅山崎頭，南至龍峯林水分流，北至□□□崎山爲界，付都會焚香修理。鄭光佃田，坐落龍峯林尾□□□雙壠口，通計三壠，受種一碩三斗。茲因安國政佃田，坐落□峯林□垌下，通計五壠，受種一碩□斗五升。唐汝□佃田，□□□□□□□，受種□斗。黄□遂佃田，坐落□□外□墓前，計四壠，通受種□斗八升半。□□汝壽佃田，坐落□□□□，受種六斗四升半。陳德賢佃田，□□□□計□壠，通受種一碩。□□大佃田，坐落崎山□□，受種弍斗。大小弍十弍坵，東西南北並山爲界。

至正弍十四年二月立。

按：此碑現存白水鎮方田村慈濟宫。

二九　漳州路達魯花赤合魯侯墓表

元有盡節之臣，曰漳州路達魯花赤諱迭理彌實，字子初，合魯温氏，西域人也。洪武元年，我師征八閩，閩八州不兩月而平。當是時，合魯温侯實監漳州郡。於是，守將既以所部軍先遁，郡事又屬他官總制，政不自己出。欲圖守禦之策，計未決，而總制者已納降。俄報新朝使者至，禮當郊迎。侯從容語左右曰：『吾將圖之。』乃朝服北面再拜曰：『臣四十始仕，不數年，致位二千石，國恩厚矣。今力不能禦敵，義不忍降。報國恩者，惟有死爾。』遂斫其印篆，書其笏曰『大元臣子』，置几上，即引佩刀刎喉中，絶咽以死。手執刀，按膝坐，毅然如生。時郡民聚哭庭下，聲震地，共斂葬東門外，蓋年四十有六矣。

侯早歲備宿衛，用年勞當入仕，以母老不忍去膝下，不願仕。母殁，服除，東宫素知其才，勉之，乃仕，授承直郎行宣政院崇教。至辛丑，陞奉訓大夫、杭州路治中，尋改福州。壬寅，以事至京，除福建行省理問官階，轉奉議，與福建行省平章燕只普化同赴任。會盜據閩城，不得入。侯贊平章，集諸縣民爲兵圍城。盜賊既蹙，乃闕城東圍，使出奔，因勒兵殲之。以功升朝列大夫。居三年，除漳州路達魯花赤，階亞中大夫。時友定據全閩，民苦其朘剥。曰：『吾受千里生人之寄，寧忍坐視不加恤乎？』頗釐庶事之利病而興除之。釋去文事，而務存忠厚，民受其惠甚多。故其死也，漳人無不痛思之。其爲可稱道者如此。侯祖曰蒲速兒，大都路治中；父曰默里馬合麻，安慶路治中。夫人回回氏。子男二人：長六十宿衛，爲速古兒赤；次普顔帖木兒，江西行省通事。

嗚呼！世之論者，蓋曰非死之難，而處死之爲難。侯職在守土，義不事二姓，而守其土以死，可謂死得其所矣，豈非盡節之臣歟？余至漳州，得侯死事爲悉。因嘆八州之吏，大小奚翅數千百，而大節烈然如侯者，殆不可一二數。爲書而表之，並及其官代世次，使刻諸石。豈特以慰漳人之思，庶用爲人臣之勸云。

按：此碑未見，碑文見於萬曆元年漳州府志卷十一。作者王禕，字子充，浙江義烏人，洪武元年任漳州府通判，二年入京與宋濂

領修元史，五年在雲南勸降時遇害，謚忠文。

三〇　漳州府新建府治記

洪武戊申春，漳州始入職方。其年八月，潘公琳奉旨錫印來知州事。既至，視故府治漏蠹弛剥，歲久弗葺，垂就頽壓，慨然曰：『惟國家奄有海内，邊隅既靖，不以琳爲匪才，使首政兹郡。所以尊嚴威聳觀聽者，實于是焉繫。撤舊爲新，我其敢不力？然役大費巨，吾不勞吾民也。』方與僚幕議所以便，而諸禪僧群來言：『以兵餘人困，公幸垂念，邊人之福也。吾教以慈悲憫世爲事，而吾徒荷國之休，食土之人，時有升斗之贏，敢不心公之心、思所以佐官之費而代民之勞？府治幸責以成，無煩公慮也。』公義之，允其請。于是緇徒雲集，鳩材聚石，舟運陸輦，咸争勸趨。百工既衆，群能畢效。前建廳事，後爲燕堂，翼以廳。幕司、中門、外表、四周墺垣，並作且舉。凡爲屋以間計者三十有五，楹計者若干；廳事高若干尺，廣若干尺；燕堂高如廳事，而廣加三之一焉；門之高視堂殺若干尺，宏廠嚴邃，不侈不逾，諸侯之制斯備矣。始事於是年十二月，明年三月告成。帑不知費，民不知勞。公以弼受廛釐邑，知構興之顛末也，命記歲月。

竊惟府治者，政化之所自出；新之，凡以爲民也。爲民而勞乎民，宜夫仁者之不忍乎此也。古之所謂賢守令，亦曰於民事處置得宜而已。公於莅政之始，惓惓以恤民爲心。故兹役之興，不勞其所勞，而勞其所佚。其勤渠黽勉，出於心之不容已者，豈非公之處事有宜？而愛民之誠，足以感乎於民哉！傳曰：『上好仁，下必好義。』予觀此，尤信。

公字師道，維揚人，由南昌守來爲是邦。其問學、政事，中外推先云。贊是役者，通判王侯褘、經歷魏君建中、知事孫君希賢，任役僧曰玉海、月庭、聞極、明極、藏山，皆集勞可書。

按：此碑未見，碑文見於萬曆元年漳州府志卷十一。作者林弼，字元凱，龍溪人，元至正八年進士，洪武二年與修元史，授吏部主事。後出知山東登州，有惠政，卒於官。

三一　劉侯重修縣學記

晦菴朱文公以道學鳴天下，漳爲過化之邦也。龍溪邑附郭，公嘗車臨學宫，進諸生講理學，士風繇是翕然。若北溪陳淳安卿、東湖王遇子合出其門，又能以文公之學鳴於鄉，鳴於邦也。邑有學，尚矣。元大德丙子，學爲兵燬，邑令趙塔納一嘗治之。後或官於是，非無以興廢爲任，率皆因陋就簡，隨葺而隨廢矣。

洪武十年冬，朝命劉侯知是邑，至辰謁廟下，視講堂、廊廡低壓，將蠹撓，愀然曰：『是出教化之地也，若玩愒歲月，弗亟圖經營，責任在我矣。』屬訓導曾與吉、黄昌吾克贊謀，始鳩工聚材，即堂西偏搆新講堂，仍舊名『脩教』。敞以前門，掖以東、西二齋，規模閎壯，足爲士子游息矣。先是，堂南地勢窊甚，侯召民運土實之。中爲講堂，塗砌以甓。旁疏通溝二，横繞宫墻，外與官渠合，以泄雨潦。周圍繚以崇垣，外即櫺星門。西立華表，額曰『射圃』，因堂塗之地爲之，立新規也。門之前塗，直接通衢，向爲軍民侵取者半，今復而闢之，易塗以石，左右築墻爲定基，俾毋侵厥後，其廣增於舊倍二。又相禮殿雖完，而儀制缺如也，乃創先聖、四配、十哲，列以几案，繪兩廡從祀，覆以承塵。與夫門堂、池榭、庖庾之屬，悉繕治無遺。仍脩舊講堂爲先賢祠，祀徽國朱文公，配以高東溪、陳北溪、王東湖三先生。向之黮闇窊陋者，則炳絢而夷麗。遊於斯者，覩丹堊之輝煌，瞻聖賢於如在，孰不感歎而稱讚曰：『劉侯新學之功大矣！自肇建以來，未有盛於今日也！』經始於洪武戊午秋七月，越明年冬告成。

任教事者，將紀賢侯之績，垂示永久，合辭以記請。竊惟道在天地間，亘古今而不泯，堯舜禹湯文武以之治天下，孔曾思孟以之教來學，周程張朱以之續道緒。著之以詩書禮樂，行之以君臣父子，設之以庠序學校，大哉斯道之洋洋乎！聖賢不復作矣，欲明六經、五典之道，當以學校爲己責，則斯道明矣，教化詎有不復興乎？爲民師帥，不明學以崇教化，夷其民也，民夷則道亦夷矣。劉侯作興斯學，將以興斯民，而綱維斯道也，非徒侈土木之功而已。吾黨之士，盍亦有所觀感興起，相與涵泳乎禮義之塲，鼓舞乎鳶魚之天，俾二先生之學文公者，再鳴今之世。庶無

媿斯道之教，而負賢侯作新意也！

侯名憲，字孟章，爲燕山望族，敭歷中外，以多能稱。玆特紀新學之功，故不書。

按：此碑未見，碑文見於萬曆元年漳州府志卷十八、乾隆龍溪縣志卷二十四。作者胡宗華，龍溪人，洪武三年以明經薦府學訓導。

三二　思成庵記

永樂庚寅，卿山高氏子文凱、文載來謁予，拜畢，請曰：『文凱罪逆深重，禍患所鍾。先母洪氏卒于洪武甲子，越二年未克禮葬，先父中溪處士又繼終。二喪在堂，值時多艱。逮洪武辛巳冬，凡十七寒暑，始克禮葬。先合窆于石壁山之源，歷今又七年矣，塚廬既久，茨盖朽腐，不禁風雨。乃别構材工，仍舊址而增廣之，作庵凡若干楹，置神主其中，以爲春秋展敬之所。今既苟完，先生幸扁其額，并記其顛末，以勒諸石。俾亡者獲安於地下，子孫知源於後世，而吾昆弟得以釋罪逆也。』

嗚呼！孰無父母、孰無此心哉！子之兄弟，亦可謂孝也矣。然以禮言之，亦不能無過焉。夫古者士庶之禮，父母之喪皆三月而葬。子之執親停葬，是豈不失之禮而過乎？然深原其意之所由，而詳究其事之所歸，實知子兄弟之年曾未弱冠，停喪之情，殆將期於安厝，而不若凡夫俗士之朝喪其親而暮焚化者也。昔海虞令何子平母喪去官，東土饑荒，八年不得營葬。會稽太守蔡興宗尤加矜賞，爲營塚壙。後人不以違禮目之，而以大孝加之，知其時不利也。子之執二親喪多歷年所，其亦類此歟？以此論之，子之孝可謂罔怠於前而克謹於後矣。其額爾庵曰『思成』，不亦可乎？

文凱請曰：『願聞其義。』商頌曰：『湯孫奏假，綏我思成。』其孝子思親之心，無時不在。前乎親之生也，昏則思以定之，晨則思以省之；後乎親之死也，棺槨衣衾思欲盡其美，擗踊哭泣思欲盡其哀，卜筮宅兆思欲安而厝之。齋戒之日，知親之居處笑語也，心思之深則若見其音容焉；知親之志意樂嗜也，心思之深則必有以副其愛好焉。是故祭祀之時，入室出户僾然、肅然、愾然，如真有聞乎其形容嘆息之聲，此之謂『思成』。盖齋而思之，祭而如有見聞

焉，則成斯人也。文凱曰：『斯言得之！』

庵肇工於洪武辛巳，落成於永樂戊子，其家世門祚，詳見於鄭教授所作中溪處士墓誌云爾。

永樂八年臘月中澣。

按：此碑未見，碑文見於浮宮鎮㴻都村㴻都高氏家譜卷四。

三三　永思堂記

高氏瑩然，諱山塘，世居卿山之陽。自其元邇公肇遷卿山以來，凡先世之所失墜、門祚之有衰微、田廬之有荒頽，莫不振治而脩剔之，可謂能繼志述事者矣。奈何父母蚤逝，念劬勞之德未酬，與人言輒流涕，顛沛造次、夢寐飲食之間，未嘗忘於懷。自於居室之東偏闢地，立祠堂兩三間，以奉先世神主。作龕櫝，治祭器，脩禮容。及正旦、朔望、芳晨、令節，率子孫謁祠下，焚香燃燭，献茶奠酒，陳果薦新，起敬孝之誠心，習雍容之儀，則以盡報本之心焉。間謂予曰：『山塘二親，棄世已久，吾與弟山瑀伶仃孤苦，莫能答罔極之恩，今構一祠，以寓思親之意，因扁曰「永思堂」，求先生言以爲記。』予與瑩然先尊孟脩公訂交最篤，義不可辭，曰：

嗟乎！子之以永思名斯堂也，思而謂之永，則非惟一朝一夕之故，而有終身誦之之意焉；永而繼以思，則非一云一爲之念，而有何日忘之之慕焉。思之爲言，其義至愽。寒則思所以煖其親之衣也，暑則思所以冷其親之枕也，雨露既濡則思之而形其怵惕焉，霜露既降則思之而動其凄愴焉。曩古大舜五十而慕，朱子曰：『五十而慕，則終身慕之可知。』仲由爲親負米食藜藿，其後出仕，累茵而坐，列鼎而食，思欲負米藜藿而不可得，孔子美之曰：『由也可謂生事盡力，死事盡思矣。』古之聖賢，於父母既没之後，未嘗不以遠思爲本。今吾子之遠思，非惟發於心胸之間、形于言語之外，而更扁其額於祠堂之前。余知瑩然永思之寔，子子孫孫傳之悠久將見；萬世而下爲子孫者，亦可想像形容於百世之上者也。是爲記。

永樂乙未仲春朔，奉訓大夫、廣州府連州知州侯禮記。

按：此碑未見，碑文見於浮宮鎮溶都村溶都高氏家譜卷四。

三四　重修文廟及諸神祠碑記

賜進士、奉政大夫、浙江按察司僉事汪凱撰文。

奉議大夫、刑部郎中李增篆額并書丹。

聖天子嗣大曆服之九年，緝熙重光，主統百靈。社稷、宗廟，罔不祇肅。尚慮天下祀典，閲多年所，廟宇壇壝，或有凋敝，弗足以安神棲、虔祀事。特勅禮部，俾諸藩臬重臣，嚴督有司以經理之，其敬神崇祀之心至矣。姑蘇陳侯祚繇侍御，來僉閩臬事，祇承德意，乃遍歷郡邑，精白一心，躬親□督，靡辭劬勩。惟漳宅八閩底郡，壇廟經始歲久，風撼雨摧，梁柱磚石率多圮壞，祭皿樂具耗損無全。侯至日，先謁郡縣先聖廟，次及諸神壇壝，顧瞻嗟咨，亟戒于眾曰：『敬神崇祀，國家盛典。損敝若此，修葺之功其可緩乎？』於是，諸官僚咸唯唯順命。鄉之阜民，亦各助己資，募工掄材，陶甓礲石，百工子來，並手偕作。棟樑朽腐者易之，瓦石缺壞者補之，垣墉之低隘者啟闢之，官舍庖廩有弗周者增築之，仍塗以黝堊，飾以丹漆。其神主、鏞鼓琴瑟、磬管簫笙、籩豆簠簋之未備者，必斟酌時宜而增制之，且完且美。由是黌宮學舘，炳然一新。暨夫城闉內外，山川、社稷、郡厲之壇，城隍、唐將軍、雙節之廟，靡不殫竭□力，悉如修學之度，而土石之功倍焉。侯當臨程督，必恭必虔，諸執事亦罔敢懈惰，由是規模壯觀，視昔大有徑庭。興工於正統甲子，甫半載□告成功。

郡貳守錢唐李公恕等咸祈像贊頌，備述侯用心修造之功，將勒諸堅珉，以垂永久，來索予記。竊惟昔魯侯修泮宮，詩人頌之；晉文□崇大諸侯之舘，尼父書之。矧今聖天子秉德恤祀，以奠邦家，而侯式克欽承，維新制作，春秋祭享，肸蠁潛通，神靈降釐，來歆來止。其一念忠誠，幽而感神，明而感人，誠千載弗磨之□，烏可以不書乎？

愧予謭才，不足以紀侯德，姑録其大略，尚俟秉史筆者有以採諸。

正統龍集乙丑春三月上澣吉日。漳州府同知李恕，通判沃能、孫柱、高曇，推官黄性、經歷吴旺、知事李繼、照磨楊綸，龍溪縣知縣顧鴻、縣丞黎汝舟、典史何宗海，府學教授丘谷、訓導胡偉，縣學訓導陳璇、張士安，同立。

按：此碑現存薌城區修文西路漳州文廟，底部一列碑文没入水泥。

三五　重建道原堂碑記

漳州治城之西北，有臺屹然，曰臨漳，實據溪山之勝。宋紹熙庚戌年，紫陽朱夫子守是州，登兹臺而愛之，欲築讀書之室，不果。寶慶乙酉，郡守危稹始效白鹿洞規，築龍江書院於臺之下，成夫子之志也。淳祐丙午，郡守方來復於書院之東偏，構堂三楹，肖夫子之像於其中，配以高弟北溪陳安卿，每歲春秋率庶寮暨邦之群彦祀焉，而顔其堂曰道原，蓋取夫子與北溪授受之語也。其後，邦人復以勉齋黄直卿侑食於堂。蓋勉齋亦閩人，且嘗講道夫子之門也。迨宋社既屋，書院毀於兵，遺址歸浮屠氏，惟堂巋然。故歷歲既久屢葺，然規制尚陋，榱棟攲摧，有識者憫焉。

成化四年春正月，福建按察司僉事臨江周君守謨行部至漳，祗謁遺像，周覽慨然，顧謂知府英山王文、同知舒城胡珉、通判凌江李玹、推官南城江白曰：『昔之思召伯者，不忍伐其所茇之棠；思萊公者，不忍傷其所植之柏。兹堂實朱夫子之明靈攸棲，非植物比，傾圮若是，是固爲政者之過。予司憲，諸君守臣也，弗亟圖安之，誰諉其責？』皆應曰：『諾！』相與捐俸以圖新之。於是僦良匠，斬美材，礱堅礎，卜日而興役焉。君又爲度面勢之宜，且節縮廩餐，以助其費。爲堂五間，崇三尋有奇；旁爲兩齋，以處遊學者；前爲三門，以謹啟閉。肇役於是月丙戌，至三月朔乃訖功焉。像設有嚴，繪絺維焕。郡之長貳率諸生暨鄉之薦紳，用少牢于堂，以告成事焉。

君屬予書其事於後。予惟道之大原出於天，神聖繼之，至孔子而後集群聖之大成。孟軻氏没，斯道之傳殆絶。周子倡之，程子和之，至吾朱夫子而後紹孔氏之世嫡。若黄、若陳，實羽翼夫子，以拱辰斯道於衰絶之中者也。夫

功被一時，惠洽一邑，尸而祀之。朱與二子，有功斯道甚大，而漳又朱夫子過化之地，茲堂之建禮實宜之。繼自今以往，凡登茲堂者，瞻梁山之崇秀，俯清漳之泓渟，而致高山仰止之思，興逝者如斯之歎。蓋將有默契神會於千載之下者乎？周君由進士歷刑部副郎，遂擢今職，所至有冰蘗聲。其在漳首新斯堂，蓋欲風厲漳人嚮道。繫之以詩，以告志於道者，詩曰：『大哉斯道！實原於天。孰克任之？維聖若賢。孟氏既殂，吾道日斁。紫陽崛興，式纘厥緒。乃挈其粹，乃會其全。若黄、若陳，與有聞焉。道學載明，於今爲烈。質諸洙泗，若合符節。清漳之濱，梁山之下，揭虔妥靈，有堂有廡。邦人具瞻，胡茲摧圮？顯允周君，載振而起。維堂翼翼，維門將將。歲時薦祼，牲腯醴芳。嗟嗟斯道，靡古靡今。有志於斯，盍明厥心？咨爾多士，來遊來歌。匪察匪由，爾心式訛。』

按：此碑未見，碑文見於萬曆元年漳州府志卷十一。作者何喬新，景泰五年進士，官至刑部尚書，成化四年調福建按察副使。

三六　表忠祠記

洪武元年正月内，天兵入閩，諸郡守臣相率迎降。元漳州路達魯花赤合魯温公迭理彌實死之。公素有惠政，民聞其死，哭走庭下，聲震地，共斂瘞于城東門外。永樂元年，故户部尚書夏忠靖公始刻石表其墓。迨茲百有餘年，墓圮而碑亦仆，大姓頗侵其塋域。成化己丑春，予行部至漳，公之玄孫朝輔詣予愬之。予亟命郡守佐復其塋域，加封樹焉，且語之曰：『忠臣名賢墳墓，嚴禁樵牧，國有著令。况大節崒然如公者，固可使其遺壠蕪穢耶？矧閩俗尚淫昏之鬼，廟貌相望，而公之忠烈不得祠焉，抑何好尚之異也！』於是知府英山王文、同知舒城胡珉、通判凌江李玹、推官南城江白，請即公塋中作屋三楹，爲漳人暨公之子孫歲時拜奠之所。以是歲夏五月己亥肇事，至六月甲子屋成，表以綽楔，而予題其額曰『表忠』，僉謂予宜記之。

按史，公西域人，字子初，合魯温蓋其氏也。少以良家子宿衛，忠勤畏慎，爲衆所推。其長屢欲薦用之，輒以母老固辭。母殁，服除，年已四十矣，猶杜門無仕進意。東宮素知其賢，命中書奏官之，擢浙行省宣政院崇教，累

轉奉議大夫、福建行省理問，與平章政事燕赤不花同赴任。時巨盜據省治，不得入。公爲平章畫策，募民兵環而攻之，盜出戰輒敗。度其勢蹙，迺撤城東圍，使得奔，盜競出，即勒兵殲之，遂復省治。時至正二十三年也。尋轉是官，陞朝列大夫。公至漳，屬兵燹之餘，民憊甚。公撫凋瘵，繩豪崛，詢庶政之利病而興革之，民用大和。及我師取省治，郡縣皆降，公嘆曰：『吾不才，位三品，有死而已。』俄報招諭使者至，吏白公郊迎，公語之曰：『爾第往，吾將出。』迺朝服焚香，北面再拜曰：『臣四十始仕，不數年致位二千石，國恩厚矣。今力不能禦，義不忍降，惟以死報國耳。』遂引斧斫其印篆，且書其笏曰『大元臣子』，即就坐，拔佩刀自刎。既死，手執刀，按膝坐，毅然如生。蓋公之大節如此。

嗚呼！忠義，人心固有之，天也，而鮮克蹈之。元有天下百有六十餘年，其入主中國又幾百年。方其盛時，章縫之士立其朝、食其祿者不知有幾；及危且亂也，或走或降，或賣國以爲利。所謂許國之臣，誠死封疆，以蹈其忠義之天者，惟公與余忠宣公無愧焉。忠宣之死，我太祖高皇帝嗣位，首詔天下，凡忠臣義士之墳，有司悉爲修治。茲祠之設，所以祗遹聖謨，而欽若明詔也。嗟夫！人固有一死，彼走而降而賣國以爲利者，後公而死，遠者十餘年、近者四三年耳，顧今安在哉！公死百餘年，凛若猶有生氣，其精爽耿耿，固將仍羽人於丹丘，從重葉於縣圃，雖死猶不死也！予觀世人平居以忠義自許，及臨小利害若毛髮然，輒縮恧不敢爲。視公之從容就死不惑，何其烈也！予於是重有感焉，爲之記，不獨著公之大節，且使拜公祠者泚然自省焉。

按：此碑未見，碑文見於嘉靖龍溪縣志卷三。作者何喬新。

三七　鎮海衛新建朱文公祠記

聖朝右文崇道，詩書禮樂之化無間遐邇。雖邊陲守戍，飭武備，暇則有志文事，以希海濱鄒魯之風。顧僻壤遠陬，欲聞聖賢大道之要，靡不師承。蓋必有賴臺憲重臣之巡行勞來，尊崇大儒以爲宗主者。漳之東南三舍許瀕海，

北曰鴻江，是爲鎮海，衛而城之。巨浸阻其南，太武、玳瑁諸山峙其北，夙稱沃饒可居。當夫海宇寧謐，邊塵不飛，帥卒子弟知讀書慕學，往往有〈下缺〉將申請學，以玉之於成。

乃者福建按察司僉事周君守謨按節，既新道原堂，祠文公朱夫子於臨漳臺，大爲吾道之光。比至衛，則嘆曰：『漳實文公過化之邦，流風景韻到于今弗斬，世祠于漳，將與日月並其高明、川嶽同其流峙。茲去漳密邇，人心士習，得于熏染之素可徵。矧夫子之道如日麗天、水行地，無時無處不然者。是雖偏壤，獨不可祀也哉？』爰命衛之儒士陳剩夫，迎夫子故像于郡城，方謀建祠以爲志學者之勵。時衛之後千户侯領所部往戍龍岩，有公宇一區在衛城之艮方，爲浮屠氏所據。君覽之，愛其規制宏敞，宜爲祠，即命屏浮屠，撤其舊而新之。爲堂門上，高二丈有奇，奉夫子像于其中，後肖勉齋黄直卿、北溪陳安卿二高弟以配，一如道原堂之祠。前爲屋亦三間，崇豪寔與堂稱，外樹綽楔，昭揭祠額，以聳厥觀。又闢祠之東曰麗澤齋，爲諸生講肄之所。費白金凡二鎰，皆君所自措置，公私之間一無所以成，即縮廪食以裨益之。董其役者揮使田旺，而同知趙隆、高權亦有協助之力。始于成化辛卯四月，壬辰孟秋告成焉。仍令軍餘歲四人以灑掃。月吉望，衛侯率韋布之士，祗拜祠下，以興起其善端。

周君以書來屬予記，辭且不獲命。竊謂聖賢之道，具載六經四書。漢唐諸儒訓詁，類多穿鑿，至有皆有於道者。逮宋濂溪周子、明道伊川兩程子出，始有以續孔孟不傳之統。至吾夫子，集群哲之大成，道巍而德尊，義精仁熟，其所論述，真足以闡聖賢之閫奥、開後世之太平，所謂『建諸天地而不悖，質諸鬼神而無疑，百世以俟聖人而不惑』者。勉齋、北溪二先生，實賴授師友正學之淵源，卓爲閩邦儒宗，是宜世享邦人之祀，千古如一日。至於瀚海介胄之子弟，知所向風，亦可以見義理之心，人所同然也。周君豫章人，以名進士爲秋官尚書，即擢今職。廉車所至，以興起斯文、澤民惠物爲心，肅振激揚，深得憲臣之體。若此舉，又能上體朝廷右文崇道之至意，使遐荒之向慕先儒，得聞大道之要，其功顧不大哉！繼自今，遊學於茲，仰瞻盛容，凜然起敬，若親承謦欬，毋貳爾心，讀夫子之書，求夫子之道，將必有默契而得之者乎！詩曰『高山仰止，景行行止』，敢頌爲志於道者告。

成化八年歲次壬辰秋八月初吉，賜進士出身、承德郎、工部主事、後學龍溪林同謹識。

按：此碑未見，碑文見於乾隆鎮海衛志·藝文志。

三八　漳州衛指揮同知顧侯全城碑記

成化己亥仲冬，余以刑部郎中出守漳郡，間延縉紳父老，問民疾苦。因言都閫顧侯斌全城之功，且言侯喪踰十載，不克葬。余愀然，謀諸郡中，無貴賤樂賻而葬之。衆曰：『藏侯身，義也；紀侯功，尤義也。不有刻碑，何以慰今而詔後乎？』遂採輿論，而得梗槩：

侯忠義威武，智攬羣策而善用之。正統末，沙寇鄧茂七倡亂，八郡騷動，漳居邊隅，罹禍尤甚。時侯僉衛事把總防倭。適邊海城寨俱各警急，侯度孤城莫支，散軍各護本城。獨握水軍五百人，從海道擊賊。抵城南溪，請入弗納，請糧弗與。侯乃反軍，借糧沿海稅户周世綱等家，且調之樹柵，收兵夾輔護城。既而匝郊賊壘相望，城門石塞。賊日造攻城車樓，將憑東門登之，危在旦夕。城中喪膽，奔走無地，相視涕泣。侯毅然謂衆曰：『吾任天子衛城之寄，陷城不救，何立於世？且城破家辱，吾等何之？』乃潸然出涕，義氣奮發，昭露忠勇，布示威武，諭軍士以死救城。分處兵船三百，夾清海叛，即日捨命趨南城，去石開門，束整入城，衆以爲天兵下。侯立散家財，給軍餉，募養死士數百，設祭旗纛玄壇關廟，對神誓死滅賊。軍不戎衣，粧扮以綵，插雞雉，服虎豹，擬神兵。卜吉，侯兜鍪，左斧右刀，抗弦以箭，躍馬大呼，率先鋒百勇，飛出東門，壓砍前賊，破之。麾死士分砍翼賊，敗之。争出百斧，砍其車樓，并登城梯具焚之，燎其窩壘，縱兵促之。賊遁一晝夜，復益兵來攻。侯以白金綵段，各徵舟兵萬至，出軍夾攻，殺賊如邱，餘黨夜縱火郊郭神廟而去。大難以解，城用保全。乃享軍士，犒舟師，隨之海，還各借糧家。侯入城，分駕兵船召回，仍軍海上。尋征南總兵保定伯參將范都督下大軍召見，待以殊禮。鎮守福建刑部尚書薛公希璉、按御史陳公員韜，歷奏厥功，擢福建都指揮僉事，奉敕備倭。至今事掛人口，可以紀述，昭示永久。

嗚呼！歷觀古之有功德於民者，必其食天之報；負大有爲於前者，必垂聲光於後。當茂七倡亂，漳被圍五十餘日，人如釜魚，旦夕垂死。侯奮思忠義，提防海孤軍，募民兵援城，全之以活千萬命，其功德於漳大矣！故生膺都閫之擢，没致人心之思，其食天之報而垂聲光於後者何？莫非忠義之所感召歟？此可見天理之所以常存，而人心之所以不死。余述此文，豈獨爲侯已哉？蓋有以表漳俗之善，且勸忠義於後世焉。

按：此碑未見，碑文見於乾隆龍溪縣志卷二十四。作者姜諒，成化十五至二十年任漳州知府。

三九　金仙岩香燈田碑

本岩田有香燈田，種子伍斗，坐山定□寺也。后至丁酉年，本寺給開讀□□惠□□重興岩宇，用工開□田一設，坐落岩前坑，至路爲界，□爲本岩佛像供奉□□□□佛像經檀前代□□□□□開山香火，須立記者。

成化十五己亥年良月　日。住山居士〈下缺〉佛堂□□明□□□□社□。

按：此碑現存白水鎮玳瑁山金仙岩寺，碑文模糊不清，碑名爲編者加擬。

四〇　祠堂門記

祠堂門，所以施扃鐍、障喧冗、隔塵穢、妥我祖宗之神靈，事可謂重矣。計其費，木植之用三千六百三十，油漆之用一千六百五十，膠之用一百八十，釘之用一百六十，而梓匠之資二千二百，凡七千六百六十，而工食之給於衆者不計。至於勸勞餼餉役使不絶者，其費又甚焉。始於成化十六年庚子二月朔日，歷四旬而工始畢。其門之成，可謂難矣。三月十一會族衆而植立之，玲瓏洞敞，焕然維新，誠足以壯我族之門風，表子孫之孝思，而重祖宗之祀事矣，豈可輕視而不敬哉！

凡我尊長以及卑幼，務相告曰：『是祖宗所宅也，是禮法所在也。過是門也，必存敬恭之心；覩是門也，必興水

木之念；開是門也，惟禴祀蒸嘗得入，朔望拜謁得入，燃燈焚香、洒掃拂拭、冠婚喪事啟告及親戚故舊衣冠禮義之士得入。慎勿妄開以爲淫祠佛老之坊，勿妄折以爲淫樂雜劇之戲；勿科頭跣足、倚門閾而立，勿袒裼裸裎、當門中而坐；勿縱犬豕以污塗之，勿容童稚以毀傷之。愛敬保護，思成立之難，而念祖宗之重，可也。』詩曰『維桑與梓，必恭敬止』，況此門之難而且重之乎？可不慎乎！謹述以告。

明成化庚子春，八世孫藏春散人扶撰。

按：此碑未見，碑文見於東泗鄉漸山村光緒漸山李氏族譜。

四一　陳北溪祠記

道之難得也，尚矣！孔子之門，其徒三千，而顔、曾之傳獨得其宗。顔子之資，鄰於生知，其傳道固宜；曾子之才魯，而卒傳其道，豈非其學之確乎？曾子傳之子思，子思傳之孟子，而其傳泯焉。濂溪周子崛起，默契道體，而傳之二程子。程門高弟，莫過游、楊，亦未免流於異學。至新安朱文公繼起，而洙泗、濂洛之道始復大明，當時從遊者半天下。晚守漳郡，北溪陳先生始遊其門，而卒傳其道，豈偶然哉？

先生貌木訥而語期屹。初見文公，語以上達，蓋啓之以高明；再見文公，語以下達，蓋究之以精微。先生聞言即悟，鑽仰彌篤，以誠敬爲入門，以格物爲切要。徹上徹下，終始不遺。堯舜禹湯之爲君，皋陶周召之爲臣，孔孟周程之爲學，上下數千年，靡不貫徹於一心。其所著詩文五十卷及字訓一篇，又皆所以明天地之化，發聖賢之蘊，辯異端之惑，開後學之迷，今皆可考也。非得斯道之傳，其能然哉？文公之門，若先生者，殆猶孔門之曾氏乎？於乎！斯道之在人，不金玉而富，不軒冕而貴，不生而存，不死而亡，關百王而一心，貫萬古而一理。得其道，雖窮居陋巷，君子也；不得其道，雖富貴卿相，小人也。

先生年逾六十始授縣簿，未上而卒，可謂窮矣。自今没後，幾三百年，流風餘韻猶有存者。漳人冠昏喪祭，多

用文公家禮，自大夫以至庸人，莫不知稱北溪先生焉。究其歸，雖與天壤並存，可也。蒙菴先生萬容，自少爲朱氏學，居官冰蘖，未老乞歸，其清風高節，海内稱之，信無愧於先生鄉人也。因其郡守姜君諒等相繼作祠禮先生，以書來委孟中作記，謹書此。

按：此碑未見，碑文見於嘉靖龍溪縣志卷三。作者周孟中，時爲福建提學。

四二　漳州府進士題名記

科目之制，中選者必揭名於榜，榜不過一；再揭又刻名於梓以爲録，則傳之四方，顯且加久；而進士科尤重，則又刻名於石，樹之國學，以示後世，其顯且久，蓋倍蓰焉，國家之重科目如此。若四方郡縣，人材所自出地，又以爲國學所立石，非觀國游學者不可得見；乃或仿兹遺制，立石學宫，使凡天下之生於其地、游於其學者，皆得知科目之爲重。是其名與國學同久，而其顯也抑又有甚焉。然此特有司之事，不著於令。故科目之士恒有，而兹石不恒建，惟文獻之富及政制之周且密者則有之。漳州府有六屬縣，縣之附郭者曰龍溪，雍雍士多龍溪出。二學之舉鄉貢及進士者，科不乏人。有司彙次名氏，題於府學之壁，自始題至續録，閲若干歲矣。吾友姜君用貞來知府事，觀其學宫，見其粉墨剥落，寖不可辨。乃礱巨石，刻其名，以府縣分列，以科舉年歲先後，虚其下以俟續刻者。寓書京師，屬予記。

予惟國之於士也，非獨富貴其身，而又顯其名。故在鄉選有貢士之名，在甲科有進士之名。天下之名爲尊官顯爵者，未嘗不藉此以爲重。及控名責實，臺有評、省有核，周達無滯者名能官，潔清不污者名廉吏，守節不撓者名忠臣，而其大者則紀於太常、書於景鐘、藏之於金匱石室之間。天下之所謂名者，至於此而後定。則所謂官尊爵重者，皆不足賴，况科目乎？夫科目之設，將以求賢才爲天下用也。賢才非天下所常有，故歲計之不過數百，藩計之不過數十，而鄉計之不過數人。于此之中，求所謂廉能忠節之大，蓋一代而不數見也。故爲士者，非徒榮名之難，

而令名爲尤難。此石雖久，未足賴以爲重也。況有貪污邪佞者出乎其間，人將顧指而議之邪！夫士而不能爲官、爲吏、爲臣，不可以名科目之士人；而不廉、不能、不忠，不可以名爲人。由是言之，則無俟乎作養儆厲之政，亦可以興矣，而況有作而儆之者邪！漳大郡，其自科目爲尊官、著偉績，有兹石所不能載者，而其名固在也。苟名兹石者皆感厲奮發，以廉能忠節爲天下用，使後之論者求之金匱石室之間，則兹名也，不益爲科目光邪？若筌蹄經史，梯航科目，惟兹石之爲慕，則其自待於世亦輕矣！

姜君，嘉興人，與予同舉進士，廉能有文章。其在漳，救荒、除盜，尤以正鄉俗、作人材爲務，非徒爲善政者。漳之人，其亦思無負於君也哉！

按：此碑未見，碑文見於萬曆元年漳州府志卷十一。作者李東陽，官至内閣首輔。

四三　郡侯姜公新砌南溪護城大隄官路記

奉直大夫、禮部員外郎、薌溪盧譚撰文并書丹。

賜進士第、奉直大夫、户部員外郎、龍瀛郭舒篆額。

物有似輕而實重，較輕重者多失其權；事有似細而實大，律細大者多昧其量。有位君子於莅物臨事之際，要不忽其輕、眇其細，執吾權量，歸之重大之地，務成作濟之功，以利於世之永遠，俾無後艱者，非存心爲國爲民、實德定見之君子，其克爾乎？我漳郡侯姜公新砌城池外東南溪次護城大隄官路，是也。

自有城池，則此隄路沙土之築，歲築歲壞。外溪洪流突激而衝入，沙土填塞城池；内城霖潦迤漫而滚出，地决坑坎。旱乾則城池凸，溪溢則城隍浸，城趾之地以之而崩陷。五歲三修，軍民並勞，財力枉費。無此隄路防禦，内外水□害也。邇者，欽差巡撫都御史張公瑄以爲大患，大發軍民，砌臨池之石。甲午洪水，城外漂流千家，石砌新固，城隍僅保，功固大矣，然不知石砌此隄路之爲要也。隄路永固，外水有禦不能衝，内水有防不能迤，城有護而

可以永保也。多任專城，孰不輕忽細眇此隄路，而肯顧其沙土決地而去也！

嗟！惟我公有見於此，不失以昧其重輕細大之較律。雖存心於爲國爲民，不有實德定見之才，抑何克濟厥舉哉？以故，借財勸義於殷實之富，商工度力於樂用之來。求木於山，運石於海。億萬木篦，釘布排於土深；億萬石縱，鋪衡疊於水浸。隄路一新，巍巍而護城；石砌百丈，嶄嶄而閘溪。徒不病涉，嗟怨誰收其聲？車馬脱危，欣喜誰生其心？城隍無患，軍民有賴，百世偉績而作於今日也。

工既訖，紀載不可無石，揮使王璟等請文樹碑。韙矣哉！公之智發於人之所不及知，公之仁施於人之所不及用。決見事之始，果見事之終。於此事之濟天下事，何往不濟哉？公，浙之嘉禾名儒，名諒，字用貞，出身進士，歷官刑部郎中。出專本城，修廢補墜，三年之間，靡所不舉。若社稷、山川二壇，北溪、表忠二祠之鼎建，漳州府前後堂、城隍廟之重修；外築江隄以防海溢，内疏溝洫以備旱潦；至如大成文廟、虎渡江橋，所費鉅萬，□□□□。然此一舉之功，而有百濟之利，城隍從此而有護，城池從此可開通，民居從此而無漂流，壞田從此得重墾，軍歲從此□□□□□□無役。且地理家，此隄實郡城之要隄，此路實郡城之要路。凡所以有利於郡國者，言之可既乎？公之德之才，陰陽□□□□□□而至哉，其又有窮焉？譚之膚淺，不足紀述，謹書諸石以刻，用告後來知此舉之重大，繼而修之，垂千萬載。□□□□□□□□□□。

成化十九年歲次癸卯春三月之吉，漳州府同知吴黼、通判謝諒、推官張新、知事林鏑、照磨羅良、督工大使佘源□□□□□□□□□□□□□□□，漳州衛指揮使楊鋌、王璟，指揮同知黎震、張璲、侯鑑、甘壽，義官□□□□□□□□□□□□□□□□□□，龍溪縣知縣李棨、縣丞吴鵬、主簿葉臻、典史應華，府□□□□□□□□□□□□□□□□□□。

按：此碑現存薌城區下沙路姜公祠。

四四　重建達魯花赤祠堂記

古云：『死一也，有重於泰山，有輕於鴻毛。』又云：『慷慨殺身易，從容就義難。』蓋從容就義，非智仁勇之君子，其能之乎？洪惟我太祖高皇帝，龍飛淮甸，席捲荆吴，師入閩，諭使下諸郡。時漳州路達魯花赤迭理彌實聞使至，意謂應天順人之舉，拒之則逆天，降之則悖理。乃具朝服，執笏北面再拜曰：『臣蒙國恩，致位二千石，今天革命，力不能支，有死而已。』遂引斧斫印篆，刺血書笏曰『大元臣子』，置案上，抽佩刀絶喉以死，猶執刀按膝坐，毅然如生。治民聚哭，斂葬城東數步許。兹非智之明、仁之熟而勇之决者，能之乎？侯之所以能此者，必非出於偶然也。觀墓表，識侯之始入宿衛，以母老重違晨昏，每當擢用，輒讓同列，雖華要有所不慕，其仁見於事親之際矣。及歷官福建行省理問，偕平章政事燕赤不花赴任，遇盗據省治不得入。侯畫策，集民爲兵，以計殲賊，而城賴以全，則智勇見於平盗之日矣。若然，則侯之死，誠若武夫義士臨危殺身以成名者，彰矣。

洪武二年，翰林學士王忠文公子充通判府治，序其事，表諸墓石。永樂元年，户部尚書夏忠靖公原吉爲採訪使至漳，大篆姓字名爵，額諸墓石。歲久，塋地爲鄰人所侵，表石已圮，額石亦僕。成化五年，按察司副使、今都憲何公喬新行部至漳，侯之玄孫迭朝輔奉持『例修忠臣孝子墓』赴訴。命有司復其地，建祠堂三楹，刻文樹碑祠左，書『表忠』二字，立碑樓以臨通衢。成化十五年冬，予以刑部郎中出守是邦，謁祠下，見堂圮庭蕪，基地尚爲民占，復之。適歲飢，未暇有爲。越三年壬寅，乃與同寅通守謝公内實謀爲厥新。有義官張慶、陳敏等，樂輸財助工。擇鄉老柯仲昭，領迭朝輔經營其事。覆墓有亭，柱之以石者，取經久也；重建祠堂，宏壯加舊，中貌侯像者，起人瞻仰也；改牌樓爲門宇三楹，横匾曰『元漳州路達魯花赤迭侯之祠』，原匾『表忠』仍豎其上者，示世勸也。肇工壬寅年三月二十二日，訖工癸卯四月十五日。敬率官屬及鄉賢禮祭之，而遠近老少來聚觀，咨嗟多泣下者。噫！綱常不墜，□理之在人心，於此可見矣。

雖然，侯之死，亦封疆守臣死事之常職，初不以過分爲也。第惟勝國盛時，列鼎重裀，秉麾樹節，而烜赫於時者何限！一旦時去事非，則皆鼠竄狐趨，如喑如啞，求其仗義死節，乃在於孤遠之臣。然則人孰無死，而死如侯者，其節義可與日月争光，聲名可與天地並久，豈不偉哉！予非能文，謹識其概，用爲世勸。若侯之世系、歷履，忠文都憲備書之矣，兹不復贅云。是爲記。

按：此碑未見，碑文見於萬曆元年漳州府志卷十一。作者姜諒。

四五　三元真君功德碑

明成化甲辰之歲，漳郡間水旱相仍，疫癘流行。生民奔走無地，懼禍尤甚，危在旦夕，設祭於玉洲義武壇，禱于三元大真君。托神感化，擬神兵，卜吉。各州縣頭目，率先鋒百勇，鳩衆圍堤築岸。真君威靈顯赫，尋聲救苦，除瘟破蝗，大難以解。歷觀之有功於民，其功德廣大配天，故置獻詩於廟前，而垂光於後。此可見天理之所常存，生民之福澤矣。知漳州府姜諒敬立。

追昔日之威靈，起生民于塗炭。神功妙濟，虔心執法。地闢一洲，功留七縣。救苦拯危，行仁賜福。鼎力調元，同心贊化。義武英風，真君惠澤。萬古長垂，千秋永播。

按：此碑現存角美鎮玉江村三元祖廟，碑名爲編者加擬。

四六　重興威惠廟施田記

邑龍溪太江信士蘇〈下缺〉威惠廟□立功□記：

坑山有廟，祀神唐將軍元光之靈，惟□異□其□□□□□□□也。兩聖〈下缺〉民□□唐將軍威惠賜陳元光。廟以威惠名者，□□□□□□荷其威，蒙其惠〈下缺〉廟以供□時之祀事，□給□上，租□於下，□邑以□神靈之

禮，而將爲歷世相傳之盛事。及其□人爲佃者之所設，供奉祭祀，資用弗及，因循世遠，墜緒難□。成化十六年，聖王田□□來守耳□□□□德□功□□□陳濟公聞其才德於幹濟，委記之，專命爲〈下缺〉民訟由衆，曲直能明，將軍之□靈立祀〈下缺〉業供其祭用之資，□廢□積〈下缺〉將軍□神明于四方，泓福無窮，豈〈下缺〉靈萬世于無疆之休者，日月清〈下缺〉。

大明成化二十一年歲次己巳年十一月書。耆老〈下缺〉吴□、紀□、林〈下缺〉同立。

按：此碑現存白水鎮磁美村隆壽宮，碑文模糊不清。

四七　烏礁慈濟宮石矻題刻

本里陳傑通捨矻，祈子孫昌盛。弘治八年乙卯立誌。

按：此題刻現存紫泥島南書村講書社慈濟宮。

四八　重建雙節廟碑記

賜進士出身、中奉大夫、四川等處承宣布政使司右布政使、莆田周瑛撰文。

賜進士出身、中奉大夫、廣東等處承宣布政使司左布政使、郡人林同篆額。

賜進士出身、中憲大夫、替治尹四川等處提刑按察司副使、郡人黄熒書丹。

出漳城東郭門不百武而近，有廟曰『雙節』。盖漳當有元時，祀其萬户府知事闞文興偕其偶王氏而作也。其曰雙節者，盖既得請詔賜廟額也。雜考新舊志：闞文興爲萬户府知事。世祖至元十七年，賊陳弔眼爲亂，夜率衆攻營，殺招討使傅全并其家。闞文興力戰，死之。其妻王氏，爲賊所掠，逼污之。詒曰：『我不幸至此，何敢愛身？但乞收吾夫，即爾從。』賊信之。王氏亂屍中求得夫，積薪焚之，及火熾，竟躍入以死。按，學士揭傒斯撰本廟碑，謂：『文

興，不知何許人。王氏，金陵民間女。至元十三年，從萬户賈將軍戍漳。』又按，判官侯安撰旌表烈婦王氏祠記，謂：『文興以建康土軍隸傅招討，爲軍府知事。』據此，則文興爲建康人，無疑也。蓋建康，金陵郡號也。度文興初爲土軍，故取金陵民間女，及戍漳州，因携以來也。揭碑謂從萬户賈將軍戍漳州，而侯記又謂隸傅招討爲軍府知事。蓋至元十三年，文興尚爲軍，至元十七年則已爲知事矣。考其履歷，大槩如此。

漳人俗慷慨仗義，著自疇昔。時人睹其事，即爲立廟。既又念其風節卓卓彰著，而褒典未下，乃相與力請于當道，達于行省，以聞于朝。天子下禮部議，請訪其族里，旌表而收卹之，仍以其事付史館。當時下浙江求訪六年，而不得要領，卒從漳守言，乃即其故營表曰『烈女』之坊焉。漳人又以爲未及於文興也，復力言之，及至順帝元統元年，乃封文興英毅侯、王氏貞烈夫人，廟曰雙節之廟。蓋自死事至是，五十有四年矣。國朝正祀典以來，雙節廟與境内忠臣義士並列，有司歲時從事如故。正統末，沙寇大發，延蔓及漳，漳城守固，賊馳突不得入，乃縱火燔民居及廟以去。景泰中，當塗謝侯騫來知是郡，以民新刳兵燹可念，乃撤境内淫祠爲廟。歲久，桷丸圮腐，黝堊丹青黯昧不明。今郡守汪侯來，大以爲不足以稱神棲是懼，乃告同知馮侯逾、通判梁侯紈而更造之。於是拓地衡八丈八尺、縱十有二丈。中爲正堂五間，高三丈一尺、廣六丈八尺。堂正中爲位，像設如儀。外爲露臺，臺下爲丹墀，左右爲齋居。前爲門屋，廣與堂稱，高殺之。屋正中爲門，左右豎新舊碑。門屋之外，左爲厨庫，右爲宰牲所，四面繚以周垣。前豎綽楔，扁曰『雙節』，遵舊額也。經始於弘治己未年八月十有二日，告成於庚申月之望。凡爲費節稍入爲之，而不取於民。其監護屬功，則義官王建環也。

廟成，鄉邦人士顧瞻咨嗟，咸謂麗牲有石，不可以無刻。民人蔡衡曰『是也』，乃自走莆，徵予文以紀其事。予謂：『禍變起倉卒，人往往逃生死。闞文興能委身以殉國，王氏能委身以殉夫，可謂識見明白、操守堅定而于綱常之道厚矣。汪侯居師率之職，任風化之紀，而於是廟能盡力焉。其所以感發人心，斡旋世道，使他日人人忘其身以殉夫道義者，非侯有以道之耶？』侯弋陽人，名鳳，字天瑞，登狀元謝遷榜進士，由南京刑部郎中擢知是郡。材大而

能鉅，行約而心謹。其施於郡中者，鉅細本末皆有按據可攷，以非廟事，故不備述云。

弘治十三年歲次庚申七月十二日。

漳州府經歷李安、知事帥庸、照磨蘇清、檢校俞謌，府學教授崔廣，縣學教諭耿浩，訓導唐禎、譚文昇、祝杓、吴煉、王峴、梁成。

龍溪縣知縣李景芳、縣丞李慎、主簿王廉、典史王昇，義官鄭必温、胡原彝、潘敦吉、盧廷芳、葉廷文、蔡統璧。

刑部主事張綽，觀政進士石腆，舉人、監生：黄正、李文謨、王龍、潘儉、陳文祥、蘇霄、吴守正、陳謨、洪異、袁佐。

致仕□州府知府吴孜，南康府通判涂讓，士民劉子宣、□彦珎、陳伯智、魏仲玉、林子仁、黄子道。

按：此碑現存薌城區文化街鳳霞祖宫。

四九　重修北溪祠記

我列聖責所以修飭名賢祠宇於有司者，詔屢下。表先民，薰道俗，殆非細政也。漳郡守陳侯洪謨，欽承唯謹，凡在祀典修之。文公祠遷，黄勉齋祠建，惟北溪祠序未及力，亦病於縮也。憲副姚公鏌視學至漳，謁先生祠，感焉，割贖刑之金以作先事，責卒功於侯。黄翰林芳適以左官郡丞來至，與別乘阮芳、龔震，節推許廷用，邑令史立誠，協成公志，以贊侯於決。於是祠復新，與文公、勉齋祠巋然品立，而續以香火之田，檄世孫元主焉。公視學再至，再謁，喜曰：『是稱崇奉，吾二三子獲瞻依，道風其復耳矣！』修有記，於俊屬焉。

嗚呼！宋四儒道學，至文公爲盛。游、楊師伊川，學成辭去，伊川曰：『吾道南矣！』由閩推之，道學，游、楊初祖也。文公守漳曰：『南來，吾道喜得陳淳。』由漳推之，道學，先生初祖也。先生字安卿，龍溪人，始受文公近思録於林宗臣，得爲學之要。及游文公，學益力。後十年，繼見文公曰：『學已見本原。』由是會博歸約，研精而極微太

極，恍若神晤，洞見全體，而意領其妙用。言命，言性，言情，言仁義、忠信、誠敬，言一貫，言禮樂、經權、鬼神、佛老，決擇精詳，詞旨純備；與發明吾道體統、師友淵源、用功節目、讀書次第，及論孟庸學口義等書，授來進之指南，樹正學之赤幟。雖安溪之命未沾，竟民畝以歿，而孤風遠韻，系儒宗，垂之宇宙；使人燭理慾之幾，義利、正邪，純雜之辯，知入聖之可冀，而近古之爲非迂。與黄、李諸賢並稱朱門高弟子，先生於是乎有衛道之功矣。

成化間，郡人林正郎雍謀之林僉憲克賢、姜郡守諒，始祀先生於芝峰之麓，周提學孟中爲之記。去是餘三十年，公又謀侯修之。倡承之會，若有待以弗偶焉者。

按：此碑未見，此爲碑文節文，見於萬曆元年漳州府志卷十一。作者林俊，莆田人，成化十四年進士，官至刑部尚書。

五〇　新芝峰朱文公祠記

晦庵朱文公，當宋紹熙初，以江東轉運副使改知漳州。德化風行，感於人心也深，故後民追思，建祠於郡治北芝峰之巔祀焉。歲久，日漸頹圮。嘉定間，危郡守稹按其地作書院，仿白鹿洞規制，聿成文公講學之志。後賜額龍江，則從儒官沈輝請也。淳祐間，方郡守來作堂於東，名曰道原，以陳北溪安卿配焉。逮宋季紛亂，而前所建者悉毁於兵，地爲毗近浮屠氏所侵。至我朝洪武間，李僉憲駿始復故址，重建今祠，增以黄勉齋直卿爲配。成化間，周僉憲謨、王郡守文繼加修葺，更堂名尊德，尚有僧廬混處。其後因循歲遠，未有鋭意一舉正者。

逮正德庚午，武陵陳公宗禹，以名進士秋官正郎來守是邦。吾聞其宅心也公以平，其持己也慎以廉，其莅民也寬以仁，其治事也明以果，而於風化大端注意尤篤。不期月間，政化大行，遠邇稱頌。首則浚砌宣聖殿前石渠，暨修郡邑兩庠齋舍。及拜晦庵祠下，仰而歎曰：『敝矣！鼎新非吾責耶？況異端可並立耶？』於是掃浮屠舊廬而空之。遂集工於市，取材於林，伐石於山，陶瓦磚於冶；爰命丹霞驛驛丞袁哲、義官蕭美之者董其役。中立正堂五間，翼以兩翬；改舊堂爲前堂，高其基尺許；外爲門廡五間，左右爲齋宿所、爲讀書室；繚以周垣，去僧舍數十丈，緇流

自是絶跡。斯役也，以冬十有二月始事，越明年春三月，遂用告成。其堂宇規模，焕然一新，皆極壯麗，視舊制殆倍蓰什百也。財費悉出陳公經畫，民無所預，觀者罔不嘆羨。羅郡判甫、阮郡判芳、許節推廷用，咸相與殫力，以翼其成。

蔡司訓元乃語諸君曰：『太守公是舉，尊大賢也，崇正道也，辟異端也，有關於風教甚大，不可無文用垂悠久。』因具述始末，授庠生潘恩、盧謙、陳策，不遠八九百里，奉以告予，請記其事。義不容以辭。予考先後守是郡而宅心興學愛民者，在唐則有韓公泰，在宋則有李公彌遜，垂芳竹帛，至今人猶頌之。當我朝克踵二公芳躅而師之者，昔有王公仲謙、錢公古訓，茲則陳公洪謨宗禹也。使非其郡代有如是賢守，則晦庵祠宇幾何不爲茂草之墟、瓦礫之場耶？於戲！闕里有洙泗，固矣。而吾閩獲稱海濱洙泗者，非文公生於斯、仕於斯，道德風教所由以盛，未必得此名也。士經是祠者，見名堂以道原，則知道之有原，在所當體；見名堂以尊德，則知德之可尊，在所當勉。孰謂聖賢之徒不於是而挺出？廟貌之長存，非人文風化之攸繫也歟？庸記數語，以告夫是鄉之英俊，俾進修德業以希前賢，期無負朝廷儲育之恩、賢守振作之意、明師陶鎔之功，斯可矣。不然，則文公之祠果徒爲美觀新哉？

按：此碑未見，碑文見於萬曆元年漳州府志卷十一。作者林瀚，閩縣人，成化二年進士，官至南京兵部尚書。

五一　漳郡名宦鄉賢祠記

漳故無名宦鄉賢祠。作是祠者，自今太守陳侯始也。侯以漳爲文公朱先生過化之地，先生爲學得孔門正路，侯守其説而信之。故其爲政也，往往重化本，凡有以啟發人心、轉移風俗者，皆力爲之而不以讓。莅政之初，既新文公祠矣，又謂：名宦無祠，何以勵我居官諸同志？鄉賢無祠，何以勵此鄉邦諸子弟？因旁觀載籍，博採物議，以爲官於是者如文公，具全體大用之學，足以師表萬世。其他職位有崇卑、勳業有洪殺，自宋判官蔡公襄以下共若而人，皆名宦也。産于是者如安卿陳氏，嘗登文公之門，得聞聖賢大道之要，凡有著述，皆可據守以爲法程。其他出而仕

宦有益於時、退而隱處有益於鄉者，自唐周公匡物以下共若而人，皆鄉賢也。名宦祠立，則居官者知所勸矣；鄉賢祠立，則居鄉者知所勸矣。

乃相地于學宫兩旁，左建名宦祠，右建鄉賢祠。蓋以學校教化所自出也，故二祠皆夾學宫而立。祠各三間，高一丈有八尺，廣倍之，袤視廣稍爲之殺。外爲崇墉，以限内外；中爲大門，以通出入；門加扃鑰，以時啟閉。其地静深，其制簡樸，大概足以聚誠敬、妥神靈而已，無侈習也。乃上其事于巡按御史賀公泰、提學副使姚公鏌。二公得侯所纂事略讀之，皆報曰可。侯乃製神主，定神位：名宦論齒爵，郡官南向，縣官西向，學官東向，其序各以世；鄉賢論齒，俱南向，其序亦以世。祠成，侯乃躬率僚屬，以莅祀事。始事名宦祠，繼事鄉賢祠，皆北面拜跪，薦獻如儀。漳父老乃相與具書幣，資顔生階北走莆，請瑛爲之記。瑛謂君子爲政，將欲導人於善，不待廣論説、嚴條約，但立標準、明是非好惡，則人固有不勸而趨者矣。蓋秉彝良心，出自天性，自堯舜至於途人一也。苟有以牖之，則必有如塤篪相應者矣。然則侯爲政，可謂操得其要哉！蓋侯學文公者，宜乎有以及此。

侯名洪謨，字宗禹，湖廣武陵人，丙辰進士。祠作於正德辛未秋八月，成於壬申春二月。

按：此碑未見，碑文見於乾隆﹏鎮海衛志﹏・﹏藝文志﹏。作者周瑛，晚號翠渠，莆田人，成化五年進士，官至四川右布政使。

五二　漳州衛旗纛廟記

古者爲國必先制軍，令軍衆者莫如旗。旗之大者曰纛，所以重威武、肅部位而一之者也。中春振旅，司馬以旗致民，弊旗後至者誅，善戰者望之而知勝負焉。是故辨色以審方，因物以昭義。王載太常，昭其明也；諸侯載旂，昭其變也；軍吏而下，各殊其載，而獨以纛名，示有統也。軍發則祭，將戰則祭。自帝畿達於戎鎮，下至封戍之長，又各以時祭，崇賽禱也。其用也，于行爲金。金盛而霜冽，物乃時殺；祭以霜降，應其候也。故秩百神者，文之所有事也；旗纛之祭，武之所有事也。即介胄而陳鼎俎，肄容節、寓文教也。義以建之，統以尊之，禱以致之，候以

信之，文以將之，神之德著矣。

漳州衛常祀有廟，歲久圮敝，鞠爲穢區。正德癸酉，掌衛指揮同知侯君汴請命當道，鳩工聚材，斥隘爲宏，易瑕以堅。中築臺爲神棲，東西爲寢，以寓賓旅；前爲堂以便聽事，旁列庖湢；兩隅置複室，庀器具，設僕守，門垣黝堊，規制整如也。漳故多寇，侯君數從戰陣，更事久，智識幹蠱迥出夷儕。廟成之明年春，鎮巡推任守備，外支江廣之寇，内輯山海之變。檄至，奉而戰勃如，將弗任，乃翹士衆而命之，即新廟而展事焉。是日，芳預賀列，因得周視，歎曰：『是將衍世德乎？』越明日，衛僚黎君英輩征予記。

予以爲兵器之有旗纛，猶六軍之有將領也。蓋干楯以守，戈戟以刺，弓矢以卻遠，皆有所事，惟旗若無所事。然隨其所指，而六軍之士趨焉，如孫武之陳行、子房之發縱，進退疾徐以爲節，其用大矣。侯君者，指麾三軍而孚之者也。今於祠而新之，固亦有意哉！夫静而正，所以藏智也；動而直，所以行義也。智藏則靈，義行則威，神之德於是爲盛。將兵者知所依焉，則能合德於神，而師旅吉凶之命，自我制之矣。祠以妥神，惟人是因。闡祠之義，匪僭與悖。爰鏤貞石，以詔來裔。

按：此碑未見，碑文見於萬曆元年漳州府志卷三十二。作者黄芳，正德八年任漳州府同知。

五三　鳳山嶽石供案題刻

住持僧欽□鳩集主緣汪世清□周璞協助同普化諸□砌□石□入于東嶽供奉，祈求子孫者。正德十年季。

正德十二年丁丑，□□□□阮周材，住持僧欽〈下缺〉。

按：此題刻見於嶽嶺鳳山嶽廟前殿石供案。

五四　浦西耆民懼齋陳公頌德碑

賜進士第、文林郎、浙江江山縣知縣、邑人李旦紀事。班友吴□奇、紀敬集纂文。
鄉貢進士、文林郎、南京太常寺典簿、致仕龍溪揚忱撰額。
鄉貢進士、承德郎、江西臨江府通判、致仕邑人高實書丹。

急病讓夷，義之先；拯溺亨屯，德之大。恩惠及民，必居尊始可爲；窮乏得成，則有限而難久。懼齋公廼解混處等夷，存活衆命，德遍覆於萬民，功可頌於百世者也。懼齋名愉，字希謹，吾浦西廛人，世邁種德。曾祖稼叟、考散齋，俱發粟賑饑民，朝廷義之。懼齋公率家教，恒以濟人利物爲心，凡鄉民之利病休戚靡不謀，惟其興革之略。初，漳城有招提曰净衆者，攘吾浦二十八都之田租數千，爲糧幾四百石，僑籍第五册之中。禾鳳無賴不守戒律，將田租覓利於豪右巨姓，而公帑公役躲避不供。有司催科□就逐年里甲監併，往往傾資代賠，甚至淪胥以亡而挈家流移者。百三十户之罹禍，慘莫勝言。懼齋目擊其弊，有不能以忍然者，蚤夜籌諮，惟有割隸於諸圖，則孽或可逭。廼弘治壬戌復纂民書肆，捐資充費，率吴熙重、韓贊元、李文盛、洪存□、紀乾禮、阮宜環、許懷璧、李躰傑、王敦謨，以聞於縣，請達合于上司分守徐公貢、太守羅公列，憫一鄉生靈塗炭，□□令改造，遂將四百石糧會立四僧爲□豁配於四圖之間。由是衆擎易舉，賦役可輸，倒懸者有就枕之歡，流移者有中澤之親，百三十户之衆復休休如往時矣。蓋傳於一册，則害重而大；散於四圖，則害輕而小。民惟病於重大，則視輕小若無也。先□所謂能寬一分則斯民受一分之賜，懼齋寔□以之。

鄉耆彦李君謨等，承上天之德，既銘刻於懷矣，又慮無以傳世而徵後也，爰□□石，假余□以紀□。余非能文者，但□□人□□□本□，遂跡其事而敘之，因繫之以頌曰：『漳有浮屠，産浦支都。占籍五圖，破戚秃蘆。糧四百餘，積歲弗輸。洎于差徭，止□正條。等若□□，官取□□。□併該班，法網苛煩。□我編氓，稱貸輸徵。産蕩家

傾，□見惻然。我不解懸，伊□之□。廼資卿□，具其非□，陳之上計。當道諦詳，慨民□□當，許令更張。爰命□沙門，四圖是分，賦役均勻。于時孑遺，息勞食饑，無復唸□。此黨盈充，里巷從容。□公之功，荷此鴻庥。不垂諸悠，昌以是休。爰鐫貞珉，俾公德仁，永世無湮。』

大明正德十五年歲次庚辰季冬上澣吉日。

鎮海衛指揮同知、銅山水寨把總徐□，南詔千户所舍人馬廷璵，省祭龔□、王瓚、□□、吴文爵，大椽陳顯□，致政知州周仁，長史林頊，知縣王謐，教諭周振，陰陽吴阜，醫官徐睿，義官沈子易、洪弘賓、蔡□□、吴子□、薛侃，監生蔡立、王璇、吴承忠，生員趙祚、石驥、何威、莊□、□□、□□、蘇爚、□仁、□玥、蘇□、□瞻，親友徐思誠、蘇元威、許□□、王子貫、吴陽和、紀敬德、□端□、蘇紹伯、洪□傳、韓贇□、吴廷□、王景福、洪□成、蘇伯壇、曾子范、沈子□、柯元質、紀端仁、陳子旺、紀敬□、柯元邦、吴尊伍、紀□岩、阮□□、□□輔、洪□明、許廷爵、沈子祐、涂廷□、林□高、沈同節、阮元和、李廷瑞、陳承亨、李孔權、韓深迪、李伯昌、韓贇□、□廷美、紀輝□、林志□、蘇伯瑞、蘇元統、沈子毓、紀敬嵩、阮元瑞、吴尊爵、陳顒亨、洪資祥、洪□學、李□□、許仕伯、陳欽理、李沖立，仝立。

按：此碑現存白水鎮磁美村福德廟。

五五　重修廣濟庫記

庫者，藏也。藏欲密，故以石焉。石斯堅，堅斯密矣。易曰『慢藏誨盗』，弗密也。漳庫舊在儀門外，守郡者稽查稍弛，則庫入得侵盗焉；從而陷之辟者，恒什九也。斯非漳之異諸郡人也，弗堅弗密，吾固有以誨焉耳矣。郡推江陰胡君寧道，奉巡按御史池陽汪公珊命，移諸後堂之左地，斯得矣。架以木焉，猶夫舊也。嘉靖改元春三月，鵬自内臺出典兹郡，亟易以石，五越月工告完。計用石若干，視木勞費蓋數倍。夫昔魯人爲長府，閔子騫謂不必改作

者，重民力也。鵬甫莅政，即從事兹役，不亦戾乎？於乎！鵬所以舉是者，凡以爲民也。赤子在井之側，有不匍匐而入者乎？待其入而始救之，斯已後矣。吾從而欄檻之，則赤子雖日在井側，弗入矣。故庫者，井也；民者，赤子也；石則欄檻之費也，弗可以，但已也。是舉也，財取諸廢寺之租，力則傭焉，民弗知也。矧木數十年必一易，石固費，費特木一再易，足矣。石不泐，則庫不察，雖百世可知也。通判丹徒杜君昂、清江聶君仕合而言曰：『噫！謀及於遠，而勞弗及民，守官者不當如是耶？誠可爲良二千石法矣。』鵬曰：『有是哉？』遂記。

按：此碑未見，碑文見於萬曆元年漳州府志卷十一。作者張鵬，嘉靖元年任漳州知府。

五六　教授陳公祠記

昔我文皇既靖内難，臣民惇勸惟勤，乃正大位，爰詔多方。時則漳郡教授陳思賢，率其徒吴性原氏、陳應宗氏、林珏氏、鄒君默氏、曾廷瑞氏、吕賢氏，即明倫堂爲舊君哭臨如禮。思賢繫入京，曁六生咸以身殉。今志僅存事畧，若六生者則并其名氏亡之矣。日備乏使事，來視漳學，咨及士庶，始發厥隱。嗚呼微哉！惟我文皇必不得已，舉兹有衆，爲社稷也。故社稷重則君輕，義則然矣。而陳公顧以區區餘戀，之死靡他，豈或一道耶？故捐其躬，施及其徒，用陰翼道化，長我王國，斯亦難能也已。乃命有司，相撤淫祠，祠公于正，侑以六生，用示嚮往，用箴我學師。俾牖我良士咸厎于道，用光前聞，用啓後觀，用副我國家興學至意，永永無斁。則鋭亦與有幸矣，能無述乎？

嘉靖乙酉夏四月。

按：此碑未見，碑文見於嘉靖龍溪縣志卷三。作者邵鋭，時爲福建提學。

五七　霞苑黄氏墓庵記

墓庵之創，近乎墓而爲乎墓也。一以擇人居，守樹木，蔭風水；二以藏祀器，供春秋祭掃之需；三以備子孫巡

視宿息之所。國朝觀之，江左謂之掃室，江右謂之香堂，吾漳謂之墓庵。名雖不同，義無或異。我祖有墓庵壹所，坐址在坂尾社西，坐丁向癸，與師堂後上祖諸墳相向，創自大明洪武七年。至正統十四年，歷七十六年，時紅巾賊鄧茂七倡亂，鄉寇響應，被其燒毀。至嘉靖四年，有欽差提督學校福建等處、提刑按察司副使〔行〕部，革淫祠，崇正學。行文凡所屬處，如有淫祠，呈官將神像燒毀，改作社學，聽淫祠告官買爲己業。時有鄰都田中央社白蓮堂一座，被民曾尊拱等用銀圖買爲田，堂之木植磚瓦槩欲轉賣。時族衆見其便，公議因其人之貧富、業之厚薄，酌量糾銀肆拾兩，買其石柱、棟樑、節棁、榱題、瓦磚、石器等項。遂於是年季冬十八日，通族人等前去拆卸搬運。至十二日基地，越翼日竪柱上樑。造端以興其事者，騰宇也；倡首而總統其事者，章道、元信、章模、遵仁、遵安、秉溢、遵桓、大正、秉恭、大坤、寬□、大會、大清、遵顯、廷昂、大述、騰瑞、騰勇、騰弘、騰選也。當是時，合族之人興水木本源之思，起江漢朝宗之念，一德一心，肯構肯堂，争於趨事，亟於赴功，勞不憚，煩不厭。迄明年春三月終，三間鼎建，四壁落成，可謂苟合而苟完矣。至於潤飾之美，循序加工，余等又焉敢廢也耶？嗟夫！斯記之作，豈爲一時計，實爲萬世籌焉！凡我苗裔，奕奕相承，傾斯築頽，斯葺尤宜，切於在己之私第也。不可重乎己，而忘乎先人。余之叮嚀告戒，止乎是。

大明嘉靖五年丙戌八月十有二日，十一世孫健記。

按：此碑未見，碑文見於海澄鎮黎明村《霞苑黄氏族譜》。

五八　重鐫請建鎮海衛聖廟儒學石碑記

鎮海有衛，昉自洪武二十年；其在學校，初未有焉。宣德壬子，憲僉林公時槐建議：衛俊秀准附儒學教養，炤例科貢。隨大巡成公規以各生告艱，允令私設學校，而建學之基始萌。景泰癸酉，周瑛公首登科第，鄭晋諸君繼之。成化辛卯，憲僉周公謨因刱文公祠，延師講解，而人才輩出。歲乙巳，揮使張君文表請乞建學立宫。檄下，大巡劉

公信會藩臬案行漳州府，知府劉公瀚勘報相應立學一應事宜，合例平海衛學。道憲副使邵公莊、丁公養浩，改祠爲廟，塑先聖四像，東建講堂。憲僉張公藩、杜公某、余公本實買舍菜田，添設號房。憲副陸公、龔公嵩相度附城牧馬無徵地，議年收税供祭，規模略備，而建學之由始著。正德辛未，揮使田君隆准生員吴仕舉等呈，仍復申請。于時大巡賀公泰、憲副姚公謨奉部擬，結勘准允，是皆致仕周公維持之力。迄嘉靖癸未年，巡按王公以旂緣揮使徐君麟催請薇垣咨部，復奏准咨銓部附寫官制，銓官、鑄印。本年降制到衛，而建學之事始成。

歲乙酉，吏部劄授同安司訓樂平、范君瑛來掌教事，慨念明倫堂未備，無以成學校，春秋無祭，何以能報本。兩呈師主仁和邵公鋭，慨然行之，一委通守施君福、徐君麟，丈量園地□畝有餘，每歲取銀四分，以供祭祀、科貢之需。移聖賢像于前堂，翼以兩廡、大成門，增置十哲賢儒主；改舊廟爲明倫堂，堂後爲間舍，置文公像于左堂，置延平像于神祖祠。奈堂、廟法制多缺，屢請大巡楊公瑞、宗主邵公莊。檄下，漳守詹公瑩命司訓鄭廷望重估經費。署漳浦事節推黄公直發公帑中四十金，遣分教彭潛賫學。會揮使祝君正隆給大成門前營地九間。范君遂率諸生吴仕舉、張俊等朝夕匪懈，地三級階，岑甬道，環墉以石，起豎櫺星三門。其地倚山面海，闊九丈八尺，直深二十四丈八尺。適漳郡守姑蘇陸公金繼嚴戒飭：『建學於兹而大成，雖然固設矣，所以顯明文學，振作後人。凡汝多士，宜洗心勵志，明善誠身，以端士本，以明人倫，忠以事其上，孝以事其親，庶幾無忝乎？』

新建之學則偉矣，肇工于丙戌冬十月，落成于丁亥九月。因并記之，以副衛諸爲徵云。

按：此碑未見，碑文見於乾隆﹏﹏鎮海衛志·學校志﹏﹏。作者石輿，鎮海衛人，弘治十二年進士。

五九　鶴峰雲洞遊記

余謫海戍之三年，實嘉靖丁亥，爲雲洞之遊。十月廿有四日至，主人迎就其家。洞山爲鶴峰，與家對峙，瞻之起敬，若大賓在門。午食畢，偕適洞。至麓，兩巨石夾起如觀，左刻『振衣所』，舊刻也。逶迤陟磴上，石益巨大，

刻『雲洞』者二：一爲周方伯瑛書，一爲林考功達書。林又隸書曾皙語『暮春至詠歸』，遒古可愛。行數武，入石門，中書室三楹，制小而雅潔。周峭壁，左晦翁書『溪山第一』。南若几可憑，觀江山之羅帶，平疇棊布，鳶魚飛躍。予樂之，請止焉。因題曰『霞窩』，賦一絶，併勒諸石。

明日，主人諸弟子來揖，肅甚，乃俱登左洞。横廣數筵，懸石如倒鐘者，如盖者，如蓮房者，左右皆通天。南豁起，竹樹映之，纍琴臺直豁處，月午光正入，因名『月峽』，蔡参政潮所命。東壁下，泉出甚冽，張郡守鵬題『寒泉』壁端。又東入石門，得洞三穹，石起門外，若樹塞者，西嚮曰『玄岩』，前客部陳九川名之。北洞有井竈故跡，相傳昔異僧居此。南洞合兩石，窿起若中霤，半承數椽，容六七人，名『觀瀾』，主人舊藏修處。南牖遠覽尤可愛，予倚牖立久之。牖外磐石，鑿曲溝，引泉以西，架渠穿石，徑至霞窩。甃石池渟之，可汲。主人請坐玄岩，命從子鼓琴數闋，諸弟子肅侍。余念近衣冠家□比，爲之一慨。南下，磴危峻，余足蹣跚惴慄，遥觀張守萬玉字，乃還霞窩。

又明日，主人以予興濃，取肩輿雙扛，僕人執之，余扶行其中，漸移而下。東得平石，廣方數丈，乃同昆季掃石坐，取酒迭酌，甚樂。主人命曰『鳳臺』。上視峰頂，崛起參天，曰『天柱』。柱下三笋卓立，曰『台屏』。又下一洞，稍廣平，盖外刻晦翁書『石室清隱』四字。有泉行渠，又取酒傳觴，洗觴渠流。□峰歷雲，依岩舍，觀古榕起深谷中。至鶴丘，風光尤萃。佇立移時，左巨石如應鼓倒置，而小石墊之，人巧莫及也。稍上，石益巨且密，有洞可容千人，下深數丈，上通天柱，昔避亂者居，今鮮入者。有蝙蝠大如鷹，時翔洞口，土人云。

十一月三日，主人同余游太武。十四日復至洞，明日刻詩玄岩。十八日，余欲陟巔，主人復具肩輿優余。且輿且步，歷洞右磴上百步，得堂可屋，俯視霞窩削壁，如圭植于前，亦一勝也。又上巨石，面方廣二尋許，架絶壑，題曰『仙梁』。曲陟至二石，並立若朋字，題曰『得朋』。西顧廣疇，麥苗如簇錦爲茵，而好景諸山又若玉鎮然。行穿一洞，轉而南視，復值霞窩。上一僧來迎，盖山北仙亭岩者。北轉近巔，危峰獨聳，即天柱也。欲刻字，無置足處。稍北一石，虛出絶崖數尺，僕夫撼之即動，而不能墜，人云剛風至亦然。余題『風動』二字，主人命工刻。乃

酌于龍祠。

遂午食，視刻畢，北歷峻壁而下。予乘輿不知恐，同遊皆脱履結襪逡巡行。登『天開圖畫』亭，盖當峰竅要。前視洞峰，如神物天行，鸞飛鵠立，龍騰馬躍，不足名狀。後嶂羅列，起伏斷續，凝爲兹峰。其外江山周卧，所謂『别有天』者，亭石爲之，制雅而闊，盖意前代所建，瓦木則亡矣。遂下仙亭飲茶，觀陳方伯錫、林大參魁題名，亦巨石半閣危崖者，奇之。隔洞，古石亭軒然，或曰『二仙化鶴』處，後人作亭識之。阻深谷，不能一至，繞右麓歸。

明日，林庠士禮、鄭鄉貢秉來訪。因同游山左麓，觀大石十餘布溪中，余題其一曰『枕流』，取酒倚石立飲歸。兹山之精神氣概，歷數日盡得之。山盡石，石盡美且巨，他山莫儕焉。夫石在山，猶骨在人，恃以立者，美益貴矣。昔人謂地以人勝，其相遇與否，盖數存焉，遇則數之盛也。余雅愛賢，亦雅愛山。兹山之美與主人之賢，既相遇矣，而余參其間，兼得生平所僅見，余其亦遇哉！主人姓蔡氏，名烈，字文繼，號鶴峰子，其愛山水，亦以養道心云。

二十一日，四明豐熙記。

按：此爲摩崖石刻，現存龍文區藍田街道蔡坂村雲洞岩。作者豐熙，浙江鄞縣人，弘治十二年榜眼，嘉靖初擢翰林學士，『大禮儀之争』後謫戍漳州鎮海衛達十三年，卒於閩。

六〇　勉齋祠記

正德中，知漳州府武陵陳公洪謨，以勉齋黄先生嘗侍文公守漳，請於提學姚公鏌，立專祠於芝山養正書院之西，以勉齋諸孫分居於漳者守之。歲祭竣事，則司其扃鑰。嘉靖戊子，按察僉事四明謝公汝儀，以信國忠烈公文山先生過漳，誅叛臣、復城邑，實開幕於此。建文山祠於書院之中，皆守臣崇德象賢之義，可尚也。初，謝公議：勉齋於文山爲前修，慮位置非宜，以問郡守陸公金。公曰：『祀禮，崇德報功，垂範風化也。孔子生後周公數百年，後世祀之，其典同孟子私淑子思之門人，今與沂國分位配享。文山祠中，居議是，無可疑者。』於是，勉齋祠如故。十一世

孫增，慮傳遠不可無述，請書日月於麗牲之石。

惟儒者之道在天下，猶元氣之在萬物。元氣絶，則萬物息。故道之所在，天必生聖賢之才，以壽其統。文公繼往開來，程準萬世，從游之士見而知之，非無其人。然按慶元庚申與先生遺訣之書，獨曰：『吾道之托在此，吾無憾矣。』則先生負荷委畀之重的然，道統之傳有不可誣者。今讀其書，考其世，究其言行、事實，無有一毫不本乎天命、當乎人心，拳拳焉正三綱、敘九疇、端士習、立人紀，必欲納斯世君民於三代而後已。雖當時不能盡行其志，然於此亦足見真儒體道經世之大端矣。陳公身爲師帥，首崇先正，樹之風聲，以起來裔。簿書期會之治，可同日語哉？嗟乎！學先生之道者，用則以所學濟天下，不用則以所學善其身，斯祀不虚立矣。若乃先生道德出處之詳，則遺書與世史在，學者求當自得之，何敢贅一辭！

按：此碑未見，碑文見於萬曆元年漳州府志卷十一。作者林魁，龍溪白石社（今角美埔尾村，故居尚存）人，弘治十五年進士，正德十五年陞廣東參政，旋乞休歸里。

六一　東湖祠記

東湖王先生與北溪陳先生，皆朱文公高第弟子，同爲漳人。文公嘗守漳，故漳人祀文公於郡學，而以二先生配享。後有司移祀文公於龍江書院，郡學之祀遂寢。成化中，郡人行人司正林雍請於朝，爲北溪立專祠，獨東湖祠未舉，人以爲闕典。正德癸酉，提學姚公鏌、郡守陳公洪謨、同知黄公芳用諸生林禮等請，議撤故里淫祠德雲庵，改建東湖書院，祀先生。會諸公遷去，事中寢。嘉靖乙酉，提學仁和邵公鋭按漳，諸生吴潤輩請益力，公報如請。於是東湖書院始立，所司修祀如禮，人士韙之。顧祠記未立，非以永世。今郡守姑蘇陸公金，下車首訪先哲，於是郡文學鄭君廷望白其事，且請立石。公曰：『樹風聲，起遺俗，其亟圖毋緩。』爰徵記文於魁。

謹按：先儒黄勉齋著先生行狀，先生名遇，字子合，世居龍溪東湖。天資穎敏，自力於學。乾道中，以上舍中

甲科。既仕，歷三調，乃不遠千里，受業於晦庵、東萊、南軒三先生之門。考德問業，以正學不明爲己憂，精思力行以求自得，視聲名利禄泊如也。所著有論孟講義、兩漢博義暨文集若干卷行於時。仕至大宗正，遷右司郎中，卒於位。兹其始卒之大略也。抑嘗考先生之績，求先生之學矣。其教蘄州也，正學興；丞懷安、令長樂也，善治興。去之日，民立祠以報德。不受陳自強之薦，不立韓侂胄之朝。守毗陵，講求荒政，修復水利，役重而民不困，歲旱而民不饑。及爲常平使者入對，則曰：『飭躬剛大，以進厥德；急聞直言，以救闕失；樂公從義，以扶正道；斷絶斜封墨敕之原，常存視民如傷之念。』嗚呼！即其愛君惠民之道，行義出處之節，沛乎其不可禦，確乎其不可拔，夫豈在古賢人之後哉？傳述其從仕四十年，在朝者不過數月，官不過郎曹，而鞠躬盡瘁至於老死而無憾。謂非學識之精、義理之明，超然於流俗之表、不以一毫私慾累其心者，不能至也。孔子曰：『仁以爲己任，不亦重乎？死而後已，不亦遠乎？』求諸聖門，先生可謂弘毅之士矣。祠歷三政而後告成，和義舉禮、崇正辟邪之機係焉。厥惟艱哉！是用書之，以告將來。

按：此碑未見，碑文見於萬曆元年漳州府志卷十一。作者林魁。

六二 重建府後堂記

國家建百司以馭天下，廳事之後必有燕堂，寓求政也。一民未安，求所以安之；一事未舉，求所以舉之；利未興，害未除，求所以興而除之。凡見於政者，固必於吾心焉是求，此退思之堂所以不可無作也。漳州府後堂，建於洪武戊申。時州始入職方，郡守潘公琳實以首政莅役，事載林弼記，迄今百五十餘年矣。弘治中災，累政循襲，久之鞠爲茂莽。嘉靖癸未，郡守西蜀張公鵬病其非政，節縮冗費，得羨金若干，請可於當道，畫規重建。其經始也，木商自清流鑿石，洪達九龍，浮巨木千章而來，喜其若有冥助焉者。遂鳩工庀材，説民舉役，不逾期而厥功告成。復以廣濟庫懸外屢警，移建後堂之左，鍵以石室，公自爲記。至於餘力所及，百弛具張，要之計嚴而圖遠。直前衢

之會，樹石爲綽楔，題曰『海隅聲教』，公志也。政方就緒，而公齎志以没，郡人哀之。

今太守吴江陸公金下車，體國子民，彰善崇德，於退食之暇，顧同官而嘆曰：『吾曹嗣吏於兹，得委蛇兹堂，用覃吾思，裨於有政。惟前人嘉惠之烈，不可蓋而不光。』乃命幣於魁曰：『子其志於石以傳。』予惟昔滕子京守巴陵，樓岳陽以寓游觀，范文正公稱其以天下爲憂樂；若兹堂之作，所以求政，其憂其樂，蓋將無一念不通於民，有不待登臨感慨而後興者。其輕重緩急，視樓若何耶？公之加意表章，端本勤民，於是乎在，復拳拳命予爲之記。予不文，何足以議治？然公之不没人善，至公無我之心也，則不可不書。

按：此碑未見，碑文見於萬曆元年漳州府志卷十一。作者林魁。

六三　安邊館記

安邊館者，漳州府通判陳君必升之所建也。嘉靖八年，海寇警東南，上命都察院沐陽胡公璉巡視浙江兼制福建，畀以便宜。明年，行部至漳，彰善癉惡，貞秩百度，易民耳目。乃推高皇帝教民榜遺旨、皇上宵旰勤民之意，著爲條約，與海人更始。民益知朝廷所以子惠元元之恩，如天地之大、父母之慈，仰沐休風，矢明厥德。蓋王道無外，民有秉彝。其感應之機，神速如此，亦可以見聖明之化矣。公慮其久而弛也，謀於巡海道副使古鄞謝公汝儀、知府吴江陸公金，圖厥永安。僉以龍溪月港、海滄、沙坂、嵩嶼、長嶼，漳浦玄鐘、徐渡諸澳，聯亘數百里，東際大海，南密諸番。倉卒有變，請計臺府，動經旬月；逮至撲滅，流毒已深。宜酌其要害，分設府署，董以專官，量假事權，使先事防察，以遏亂萌，誠於制馭之體便。公納輿議，乃即海滄建署立例，於列郡佐貳之中摘委賢能，遞膺厥任，俾以弭盗賊、禁通番、理詞訟、編船隻、舉鄉約、興禮俗，大要以安民爲尚。庶事行革，聽其從宜，責亦重矣。惟時陳君實以才望，首承選任。

初，分署雖設，百事草創，至是始議興作。適其地有淫祠頗盛，公檄之以祛民惑，得木材若干；復於長嶼厘籍

没之産，得白金若干兩。乃請於當道，即分署爲安邊之館。前爲莅事之堂，顔曰『鎮靖』，志修戢也；後爲燕寢，退食之暇，寓以覃思；堂之前左右爲廂，正南爲門，門之上爲譙樓，四達之址繚以周垣。由是具瞻有所，可以肅上下；懸政有象，可以一民志。而名山巨浸，控帶雄遠，屹然一方保障。始事於庚寅十一月，迄辛卯四月而厥工告成。蓋興役於既悦之民，因財於無益之費；人不知勞，事足垂遠。觀政於此，可以例君之餘舉矣。又越月，君以瓜期代去，民安君之德而不能留也，相率伐石記其事，而徵文於予。予嘗謂保天下之治存乎法、濟天下之法存乎人，公非其人者乎哉？

是役也，胡公嘗以其策下訪，予實聞之，故不辭而爲之書。

按：此碑未見，碑文見於崇禎海澄縣志卷十七。作者林魁。

六四 文信公祠記

天地之位，繇三才糸也；三才之糸，繇三綱立也。三綱弗立，人紀亂矣，於是乎天地易常而人之類滅。是故立三綱、糸三才、位天地，聖賢之所拳拳焉；是故君臣之合也，義其無所逃，而捐軀弗恤，成天地也。文信公天祥，精忠大節，烜赫宇宙。漳郡，其駐師誅叛地也。方起贛勤王，屢挫益勵，收兵汀州，分遣糸贊吴浚輩，取雩都諸縣。元兵犯汀，厥守攜貳公移漳，圖入衛。他將提兵歸，而浚叛降元，來説公，公縛浚縊殺之。嗚呼！公之心期以固繫人心，斡迴世運，挈中華還之宋，驅腥膻使不遺穢。其浩然之氣，光日月、轟雷霆，泰華、溟渤争高深，利鈍非所計。厥後崎嶇嶺海，兵敗身執，抗節數年，從容就義。固所遇不幸，而扶植人紀、對越天地，爲萬世忠義者範，其聖賢之徒哉！公童時見學宫祠歐陽脩而下三忠，喟曰：『設不俎豆其間，非夫也！』對策集英時，稱古誼若龜鑑、忠肝如鐵石，卒之取義成仁，身雖化而心不死。視負國全身家、遺臭靡窮者何如哉！

凡厥秉彝瞻仰，萬代肆祀。京師柴市，公成仁之所，廟貌輝煌，朝有祀典；浙永嘉僅信宿，亦祠江心梵宫。凡

所經歷，率爲表顯，而漳顧猶闕。嘉靖己丑，龍溪處士蔡烈言于分巡僉事謝汝儀，欣然意會，白諸提督都御史周用、巡按御史施山，報可。乃屬漳郡守陸金相度，得開元寺東養正書院幾楹，黝堊增飭，燁然麗觀，肖公集中小影像設其中，取新墾田租叁拾柒石供祀。守率寮屬，歲再躬事，著爲規。嗚呼！世變江河，人而不夭者久矣。是祠之立，俾觀感者於國思忠、於家思孝敬，聿崇綱常，以共保雍熙之治。而公於昭之靈，庶有臨乎？熙罪放于茲，逢盛舉之成，間嘗步城外木棉菴故址，讀穹碑書賈似道事，並觀之，重有感焉。謝子擢副使，又遷雲南叅政，去，使熙記其事。

後四年，進士劉天授來尹龍溪，始白新守孫裕，勒諸麗牲之碑。而祭田坐址、儀物品式，並揭碑陰，俾勿壞。

（佃人蔡喬貳拾柒石，陳丕獻壹拾石。）

按：此碑未見，碑文見於嘉靖龍溪縣志卷三。作者豐熙。

六五　府學麗澤記

今憲副羅公以巡海莅漳之明年，爲嘉靖癸巳，寇息民安，士人洽和。乃以暇日謁夫子廟，退即學宮，進諸生而講業焉。諸生若曰：『大人先生之嘉惠後學，至矣。維吾郡之學，沿宋、元以逮於今，屢有興建。維是學之南，曠缺弗治，風氣虧疏，人材鮮少。夫裁成輔相，作進後人，大人先生之事也，敢以請。』公曰：『是吾職也。夫學校不作，則禮義衰息；禮義衰息，則奸宄滋殖。故士者，民之表；而學校者，教化之源也。夫欲人興行，必使民知勸；欲下興化，必使民知教。吾敢不敬圖？』語既，民有叩於庭者曰：『某不幸，而有不赦之罪。然聞明公之將興教也，猶冀後之有改也。幸明公有以哀之，請納金以贖，以爲明公費。』公曰：『民之犯法，由弗教也；弗教而誅，上之愆也。赦過宥刑，以崇教本，政之經也。一舉而兼得焉，不亦可乎？』

於是卜日維吉，命工維良，木石、瓦甓諸物咸具。爲講堂三間，爲號舍二十有八，繚以周垣，扃以重門；几牘器用之類，無所不備。工始於秋八月，迄於冬十月。公以吉日肅齋具，謁廟而告成焉。諸生進曰：『美哉茲堂！幸夫

子辱臨而惠之名。』公曰：『諸生，學孔子者也。孔子之教其弟子，學詩、學禮、問仁、問智；他日又曰「君子以文會友，以友輔仁」。至於傳易，又曰「麗澤，君子以朋友講習」。夫兹堂者，以處朋友也。名之曰麗澤，可乎？』曰：『古之朋友，無一不在於學之中，而其所以學者，詩書六藝也，身心道德也，修己治人、臨政治理之方也。故其出而履天下之任，皆公卿大夫之良也，有司百執事之選也。凌夷於今之世，爲士者未必盡在於學；而在學之士，群居而族處，以講章句、課文字而已。夫學之而不講，講之而不習，與講習之而不知所以講習，皆非兹堂意也。』諸生曰：『諾！命之矣。』退而請予文爲記。

按：此碑未見，碑文見於萬曆元年漳州府志卷十一。作者戴時宗，長泰人，正德九年進士，官至左僉都御史。

六六　鎮海衛鄉賢祠碑記

景泰、天順間，布衣陳公、翠渠周公二先生，同時産于鎮海，皆以學行有聞于天下。二公蓋爲聖賢義理之學者。嘗聞布衣少食貧，業作末藝，一日過鄉校，聞講中庸『戒懼謹獨』，若有會于心者，遂棄其業從之。既復讀大學『格物致知』之訓，知其與中庸互相發明，又知其功夫親切，不越乎『敬』之一字，故其學以默坐澄心、反躬踐履爲本，於章句文義蓋有不數數然者。翠渠自業舉子時，已不安於俗學之陋，其學自六經、四子、天文、律曆、字畫及方外之書，無所不究，而每以辨析精微、洞見本原爲歸宿之地。蓋二先生之學之所自得及其所從入如此。

布衣未嘗仕也，成化中徒步詣闕下，獻所爲正學、正教等書，直欲變一世學術、人才而歸諸古，非止於徑約而不適用者。翠渠廣德之政，有循吏風，晚年仕頗偃蹇，即投紱以歸，淡然有以自適也，其所存可知矣。鎮海故戎壘，自二先生後人始知學，至爲立博士、弟子員以教養之，而祠設未舉，無以致其向慕之意。

嘉靖乙酉，一齋豊先生熙由翰苑謫戍是壘，常舉二先生之學爲學者言之，既又以祠事言於提學副使吴公仕，牘具而吴去官。越數歲，兵備僉事謝公汝儀乃舉行之，命指揮使徐侯麒度隙地，爲屋三間，並祀二先生。顧戎司事力

鮮薄，廊廡、儀觀多弗克稱，一齋又斥其月饒，得金若干，以佐其費。既成，馳書于岳，俾記之。

岳先世蓋嘗聽講于翠渠者，而布衣之言論風旨，亦嘗竊聞其大略如此。當二先生時，士大夫以講學有聞者多矣，爲説皆務高遠，考其要歸，能無憾於後學者蓋鮮。獨於二先生以粹然本於考亭，無議也。昔者朱子有言曰：『子思以來，教人之法，惟有尊德性、道問學兩事爲用力之要。』然學者性質、趣識不能盡同，大抵多因其所近者而入。誠能兼取二先生之所用力而反之於身，以審其先後之端，如病者用藥，陰陽寒熱，期中病源而不至于偏勝，則庶乎有合於聖人之中，行爲無愧於二先生，而一齋拳拳倡勵之意，亦可以無負矣。

布衣名真晟，字剩夫，泉人；翠渠名瑛，字粱石，莆人。初設壘時，調二郡之人戍守之，蓋守者子孫云。

嘉靖癸巳秋九月吉日。

江西按察司提學僉事惠安後學張岳謹書。晋安高瀫隸古。

漳州府知府孫裕，鎮海衛指揮同知高偉、祝正隆、王淵，立石。

按：此碑未見，碑文見於乾隆鎮海衛志·藝文志。作者張岳，惠安人，正德十一年進士，官至右都御史。

六七　明大參白石林公重興官港水利功德碑

〈上缺〉登弘治壬戌科進士，歷官户曹，選守鎮江。入覲，以治行優異□陪郊祀，擢山西副使提學，陞廣東叅政〈下缺〉咸病焉，公遂疏之，鑿石二十餘所，改橋二十餘座，潮行無阻，溉海田二十餘里，變瀉鹵爲膏腴，功德在於梓里焉。若其著野稿、歸田録以式後人，立義塚以賙鄉族，而事業之赫奕在天下者，已有誌矣。〈下缺〉

〈上缺〉蔡□亨、陳體山、林集祥、黄以臻、王魁岳、蔡道周、黄殷民、林徵賢〈下缺〉施夏秩、張德脟、施弘進、楊汝舟、陳朝珠、柯丕泮、黄育儒、蔡興仁〈下缺〉張國澄、蔡季亨、楊國瑩、張宣衷、施汝梧、黄大從、劉道行、蔡子貊〈下缺〉楊宗□、丁國典、施國緒、陳丕浩、鄭汝三、黄奕化、蔡道夫、楊萬哲、黄有章，仝立石。

按：此碑現存角美鎮埔尾村崇德堂，上部風化，碑文模糊不清。

六八　協夢堂記

郡大夫石橋先生孫公爲大理寺正時，嘗夢朱文公屬以遺事，覺而異之。時嘉靖十二年十一月十二日也，公默識之。不數日，有外邵武之命，郡士在京師者見公，曰：『晦庵先生豈有遺跡在郡乎？』曰：『樵川亦過化之土也，夫子之祠在焉。』公至郡，閲之無驗。明年，公改守漳。至之日，告職於群祀，獨文公祠穿開元寺曲廊而進，蓋自宋時已然，公病之。先是，公行過三山，督學潘公謂曰：『朱子守漳，漳之有朱祠猶潮之有韓祠也。潮人姓其山若水，人無敢指者。而朱祠門出浮屠之下，不謬乎？』公曰然，退而思之曰：『夢其徵矣！』

當是時，雖有改爲之志，顧郡政方殷，目不暇給。又明年，叢務始通，乃與僚佐登祠而達觀焉，得隙地於蔽虧之東。於是剪荆棘、發蒙翳、削嶔崎而平之。循峰而麓不里許，豁爲通衢，而僧廬佛刹咸隔道外，若天秘而待者。公喜甚，請狀於巡按御史白公、督學僉事江公、分巡僉事錢公，咸是之。遂即祠左建講堂三楹，額之曰『協夢』，紀事兆也。作四達之亭於東岡之半，額之曰『仰止』，示學者知所師也。改建石坊於路首，總之曰『龍江書院』，因其舊也。甃道以石，衛道以垣，基垣復以石，廣三丈弱，修百五十丈強。自道原堂抵拱辰街，平如卧虹。舍菜之日，郡人士奔走瞻對，以謂自韓子歿至宋南渡五百年，文公始仕；自文公守漳至於今五百年，而祠道始通。且神交默締，懸屬於無朕之始，有非人力所能及者。今兹山川改觀，儒墨異途，上稱祀典，下慰人心，豈尋常興建可同日語哉？

龍溪令王君鑄，郡邑博士陳君九霄、翟君文祥輩，奉公命來請記。

按：此碑未見，此爲碑文節文，見於萬曆元年漳州府志卷十一。作者林魁。

六九　威鎮亭記

漳枕山環海，屏障中夏，控馭島夷，覃敷禮樂文明，光昭四國；介胄熊虎之士，雄耀南服。琉球、暹羅、日本、安南諸國，環海拱奠，倚憑天朝，而各守其土，以安殊方異姓之治。漳爲海國之津，諸島會極之上郡也。城北有紫芝峰，裒然秀出，屹爲山海喬岳。舊築亭其間，以據形勢，扁曰『威鎮』，昭其義者也。

嘉靖庚子春三月，大巡石沙王公按郡，聲華丕赫人心，海岳震動一新，實耳目之榮觀、生民之盛會也。乃究民瘼，乃竄亂慝，乃課行藝，乃閱弓矢，察吏度治，修廢舉墜。士濯靈而民耀德，轉移之、幾運之、刑政之外，而端莫測。甫旬有六日，百度惟貞。府、衛文武諸執事者，謁守、巡，以巡城故事。沈子師賢、侯子廷訓偕徐子樾，辰告於公，忻承攬轡，大夫侍百執事簿書，乃登紫芝峰。雲横翠帶，曠目澄心。語二三大夫步其巔，振袖亭址，清風四壑；俯視石墁礎裂，百草盈生。乃憮然而嘆曰：『是豈可已者乎哉？懼武備之玩也稱是。二三子亟圖之！』守、巡服命，惟謹以嚴。執事顧四科偕僚屬謝弦、周南、郭嘉賀、王鑄，夙夜□□拓基量工。不逾日月，有亭翼然，視昔壯麗軒敞。成之日，民士歡會，以居者若有依、行者若有望、四方者若有宗。上際雲空，俯挹滄溟，豈惟形勝足以壯觀美者哉？昭德明威，篤近舉遠，咸於是備焉。

按：此碑未見，此爲碑文節文，見於萬曆元年漳州府志卷十一。作者徐樾，時爲福建布政使司參議。

七〇　寧壽里記

寧壽里記，記里之有寧壽者也。里之有寧壽者不恆得，即或得之，亦里中事爾，曷庸乎記？記里中有寧壽者，風教也。龍溪之爲縣，載諸牒者，無慮百有四十餘里。里之得名者寡，而里以寧壽名者，寔自白石林先生始。里非爲先生名也，爲先生之母之寧壽而名之也。先生之母之壽，不因子而得，而母之寧壽之名，寔因子而彰。是故，里

之有寧壽者，法宜記。記寧壽而系之以里，庶里之人俾得以觀法焉，能使一里之人共躋仁孝之域，其爲壽也曷禦？不止一家之私言而已。故曰『風教』也。

先生之母施夫人，結髮儷事，贈主事翁協於內佐，能以善迪其子，而致子之顯于時，里之人稱之曰賢，賢則婦道舉之矣。母不幸而蚤歲不天，遂以一節自誓，久而彌篤。逮今以壽名，里之人稱之曰貞，貞則母道舉之矣。先生賴母之教以顯於時，始以祿食養者若干年，既而告歸林下。逮今又以善養者垂若干年，里之人稱之曰孝，孝則子道舉之矣。夫賢以植德，貞以幹事，孝以立本，夫是三者，是固寧壽之基也。而先生之孝，尤足以彰之，則夫寧壽之名不愈有光於厥里也耶？夫里之中，宗鄰在焉，鄰保比焉，後生小子問學考德者游焉。使里之人思婦道而興賢，用是可以作禮；里之人思母道而興貞，用是可以作敬；里之人思子道而興孝，用是可以作順：其爲教也，信可以風乎民矣。夫寧壽之云，陳之洪範，歌之商頌，不徒然矣；而所以致之者，稽諸周禮，三物以教之，八刑以糾之，率以是物也。今先生之母，用是以成子；先生之爲子，又用是以彰母。□生之爲母子者，用之於家，又以之風里之民，而諸里之教亦有賴焉，風亦遠矣。風之遠者，壽之遠也。是宜記，以俟觀風者采焉。

里在今二十九都八圖白石村。母之子名魁，登壬戌進士，歷大參，方致仕於家。記之者，知縣事華亭王鑄也。

嘉靖十九年歲次庚子二月朔旦，縣丞烏程張欽、主簿高安皮越同立石。

按：此碑現存角美鎮埔尾村。

七一　江東石梁橋記

漳南橋梁，虎渡第一。民言：昔欲爲橋，商度未寧，乃有虎負子渡江，息於中流。探之，有磧如阜，循其脈，沉石絶江，隱然魚梁，乃因壘趾而橋焉，故橋名虎渡。維江隨山坼土，兩峽岩立，流澌東奔，如雷霆入地，深處不可測度。則立趾於重淵悍流之中，似非天匠鬼工，莫能措手。虎渡之説，亦神異其事者之詞也。其建毁始末，具在

本志語中，今不詳載。大抵多爲木梁，故無永利亨貞也。嘉靖十有六年，大巡五石李公鳳翔出其謀猷，圖建石梁。分巡憲副七峰余子鋟、渠陽沈子師賢贊贊其采。前守孫裕，乃始初經營，尋遷江西憲副以去。

十有八年，侍御王公石沙，諱瑛，字汝玉，代巡於閩。咨諏當務，大議興修，財出公帑羨餘，舒用責成，民不知役。明年春，車下漳南，道經橋上，與分守少參波石徐子樾、分巡僉憲筆山侯子廷訓，察其勤怠工拙，戒董有倫，民勸如歸。刑部郎中顧四科，是夏來守是邦，兼總其貫。通判周南，專董厥役，晨夜展工。同知謝絃、推官郭嘉賀協恭贊襄。筆山侯子又恐績弗亟成，督臨益力。是冬而輿梁告成，梁長八十尺，方五尺。釃水十有五道，一道三梁，疏之以廣其道，以板石横彌其縫，廣乃二十尺，長二千尺。翼以扶欄，亭其兩端，以息行旅，皆新制也，趾仍其舊。於是橋平如砥，徒輿負載如平步於衽席之上；夕發閩南，朝趨交、廣，沛然可至。遠近士庶，襁負來觀，無不嘆美石沙之功、群公之澤與江並深。而石沙公乃不以讓爲愚賤無文，移文郡守，下問紀事。

讓惟昔讀書漳南鶴峰雲洞，郡之山川源委條理，頗能記憶。郡東山源自泉之安溪，歷天池、九龍，穿峽渡江，斂爲石骨，是爲沉石魚梁；奮爲玄鐘，逆江而西，止爲鶴峰，爲郡東鎮。江源自臨汀，逾九曲峽，以同萬壑並趨。橋西雨盈谷，泄則狂瀾騰湧，如鐵騎百萬壓陣，摧堅以怒。橋址址高百尺，矻然砥柱，木梁弗稱，火飈又皆可得而災，故百費不寧；乃架數萬千斤石梁於可驚危趾之上，上重下堅，相安以固。漲不能没，湍不能怒，火不能爇，颶不能傾。鎖沉石以利行人，維兩峽而捍固内氣，如玉虹浮空，金堤穩重，吞吐潮汐，浮沉龍龜，俾四方客子之由是橋者，皆有詠嘆浴沂之樂。西望芝峰，晦翁講學之跡，與天寶並高；南觀大海，令人有川上不舍之思；北俯江干，凄然北溪之宅，泠泠其深；東觀烏潯，思布衣之操藴，而惜其不究於用。則是橋爲務，重在濟人，而亦漳南第一形勝芳績也。

按：此碑未見，此爲碑文節文，見於萬曆元年《漳州府志》卷十八。作者陳讓，晋江人，嘉靖十一年進士，官至監察御史。

七二　文山重建社學碑記

郡之東南十里許，爲柳營江虎渡橋；又折而南十里許，爲文甲山。雙溪交流，匯爲巨浸，海門東峙，飛巘前屏，蓋一方之偉觀也。其鄉故有里學，鄉先生嘗擇羣里之秀而納之，以明教也。積歲深久，椽蝕棟倚，有傾圮狀。鄉著姓施君體孚，用是憮然曰：『表儀無地，何以嘉思我鄉人？』遂捐十金，爲鄉人倡，畫規重建。偕鄉耆俊陳君崑璞、林君壽業、陳君科燦等，咸樂義□衆襄之。召匠鳩工，費金百餘，二閱月而功告成。中建正堂，翼以廊署，縱横凡若干丈，繚以周垣。大門額曰『文山社學』，總大觀也。

事既竣，徐君華從走書以狀徵予紀，且曰：『貞珉垂遠也，將以風我後之人。』予作而言曰：『茲舉也，有裨於風教不薄矣。夫周禮以鄉三物教萬民，其詩曰：「肅肅兔罝，公侯干城。」是故鄉學廢而氓庶之微弗録。管子教成民，俾士習而安焉，其學不勞而成。是故鄉學廢而隨姱之業弗專。古者擇鄉之俊雋而升之膠庠，凡養者聽訟、受戒、獻馘，罔不軌範而熟之，以服官政若迎刃然。是故鄉學廢而成能之才弗廣。茲學之建，若三弊可以無憂矣。且是鄉山川效靈，雋才聿發。昔及第東窗，黄公思永自其池發；今以後，焉知無追前哲而後先之邪？然則是役也，以挽淳古之風，以溥育才之仁，以植國家之楨，故曰有裨于風教，可書也。』乃礱石，書爲紀。

旹大明嘉靖二十一年歲次壬寅夏五月之吉。

賜進士第、兵部試政、郡人峨峰陳梧撰文。

南直隸盧州府通判、月溪陳□令書丹，鄉貢進士、莆陽徐觀瀾篆額。

鄉耆：徐華燦、陳志仁、陳弘魁、方堯卿、陳致富、陳景運、徐華潤、方堯虚、徐景珠、林仲賓、陳懷德、徐光葉、鄭欽寵、徐華椎、方華亮仝立。

按：此碑未見，碑文見於漳州王作人先生筆録。

七三　六泉生祠記

郡守錢塘六泉顧公莅事之三年，爲嘉靖癸卯，述職於朝，吏部擬貳江西憲。父老相聚昌言曰：『吾侯且遷陟，不復來矣。即不來，何以慰吾民思？』鄉彦鄭統鎮曰：『昔者高吾陳侯擢參江藩，郡人廟貌生祠之。今三十年，侯雖位列卿佐，而遺德在民，仰慕不衰。今興仁鄉社，公實佈令於是，所以首善八邑者也。何不肖公之容貌而祠之？使此邦人士崇德象賢有其地焉，則公雖遷，去猶不去也。』僉以爲然。乃基乃墻，乃棟乃櫟，後寢前堂，黝堊孔臧，背陰面陽，翼翼煌煌。爰諏良工，像公於中。老稚歡呼，拜公於宫。

於是相與伐石，命文於予曰：『公之惠愛，不可泯也，子試書之。』惟公理郡，政績昭著。上重臺評，下播士論，可録者衆矣。其尤大者，合十四目，曰：不起海兵以傷民命，不糴海糧以累民財，不出官票以透番貨，不弛番禁以滋海寇，不縱捕盜以禍平民，不報夫保以累無辜，不多准狀以助刁風，所謂七不肯是也；不杖殺一人，不索民一錢，不爲己事役民一夫，不假詞訟罰民紙贖，不役里甲毫髮供應，不辱一生儒以傷士氣，不累良家婦女出官以虧禮化，所謂七不曾是也。孟子曰：『人有所不爲也，而後可以有爲。』即此十四條者，推公存心厚下，雖父母愛其子不是過矣。民之報之，亦以子之所以事父母者，致其敬於無窮也宜。詩曰『愷悌君子，民之父母』，公之謂哉！

按：此碑未見，此爲碑文節文，見於萬曆元年《漳州府志》卷十一。作者林魁。

七四　重新城隍廟記

漳州府城隍舊有廟，歲久傾圮。嘉靖丙午秋，郡侯盧公奉命守兹土。始至，修禮百神，睹斯廟，反而思曰：『惟兹海國，百萬生靈。自予之守兹土也，罔干于政，亦罔不咸若于訓。惟予無良意者，神實相之。顧城隍廟宇弗稱，殆非所以嚴祀典、答神貺也。』乃首捐俸金若干兩，秋毫不以斂民。時則有若貳守南岡龍公、别駕瑞峰陸公、龍溪令

冬嶺林公，暨諸屬邑令、文學，咸樂相玆役，侯是之。乃鄉大夫及武胄諸士民，聞風興起，亦各捐貲，願相玆役，侯又是之。乃屬陰陽訓術塗綬，鳩工聚材，拓而新之。凡數閱月，而厥功成。中爲廟堂，重建外門，復築川堂，以聯寢室，東西翼以迴廊，黝堊丹漆，邃然一神棲也。予適奉使南還，聞而韙之。

按：此碑未見，此爲碑文節文，見於萬曆元年漳州府志卷十一。作者洪公譜，龍溪人，嘉靖二十三年進士，官至浙江金華知府。

七五　霞苑賢舍社重興祠記

『君子之營宫室，宗廟爲先，居室爲後。』原其意，尊祖敬宗之不敢後，適己自便之不敢先也。宗廟之稱，曷敢僭擬？謹按家禮，扁曰祠堂。余切思水之千流萬派出自一源，木之千枝萬蘖出自一本，人之百子千孫出自一祖，一祖天然也，孝思可則也，追遠毋忘也。上世有清叟公者，富盛雄于時，重禮法、尚名教，年大壯，毅然率衆，先構祠堂於其東，構私室於其西。堂之前，局於宗人之私第，有欠軒豁，善價求沽，倍徙不得。公與衆偕此爲疵，意常不足。今有族長健、鎮、銓等，擇地重興於賢舍。其地自前屏墻至後滴水，計壹拾丈；濶至兩邊滴水，計四丈八尺。仍公議每田五畝科銀壹兩，生殖生息等項者評等而科之，無資身者免之。又有十二、三世孫中振寬、河净等，倡首荷銀，命梓興土。時嘉靖二十三年甲辰十一月十二有一日丙辰巳時，基地并架馬；十二月十四日戊寅辰時上樑。時值歲飢民困，科取不前，瓦植不敷，工食不贍，悉騰宏、騰空之周濟，事皆衆心之樂從。中有一二愚夫愚婦，厚於賂神而薄於奉先者，余嘗諭之曰：『世有創業於祀先者，有割産於媚神者，果孰是而孰非？』衆以祀先爲是者十有八九，爲非者百無一二；以媚神爲是者百無一二，爲非者十居八九；且以君子之用財，視義之可否論之，人人皆以可否與是非爲無忒。噫！聖人復起，不易吾言矣。今幸苟合苟完，盡善盡美，續期循序潤飾，雖華而不爲靡，雖費而不及奢崇。敦本之心爲盛德之事者，孰云不爲孝順之流歟？

大祠堂之設歲首、朔望禴祀，蒸嘗之時，老少畢集，長幼咸萃，進退周旋之委曲，升降揖讓之雍容，矩度是遵，

繩墨不違。當斯時，登此堂者，一祖儼然端莅於上，子孫濟然列序其下，正一本之散爲萬殊、萬殊之歸於一本者也。由流溯源，傳世十五，歷年四百，丁口滋蕃，將來其可量乎？猗矣盛歟！是皆一祖之福德，一祖之恩蔭。罔極之恩，恨莫能酬其萬一，當將何如？其爲人爲心，陳江洲十世共爨，陳仙居令之教民，藍田吕氏之鄉約，胡文定、諸葛亮、邵康節、柳直清俱各著書，或戒子弟，或戒兒孫。若此衆難以枚舉，姑撮一二，聊爲吾宗後嗣諭，可矜則矜，可式則式，應戒則戒，應懲則懲。先聖先師有云『見賢思齊焉，見不賢而内自省也』，旨哉斯言！人能如此，所行斷在人前，不在人後；所爲斷在人上，不在人下。垂範觀法，萬世無疆之休，其所係豈不大且遠哉！大抵積功累仁，可以裕後；學優登仕，可以光前。此又吾之專心致志，重爲苗裔勸。勗諸勗諸，毋至托諸空言。

明嘉靖二十五年丙午春正月望日，十一世孫健謹識。

按：此碑未見，碑文見於海澄鎮黎明村霞苑黄氏族譜。

七六　林侯重修縣學記

龍溪縣有學，舊矣。士日遊其中，忽睹其瓦墁礆甓、題欒楶桷之堅好華絢，化去腐缺黖黖之陋，如實始作，一旦躍然以喜，益起其游歌講習之志者，揭陽林君松爲縣之時，嘉靖之二十六年也。君以寬簡爲治，其本以不擾；其出之於政，不爲緩弛而無制。故其意能諭於民，而亦不敢慢其令；役之於可勞，不待疾聲變色而趨之者敏；士有其樂，而厲己之毁不作於民。於是士民相與謀而來乞記，將以載林君之美於無窮。予既不得辭，則爲誦所聞以告焉。

蓋余聞之，有生人之道而無司徒之教，則衣煖食足，乃所以陷之於爲禽獸。故立之典常，而設之以君臣、父子、夫婦、兄弟、朋友之名。名者，實之所居，而義之所從出也。故爲之親、義、序、别、信之教，使得其所以爲君臣、父子、兄弟、夫婦、朋友者。而器物、度數、容節之用於有事，其變無窮，而皆其所不可廢；則爲之制其器具、其物差、其度數，飾其容節，使有以應無窮而待夫人之有事。其常至於難勝，而約其目，於藝有六而已。民生於其時，

自心之所知以及耳目之所睹聞，無越此者；童幼而習之，至於長身没齒而不得變焉。其居處之所常，則或於肆、於市、於畎畝之中；其業之所治，則或執規矩以利器用、通貨賄以遷有無、力稼穡以生穀粟。能否不以相易，各守其長而安其所處，彼己無以相羨愧，仡仡焉竭其壯老之力，以由於司徒之教，而不知其所以爲之，此舜之所以命契也。

然此所以爲教，其倫在乎君臣、父子、夫婦、兄弟、朋友，其藝在於禮、樂、射、御、書、數；而其所以然，蓋有可知者，而非民之所及也，於是有胄子之教焉而以命夔。此所謂士而貴於民，其居處必在於閒燕，其業必在乎期命、辨説、絃歌、蹈舞，而其所尚在於能知其所以然也。由之者，雖不通於性命而不足貴，而踐習服行之篤常可以寡過；知之者之可貴矣，少有蔽偏之弊雜於其閒，必至於拂經賊德、過焉而不止，而徒以繆鶩夫由之者之民。故詖遁反側、惑世誣民之害常出於士，而殄行驚師之戒尤爲當時之所謹。患其蔽陷難逃之情之不可以驟察而遽得，而明其是非之端於侯。其端既明，撻焉以示其儆，書焉以俟其悔。至其儆之而不戒，俟之而不變，則從之以戮辱徙迸之刑。蓋古者於士，其待之之重而教之之難又如此。

夫已别於執規矩、通有無、力稼穡之所業，而居處常在於閒燕矣，豈有暴兇昏黷以壓聖人之教，而煩王者之刑？而其聰明才智之過、出於蔽偏之弊，則得罪於聖人而不免於誅。如彼其嚴，蓋道德之所在必出於同，而學之不可以苟也。由唐虞以至於周，其間雖更弛壞，而其道未嘗不同。及周之隆，而其教益明矣。其見於周官司徒之所肄者，曰德、曰行、曰藝，皆有六焉。行與藝者之六，蓋民之所同由；而德之列於一，則士者之所獨能也。嗟乎！由其所當爲而有所不能，則謂之民而不足貴，而名之曰『凢』；有能其所能矣，少出於蔽偏則足以獲罪，而無所辭誅，卒不得謂之民而名之曰『頑』。然則士之所以爲士，其道可知也。今之游於學，博其衣裾，冠莪綦斐，于于然挾冊而讀誦、鼓琴瑟而吟謌，蓋古之所謂士也，既已侈然自貴於利器用、遷貨賄、生穀粟者之民而無所愧矣。

其尚因余之所聞思焉，而有寤求其所以爲士者，無辱古之所名，而有以興乎今之民也。由是以載林君之美於後，豈有窮哉！

按：此碑未見，碑文見於乾隆《龍溪縣志》卷二十四，碑名爲編者加擬。作者王慎中，晋江人，嘉靖五年進士，官至河南參政。

七七　厚寶曾氏重修祠堂碑記

濬按，上世贅居厚寶之鄭，是地鄭居也。鄭不傳，我始祖稼叟公與弟素軒宇之。迄今子姓寖廣，而廳事不足以容。嘉靖甲申年，考翼、榮忠輩改築東偏。既而多艱，去之時舊廳事已殘毀矣。房地各支分主，所存横縮無幾，未易更修亟易。神不得安其居者，十餘年每懷驚惻。惟長兄弟中式敬敦誼，克堪此舉，即興義買大聘西廂之地。戊申，濬以祖父遺地易擴堂基，然止前堂而已，其隘猶故也。復買巨績後地，增修培益，而堂寢始興，孝享有所矣。大勝、式綱亦力贊襄，莫不翕然思奮，用允前志，誠一時美舉也。訖工誌勞，歷敘捐資之數，目俟後有興者。遂爲之記。

嘉靖己酉年四月念六日，六世孫天濬謹拜書。

按：此碑現存浮宫鎮厚寶村厚寶社曾氏孝思堂。

七八　蔡侯重修縣學記

蔡侯以丁未進士出宰龍溪，其爲治，急於興教化、成人材、厚風俗。維是邑儒學，自宋嘉祐辛丑迄今四百餘年，中間興廢之跡詳矣。夫事有漸壞，制有未備。侯莅政以來，約以裕民，度時舉事。經始於乙卯年春，而告成於丁巳年夏。學有文廟，兩廡、儀門、明倫堂、兩齋、啓聖公祠、敬一箴亭、讀書樓、大魁樓，倉厨之次，廨舍之位。棟樑榱桷、板欄瓦級，圬墁之；蠹腐缺折、漶漫不鮮者，治之新之。欞星門易樹堅石，可垂永久。泮池開削隅隘，疏濬淤淺，而環砌以石。北立石欄，南樹高墉，東西築號房各十間，以居學者。舊有射圃，湮廢已久，乃於墉之東南，剪除礫穢，辨正方位，而决拾有次。東搆閱射廳三間，與騰蛟山對峙，則學者講讀之餘，遊藝其間，而古禮可見也。而侯旦夕必至，於以校德諭能，士皆歡欣踴躍，服習其教。於是教諭曾君宸、邵君棠，訓導余君顒、廖君尚脩，合

諸士之意，謀紀侯跡而以屬文。

夫世謂海濱僻陋，非上國文獻之倫，非通論也。龍溪自晦菴先生過化以來，民知冠昏喪祭之禮，士習堯舜周孔之學，故陳北溪、劉愛禮、陳布衣先後繼作，天下稱之。今侯既以道德仁義倡率於上，又以時經理頹廢，昭新耳目。自兹以往，有能繼侯之烈，承以不墜，則龍溪文獻，可與上國比隆，而蔡侯休問永不没於天下後世矣。然在諸士，不可以不勉也。夫上承賢侯之誨，前仰賢哲之範，依宫墻而親俎豆，幸生太平之世矣。苟學不立，咎將誰執？易曰：『君子進德脩業，欲及時也。』諸士勗諸！

侯名亨嘉，字元會，廣東潮陽人。曾、邵、余、廖四君者，並協謀贊事，有功於是役也，故具書焉。

按：此碑未見，碑文見於萬曆元年漳州府志卷十八、乾隆龍溪縣志卷二十四，碑名爲編者加擬。作者蔡文，龍溪人，嘉靖二十六年進士，官至貴州巡撫。

七九　蔡氏小宗祠堂碑記

華園蔡氏小宗祠堂一座（五間、兩廂、天井、後埕，繞屋水溝、溝外彎砂菓株），港墘客廳一座（二間、石埕、護厝七間），俱係宜、文等三房公業。其祠堂右邊築屋三間，二座，北至溝、西至祠堂右壁、東至直水溝、西至祠堂巷路，係宜私置之業。厝後水田七分、載本户民米壹斗五升，後港水田一石二斗、載本户民米六斗，浦口洲園一片，俱蒸嘗祖業，三房以次輪掌，刻石示後。

嘉靖三十六年四月十五日立。

按：此碑現存榜山鎮平寧村西頭社蔡氏世澤堂，碑名爲編者加擬。

八〇　新亭水利碑記

出龍溪縣東五十里，厥地鹹鹵，民艱於稼穡，逐於商賈。終歲所奉，仰給於四方者，六、八都也。西起月港，東抵浮宫，數折而南而西，外障鹽潮，内蓄淡源，俾禾黍不傷，農人得業者，昔人所爲官岸也。邇年淡源漏泄，鹹潮復浸，少有旱荒，輒爲民患。則貪頑嗜利，就官岸外埭創木石涵。合涵大小三十餘口而盡塞之，去今之敝，存古之利，請于官司，杜絶害本，則養齋先生悉心於鄉、垂仁德於無窮也。始先生之議曰：『夫所爲此者，知一人之利，而不虞萬人之害也。今以萬人之公，攻一人之私，於義其可。夫鹹潮之來，防如盗賊，而敢縱之？淡源之積，藏若珠玉，而忍棄之？魚蟶之利，孰與穀粟之珍？隙蠹之漏，甚於江河之決。夫今不救，是棄膏腴爲鹹鹵也；救之，則變鹹鹵爲膏腴也。』於是倡率舉事，彼不敢怨，而此蒙其利。

故天下事患不肯爲，未有爲之而無成者。先生以遼王太傅退休家居，其道德仁義能率一鄉之人，而鄉人疑有不能斷、力有不能任者，皆請於先生而後得也。古有鄉先生者，生以尊於鄉，没以祭於社，其是之謂乎？

斯舉也，請而報可者，分守萬公、分巡梁公、提督水利黄公；若通判徐公，則來莅兹鄉而首役也；向義者，耆老劉光晦、林東照、陳曰甫等；而請余文，耆老蔡國仲、陳高文、陳孔仲、蔡深佩、洪體德、許弘志、蔡英成等。役之始也，〈下缺〉年七月，洎正德年八月。先生丁卯科鄉貢進士，諱浩，字□□，八都河福堡人。

旹嘉靖丁巳仲月吉旦，賜進士出身、奉議大夫、兵部武選司郎中、前翰林院庶吉士〈下缺〉蔡文譔。

鄉官：北直隸保定府安州州判張友奇、遼府湘陰正教授鄭軾、山東盖州庫□□黄□□、江西彭蠡驛□□許□□。

監生：蔡雲、陳銓、許輝、陳□平、陳順之、林常茂、張□甫、蘇道□、□□□、張瑠、蘇銮、劉存忠、鄭重、葉世善、張盤、張潘、張瑶、郭紹、陳用之、鄭養氣、□□□、陳光□、陳盛之、許□、劉舜欽、劉京、張思齊、郭以翰、許瑞、張而相、林壽静。

庠生：許□、陳登之、張鳳靈、洪士誥、陳九經、陳敬之、□□□、□成□、陳獻□、張和□、張鳳起、郭以寧、黄祥、洪可潛、許是王秀民、□□□、陳□士、蔣移依、陳盛、洪孟專、顔朝仁、吴柏林、□□□、□道□、鄭仁文、陳宏偉、黄文爵、蔣楊華、林伯仁、柯躋咏、黄温貴、吴伯聰、〈下缺〉、許國之、陳通政、黄仲□、蔡瑞達、許君齊、許杋魁、〈下缺〉、張道〈下缺〉、黄君奇、蔡敦監、許□常、王謨英、陳景耀。

六都鄉老：□□□、陳君富、許□□、陳元□、許顯軻、許萬□、柯元太、□□□、□世平、張孔儕、許子堂、陳建奏、鄭□傳、蔡武璣、鍾朝昌、陳君朝、鄭一遵、劉子會、□□□、劉天然、張乾遒、張□□、吕尚、蔡□、黄□仁、陳九騰、洪大□、黄穆爾、鄭順明、許弘佐、林元威、黄子岳、林子端、□□□、鄭然尚、洪歲芳、張□□、高欽□、阮□□、錢世、劉大遷、蔡炳運、黄伯士、張弘爵、劉知禎、張伯□。

八都鄉老：洪浦□、□琛春、劉純和、許九□、蔡□□、□欽□、□□□、林□爵、陳碩器、洪文貴、曹文甫、洪復元、洪宗鄒、林德健、張積民、鄭建氣、□□□、陳□□、□□□、劉元惠、張坤範、許敦純、沈士積、陳□□、張坤軫、林純□、林乾象、陳佳期、張道燦、陳文盼、黄□□、林天浪、詹益質、謝□□、□國際、江純經、鄭彬。

按：此碑現存海澄鎮河福村新亭社太和宫，碑文模糊不清。碑文節文見於萬曆元年《漳州府志》卷三十。

八一　新修新田岸記

新岸成，何以書？志一方水利也。烏礁有新田岸，舊溪、五里界其北，内田、百分、深踈界其南，地形南下，水涌無從發洩。舊築堤岸封畛，北捍鹹潦，歲久傾圮，遂爲旱洳。每雨潦，鹹潮時至，則内田之田皆浸淫。雖歲豐稔，得失恒相半焉。嘉靖乙丑冬，姚君廣規、錢君可述謀于衆曰：『新田一岸，水利之要，議經理之。』西自百分，東距牛埕，袤四百餘丈，董力修築，衆爲己利，不日就緒。址厚二丈，廣六尺，高七尺。南疏埭㵎一丈有五，立標定準，岸依田界自修。東一岸，新田、深踈二洋公修。□□視上有備天時，下以盡地利，溉田百餘石，居民粒食賴焉，

僉徵余記。余觀天下事，作之非艱。諸君殫厥心，成若事，興利惠茲一方。凡食其利者，覩其成而思其功，思其功而仰其德，由此□防□□□□□□慎□守□□□□□□□□□□□耶。遂書以垂後。

隆慶元年丁卯季冬吉日，莆邑鄉進士姚文煒撰。

庠生：姚貴、黃養厚、林履祥；倡功：姚宗□、姚光端、姚光溥、林履信、林汝錫；同功：姚宗言、林君植、姚廣平、錢奇魁、謝道滋、林長梁、林英端、林履魁、黃子祥、姚光震、姚光監、姚□□、林汝參、林克躍、高香周、錢可□、謝明紹、黃永煉、黃登文、錢可立、姚光琰、林友尚〈下缺〉。

按：此碑現存紫泥島溪墘村三寶寺，已破裂，碑額『千古遺風』。

八二　李侯重修縣學記

龍溪縣儒學，初創於宋嘉祐間，制尚簡陋。入國朝洪武十年，縣令劉公憲、學諭林公原始擴新之，於是殿堂、門廡、齋祠、垣舍森然有列，規制具備。中更增脩易嚮，興作靡常。正德四年始復明倫堂，七年又復大成殿，如今制。歷嘉靖年久，瓦木蠹壞，棟宇將傾，有司、學官莫以爲意。臨川王公憲春來爲學訓，覩之畫然，爰命諸弟子上於御史公，詔可其議。適貳守李公畿嗣視郡篆，與掌邑篆三守吴公用章心協言同，不戒而孚。會得威惠廟之祭租餘金若干，與贖金之可用者若干，遂購材鳩工，陶甓削石，謀作之堅而不計費，期逸之永而不憚勞，而以典史秦舉董其役。經始於己巳之冬，就緒於庚午之春，而新尹李公聯芳繼至，廼終厥功焉。司訓王公暨謝公君祚，謂茲役亦大矣，是不可以無紀，而以屬余。余固辭不獲，爲之記曰：

建學，國家之制也；脩學，有司之事也。王公爲記不之能者而以畀予，豈非欲予發攄其所以爲學之意乎？夫學之一言，虞夏以前未有也，而昉於傅説之告高宗曰：『惟學遜志，務時敏，厥脩乃來。』又曰：『惟斆學半，念終始典于學，厥德脩罔覺。』既曰『學』，又曰『斆』，其意若曰『學即斆也，斆即學也』。古之人，己立即欲立人，己達即欲

達人。教之倦，即其學之厭，故總而命之曰『學』。古今興育賢才之地，亦謂之學。古人之學，何學也？其倫則君臣、父子、夫婦、昆弟、朋友，而其道則親、義、序、别、信，其功在於格物致知，而其用在明明德於天下。父師以是教其子弟，子弟亦以是自相勸率；先達以是誨誘後進，後進亦唯先覺則傚服從。當其時，上下後先漸摩庚續，無非此理，此之謂遜志時敏、終始典學，而世道亦因以維持於不墜。

今之學，非不倫理其名、學習其功，而其道日晦日蝕，要之不可爲天下國家。蓋自科舉之學興，而師友之所授受、父兄之所期嚮，以爲非是莫以媒進，呫嗶之所呻不過芻祭之芻狗。一旦得仕，棄之如遺，甚者藉之以伸其奸，爲害滋甚。自少而老，由仕而歸，號曰『先生』『長者』，而實無可爲後生則傚，精神意氣判然不屬，而世道因以不可復振，固習俗之使然，亦有志之士鮮也。於茲之時，有一人焉，以師道爲己任，孳孳焉講明聖學，以教詔其子弟，則人必目之以爲迂；又有一人焉，退處於其鄉，憫人心之陷溺，不自訾量，欲與斯世斯民共濟而登茲，則人必指之以爲狂。嗟夫！良心之存，人所固有；先民垂訓，炳若日星。有能知若人焉之非迂且狂也，必有奮然而興者，先本而後文，去利而即義，不狥於流俗，不雜於虛僞。今人居而古人稽，則科舉之業又何足爲累乎？不然，國家之所立，有司之所脩，謂何而不可懼然懼也？

李公，楚之蕲水人；吴公，吉之廬陵人；縣尹李公，廣之饒平人。三公雅意學校，即是可以知政矣。是爲記。

按：此碑未見，碑文見於萬曆元年漳州府志卷十八、乾隆龍溪縣志卷二十四。作者謝彬，龍溪人，嘉靖二十三年進士，官至山東按察副使。

八三　本府改建門樓記

國家所建以爲承流宣化之吏，莫重於府治之設。府有署，署有門，門之上有重屋，名曰譙樓，蓋天下諸郡通制也。乃門與樓，咸於鴻閎巃嵸焉取者矣，豈欲誇靡麗而侈崇觀哉？其制肇於禮，其意徵於易，其宜貴合於春秋。

禮：匠人營五等之邦，閌閬與堂涂均有差別，示民靡或逾於防；是故，匪制則其防決。易稱重門禦暴，取諸豫，言豫備也；是故，匪豫則其備弛。春秋傳言啟塞從時；是故，凡興作得其時，則爲春秋所不廢，而防與備胥舉之耳矣。

漳，於閩爲襟喉八郡。東南濱海，島夷相環；西北皆重岡疊巘，易爲暴客淵藪。防備之難，實不與他郡埒。府署故有門，歲久而敝。嘉靖己丑，太守陸公修焉。顧門無重屋，柣棖楣根、垣墻之屬率多簡略疏闕，人得攀附出入。不惟挈壺與司寤氏無所於棲，即司閽者一或弗戒，罪人輒叛越以去。無他，制不立而防備潰。隆慶庚午，余同年友南泉羅公以庫部郎出守漳，至則喟然曰：『漳誠閩襟喉，門又府襟喉，乃簡略疏闕若玆。匪特制之弗稱，其謂蓋藏圖籍、圜土不虞何？』遂與貳守西泉羅公、九疑李公、通守爐岡吴公、節推慕臺梁公謀改建之，而斥貨醫學之在西偏者以充其費，弗贍者相與捐俸以足之。請於當道，報可。乃乘農之隙，傭民而役之。舁輂畚鍤之具，不日而集。甃石凝土，規門以圜；庀材萃瓴，飛觀而樓。上重以複閣，傍繚以高墉，而分建陰陽、醫學於門之左右。經始於隆慶四年八月初九日，訖工於五年六月二十九日。

適余銜命讞獄嶺表，便道過漳，則見府署門樓，鴻閎犖壯，一新前規，私心艷之，乃公復役余書其興作之歲月於石。余惟斯舉也，凡有數美焉：陽榭既構，具瞻斯肅，則可伐鼓鳴角以警昏昕、置漏浮箭以節晝夜，五等之邦，玆得其制矣；晨啟宵閉，出入以度，扱衽而升，眺遠防微，□衛既密，暮戎勿恤，玆豫其備矣；且費靡傷公，勞弗妨民，而役不違時，興作之事，玆協其宜矣。宜協，則得乎春秋之旨；備豫，則合乎易之訓；制得，則不愆乎禮之防。之三者，足以考君子之政矣，可無書乎？

公諱青霄，字子虛，蜀忠州人，登嘉靖壬戌進士，爲歸德司理，及主政比部，旋轉庫部，皆籍籍有聲縉紳間。其莅吾漳也，釐宿蠹，禁刁訟，省徭賦，善荒政，修郡志，又與羅公增敵臺、固城守。諸所條陳一十五事，皆興利防害之大者，鑿鑿可行。觀於門樓之改建，亦可見其概也已。行當有大書特書，不一書之者，玆爲公記斯役，故特詳其一。

按：此碑未見，碑文見於萬曆元年漳州府志卷十一。作者吴善，龍溪人，嘉靖四十一年進士，官至兵部侍郎。

八四　郡侯羅公新置學田記

我國家稽古制治，崇儒右文。薄海内外，凡郡邑靡不建學立師以育才養士，然禄廩庖餼之費經制有額；士之游於黌序日益衆，欲於額外而有所加惠焉，未能也。漳爲東南奥區，近遭兵荒之後，士之力學而不暇治生，爲貧所困，間或有之。部使者觀風歲至，輒核實舉優賑之典，以助婚喪之不給，然其實惠亦未究也。我郡侯南泉羅公，由司馬大夫奉命守漳，甫下車，洞求民瘼，知敝俗莫甚於嚚訟，浮費莫病於養兵，催徵莫苦於宿逋。乃立代書以清訟源，而追逮之害熄；練土著以去客兵，而冗濫之費除；通商貨以蠲逋累，而徵需之弊絶。他如憂旱虔禱而甘澍再應，禁役節費而里綱頓清，凡可以綏養吾氓者悉慮力行，而士固已并受其賜矣。月之朔望，輒一至學宫，環諸生爲之連章講解，探索聖賢奥旨，而時出以獨得之見，士日聞所未聞，凡獲侍者充然而各足也。蓋侯之涵養素深，講貫素熟，故其出之也源源不匱，足以感物而成教也，章章如是。論者謂自紫陽之後，以身爲教，誘進後學而治兼師帥，於今爲烈。不其然乎？

適當道以優賑貧士檄至，侯慨然曰：『是吾責也。使士以貧故，而干煩於有司，欲求所以善後兼濟之策，可以振士氣而培風教，惟學田之置爲急。』乃以修建門樓之役節縮贏餘，及檄縣令李君聯芳追逋租價，共一百八十金，易天寶山麓之腴田數十畝。種之以石計者四石一斗有奇，歲入之租以石計者一百一十有奇，均入二庠，以賑貧助費。其原載官民米二石八斗有奇，則抽租代輸，以毋失徵則。蓋自開學以來所未備之曠典也。聞諸當道，皆以爲深達政本。大中丞克齋殷公則曰：『置學田以濟貧生，善政也。其尚議收貯之方。』大侍御西泉杜公則曰：『留心學校，該府美政。其刻石載志，以垂永永，使後乎守者勿替引之。』督學陽山宋公則曰：『留心學校之美意，刻石立碑不可已也。』於是教授戴君鏜欣逢其盛，乃謀之同寅教諭陳君湜、訓導王君乾、劉君率庸、謝君君祚、黄君國用、陳君廷威、吕君大賓及諸生軒中翀、丘存實、涂第、顔問邦、汪有泉、王瓊等立石，以垂永久。

徵文於予，予考舊乘：唐宰相常公袞爲閩觀察，大興學校，士始知學，得與上國齒。去今且千載矣，俎豆不忘。然求之當時，特稱其興學已耳。橫經講解，固未有如侯之身爲明師而孳孳不倦也。亦未有於常廩之外，別立學田，可以貽養後學於無窮也。視侯之功，固自有軒輊。而士之感奮迅拔，以禎王國，以弼成文明之治，又將何如其盛也！易之『頤』曰『觀其所養』，又曰『觀其自養』，『所養』在上，『自養』在下。侯於兩庠，固盡『所養』之道矣；則夫思上人之美意，而交相濯磨，持之以遜讓，植之以誠愨，範之以儀節，厲之以廉隅，澤之以仁義，文之以禮樂，養德養心，以底成大器，是又在於士之『自養』也。盍相與勖諸？

侯諱青霄，字子虛，蜀忠州人，登嘉靖壬戌進士。其田之畛域與佃人之姓名，刻諸碑陰云。

按：此碑未見，此爲碑文節文，見於萬曆元年漳州府志卷十一。作者洪公諧。

八五　新建漏澤園記

惟天地覆載萬物，並生育矣，而化者、盡者弗免焉，然而莫不覆載也；惟父母顧復赤子，願成立矣，而夭者、殤者弗免焉，然而莫不顧復也。惟聖人之於民也亦然，其覆而載之也如天地，其顧而復之也如父母。稽古哲王，掩骼埋胔之令與惠鮮鰥寡之政，昭乎並行。我國家義冢之設、厲壇之祀，詔天下有司奉行惟謹，蕩蕩乎天地父母之仁也。漳爲義冢者四，貧死無所葬者咸歸矣。乃有飲冤而斃、待雪於有司者，率再視尸而後成獄。視尸之地，故無屋宇，烈日之所爍，風雨之所薄，動經數歲；又其地下切江，洪流時至，冤未雪而待視之尸已入南溟矣。隆慶四年夏，又大水，漂尸三十有五。會南泉羅侯以庫部郎來守茲土，勤政恤民，稽往牘知狀，則愴然而嗟曰：『茲非吾民耶？爲民父母，行政，既弗獲使胥匡以生，死且罔爲之恤，是戾天地之和，甚非所以廣聖朝德意也。』乃陳狀請之當途者，如侯議。相地於南山之陰，筮日命工。前爲堂三間，便視尸也；後爲室五間，視畢於是厝尸焉。即烈日風雨弗虞、洪濤弗驚矣。堂之前爲大門，匾曰『漏澤園』，猶義冢也。繚之垣焉，嚴寇避也。工始於隆慶五年仲秋，閱冬十有一

月而工成，糜贖金凡二十有奇。

君子曰侯之政尚矣。建大而兼舉乎細，惠生而不遺乎死，斯天地之心也。民之父母，古之良吏矣。不足以上贊皇仁哉？抑漳習重忿輕生，甘毒以仇人者，蓋十而八九焉。又其甚也，牖下之死，造爲挺刃，爲父子兄弟親戚者，且挾爲奇貨，以酬私憾。有司者失或弗察，株連蔓及，月留歲稽，生者叫冤，死者蒙禍，大者殞軀，小者喪家。斯侯之所至，隱也。建斯園也，使有司者心侯之心，明慎不留，毋敢慢於大獄；爲民者心侯之心，自愛父母之遺體，毋以忿易生；爲之父子兄弟親戚者心侯之心，非有至冤，毋俾化者干於有司，以傷天地父母之仁。弘開壽域，斯園爲空，則侯之所澤，豈惟枯骨哉？侯澤民之政，至溥至渥，斯非其大者，然亦足以觀矣。

侯諱某，蜀之忠州人，嘉靖壬戌進士。記則郡人金鉉也。

按：此碑未見，碑文見於萬曆元年漳州府志卷十一。作者金鉉，龍溪人，嘉靖四十四年進士，官至刑部主事。

八六　直指祠記

吾漳郡城之北十餘里，爲龍山寺，古名刹也。寺之西二里許，陵岡疊障，鳳翥龍蟠，隱然隆然，若有待者。正統十四年，汀寇鄧茂七等犯我疆土，内外戒嚴。侯濟崖公福實主衛事，懋著戰功於此山之麓，民德之，因祀其地，匾爲『直指』，紀績也。正德二年，南靖、大溪等劇賊葉三等肆掠無忌，侵郡城及郊，侯南川公汴一揮而擒之。十一年，復擒盧溪詹師富等賊，均僭號亂首也。論功，增秩參戎。郡人塑像直指，以光世德。嘉靖十八年，龍山僧混將荆地報官，憾非己有。今參戎可亭公熙，捐俸盈百贖之，畫一在券，募僧以主歲事。環寺堪種地若干畝、果木若干株，任僧焚修，充賦之外無聞焉。前郡守顧六泉公，爰稽前績，亦重我可亭公之能章祖德也，慕而游之，題其匾額，嚴其禁厲，山增而高數仞矣。隆慶辛未春，今守羅南泉公攜同寅諸公復登此山，非慢游也，以封疆之故，爰有戎功、樹風聲以策後勛之意，豈其微哉？嗟夫！地以人勝，亦以游顯。杜之峴山、歐之醉亭、蘇之赤壁，於今爲烈。後之

視今，抑豈異於今之視昔云？

按：此碑未見，碑文見於萬曆元年漳州府志卷十八。作者王春澤，漳浦人，嘉靖二十六年進士，官至山東參政。

八七　重修城南石橋記

凡物之虧成毀復，皆有由。隆慶四載六月壬寅，漳郡城南石橋毀。越次年三月庚寅復成。橋凡七十餘丈，釃水十四道，鑿石爲址，亙以横梁，亦云固矣。徵郡乘，考前記，其毀也皆以水，其成也皆以人。去夏之水，前此未有也。巨浪浮天，地坼山摇，非一橋所能支也。當此之時，雖人無如數何！繼而信而後勞，義以終事。輸泉布者交積，出力作者争先。不費公帑，不藉神力，虹影照水，鰲背横空。昔嘆無梁，今爲偉觀，雖數亦無如人何！

功之建也，其歸之誰歟？初，橋之毀也，太守忠州羅公視事未幾，仁聲已洽，數偕僚佐出閲其處，則嗟嘆再三，謂橋當往來孔道，而可使阻隔不通乎？百姓聞其語，而知上之愛己也。民獻王子逑等，乃相率詣縣，自言願出資修造，俾斯橋復完，稱使君心。龍溪令李君白其事，公乃約貳守羅、李二公，别駕吴公、節推梁公，捐俸爲之倡。而李君及南靖令曾君、漳浦令許君繼之。計直授事，則使君主之；鳩工課作，則李令司之；百姓願輸資者，命浮屠智海任之，佐以釋氏施捨之説，凡斂金錢二十八萬四千七百有奇，旬日而辦，其輸易矣。經始於去冬十月己酉，百六十有五日而畢，其成迅矣。斷橋傾址毁而復完者，衝流二十六丈，洑流四丈，其功巨矣。

夫儒者之道，以濟人利物爲心，而感之以至誠；佛氏之道，以慈悲方便爲教，而誘之以福利。福利有信有不信，而至誠則無不格。今下以義動，由上以誠感耳，而豈爲福利哉？使君尚不居其功，群公與明府猶交讓焉，浮屠氏敢掠厥美乎？吾聞太平之世，民心和一，有無相通，力役相率，守望相助，故食充而事成，備周而守固。此無他，長民者教素明、誠素洽也。是以不令而行，不戒而孚，上所欲爲，若腹心達於四肢，伸縮無不如意。否則，雖强之猶不從也。故太上誠民，其次强民，最下拂民。誠民之政，吾今見之矣。夫誠民之利，溥矣。今春旱糴不閉，浚隍增

障不告勞，鄰寇一挫不敢犯，非太平之徵、民和之效耶？豈特一橋之爲人利哉？古之良守，以修橋爲己責，壞橋則引爲己咎。故有橋壞覆，民租車治橋而償其租者。今毀也以數，咎無所抵；成也以政，功可特書，是可記已。勒石以垂不朽，群父老之志也。慕義而輸者，碑陰列焉。

按：此碑未見，碑文見於萬曆元年《漳州府志》卷十一。作者盧岐嶷，長泰人，嘉靖二十三年進士，官至貴州按察使。

八八　重修城垣敵臺記

守國者，必設險。城郭、溝池之固，匪直小康之世所不廢，雖大同之世亦有之。釁常生於不虞，而禍多藏於所忽。憂時識治之君子，其爲防必於未然之時，栗栗危懼，若將隕焉，要非無喪而慼者。禍變猝興，按堵如故，則蚤見預待之功也；乃或狃習恬熙，漫不加省，患至而後防之亦無及已。退之氏謂：『賁育之不戒，童子之不抗。』矧胡越起於轂下，而羌夷接軫者耶？

吾郡有城，宋初築以土，嘉定間始砌以石。延袤展縮靡常，基墉圮修亦靡常。明興，百年無事，民老死不識兵革，習焉、狎焉。嘉靖辛酉，饒寇張璉劇甚，驅其衆薄城下，踞鞍指鞭，若欲吞狀，數萬生靈立有魚肉之憂。予協諸大夫堅守北面，見石甃而復泐、隍除而弗軌也，心戒甚；又草次露宿，上乏庇蓋，守者易生疾病；瞰瞭無所，諸凡火器、弓弩之技鬱不暇施。則追訟前人區畫之漏，而因咎承平者之玩愒而莫省憂也。

隆慶己巳，廣右西泉羅公以將材即家起廢，來佐吾郡，慨然有意於斯。已而，太守蜀南泉羅公下車，周視城垣，嘆曰：『是可薄而震也。豎堅圖永，實在今日。不宜玩，玩則啟奸；不宜緩，緩則蔑成。』遂次第規畫，以屬西泉公，而鳩材斠鏹，以佐厥費。貳守雲樓殷公、别駕爐岡吴公胥贊厥議。西泉公乃以爲己責，相基授度，奠麗程能，飭惰清秏，躬督靡晝夜，以底厥緒。經始於庚午九月，迄工於壬申六月。而節推筦石尹公，適來觀厥成云。爲虚臺者七，爲浮臺者十有四，因舊臺而修之者三十有二半。臺結磚堞，闢垛口，穿銃孔，以便瞭禦。改拓月城，梯上下而門出

入，以綏守。若附者，北郭單薄曠莽，砌版墻丈三十有奇，以防衝突。巽隅窪甚，直海港之衝，恐乘潮叵測也，乃撤舊矮樓，建層閣，顔曰『威鎮』，對北岡威鎮亭而峙，以騁遠矚，寇靡潛形；聳出如華表障空狀，府治增一勝，用兆文明之盛。雉堞翼然，走集巍然，丹堊塗雘，煌煌然改觀矣。諸士民動色相慶，謂有變可恃無恐。南泉公亦喜西泉公之能分憂，殫厥心肩艱大，而績於成也。張宴而落之，而謬以記委余。

余重有感於漢王褒頌大平之功非一人之力也。天下事時可爲矣，匪得人罔克，匪同心罔濟。蓋狃近娛者忘遜慮，厚身圖者薄公計，惑浮議者亂訏謀，專私伐者忌成功。國家之敝，恒必由之。乃諸大夫同心協議，舉百年久廢之城垣拓而新之，費不及民，役不逾時，而績用章章可紀。震風凌雨，然後知大廈之帲幪也；涉渭爲亂，然後知方舟之憑藉也。矧金湯壯猷，奸回革心，不至有跳樑乘墉之警，不必有執戟荷殳之勞。其隱然之功暨乎生民者，尤淵以溥矣，可遂澌滅無聞哉？夫城朔方而玁狁襄，城東方而淮徐同，詩人所爲美南仲、山甫也。若范希文之城大順、种世衡之城青澗，亦能寒氈裘之膽、壯國勢之百二。名賢作用類如此。以今准古，孰云多讓？世謂古今人不相及，豈其然耶？南泉公且不以無虞自弛，孜孜然圖所爲乂安者。如練土著以汰客兵，徵商税以省民徭，蠲舊逋以蘇疲困，置學田以厚風教，皆其大者。地利既得，人和聿興，吾漳之賴永哉！余屏居田里，仁賢在上，樂有所恃以無恐也，敢爲邦人誦之。

按：此碑未見，碑文見於萬曆元年漳州府志卷十一。作者黄泮，龍溪人，嘉靖三十二年進士，官至南直隸太平知府。

八九　重修漳州府堂記

粤稽郡志，有唐垂拱初，府治肇創於漳浦，貞元二年移治龍溪，遂仍焉。按，府山脈原發於天寶，蜿蜒迤邐，凡經幾聳伏而至府治。十二峰來自九龍，列嶂排空，而爲特案。天柱東挺霄漢，歷百餘里，越虎渡而作門户。諸峰羅環，兩溪繞合，陟紫芝而眺望，信乎漳之形勝秀奇，風氣完聚，爲東南一奥區也。

府署之廢興，勝國以前無論矣。國朝洪武初，維揚潘公琳首典是郡，慨堂宇之蠹壞，革舊更新，壯麗軒敞，閱百八十餘年無恙也。嘉靖乙卯春，逸犴之戎暮夜爲變，堂之前後洎左右幕廳、六房科皆毀焉。郡守雲山曹公亟謀諸僚佐，經營修復，鳩工庀材，計直授事。分命通守劉君策董其役，而以龍溪丞徐玭副之。諸作雲集，百堵胥興，不數月而工告竣。堂廡、翼廳崇卑廣狹，悉如舊址。若丹雘之黝堊，輪奐之美新，則視昔有加焉。先是，商人采巨木數千章，久頓絶壑中，苦不能輸。是時，淋澍連綿，滂沱山湧，木適至，而府告災，論者咸謂興廢之不偶云。是役也，經始於是年六月十二日，落成於丙辰六月二十一日。總其費不過二千一百有奇，皆取諸罪産之籍没，其於公帑不與焉。

曹公居無何，而以讀禮去，未及礱石紀其事。邇者，南泉羅公來守我漳，下車詢訪故事，知當時回禄之由，懲前毖後，撤外門而樓之。累石爲址，複閣層檐，視正堂稍殺一丈七尺，翬飛嵯峨，府署之觀防備矣。公於星宿、堪輿、岐黄、孫吴百家衆技，靡不洞究。政暇又與貳守西泉羅公、通守爐岡吴公商建八角樓，以障東空；疏浚東西兩閘淤河，以通地脈。諸凡興作，皆所以裨天工之所不及，而與府之堂樓相爲表襯。漳南之地靈，自是愈加增重，而文物之彬彬，行將甲於天下矣。公兹纂修郡乘，謂門樓有記，而府署之新作，不可以無傳也。役余爲之記，余義不容辭，因詳興廢之由，爲之敘次其歲月云。

曹公諱三暘，字子泰，直隸宜興人。羅公諱青霄，字子虚，巴蜀忠州人。其他協恭襄事，諸與有勞績者，例得書於碑左。

按： 此碑未見，碑文見於萬曆元年漳州府志卷十一。作者李瑚，龍溪人，嘉靖三十二年進士，官至荆州府同知。

九〇　重修朱文公祠記

朱文公之守我漳也，士身其道，民心其德，仕程其政。紫芝峰之巔，厥祠惟永。蓋自重修於嘉靖之庚子，又三十三年矣。遠罔或修，今太守南泉羅侯偕庶寮時時謁祠，則時時嗟曰：『兹非朱夫子過化地耶？毋論其道學在後世，

即其德、其政炳炳在人者，固千祀如新也。而祠焉弗修若是，是何以慰仰止之思？』莅任之三年，爲隆慶壬申，宣廟底新，庶壇既理，百采具張，群黎胥治。乃於是戒日命工，飭材始事。費取廢地之餘，制率先祠之舊。以照磨韓君勛董其役。君心侯之心，殫厥勞，植而頺，易而腐，葺而殘，飾而故，而垣、而室、而齋、而堂，焕然移昔觀矣。工始於正月甲子，成於三月丙戌。成之日，郡邑博戴君鍠、陳君湜，使其徒蘇任、石克俊等請記。金鉉曰：

『余觀修祠，而嘆侯之績遠也。夫思其人，則思永其祀；修其祠，則思嗣其烈。侯於文公也，豈特其祠之修哉？蓋考文公之爲郡矣，首頒禮教，懲訟、勸農，罷鬻鹽鋪，減上供錢，除無名之賦七百萬，立社倉，奏行經界法，録高登之節，辟方壬之賢，周、程二先生則廟之，風雷雨師則壇之。所急惟民，無依違以阿旨；所務惟政，無矯飾以干名。雖期月而已，莫究經綸之施，而可繼可述以俟君子者，固祠與俱永矣。世之談政者何如哉？相師以術，相先以文。宜於民矣，弗當乎上弗能也；闢於政矣，弗近乎名弗爲也。學焉而庸違，當其位而弗迪其政，斯何言修哉？

『侯嗣文公之後，身公之任。至則榜帝訓以教民，躬官常以帥屬；按污吏之罪，格誣訟之風。客兵暴民也，罷之而訓土兵；增餉貧民也，蠲之而定商税。豐儲積、正田賦、繕墉城，郡志之修、群神之祀，以逮於道路、輿樑，無大無細，惟政惟民，惟文公之跡是紹是述，以無忝於前修。蓋巧宦之所遜，而好名之士所弗尚焉者，侯任之矣。斯其修也，特祠云乎哉！且政先學也，學先誠也，侯修文公之學，而先乎誠。是故，誠於民而弗徇乎上，誠於政而弗謀乎名也。嗣今以往，登斯祠也，不有士而道者乎？修之不可已也。不有仕而政者乎？修之不可已也。是祠之修，倡之也大哉！修也，烈斯嗣矣，豈獨以永祀事而慰民心哉！故曰觀於修祠而嘆侯之績遠也。是奚可以不記也？』

侯諱青霄，忠州人，嘉靖壬戌進士。維時則貳守西泉羅侯，諱拱辰，馬平人；雲樓殷侯，諱康，南京人；通守爐岡吴侯，諱用章，廬陵人。皆相毗以誠，協恭以修文公之政者也。祠之修也，厥績蓋維均云。若建祀之始、從祀之賢、地之改遷、制之迭異，則昔碑詳之矣。

按：此碑未見，碑文見於萬曆元年漳州府志卷十一。作者金鉉。

九一　郡守羅公祈雨記

嘗閱春秋載『魯僖公，不雨每時而必書』，傳曰『閔雨也』；『六月雨特書』，傳曰『喜雨也』。閔雨，與民同其憂；喜雨，與民同其樂：子民之道也。隆慶辛未之春不雨，我邦君忠州羅公閔而禱，禱而雨，雨而喜，穀不勝踴，亦獲有秋。懷生之物，喁喁歸功焉。今年春，天未厭虐，耰鋤失色。適按部使行郡，庶務旁午。民意邦君之不我軫也，孰知恫瘝倍於曩歲，率僚屬遍走群望，不遑寧處。貳守羅公、殷公，通守吳公，咸和衷虔事。龍溪令李君承宣德意，偕庶民徒步禱焉。公尤省躬自咎，獨跡三十里餘，籲古漈，鑿水門，致慤盡瘁。未幾而霡霂漸洳回地之脈；既而齋禋弗弛，滂霈互灑，秀實有望，喜樂與同，子民之道得矣。

於是闔郡士民謀所以志公之事。或者曰：『天道遠，人道邇。畀瓚可以禳災，鄭大夫終不與用；反風本自德政，漢循吏以爲偶然。天而旱，人而雨，安知不爲會逢之偶？且當旱禬解，民牧故事。我邦君長者，必不叨天之功，焉用文之？』予曰：『噫！人衆可以勝天，志一則能動氣，蓋從昔然之矣。天下事不能無偶，而難再偶。今夫懸楊葉於百步之外，聚市之人彎弓而雜射，之間豈無中之者？使之復中，非養由基不能。邦君辛未之雨，或衆人之矢也；壬申之雨，則由基矣。遇災而懼，隨禱輒應，格天之精，章章如是，豈偶然哉？雨既非偶，功實有歸，邦君雖弗叨，如之何而掩諸？

『矧漳積亂之後，凋敝枯瘠，識者寒心。我邦君受命以來，亟宣主上汪濊之德，爰沛得志之澤，乃孳孳然以教化爲上務。新文廟學宮，朔望視講無作輟，繩督嘉惠，可畏可懷，而士淬礪矣。大書教民榜文，嚴行鄉約，振鐸宣諭，而民翻然敏德矣。由是痛剗赴訴刁訟，禁隸卒毋以事至屬邑，戒徵驛傳軍需，興榷利以寬租賦，而民痛稍稍噢咻矣。僅荒則發廪平糶，而尤豫爲積穀之防；未患則浚濠增陴，而尤加意民兵之練：澤在當時也。至於政暇而纂修曠年郡志，以垂要典；仕優而梓傳醫藥諸書，以濟群生；築臺巽方以完郡治之形勢，而地理勝：澤在百世也。功德及人，

浸淫衍溢，未易更僕數。人知今日禱之雨也，而豈知平日惠澤之雨也已渥乎？用是能悦乎鬼神而孚於幽隱，一旦陳忠信之詞，而感格如響矣。人知禱之輒應也，而豈知其禱之也亦已久乎？

『春秋：魯僖公嘗修泮閟宫，務農重穀。傳謂其有志乎民也，故詳雨事以著其勤。我邦君勤民之實，邁於僖公，如之何而略諸？雖然，勤民之心，不忍之心也，人皆有之；而充之者寡，牿之者衆也。我邦君學有淵源，心無蹊徑，以天地萬物爲一體，乃推其所不忍而施之政。雖勤弗知，雖功弗有。由是而充之，盛德大業詎有涯哉！茲特表而出之，亦以爲有所牿而不能充者告也。』

或者唯唯而退。僉謂謀志公之事於悠久，莫如載諸石。乃竪碑於道左，而亭以覆之。

按：此碑未見，碑文見於萬曆元年漳州府志卷十一。作者洪公諧。

九二　養正書院記

郡國之有書院者何？所以佐庠序而申其教也。申教者何？繹其功令，明其旨歸，必欲納之於正學也。其必以選士者何？若師旅之有選鋒、別隊以倡勇焉爾。夫正學者，必先正其心，而後立德建功出於正；正心者，必先致其知，而後求端用力審所從。故學者内養其虚靈明覺，外資於敬業樂群，固致知之方而養正之始也。夫所貴窮經稽古者，爲養正以待用也。而今也，以漁獵而幸進，則僞焉而已。原於一念之微，而終於相去之遠。故養正者，正其始而已，亦在乎習之而已。而山川之融結奚與焉？嘗考詩人美申伯之德，而歸之岳降；漢人謂弭仲叔之賢，非瘠土所宜有。夫豈不繫地靈哉？凡山川之奇秀而不凡、藴蓄而不散者，則淑氣萃之；淑氣之所萃，必有正人君子出乎其間。故建學宫、書院者擇焉，亦翼教之意也。

郡侯南泉羅公才兼文武，學貫百氏。軫民瘼，則郡無害焉；剖吏治，則目無全牛。尤孜孜然以造士爲首務，課經術以勵其進，置學田以周其乏，而本之身教以爲楷，故士靡不嚮風焉。又慮支屬行部，未能數數，則教猶多壅閼，

欲合郡邑之士而盡拔其尤，置之精廬，朝夕淬勵之。嘗以暇日游北郊，有唐陳將軍祠，其傍有隙地，乃孕靈於天寶，迤邐爲登高。登高之麓，分爲一支，迄於祠之東北。内隱外疊，淑氣萃焉。文山卓立於前，與石壁、鳳凰列而爲三。層巒嵾嵾，嶸峙其左右。使君熟視之，怡然曰：『美哉形勢！真學宫之選也。』慮始實難，建書院以萃衆材，假地靈爲國得俊焉，足矣！詢謀僉同。乃經始於壬申八月丙寅，越仲冬而告成。前後爲堂者二，爲齋舍者三十有八。又其後，則爲息游之室，以『燕居』名焉。題期坊曰『山川靈秀』，昭建置之由也。匾其門曰『養正書院』，前堂曰『聖功』，後堂曰『後極』，取由養正以修聖功而造其極之義也。其右爲射圃，爲觀德亭，以興禮樂且習武備也。右之前，爲勸農亭，亭中有碑列耕種條貫，視氾書、賈術尤爲簡要。民之有務本，猶士之有正學也。多士與是選者，其思使君建置命名之意哉！

天將興一郡之文教，故簡賢以帥之，選勝而居之，豫養以習之，非合其參者耶？古今言循吏者莫若西漢，而文翁爲首稱。考其行事，則修學官，重儒俊，使蜀郡文學爲一時冠，故治行號卓絶。今使君興學造士，視文翁有加無讓，士有不思自奮者乎？漢初承廢學之後，文教未開，故文翁以勸學爲急。今天下文治日盛，宜損文從質。乃使君欲返之於本實，命之曰『養正』者，崇本也。其興賢育才之意一而已，然君子貴崇本矣。闔郡士民，謀勒碑以貽後。楊君士萃、戴君淳實造而命之，故記其事如左。

按：此碑未見，碑文見於萬曆元年漳州府志卷十一。作者盧岐嶷。

九三　新建海澄縣城碑記

海澄，舊月港也，爲龍溪八都、九都之境。一水中塹回環如偃月，萬室攢羅，列隧百重，自昔號爲巨鎮。顧其地濱海，潮汐吐納，夷艘鱗集。遊業奇民，捐生競利，滅没風濤間。少牴牾，輒按劍相視，剽悍成俗，莫可禁遏，當道者憂之。嘉靖戊申，撫臺秋厓朱公循百姓之請，疏立邑于兹土，格持議者，弗果。亡何，島夷入寇，奸民煽殃。

百姓乃相率叩闕，復以立邑請，詔下其議。前守麓陽唐公縷陳其便，力懇于兩臺中丞南明汪公、侍御又池王公以聞。既報可，海澄乃得自爲縣，時嘉靖丙寅歲也。先是八都、九都各有堡以自衛，而八都扼海口，當賊之衝。唐公於是即八都之堡置縣治，而建學宮于九都。當其時，海氛四塞，戎事方殷，取粗辦目前而已。因陋襲敝，民猶惴惴若集木然。有識者屢欲城之，竟以兵燹之後，民力未充，弗遑也。

隆慶庚午，南泉羅公來守我漳，按圖省方，每惻然念曰：『縣澄，所以捍漳也。乃弗城，奚以縣爲？未雨綢繆，今其時矣。顧誰與我共此者乎？』既而澄尹臨海王君以城澄請公。喜曰：『是足副吾志矣！』即命駕往臨，周視原野，相度險夷，遂庀工于八都，撤故堡甃石焉。慮材鳩庸賦、仗任力，酌闔邑丁糧以均其役，取諸郵羨錢以充其費。版築斯興，舁輦咸集，百作效能，耆胥監之，尉稽閱尹，旦暮程督，細鉅必親。經始於壬申之春，抵秋而成。垣高二丈許，周五百丈有奇，闢門四：東曰清波，西曰環橋，南曰揚威，北曰拱極，皆新制也。易庳爲崇，化鹽爲堅，樓堞連雲，溟渤爲池。規制形勝，翼翼冠諸邑矣。

易：『重設險以守國。』禮：『城郭、溝池以爲固。』蓋民保於城，嚴扃鐍，樹藩屏，王政所必先也。矧澄屹立海上，外邊諸夷，故易動難安者乎？南泉公閎達子諒，才與誠合。下車以來，蠲逋省餉，置學租，剏書院；征番舶以佐軍興，扼險阻以遏寇攘，濬郡城之渠以疏地脈，拆烏礁之壩以弭水患。其石畫遠猶，未易殫述，然要皆以安民固圉，垂庥無窮。宜其汲汲於澄，而亟爲之圖萬世之安也。詩詠南仲城方『玁狁于襄』，傳美叔敖城沂『不愆于素』，是古之遺烈也。今公一屬慮，能使官不侈費、民不告勞，海隅新邑遂隱隱然有金湯百二之勢。鯨波不興，邊徼無警，即南仲、叔敖之功，寍復是過！澄人樂得所庇，莫不戴公功德，念無以爲報者。於是介文學王文試等徵予記，將托諸貞珉，用昭不朽。嗟乎！我公功德寍獨澄之民宜知所報哉？全閩寍謐將終賴之，其敢以不文辭？

公名青霄，蜀之忠州人，起家壬戌進士，所至聲稱籍籍。貳守西泉羅公拱辰、雲樓殷公康，通守爐岡吴公用章，節推莞石尹公瑾，皆協贊厥成者。王尹名穀，治行雅著，於茲役尤勤，義得竝書云。

按：此碑未見，碑文見於萬曆元年漳州府志卷三十。作者吕旻，龍溪人，嘉靖三十二年進士，官至禮部侍郎。

九四　學博木灣陳先生刱行鄉飲記

鎮庠之設雖邊海嶠，而其人悉籍之莆。先時父長老，各以禮度相詔，爲子若孫者恪守懿訓，有莆遺風。自陳、周二先生倡道以來，文學之士束帶結纓，以功表表者代不乏人。是學建於嘉靖四年，維時草創，講堂依舊，佛殿在東北界。至龍溪張君奮揚署學篆，以學制狹陋，非首重崇賢之典，乃疏啓建於督學石厓祠公，可其請，遷於文廟西南。規模宏敞，宛乎層壁障空，科甲視昔彪然盛矣。但其經制像度，多所未遑。木灣陳先生自奉新來掌教事，未踰月，采故問俗，毅然以起弊維風爲己責。詢及鄉飲之禮，廢閣不講，心竊慨之，乃進諸生而語之曰：『風俗之興，使人樂觀化而勸孝弟、知禮讓者，自鄉飲始。此而不學，何以風世表俗？』于是條其事而上之。郡守南泉羅公嘉其有復古之志，可之。乃采輿議，博求内外耆德堪充賓席者，敦請如禮，無德雖齒弗與焉。行之日，位著有等，登降有度，升歌有節，井井翼翼，人文燦然備矣。無論少長賢愚，環墻門而觀聽者莫不踴躍欲傳，以獲覩先生命典是幸，而孝弟禮讓之心蹵然其有興乎？揮使龍橋高侯管衛篆，翊贊其事，以其有裨風教，欲勒貞珉以歆久遠，率千户毛君有澤、鄭君添桂謬徵言於余，而庸敢以不文辭？

竊觀我國家稽考建學制甚詳，待師儒甚尊，責之以風教甚重，固宜其有以成人才、厚風俗，以斯文爲己任者輩出其間。向世之爲師者率多自卑其官，以爲無與斯文之責，故以學校爲畔岸，視風教不啻弁髦然，無怪乎民俗日偷、士風不振于天下也。余於先生始至，一接丰度，見其議論慷慨，有古人風節，未幾持其所著萬途集、新吴泠稿於余。閲其文，則淵潛、雄邁、軼蕩，得史遷長篇大旨；而詩又壯思逸發，格調古雅，宛乎李杜風骨。余以爲弘博君子也。不知先生不以此爲高，亦不以此教人，日課諸生以淳博孝弟、崇本寔學，以程朱爲宗，又以軋茁爲戒。品藻所加，工拙胥勸。且持行潔白，卻貧生羔雉之餽，隱然有楊關西、趙清獻風致。如先賢木主之有缺於廊廡者，捐俸製而次

之。尤加意鄉飲，首舉以淑人心。行之惟潔惟慎，酒食不事豐腆，務從省約，以求可繼。又自撰文，手刻木碑，豎于堂右，以誌其事，與後之司風教者共守而行之，使曠古盛典不惟風勵一時，而且貽後之永永無斁。先生之表俗之功，不亦弘以遠哉！昔宋陳瑩中教授潁川，一不爲開宴樂語，郡守韓安國高之，薦於朝。今先生以鄉飲立教，使人知仁義孝悌之化，習禮度揖遜之容，豈止不爲宴樂語耶？何終無韓公出，知而薦之於朝，以廣其用乎？當必有出其教鎮者學之，以飾治宣化，蹈成鴻朗駿偉之業，後之秉彤管者將大書以紀其盛，豈特鎮人之頌德已哉？

先生名惟一，字于吉，别號木灣，粤之番禺科甲望族也。是爲記。

賜進士及第、南京國子監祭酒、前翰林院編脩兼脩國史、掌誥、初經筵講官漳浦璧東林士章撰文。

江西饒州府鄱陽縣儒學教諭、本衛蒙川陸幼廉篆額。

鄉進士第、本衛人會川吴瀠書丹。

萬曆元年歲次癸酉春王正月吉日立。

按：此碑未見，碑文見於乾隆《鎮海衛志·藝文志》。

九五　鎮海學創修堂廟新給廩糧造祭器豎泮宫碑

鎮祖莆陽，洪武二十年調戍茲土，戎伍牙署，學校未興。自宣德壬子倡議建學，迄正德辛未，得方伯周公瑛爲之主持，而議始定。嘉靖癸未，生員李遷復緣衛指揮使徐君麟請咨，齎咨詣闕，仗學士費公宏之力，題准鑄印銓官。歲乙酉，掌教范君瑛受命至鎮，有官有學實始于此。顧時草創因循，文廟、明倫堂俱依神祠舊址，規制簡陋，范君懇請更立，得帑金四十兩，諸所艱創未及百分之一。歲丁未，署教事雙溪張君奮揚與齋長林大器、陸幼廉，倡議變賣田堂地基，將瓦石卸撤，移建明倫堂于文廟之西。衛人林子弼、朱德業等倡呈軍鈔助之，通學大夫士又議斂分金，買陳鶴屋地一所。戊申秋，將首事，會張君以憂去，弗果。兩峰胡君顒接其後，復與林、陸二君毅圖厥成。閲衛掌

印揮使徐君濂，差百户李貢領鈔銀二百九十五兩，僉齎齋長翁黎獻總其綱，吴仕琠、丘一山副之。歷祤七年，迄乙卯冬十月而明倫堂聳起。辛酉以後，傾廢莫修，正殿廊廡就圮大半。念湖李先生純仁、木灣陳先生惟一，屢申屢寢。至萬曆甲戌，大成門墜而平地。適巡海陶公幼學以公務至，湧泉謝先生忠義率諸生僉呈批府，會大郡伯平江劉公祖甫莅政，鋭志振齋，差官估直，給鈔金一百五十兩。謝先生奮然力任，矢志營理，一瓦一木，動經心力，而經歷胡君澤則奉命督工與焉。肇工于乙亥冬，告成于丙子春三月。于是正殿峨然，兩廡翼然，月臺井然，大成、櫺星二門嶫然巋然。

既卒事，謝先生請老，行。竹陽錢先生淳奉檄代之，至則遍詢諸缺墜。既審，一日對諸生發嘆言曰：『若等諗而庠缺典之大者乎？聖靈妥矣，而啓聖無祠；文廟飭矣，而廪銀未備；神畢列矣，而簠簋豆登十未得其一。矧洞門外前無垣墉則傾，泮宫無碑坊則褻。凡此皆典禮之大缺者。近聞重脩文廟，皆劉平江公祖之力，今尊公在治，一振刷而百廢森森舉矣！奚可後時？』遂自條諸事畢上之。平江覽斯文，嘖嘖稱賞，先以廪糧儲養首務，通詳僉憲尹公校、分巡吴公孔性、督學趙公參魯、代巡商公爲正、撫院龐公尚鵬，允議將本學庠貢生二十名，每月給米一石，計一年共米二百四十石，自萬曆六年爲始，就于海澄縣給領。二百年未沐皇恩，于今始受，多士際兹遇，奇哉！

啟聖祠差人勘估，確有定址。祭器則學申于衛。衛揮使徐君標申巡海吴公批准，動支鄉丁銀柒兩柒錢陸分；又園税銀四兩，則學申衛，衛府追完。製設一大櫃貯于堂左，俎豆焕然一新。照墻、碑坊費無出，錢先生捐俸銀一十三兩，徐揮使助以工力，命生員林精華、林士楷朝夕課督，築墻一週計十餘丈，豎泮宫碑坊一面，背列刻『騰蛟起鳳』四大字。堂廟内外大觀於是乎備。

嗟乎，鎮之先得允學議，幸矣！疇敢言廪？堂廟未新，能占一策足矣！疇敢概諸纖悉？自甲戌始事，計今五載，諸可恢前規、興嗣世者，鑿鑿畢舉。郡大夫之功，兹爲不朽，而張、謝二先生後，微竹陽先生，孰與京哉！不佞由斯文起家，蓋深幸有今日者，故因諸君勒石之請而詳爲之記。

賜進士第、觀兵部政、衛人黄曰謹撰文。
賜進士第、户部河南司主事、衛人劉惠喬篆額。
江西鄱陽縣學掌教、衛人陸幼廉書丹。
萬曆七年歲次己卯春王正月　日立。

按：此碑未見，碑文見於乾隆﹏﹏﹏﹏鎮海衛志·學校志。作者黄曰謹，鎮海衛人，萬曆五年進士，官至江西按察使。

九六　鎮海衛學重建啓聖公祠記

國家建學，立文廟，必設啓聖公祠，以追崇先聖。本學肇建嘉靖初載，啟聖公祠與學隔遠，歲久圮壞，繼棲其神于明倫堂之西庫，幾二十載。維時颶風大作，分教游先生視學篆，因環閲宫墻，見啓聖公諸神位被風雨淋灑，惕然不寧。乃召諸生商之。衆議請給官帑，先生欲速其成，遂倡捐俸一季。廩生吴光傳、鄭漸晋、陳以薦、陳賢卿、翁時春、彭榮科、陳紳、林士皋、陳奇可、陳徽典、黎民雍、趙繼烈、朱瑛、郭鋭、陳九德、龔作肅、游嗣熙、游嗣參等，亦各捐廩三月。移文本府貳守周公，義師、王師咸准其請，尚給秩廩餘銀，以足其用，命經歷胡君董其事。附學後民房一所，更其規制，易其棟樑，神龕爐臺秩然具備，禮神之位各有攸宜，足稱先聖上祀之心矣。是役也，不費公，不勞民，不踰歲，先聖以安。先生倡議之功，顧不偉與？

先生諱大夏，别號石洲，建寧宋儒廌山先生裔也。素有名，領恩薦，初仕歸化，未久以憂去，士咸思之。今訓是邦，憫士而卻贄儀，課儒童而廣教育，捐俸金以崇祀典。來任未幾而許其如此，使獲大典，設施未艾也。予因諸士之請，樂覩其功以識不朽。

賜進士第、户部員外郎、衛人劉惠喬撰文。
賜進士第、户部主事、衛人黄曰謹篆額。

廣東龍門縣知縣、龍溪施仁書丹。

萬曆八年歲次庚辰孟冬吉日立。

按： 此碑未見，碑文見於乾隆鎮海衛志·藝文志。作者劉惠喬，鎮海衛人，隆慶五年進士，官至四川參政。

九七　大廟碼頭公議碑記

大廟碼頭公議：凡渡船在此停泊者，每日頭擺渡佈施錢四十文，二擺渡佈施錢二十文，以爲香火之費，不得違誤。萬曆十年。

按： 此碑現存薌城區浦頭港浦頭大廟，碑名爲編者加擬。

九八　雲塔寺柯挺題刻

長江柯挺充漳州府學生，以大明隆慶二年推東宮恩應貢，讀書於此。越萬曆元年，中順天鄉試第一，未第，歸。四年，赴會試，復未第，遂留讀書於都下。八年，賜同進士出身，初試爲大名南樂令，擢監察侍御史，先巡光禄，次巡楚。將及瓜，叨命督學吴中，取道回，登臨立石。將來宦遊，嗣當别紀。

旹萬曆十七年端午書。

按： 此題刻現存廈門市海滄區大岩山雲塔寺前巨石。作者柯挺，海澄人，歷官陜西道監察御史、湖廣巡按御史、南京提學御史，後謫居建安終老。

九九　大參藩龍望鄒公遺愛祠碑記

賜進士、中憲大夫、奉敕整飭都清等處兵備、分巡新鎮道、兼制湖北廣西右江等地方、貴州提刑按察司副使、

郡人蔡應科撰文。

賜進士、資政大夫、貴州等處承宣布政使司左布政使、郡人戴燿書丹。

賜進士、奉政大夫、廣西按察司僉事、前户工二部郎中、郡人唐文燦篆額。

參知鄒公翰我漳南，萬曆壬辰歲晋長粤憲，琴鶴斯征，邦人士扳轅莫能釋，既乃於郡城東肖公儀祠□。是役也，應者如響，輸者如市，趨事者如赴家，蓋勿之亟而祠已就。自是即其地而禮者，或過而觀覩而憇者，靡不黯然以思，惘惘乎其如失，徘徊而不能去也。於是有述懿者，有頌伐者，有慕而怨者，有傾望而祈祝者。蓋公敷政優優，威與惠流，辱臨吾漳踰三稔，其操履若玉壺冰焉。無論於吾土無所需，即羞以沼沚之毛，弗視也，而公竟不以自多而齕齕，人以之照察，若觀火焉。其敏給則決河流而東注也，第終不務束溼、不役察於淵魚，要在蠲其大德，使邦人免於辠戾而弛於負擔。仁風所扇，散而爲膏露，蒸而爲太和元氣，萬户含嬉，幾爲無懷氏之國。唯是一二敝民不式人命，淫湎毁常，或爲優人敗子，群博無秋，則公必裂然創之。譬若穡者之務去草也，必去其根，勿使能殖。敝民者以是莫敢奸，而干掫藉以無討人，於是爲是創也義。夫義，禁邪糾慝、軌衆移風者也。公其納民於軌矣，抑又有大焉。夫當官者，匪其立事之難，難在鎮俗耳。

公天符夷曠，百爾不棲於情。自下車以來，靡色喜，亦靡有疾言遽色，居常有一，令一然諾，不啻昭大神而擔也，而皆付之無成。心性尤鎮静玄遠，當機常整暇自如，即撼以非常、納之囍巨，無論不驚，直視之爲無何有耳。頃者西城頗侵，霞城諸惡少乘釁奪民間粟；嗣是郊閔悍戍，偶有恚于一校，遂譟呼以逞；而外邑纍囚亦爲逸兕，以戕長吏；又變告從海上來，謂東夷且連艘來寇：兹四釁起也。屬公俱行部外出，先後訛言蠭生，謂郡中且有大變、變且有日，愚民遂麻沸爲譁。既而事聞公所，公不動聲色，第以素所審畫密應之。其畫也始衷，終皆舉焉。以是辠人靡脱，氛祲潛消，而皆不事一矢以相加遺。而公又令于國曰：『攘敚以糴閈也，其亟通鄰封粟；譟呼以恚故，其亟以他營戍無猜者；逸囚以無城，惡乎其於故邑城增陴焉。夫虜雖不來，不可狃也。吾其益蒐軍實，加謹烽燧，挖險

隘、選佽飛，以待來者。』凡此皆所謂舉終者也。從是亂萌永戢，訛喙全收，而吾漳安於磐石。邦人則相與詫曰：『公温文長者也，又孔武有社稷功，夫武固在静應哉！』乃公畧不以語人，亦直視厥功爲無何有也。

於戲大哉！足以頌矣，足以述矣！足以津津侈口，耿耿焉起遐慕矣！慕而展轉，則致私怨於移擢公者；怨而不可卒挽，則依依然南首而望、北面而祝曰：『鬼神其無棄我民，其復假手于我鄒公。天其福澤，再造于漳，其即借公開府全閩，以無廢海上之業。夫公三仕閩矣，温陵德澤潤及千里，沿海聲威于今賴焉。閩固宜公，公亦習吾閩，聖天子盖稔有聞矣，豈其久公于粤，而不我歸？』言訖，復相與吟望，徘徊者久之。蔡應科曰：『吾今乃知情實之應也。夫公既以總憲行矣，行而額焉，存之也；額而祠焉，永之也。不謀而永，不亟而就，不但已而□述焉、怨慕焉、頌且祝焉，思之至、愛之極也。夫愛出於情，情本之感召，感召本之茂實，天下未有無實而感、無所感而情者也。故曰吾今而後知情實之應也。』或問官以祠表乎，蔡子曰：『唯唯，否否。夫匪公而祠也，則祠表官矣；祠而公也，則公表祠矣。夫公也，豈惟獨表祠，將亦使漳表于南國、使千載而下猶知漳，則是祠也，無亦吾漳人爲自表地乎？夫峴山一撮土耳，荆棘所翳，狐狸所嘷，非有甚奇勝足侈詑；乃自羊叔子以來，談者慕焉，雖不能至而心嚮往之。有過都越國者，靡不取道而登，徘徊焉而不能去也。若是者，果孰表之然耶？吾今知漳海之隈、霞城之趾，從是爲叔子山矣。』邦人士僉曰然，則遂屬余爲之記。夫驥尾青雲，物各有託，余於茲不敢以不敏辭。其將託公之重以長不朽，則亦即漳人自表意乎！

公名墀，字朝卿，别號龍望，浙之餘姚人也，登隆慶戊辰進士。余少即自託於驥尾矣。記，記其大者，祠制别刻于碑陰。

萬曆二十年歲在壬辰十月吉旦。

禮部尚書林士章、都察院右都御史朱天球、户部左侍郎盧維禎、户部右侍郎石應岳、翰林院庶吉士蔣孟育、翰林院庶吉士高堯正、南京督學御史柯挺、四川道監察御史李瑚、户部員外郎蕭復陽、户部主事蔡宗周、國子監監丞

張惟方、行人司行人黄一龍、江西叅政鄭時章、松鎮副使韓濟、浙江温處叅將錢經濟、廣東潮州參將蔡春及、封知府林經協、廉州知府郭廷良、貴陽知府謝文炳、鎮江□□張廷榜、桂林府同知吴倜、靖江府長史陳燁、岷府長史李士達、梧州通判潘桂芳、霑益知州蔡應孫、北路守備顧臬、廣東白鴿把總甘霖、浯嶼把總晏鉉、小埕把總毛有澤、銅山把總胡熊、玄鐘把總楊再青、崖州知州蔡楠、永康知縣王希夔、新興知縣趙德懋、會同知縣郭廷用、高要知縣陳日章，指揮王仁、張廷楠、侯鋭、周維新、王沛、夏忠，序班黄鳳，舉人蘇任、許文俊、沈沖然、謝應謨、涂表、金璋、李廷郁、康世武、桂聯芳、陸□□、徐□□、張四教，官生吴廷觀、蕭儲卿、林士挺、林士振、吴培、吴瀠、李棠，名色把總葉清、陳惟亮，千户晏龍、李會春、韋織賢、劉淛、屈榮，興寧主簿蔡子孝，楊聯爵、趙維藩、盧奎、柯紹隼、黎時中、李弘施、馮鉉、田經綸、羅麒、趙希波、劉金、韓紹忠、彭榮科、李良材、馬如龍、黄文炳、陳廷櫟、張祥、梁世英、卞茂，監生黄棨、黄汝敬、吴廷現、吴廷規、吴定，武進士鄭以忠，百户徐天爵、楊英、王平章、曾一梧、曾志道、張進、徐宗魁、□應琦、趙祥雲、林喬樾、王功陞，庠生汪有泉、黄一勤、蘇民儀、尹程南、林萬象、柯方榮。

按：此碑現存漳州市博物館。作者蔡應科，龍溪人，隆慶二年進士，萬曆末年任廣西巡撫，卒於官。

一〇〇 察院禁約碑

正巡按福建監察御史徐，爲禁諭事：

本院巡歷漳泉，訪得同安、海澄二縣交界有白礁地方，每遇元旦五日，鄉民聚衆，投石相敵，往往有傷者、死者，屢禁不息。此惡俗也，不知始自何人，流禍至今。夫敵而勝，於己無益；敵而負，所傷滋多。方今法紀森嚴，傷人者生罪，至死者償命；即不爲人所傷，禍且不測。况叢手之下，性命惧不保乎？念爾愚民，特行嚴諭：『爲此示仰附近保、甲長，務守縣官約束，督率里民，舉行鄉約，恪遵聖諭，共趨禮法，毋仍踵舊習、甘蹈前愆。違者，許

守法之家指名呈治。如保、甲、約長通同不舉，並坐。其頑梗不遵化誨者，該縣訪實，不時拏解，重處。本院片言必信，爾等毋蔑視取禍，貽悔噬臍。故諭。』

萬曆貳拾伍年肆月　日給。

按：此碑現存角美鎮白礁村慈虛宮。

一〇一　邑侯洛沙蔡公開設水閘功績碑記

賜進士第出身、翰林院庶吉士蔣孟育撰文。

賜進士第出身、奉政大夫、任南京鎮江府同知張廷榜篆書。

嘗觀水之爲用，大矣哉！上關國計，下係民命，顧其甸遂得其道耳。瞻我清漳首郡子民，邑侯蔡公深謂獨知政本，體恤民瘼。仰遵院、道明文，窺見本地洋内、𡌴邊、南山、溪頭、鳳田、柯坑等五社積水斗門，田畝萬頃攸賴。着令耆民疆理疏通，崩塞者深鑿其源流，傾壞者重脩其完固。于今淡水常溢，萬一旱潦有備。農便于耕，賦足於供，所謂倉不涸、府不竭、百室溢而婦子寧者，獲覩其徵矣。猶慮未全，仍擇精壯葉崇善專守斗門，使之朝夕巡視，不至圮壞，□非斗門□在□之召。彼海澄毗縣耆民咸受其澤，各欣欣然相率樂從，刻碑顧頌蔡公悠久無疆之惠，使百世之下食茲土者知縣功績。

侯諱承甲，字以高，别號洛沙，登萬曆壬辰進士，楚長沙攸縣世家。

旹萬曆丁酉歲孟秋吉旦書。舉人：〈下缺〉彰、□□□、□□□、□□□、□□□、陳鳴□、陳紹溪、洪崇道、謝桂聞、林□□、□□□、□□□、柯□□、□□□、葉宗庇、□寬〈下缺〉官□□、楊□綱、楊□道、□□□、莊維、葉□，仝立石。

按：此碑現存榜山鎮田邊村都邊社。

一〇二　鴻庠崇師記學博王蓮紫存碑

夫君子用世，無論秩之崇卑，期伸吾志耳。故瑩瑩如玉，毋碌碌如土，論固有定也。丁酉冬，余朝賀南旋，送季子廷賀拜廟，見吾庠王君淵涵雅器，有安定遺風，深爲兒輩得師慶矣。比予抵任虔州，越今春，聞君以前任解職，懼然曰：『渠何有今日哉？』未幾，司訓黃君炯暨弟子員林建望等馳書告余曰：『吾庠王先生少負才名，蚤領鄉薦，僅詘一第。壬辰歲，始受東魯臨清學正，以文學受知東道，歷督學及臺使試並東省第一。撫臺孫薦於前，按臺姚薦於後。姚公知先生深，有「文芒映日，英操凌秋」之語，最稱先生華衮。惟是賦性耿介，矢志好脩，今遷授吾庠，猶然東魯法程也。奈美器易毀，直木多折，平生抱負，百無一展，吾儕深爲扼腕而不忍其去，相與扳轅，願立杏壇而挹春風焉。日既覩德心、思學行如先生，足爲後學山斗者。翁發跡吾庠，雅念吾師，願乞一言，以垂不朽。』余作而言曰：『王君之素，諸君志之詳矣，予何加焉？』遂書授從者，命楷記于石，俟後司世教者採焉。

王先生諱之詔，字克宣，號蓮紫，晋江人，己卯本省舉人，登壬辰乙榜。

賜進士、亞中大夫、江西布政使司右參政、前奉勅提督河道、工部都水司郎中、衛人黃曰謹撰文。

賜進士、亞中大夫、四川布政使司右參政、前奉勅提督糧儲清吏司郎中、衛人劉惠喬篆額。

賜進士第、奉直大夫、深州知州、衛人林茂桂書丹。

萬曆二十六年歲次戊戌夏五月吉日立。

按：此碑未見，碑文見於乾隆《鎮海衛志·藝文志》。

一〇三　潘嶺祖山碑記

始祖林公諱瓊宗，別號貞庵，宋咸淳四年登進士。源出殷太師比干，歷傳至披公，生九子，唐德宗、昭宗中俱

爲刺史，時號九牧。其八邁公傳十代孫迪公，宋進士，知龍溪縣事。公，迪公六世孫也，娶曾孺人，生子三，曰天有、天用、天福。考妣合葬在浦邑廿八都之潘嶺，坐乙向辛兼卯酉。前後左右山峰拱映，九坑十八崙，東至寨仔山，西至鐵尖山，北至虎仔山，南至坑尾山。係季子天福爲招討使，陞漳州衛鎮，封武略將軍，殉難旌忠，命世襲侯爵，追封欽賜。考妣墓蔭，原有界記、墓道三座，今僅存建路一座，其二座被強家沉滅侵地。萬曆二十五年，控於院、道憲，行府勘明招允。再立碑記，誌載族譜，以垂世世承掌勿替云爾。

皇明萬曆己亥年三月之吉立。

進士、中憲大夫、廣西南寧府知府、前大理寺右寺正、十一世孫鵬飛謹誌。

按：此碑現存白水鎮山邊村林氏燕翼堂。

一〇四　鼎建始祖林公源流碑記

始祖林公諱瓊宗，別號貞庵，宋度宗咸淳四年登陳文龍榜進士。源出殷太師比干，歷一百一十五代有諱披者，生九子，唐德宗、昭宗中俱爲刺史，時號九牧。其八諱邁，刺史雷州，十代孫迪公龍溪縣致政，就茲卜宅。緣祖居莆之藩嶺，移來斯地，故以藩嶺林名，而公則迪公六世孫也。子三：曰天用，徙溪頭，分一支於崎林；曰天有，徙嶼頭；曰天福，爲招討使，官名伯用，徙坂美：三宗始分焉。考漳浦縣科目志，公名下有石刻及祖父邁所傳，皆云藩嶺。始祖瓊宗公有石碑三座，今僅存建路一座，其二者被強家沉滅侵地。萬曆二十五年間，控于院、道，行府勘明招允。茲詳查九牧及本宗世譜，略記源流，鏡諸貞珉，俾後知木本水源之自，永保勿替云。

明萬曆己亥年三月之吉。

中憲大夫、廣西南寧府、前大理寺右寺正、十一世孫鵬飛謹誌。

按：此碑未見，碑文見於白水鎮大霞村林姓源流及定居繁衍。

一〇五　壽春宮碑記

唯澄濱海奧區，穆皇帝實式靈之，縣其地爲七閩鎮，蓋彬彬稱盛云。城之東門二里，平康沃野，山川映帶，邑人以祠東岳。每歲導令青陽，士庶雲蒸嚮赴，豈不以東方物所始生，惟嶽降生，布生機而攝化柄，燠然如春者哉！國禄備員學制，則嘗敬授於茲。見棟宇漸圮，規制狹隘，即縉紳父老與謀：『惟是筦樞，夷夏之交，東南文物之美，中州上國籍籍以而鄉稱巨麗，勸相率作。歲祀在春，浸假耳而目之者，日就圮陋，謂川岳何？』縉紳父老歡然同心，遂首肯余之締造也。不腆薄禄，以先肯搆，樂助者以邑量。乃始庀材，乃始鳩工。築阿弘基，就山選勝，鼎新徹故，擘畫餘目。赴義程能，實諸父老董成厥事。旬月，堂峩然，門焕然，鐘樓鼓閣交峙，左右爲書舍，處諸生高第者十間，内殿則棲神以崇岳也。歲腊而工成，工成而春至。彼都人士，燁燁煜煜，梁遶白雪，輝騰綵勝，無不新睹聽而樂太平、習綿蕞，稱天子萬壽，聲徹雲表。會當啣鳳詔而儼鵷班，東海波逆，與百執事負暄嵩祝，寧詎侈笙歌之雅奏、壯海國之奇觀已哉！

蓋嘗即爾父老子弟鼓鐘於宮，講聖諭六言，肅肅翼翼，少長有序，愛敬相先，飲醇和而還，洌穆爲此春酒，以介眉壽。豳民之業，在七月之六章。若乃青衿俊彦，吾伊其間，覓趣會心，宇定光發，得之春風沂水，引之松柏歲寒，韜之玄冥，證之法象。今夫翠岫霏微，儒山朗暎，鹿石旗鼓，天馬當前，此非山色之絢爲春乎？玉兔皎空，靈潮噴雪，瀺鱗踴躍，鷗鳥忘機，此非春意之著於水乎？重譯來歸，樓船上下，行人息踵，扣角互歌，洩洩融融，春和動盪，禾麻送緑，卉木呈鱗，南畝烝髦，介言景福，是故中和應乎天地，神明同乎至德，遐祉衍乎氣機，嘘氣爲春，積春綦壽，生生化化，總之胚胎一元渾灝之初，青陽所爲布合耳。余故署其宮曰『壽春』，復題其堂曰『太和元氣』。士君子繹太和之指，以一氣相縮結，忠孝銘衷，仁讓成俗，講學行禮，上軌豳風·七月之盛，庶幾有基無壞，余尚有榮施哉。縉紳父老咸酌康爵相勸勉曰：『我澄介在東偏，得此爲川岳重，子大夫訂語甚悉，以登春臺而躋壽域，世世

不朽矣。』國禄固讓不揣，綜其終始而書大較，蓋爲慕義嚮風者紀也。其他揄揚美盛，在余友鄭司農頌，別鎸於石。

按：此碑未見，碑文見於崇禎海澄縣志卷十八。作者龍國禄，廣西桂平人，萬曆二十三年進士，二十六至三十年任海澄知縣。

一〇六　壽春宫頌

箕疇錫極，壽居五福之先；羲易序乾，春爲一元之始。是以歌虎拜之雅，則天子頌其萬年；尊麐至之經，則春王紀其正月。況乃漢臣呼呪，侈中岳之流音；周史請迎，有東郊之故事。睠海隅之率俾，儼岱宗之行祠。中開祈年之宫，即是生物之府。實維漳澄邑令，清白龍君，官奉隆施，子來稱事。高敞壽春之觀，前通潮汐之池，左賁右鏞之序交輝，上棟下宇之觀斯壯。特崇岳祀，寅祇天齊。祝聖壇場，還表泰山之牓；迎春郊壝，仍歸青帝之祠。爾乃兑司秋而正中，震乘陽而東出。月明環珮，玉鸞肅其朝儀；風煖車旂，土牛宣其陽氣。固已奉軒曆而頌堯年，首春工而行夏正。豈直萬八千歲，遠期泰古之皇；三十六宫，宏布陽和之令。若乃人情欲壽，煦嫗育之而不傷；萬物咸熙，亭毒榮之而無瘁。斯昭祈於永永，實敢恭乎生生矣。丹艧既飭乎宫墻，雕鏤方垂乎琬琰。庶用使聖人壽，善禱等華對之臣；收天下春，太和滿成周之宇。乃作頌曰：

峩峩岱岳，惟岳降神。秉籙司契，執規御辰。皇圖萬曆，布德和均。疇其宣之，東海波臣。肇開宏搆，丹堊維新。樓閣相望，鼓鐘有倫。率興率省，勞餘伸禋。祝釐迓祉，欽天授人。壽昌屆旦，纓佩詵詵。口頌心祝，福履駢臻。先春迎日，爰始陶甄。平秩東作，以和兆民。猗與令尹，忠矣能仁。圭嶼之滸，岐海之濱。南極明秋，北斗標寅。天地比壽，物我同春。庶明勵翼，眎此貞珉。

按：此碑未見，碑文見於崇禎海澄縣志卷十八。作者鄭懷魁，龍溪人，萬曆二十三年進士，官至浙江觀察副使。

一〇七 重修鎮海衛寓賢祠記

寓賢祠者，祠世廟時建言三先生也。三先生者誰？浙江仁和郡刑曹邵經邦、鄞豐翰林學士熙、江右撫州陳先生主政九川也。三先生何以致此？批逆鱗、觸忌諱、謫居于斯也。衛人祠之者何？崇理學、衛教化而春秋俎豆焉者。當世廟初，議推崇大典，而一時議禮諸臣各效衷悃。三先生獨持正論，或抗之於前，或列之於後，或推明昔之政在禮、今之禮在政，期以翊中興、開盛治，表表焉者也。三先生行事在朝廷，風采在四海，表疏在吏録，實跡在鄉評，文章在傳播，昭昭乎不可泯也。余獨惜夫三先生稟受扶輿正氣，一也；其遭謫居遥遠，困苦瘴海煙霧之中，亦一也。其無如人心公論，必俟久而後定，何也？其又無如天道好還，必又篤祐忠良，何也？三先生之在海瀕也，操志愈勵，苦節彌貞，生著於朝，歿終於戍。方豐公歿，吊形無人，獨邵公慟哭，經紀其喪以還。君義、友情，可謂兩全。乃邵公尤多所著述，有弘道録并軌西銘，有弘簡録齊驅綱目，幾數十萬言，爲世傳誦不朽。穆宗御極，諸言事受褫謫者繼膺舒蔭，而邵公剛直不阿，朝野寡援，獨終編伍，良可於悒。最後，公胤子康生請于朝，特允復原職，以光泉壤；而一時學校群推公而崇祀之，迨今無所闕議。公孫子巘，舉于鄉。嗚呼！此公謂『久定』之徵、天道佑忠之答也。

余託公梓里久，知公爲最詳焉。祠在鎮海太武山麓宋考亭朱夫子祠東，與鄉賢陳、周二公並祀，於禮未稱，且歲久傾圮，曷慰衛人仰止之望？余因集副高君從禮請，協謀于督學沈公儆價、分巡馬君邦良，期爲新之，僉曰可。再下其議於漳郡守韓公擢、陶君拱聖、梁君繼揮、俞君咨益、王君大益以及衛使、所學群師生公議之，又僉報曰可。由是遂耑其事於海防館陶君，鳩工飭材，相居拓地，得文公祠西並峙三楹，煥然堂構。乃蠲日釋奠，而妥侑焉。其東則鄉賢祠，亦並而新之，歲時均祭，著爲定令，從眾願也。

或曰：『三先生不能一日安于朝廷，而歿也顧安其神于海瀕？』余則以忠魂道脈無所不在，必不介然爾也。祠成始于己亥秋，落於庚子冬，凡費貲若干金。其捐俸有差，與夫劻勷勸力者，得天理民彝之不容已也。皆得例書其名，

以風百世。是爲記。

賜進士第、中憲大夫、兼巡撫福建地方、右僉都御史金學曾撰文。

萬曆二十九年歲在辛丑夏四月之吉。

按：此碑未見，碑文見於乾隆鎮海衛志·藝文志。

一〇八　時思碑

開田：廷贊柯公。開山：覺靈、覺定柯公。

建注生宫：朝森、德柔柯公；興前座：朝章。

萬曆壬寅春，柯顒紹臯、柯澤啟容、柯克肇馨仝立。

按：此碑現存嶽嶺鳳山嶽廟。立碑者柯顒，字紹臯，龍溪人，萬曆十九年舉人。

一〇九　重建天妃宫記

萬曆辛丑夏，余時承乏浯、銅，奉檄南征。謁神，睹楹宇湫隘，寔心𢥞厥靈，徂戰捷乎，請更諸爽塏者。於是師抵南澳，攻□彭山，殲之。聿懷神惠，日篤不忘。廼築廼塈，廼石廼材；廼建前堂，前堂翼翼；廼開後寢，後寢肅肅；眎拓舊址，深廣倍之。於是居民、過旅，爰逮兵士、商漁，罔不走集，敬共祝禱，靈益赫然矣。嗚呼！神匪人弗依，人匪神弗祐。余茲量移石湖，弗獲歲時毖祀，然出王遊衍，神罔弗及，所以藉休奮武，曷其有既哉！肇辛丑孟冬，竣壬寅仲春。庸勒貞珉，識其始末。

萬曆三十一年歲次癸卯秋九月朔日，欽依浯嶼水寨把總、以都指揮體統行事、署指揮僉事、直隸宣城沈有容撰。

按：此碑現存港尾鎮浯嶼島天后宫。碑額左右鎸聯曰『天啓元年莅吧夷，康熙丁丑復祖宫』。

一一〇 海澄重建儒學記略

澄創於隆慶紀元之初祼。蓋邑以撫亂設，而庠之博士、弟子員，則分自郡及龍、浦二邑。既有成材，余繇郡明經計偕，發軔京畿，則諸名碩知有澄矣。嗣是而澄之才儁蒸蒸起，鐫解額、魁南宮、讀中秘、執法柱下，後先賁相望也。澄之俗，大都椎魯少文，而士多愿慤，故易於興禮樂，而教易行。今彬彬以科名起家，勉矜飾自樹，以不獲罪於名教爲多士表，詎謂閬其無人？矧姚侯以豈弟作之哉！侯明敏而仁恕，商頌民謠，士歌於序。會八月五日海嘯，水漲丈餘，宮墻圮壞，侯慨然捐俸拮据之。殿堂門廡，黝堊丹漆，爛焉改觀；而敬一有亭，鄉賢有祠，則又擴其前所未備。乃所薪槱時進髦士而課督之，自程文校藝外特倫常爲諄諄，則士所耳目濡染，又豈後凡民而興？不佞且樂觀其盛矣。

按：此碑未見，碑文見於崇禎海澄縣志卷二。作者柯挺。乾隆海澄縣志卷十八載：『〈萬曆〉三十一年八月初五日未時，颶風大作，壞公廨、城垣、民舍。是日海水溢堤岸，驟起丈餘，浸没沿海數千餘家，人畜死者不可勝數。』

一一一 姚侯大岩寺山南北惠民頌德碑

大岩，澄邑勝區也。岩顛佛刹，搆自前代，蒼巒層疊，羅石重關，眺望潮汐，滄溟吞吐之氣，未嘗不籠天地於一掬也。其刹夙爲僧齋居，田園山地凡四頃五十畝有奇，岩山則計一百五十餘畝也。異時，僧於常賦外無他供，歲入稱饒給。萬曆初軍興，乃以十之六充餉，餉九金有奇。辛卯，倭寇朝鮮，詔所在嚴備之，而閩濱海當出没衝，加毖，當事者遂於前額十之六備餉外，加至十之八。此刹荒山獨多，計荒山一百五十餘畝，歲增兵賦共三十三金有奇，而僧遂重困。倭酋既平，詔悉蠲增額；會榷使括餉，月進左藏。於是新舊餉催科愈急，僧被箠楚，無完賦日。

桐城姚公，以名進士宰兹邑，惻然傷之，俞其口附狀徵諸負者。乃僧遞傳山以北歷負山賦者民；而山以北新安之耆老則又遞傳往券原不屬僧，山南北劃然界也，界而南，僧乃得有之，不宜波及民也。是時，訟盈庭，片言解

曰：『是山也，將屬之僧乎？如民樵牧何？夫券固在也，僧但責賦於山以南，即重困。或有罷權恩，旦夕可邀也。中丞臺方議損，檄且下，吾爲若等豁之，判南北之界，其毋溷。』於是山以北耆老咸手額謂：『非公明允，安能以片折興雲灑潤，噓萬户之春也乎！』

時余已遷建州，則裹糧走二千里乞余言，以垂將來。余惟侯茹蘖如飴，其輕徭薄賦，實意與民休息。故踞堂序，睇兩造僧民情，調劑在心而糸中之，此豈效衰世苟且之政，喔咿嚅嚅以媚上已哉！則晋陽道州之政也。其他定榷、横民訌坐、挽採金機、易成命、消邊釁，華聲茂蹟，諸不具論，論其惠普新安山南北者如此。

按：此碑未見，碑文見於崇禎海澄縣志卷十七。作者柯挺，萬曆二十一年癸巳（建安縣志作戊子）京察後謫建安；澄邑侯姚之蘭，萬曆三十一至三十三年任。

一一二　龍邑侯袁公水利功德碑記

漳内縣爲龍溪。十一都，其一大都會也。人民田作，少逐末。畝田萬頃，土高水涸，地不井鑿。舊制從石碼阮家埠濬一港，接北溪水脉，經蘆沈入雲梯，橋涉瀛洲，灣折坂頭、東山、南坂、塔尾、林下、浦邊、園頭、象坑等處。山前山後，延袤小港三十四條，圖十有五户，里之長一百四十，錢糧四千有奇，並資河潤灌溉，充賦日用，饑食渴飲，取挹其中。此三十餘條之水道，並原本石碼運行自蘆沈，關係良鉅。蘆沈以下，則爲普賢、下埭、龍溪。

嘉靖間，月港稱亂，分設海澄縣。舊有普賢河，是爲九都地，引九十九坑水泉，蓄洩滋灌，亦各其利也，所從來久遠已。今春澄民創議，於蘆沈分濬港一條，透普賢河。夫蘆沈，水出入處也；普賢地又卑下，蘆沈分洩水皆下瀉，環都三十四條之支流盡槁壤矣。都民號慟欲死，得請分守高公停止澄民勿濬，以郡貳守杜公往視。杜公方正，私不可干，還白濬港不便。屬高公京行急，議且閣。袁侯以事請於郡守方公，奉撫臺徐公命親履畝距，以侯親爲導。會天雨，袁公乘兜子，徹帷蓋，雨霏霏下，沾冠及衣，頂踵髮膚皆濡，侯色不動也。舟行，則泛小舠隨方公。舟所

至，指陳要害甚悉。方公既熟察害狀，爲調停，議就港口濬之，各接溪潮，不就腰脊貫穿。上觀察程公，報可。都民乃得聊生。

都縉紳蔡宗周、張廷榜，弟子員蔡國璋、徐明等，鄉約洪思寬，索記於余，圖勒石焉。侯聞，遜謝。都人民凡三謁余，曰：『吾儕自爲策也。舊無記載，上人趾疎，草野利害莫得而考也。用有兹變，非藉吾仁父母，吾屬旦暮且斃。是宜垂不朽。』余聞言惻然，援筆爲之記。是舉也，撫臺徐公，觀察高公、程公，守方公、貳守杜公，後先主持。而當勘議築舍，民情危洶，時苦心焦肝，櫛風沐雨，不避辛艱，侯深矣！

侯諱業泗，江西宜春人，萬曆戊戌進士。而邑貳黄文煜，羅定人。邑尉沈應鍾，山陰人。樓元俊諸人暨邑史應瑞，豐城人。同心協贊，例得並書。

按：此碑未見，碑文見於光緒漳州府志卷四十五，落款爲『龍巖尚書石應岳』。石公爲海瑞同朝著名清官，官至户部侍郎，時致仕里居，萬曆三十六年病逝，天啓元年贈户部尚書。文中『貳守杜公』即杜獻璠，三十二、三十三年任同知；『分守高公』即高從禮，三十三年上任。故此記作於萬曆三十三年，落款爲後人所加。

一一三　邑侯姚築港濱橋碑記

縣東八里曰港濱，故有木橋，余始祖居之，曾祖佛公施募，易以石也。是橋道通浦鎮，湍深，歲久圮壞。船、步者多待渡，而風雨尤甚。甲辰冬一日，侯逾鎮見待濟鱗湧，中流渡舸撑逆幾魚，爲是閔然。捐俸贖三十金，召余族子省事者八人，規先倡募，凑金錢貳百餘緡，屬巡司黄經董其事，保正許宣智糾赴子來。歷險廣塹，一旦萃成。侯之造命斯民也，溥哉！

侯姚之蘭，字汝芳，别號芳麓，南直皖桐人。由辛丑進士來涖兹土，可三年，澤闓民和，署有額曰『惠政堂』，後改『平政所』。經理若佛殿、仁里、東庵、老君諸橋，俱有濟溱洧者，而此尤亟之。

辛丑會元、翰林院編修許獬拜撰。

旹歲在丙午冬月　日。生員許顯、廷棟、伯愷、呈龍，典史許聘，仝立。

按：此碑未見，碑文見於東園鎮港邊村高陽圭海許氏世譜卷一，雍正七年編修。

一一四　澄邑禾平莊碑

圭海，古一聚落也，山川采地，悉隸龍溪。穆皇御極，邑乃鼎建，蓋於今四十載。人文物力，眎昔有加。距邑治十餘里，谿環其東，雲蓋山屹立，爲邑岱宗。其陽則平蕪一望，土田錯趾，名曰禾平莊，不佞梓里在焉。父老相傳，以是皆海壖也。疏築成田，磽瘠居半，田賦之入，招提爲政。改邑，田已屬澄，而輸賦龍溪猶故。既以地隔，常患愆期，黠苾芻與舞文者，比又加賦以愚之。襏襫之夫，終歲胼胝，輸將惟謹，而賦仍告逋，蓋中飽矣。

不佞嚮者家居，目擊其弊，居恒蒿目，白之前邑侯清白龍公、龍邑侯洛沙蔡公，謂：『邑有分土，政貴宜民。澄實有民，而龍治其賦。其賦之不供，而歲以催科，貽龍邑憂，是龍代澄任受勞也；其賦之既供，而僅以厭乾沒者之腹，反厚訐於我民，是龍代澄任受望也。夫以澄之民而輸賦於澄邑，朝發令而夕已遍矣，日高舂而之邑中，事竣而反，腹猶果然。民無逋負，賦無侵漁，于龍無鞭長馬腹之慮，于澄無秦人視越之嫌，計莫便於此者。』兩侯心亦韙是，議條上之直指元谷何公，業已有緒，而屬有所齟齬，不果行。

比不佞起田間，薄遊長安，復讀禮歸，里中父老迎不佞，語曰：『禾平莊寺租嚮屬龍溪者，今推入澄矣；嚮也常賦以外加征百二十餘金，今悉蠲免矣；嚮也駔儈恣睢，追呼之聲徹於晝夜，今夜高枕矣；嚮也斥鹵之田不足餬口，今以賦省樂輸，漸成膏腴矣。繄誰之賜？惟我父母軫念民瘼，劑公私而擇其便，調兩邑而酌其宜。俾我民得安其業，樂其居，毋煩箕斂，毋苦繭絲。其自老稚至於世世，敢一日而忘侯之賜？』不佞驩然喜曰：『甚矣！侯之大有造於澄也。區區寺田，僅一彈丸，孰利孰病，詎不洞察？然而持議至數十年而不決者，何也？居位者以其居爲傳舍，同舟

者各有一瓢之心，盈庭之議所繇來矣。自有侯而永賴之利以一旦成，築室之謀以片言決。不佞且以覘侯於宏鉅也。』父老曰：『吾儕小人，慮不及遠，惟嚮利爲有福。願徼子一言，頌侯功德，以垂不朽。』不佞唯唯曰：『是余志也，且與諸父老樂睹厥功，更沐餘庥，即不文，何敢辭？』乃爲之誌，而勒以銘，銘曰：『海澄之東昔水鄉，沮洳漸復變滄桑。田野稼穡如茨粱，輸賦龍邑歲爲常。澄邑鼎建隸我疆，籲訴隧隔何徬徨。我侯下車首盡傷，力陳當道惠一方。賦歸我邑易輸將，吏無科頭民無殃。蒸黎樂只壽而康，式歌且舞頌甘棠。東海波臣泳化長，勒銘貞珉垂未央。』

按： 此碑未見，碑文見於崇禎海澄縣志卷十八。作者高克正，海澄人，萬曆二十年進士，官至翰林院檢討。

一一五　重修朱文公祠碑記

鎮海故有紫陽先生祠，蓋自嘉靖癸未年奉旨建學，廢佛廟而爲之者。基址瓦椽仍舊而簡，歲久就圮。至萬曆癸卯年，疊被颼颶之變，幾委諸草莽矣。經有司勘計議脩，而因循廢擱者若如年，則以司出入者不皆廉，又以公家事委焉，率皆不大力也。昭余閔公來守吾郡，公廉而端厚，志超勵而力嚮往，搦乾没吏胥。守專以其事屬桂萬户諱士元者，凡閲月而祠宇巋然，比舊址又一變矣。左爲陳布衣、周翠渠二先生祠，是生於此土者；右爲豐熙、邵經邦、陳九川祠，是謫居於此土者：俱次第再新之。使學博士、弟子等顧瞻廟貌，勃然若有興者。僉曰祠成宜有記，而以屬余小子。

余因有感於紫陽之學也。紫陽學以格物窮理爲宗，幾爲耳食者以訓詁病焉。要之，其道可長存天地間不廢，故雖窮陬海澨，猶能日星其教。棟宇垂圮而重新，公蓋示正學之不没於荒煙也。余又因而有感於興建之事也。國家積貯耗於興建者大半，官之墨者家於是，吏之黠者家於是耳。稱其蠹，無因以爲市；重其人，無借以爲肥。百廢未有不舉者也。公之善理國也，此其一斑矣。爰鐫其歲月於石，以風後之君子。

公諱夢得，字翁次，昭余其别號，起家由戊戌進士，浙之烏程人也。

賜進士第、文林郎、直隸鎮江府金壇縣知縣、衛人涂一榛撰文。
賜進士第、觀户部政、衛人文三俊篆額。
賜進士第、文林郎、山東東昌府聊城縣知縣、衛人林雨潤書丹。
旹龍飛萬曆庚戌歲仲秋之吉立。

按：此碑未見，碑文見於乾隆鎮海衛志・藝文志。作者涂一榛，鎮海衛人，萬曆三十二年進士，歷任東林書院院主、南京吏部主事、大理寺丞、通政使。

一一六　高氏家廟義田祭田銘德碑記

蓋嘗讀棠棣、頍弁諸篇，而知宗盟兄弟式相好者無他，不過均其宴樂、恤其原濕而已。然存問周給，贏詘不時，故家有義田，國有義倉。自昔稱晏相分禄以仁三族，迨范希文始置義田，賚宗黨之貧窘。然皆身籍卿相，有土迺推其贏餘，以急疏屬，此如順風而呼，勢尤便耳。若令説高君，嗣兩山後，即宋東溪先生裔也。以邑弟子員入補太學，歸即汲汲慕求先祖父遺址，毅然首倡，捐貳百餘金，協建大小宗祠，以祀鼻祖正大父溪、配鄉賢琅暨父用賓。董繩削墨，不辭胼胝。廟成，遂割高美腴田貳石，爲四時禴祀費。仍遵置義田貳石伍斗，以待閤宗里役，其餘則以賑族屬之貧乏者焉，曰：『此先大人志也，聊以續耳。』是舉也，田割自己，籍隸于公，有其興之，誰敢廢之？千百世以後，廟田在則歲祀在，歲祀在則兩山公在。即至于狐鬼載道，丘壠生煙，而公之精魄靈爽，猶凛凛春秋香火間也。則爲人後者之求懿陳夏，厥有功力哉。且率祖奉先，孝也；輸役急公，義也；中寓賑恤遺意，仁也；制必推本長老，厚也：君子謂一舉而四善備焉。君少負希文之志，而常布割資，尤爲希文之所難。自非孝友天植，何能惇仁彊義若是？鄉人之月旦，郡伯之奬旌，輿論在人心，固亦同此敏黽也。

夫君諱廷和，别號令説；嗣父諱用賓，别號兩山；生父諱名秩，别號三江。昔日脩祠，今日建廟，善行善述，

其有後子茲乎？余生平喜説項，及見甫照、文明諸君詣余來請，余安能默默於此君？謹誌而勒之石。爲高氏子若孫，倘勿替引之，謂茲誌將繼棠棣、頍弁而歌，可也。

賜進士、巡按廣東監察御史、前翰林院庶吉士林秉漢撰文。

賜進士吴寀篆額。賜進士、大理寺正戴燝書丹。

萬曆辛亥春，族長：國守、海、名洽、晚疆、時元、存英、國、士烈、旻、必裕、燦、承敬、志騰、子參、時健、廷會、子通、以岳、汝良、如雲、廷苐、敬、省、嚴、若山、廷堅、廷輿、首功、甫翔、思顔、英逌、應皇、公承、卒、嵩、君玉，恩官瑞鳳、可宗、廷植、時拱、尚賓、君璽，生員首東、明英、聯標仝立。

按：此碑現存榜山鎮南苑村高厝社高氏家廟，碑額爲『高氏家廟銘德碑記』。

一一七　郡侯閔公肇闢泮池記

學在邦畿曰辟雝，在邦國曰頖宫。規而圓之以爲璧也，頖之以爲璜也。乾象其全，坤周其半，君臣之義也。是故清池泱泱，所以爲鑑也；綸藻漣漪，所以爲文也；橋門四會，所以爲達也；於牣魚躍，所以爲變也。造國士者，升而進之，爲天下士，其教一也。漳岐海鄒魯，譽髦蔚起。太守吴興閔侯夢得，以文獻世家教翔化洽於茲者三年已。睠舊制，郡泮在庠門之内，水敝以墊隘；其南學舍久茀，民用鳩居，勢不面内舊溝水漱，未能極睢涣之觀，是何可苞而不啚矣？乃悉剗而平之。侯自材官俸五百緡以興浚役，截圓度地，凢得弧若干武，弦徑三之二，矢半之，此泮池新鑿之程也。僚屬佐事，官師展勤，始萬曆庚戌嘉平之月，至辛亥浹歲而觀厥成。甃以文石，環以鏤檻，週以繚垣，天地通氣，吐納靈潮，崇樓文昌，上應星斗。既樹桂以爲苑，復植槐而成市，衿佩鱗集，肅肅焉，雝雝焉，信足以明達耳目、疏盪心靈者矣。

侯既莅止，鼓歌以撫之，笙鏞以閒之，多士執經考正同異。於是學易者進曰：『德深爲資，道潤相説，講論澄心，

繄水是鏡。敢敬筮麗澤之兑。』爲書者進曰：『鬱塞衍亨，斆學是達，大川攸濟，爲霖爲雨。敢敬宣傳説之命。』誦詩者進曰：『良馬五之，式昭德音，小大從公，廣爾德心。敢敬頌思樂之章。』習禮者進曰：『源有所受，委有所歸，其思盈科，而放溟渤。敢敬陳學記之篇。』業春秋者進曰：『田疇滋於植，子弟澤於教，與其育穀也，而寧育人。敢敬述鄉校之傳。』侯聞之，道：『若。』爰稱周官，彙興三物，時負牆辟席者，悠然而各有會也。是歲也，雲龍書院成，月試羣藝，則有慶雲夏郁、華月秋中，晨映重光、夜澄五色，符采焜煌乎池上。蓋自紫陽興學於漳，辟佛老而宗孔孟，幾五百年矣。而侯在泮，期以會昌，觀水觀瀾，廓然地闢，雲爾天開，宜瑞應之紹至也。思皇濟濟，奮庸熙載，懷魁請志惇史，而俟之侯績。用著在石，章列之宮牆，世世其無斁。

按：此碑未見，碑文見於乾隆龍溪縣志卷二十四。作者鄭懷魁。

一一八　計侯重修縣學記

龍溪自有學宫來，凣幾修葺矣。其近而足述者，一脩於嘉靖丁未歲，參政王公慎中爲記；一脩於萬曆戊寅歲，中丞蔡公文爲記：皆其盛者也。歲庚戌，計侯治龍溪之二年，德施鴻鬯，莅視横舍，或渝且陁，念非吾在事一新之不可。遂謀於博士郭君輩，鳩工庀事。其用力，始季冬，畢中春。其脩飾，自啓聖之祠、文廟之殿廡、講堂、齋舍、櫺扉、周垣，罔不縫其闕而賁其陋。其用物，計白金百有奇，蓋計侯首捐俸錢，次者博士，次者諸生。若呼邪許，而羣力嚮臻，以故帑不詔金錢，民不知畚鍤，而宫墻焕如，厥功茂焉。適志遠以入賀竣還里門，友人蔡生大綸等相與徵予記。

蔡生，中丞公子也，則以先民有作，謂予其嗣嚮。志遠滋氣索，不敢任，既再四辭不獲，因繹嚮者二公之言，而有私論也：蔡公大旨，欲士祖孔氏而宗紫陽，黜詞章富貴之習，而兢兢於德行道藝，言皆讜正。而王公動色相戒，緦緦然慮士之騖其聰明才智出於蔽偏，以釀其拂經賊德、殄行驚師之禍而干聖公之誅。當王公時，國家渾灝之氣未

醨，學者衢路未眾，而仕者門户未分，廼有識者爲世道人心慮，惘乎有餘悲若此。士莫患乎自多其智而有勝心。夫操其勝者，其行誼非高於日用飲食之民，其學植見地非能頓超於曩時據經守師説之明也；往往嬈其精營，務乘人而鬭捷。方其搦管脩羔雁，業已憑霸氣而鼓偏師；一旦結綬升朝，一籌未紓、二尺四寸之舊章未習也，而百慮揣摩，一意犄角雞壇，結乎能人之門，蝸戰酣於交戟之内，澤麋可以披文豹之皮，怯夫可以厠焦原之足。自以爲聰明才智莫己若也，而不知離跂傾側，明主一悟，將被之以殄行驚師之戮而不敢辭。如是而安所貴士也？

吾邑僻在海濱，士之羣萃於斯，無異物之遷，以澆其純樸。大都掄文則爲矛之前，仕宦常居錞之後，傾危之習鮮焉。今邑大夫豈弟作人，日與博士先生以德行道藝訓多士，士第無汩没於詞章富貴之習，守先聖之道，家脩廷獻，以不負明主，斯不負邑大夫、博士、先生廣厲嘉惠之德心，即所稱引嚮者王公之言，可無贅矣，吾言過矣。

計侯諱元勛，浙江嘉善人，丁未進士。郭君諱長發，福建惠安人，以鄉進士署教諭；訓導劉君有光，廣東歸善人；陳君忠，福建莆田人：並有功於是役者也。

按：此碑未見，碑文見於乾隆龍溪縣志卷二十四。作者王志遠，漳浦人，萬曆十七年進士，官至户部員外郎。

一一九　鎮海衛儒學頌蕭公祖釐正祀典碑記

鎮海孤懸島嶼，吞吸滄溟，扶輿清淑萃焉。其設衛置戍，則自洪武二十年昉也。志稱其俗質樸，士尚學問，重氣節。自陳布衣、周翠渠二先生以理學崛起，而人文寖開。其建學設官，則自嘉靖三年昉也。初借址浮屠舊廬，廟學分置，後乃建明倫堂於文廟之右，備俎豆焉，則自嘉靖三十四年昉。初設教授一員，後以人文輩出，題准添置訓導而官始備，則自萬曆元年昉也。初，士猶寄名空廩，序貢後乃沾實廩，與郡邑庠等，則自萬曆七年昉也。

士大夫登堂而挹汪洋之文，則快勝；入廟而習雍容之觀，則思禮。惟是草創，官方未備，對越重典，權借材官，因循日久，士心未韙。適吾年友陸季寧歸展，倡言釐正。其採士議，覆祖制，以學博展祭事，著爲令，則自今四十

四年昉也。定其議者爲直指李公、署學政憲長黄分守、大參洪公，而主持成議以請者則署郡事司理蕭公也。禮成，博士賴天隆、葉忠卿，弟子員陸就正、郭萬異、龔以忱等謂宜有記以示永久，而以屬涂一榛。

不佞竊爲鎮之易孤島而百雉也，易戎壘而膠庠也，蓋若天所闢云。累葉休明之後，備官備廪，凡經幾潤色之手，乃祀典釐正，數議而數格，何也？始固借之而既以爲故也，且欲新之而且以爲易其故也。夫祭者，禮也。以介胄而與儒紳之事，以墨絰而行駿奔之儀，皆非禮也。非禮則安得言故也？然非當事者確持典制，力排聚訟，其不爲中格者幾希！善乎蕭公之言曰：『祀典維新之日，則人文寖昌之兆矣。』時濱海颶風頻作，廟宫俱圮。蕭公申分守黄公捐俸脩葺，而軍館高公、防館盧公、糧館署漳浦縣事王公、知海澄縣事傅公各助金共襄盛事，功且與正祀典俱永，并記。李公諱凌雲，華亭人，甲辰進士；黄公諱琮，海陽人，戊戌進士；洪公諱世俊，歙人，乙未進士；蕭公諱基，泰和人，癸丑進士。公守潔而才豪，諸所興建皆百年大計，此其一云。

賜進士出身、湖廣按察司僉事、前吏部考功清吏司主事、衛人涂一榛撰文。

賜進士、文林郎、考選南京兵科給事中、衛人林雨潤篆額。

賜進士、承德郎、户部陝西清吏司主事、衛人陸元楨書丹。

萬曆四十四年歲次丙辰季秋吉日立石。

按：此碑未見，碑文見於乾隆鎮海衛志·藝文志。

一二〇　大參藩洪公重建鎮海衛學文廟功德碑記

鎮海古號鴻江，枕山襟海，吐納漳州，爲郡喉舌。高皇帝定鼎，建衛壘，徙莆民戍其土。後風氣漸開，文物蔚起，布衣真晟陳先生、翠渠瑛周先生俱誘育衛中，以理學名國史。他若甲第蟬聯，雖不乏人，然皆借府庠起家。後倣平海例，詣闕請建學，時固臣費公宏議報可，因卜地東南隅作廟，禮先師如郡邑制。斯地也，左右海岸環抱似壁，

因以爲泮。海中特起高嶼，圓豐端蔚，收以爲印。陸鰲、銅山，隱隱南拱雲間，巨魚異鱗，時潛時躍，雲蒸霧變，翻飛據蒼，則天然之景象也。第殿仍古寺規制，狹陋兼霪雨頻災，墻頹楹摧，説者謂先聖貌不尊，則文運未盡闢也。惟參政洪公分守吾漳，尤加意於鎮。如貿粟以實衛，廩士有闐飽，嚴令以禁掊尅，俾無剥膚。荒隴盡爲官山，貧者得蓬顆蔽塚而托葬；主鬯統以博士，儒者得雍容緩帶以駿犇。于是博士及弟子員以改廟拓基請，公則毅然捐俸金，發贖鍰，俾塈新之。甫今師象有嚴，師殿有奕，我楹孔脩，我棟孔碩，師生以時習禮。請記，余斂容答曰：

都哉！公之功鉅且溥也。公以孝友刑家，以廉信表俗。入典邦禮，倫敘休明；出參閩藩，鯨鯢息警。茲且作廟漳軌，以陶吾庠。爲吾儕者，當其潛德家修，果能教化崇友，抱廉守信，師公之所以刑家表俗者，是功在海國；當其離蔬釋蹻，果能正色倡言，不激不隨，談笑而定國是，植朝常，師公之所以典禮敘倫者，是功在廟堂；當其經略卹勸，果能凝神澄慮，不競不絿，指顧而撫蒼生，固疆陲，師公之所以參藩息警者，是功在寰宇。斯之謂表章聖學，無負公作廟之意。昔韓魏公撫秦鳳、□涇州，建學興考，時士競奮功名者，朝廷多收得人用。後魏公出入將相，中外恃安危者數十年。公異日勳業大都類此。

公籍徽州歙縣，登乙未進士，諱世俊，别號含初。是爲記。

賜進士、文林郎、考選南京兵科給事中林雨潤撰文。

賜進士、奉政大夫、前吏部考功司涂一榛篆額。

賜進士、文林郎、直隸巡按王命璿書丹。

萬曆四十五年歲次丁巳冬十二月吉日。

按：此碑未見，碑文見於乾隆《鎮海衛志·藝文志》。作者林雨潤，鎮海衛人，萬曆三十二年進士，官至兵科給事中。

鎮，戎壘也，學校何建乎？太武雄峙，山雲蓊鬱，士生其間，力本嗜學，有鄒魯風。陳布衣、周翠渠二先生，卓乎自樹，彬彬起焉。當道偉之，聞於朝，以建學請，獲依平海例，稱上意，報可。時廟仍古佛刹規，稍湫隘，地濱海島，迅濤蹴天，飛飈飃木，頽圮失脩，計四十年於茲矣。幸司理蕭公佐郡署篆，諸廢畢舉，鎮學校以文廟闕狀聞，爲愀然，不費兵糈官帑，首捐俸金，鳩工董之，規制焕然一新。殿堂門廡，黝堊丹漆，儼乎郡邑廟貌。崇先聖，開後學，聲名文物，駸駸乎埒上國矣。功何鉅也！

一二二　蕭司理修建鎮海衛儒學功德碑記

不寧惟是，先是祭主屬掌篆武弁，甚有衰絰執献者，大非制。公輒釐正，倣附郭縣禮，以學博主之，著爲令。鎮地近城十里許，旧被富民伍管，瘞葬者苦無所之。公廉苦狀，斸近山爲官山，澤且遍枯骨矣。風雨飄摇，貧生失所居者以脩葺，課文較藝，雖生鞅掌弗輟也。種種仁政，在衛人口碑中，難以更僕數者，乃鼎新文廟以妥聖靈，功尤其最鉅者。厥後髦士競奮，豹變雲蒸，上追周、陳二先生之芳軌，皆仁政之所貽也。烏可不闡揚而頌述之以志盛懿乎？

公諱基，別號如城，登癸丑進士，江西泰和人。是舉也，清軍高公士達、海防盧公崇勳、督糧王公起宗、漳浦胡侯繼美、海澄傅侯樾、銅山寨把總汪公伯弘協力共襄，例得并書。

賜進士、文林郎、北直隸巡按監察御史、衛人王命璿撰文。

賜進士、奉政大夫、湖廣按察司僉事、前吏部考功清吏司主事、衛人涂一榛書丹。

賜進士第、文林郎、考選南京兵科給事中、衛人林雨潤篆額。

萬曆四十五年歲次丁巳冬十二月吉日立。

按：此碑未見，碑文見於乾隆《鎮海衛志·藝文志》。作者王命璿，龍岩人，萬曆三十二年進士，官至刑部侍郎。

一二二　修建嘉濟廟聖跡碑記

真君姓石，諱敬純，上黨太原人。其父勤，後漢趙王勒之季弟也，以忠封武王，帥兵擊慕容燕，不以盡敵爲功，宰相牛昌隱讒焉，遂並其子遇害。真君年尚幼，偕母崔氏謫徙海上雷州居焉。比長，詢之母父前事，痛忿不已。年十八，興討昌隱，敗竄之，斬於江南。兵退，而昌隱爲厲，妖祲一方。鄉有洪匡鄰者，晝見千乘萬騎擁真君其上，呼曰：『我九郎也，昔殺牛昌隱於此，歸謝泰山，上功於帝，命爲乾坤煞將，握風雷符。今昌隱爲患，吾將居此鎮之。汝宅當神仙址，能遜乎？』匡鄰許諾避地，夜半聞車馬、鼓鐸之聲。詰朝，雲霧蝃蝀，大雷雨以風，山鳴三日不止。民往拜之，則真君棲身其上矣，乃封以香泥祠焉，而昌隱之祟遂絶。嗣後，水旱疾疫，禱之輒應。鄰邦不逞之徒，屢見神兵，不敢入其境。暨漕運轉輸，亦賴以濟。於是上自清河，下及武陵、長沙、西蜀、宛陵，無不飫神功者，疊置廟祀。惟信州自鳴山，則肉身在焉。唐、宋迭興，皆有靈威以赫奕于時，歷侯而王，進封明仁廣孝翊化真君，暨父母、兄嫂、子婦俱有爵謚。至元遣使降香，敕額號『嘉濟』，則廟貌益隆矣。

大德庚子歲，有録事姜石瑛者奉神香火，莅任我漳。時方剿寇亂，忽見陰雲窈糾，神兵助捷，則真君也。乃辟府西萬盈坊岩祀之，漳有真君之廟自此始。逮元統癸酉，厄于鬱攸，而像儼然。太守張伯顔異之，捐俸率屬重新廟祀，鐫碑以紀。沿及我明，漳民崇祀不替。逮世宗之承大統也，時未改元，郡有顔姓人失環，謬意其臧獲也，鞭督之，竄於廟中。夜半，輒聞神語聲相謂曰：『神號犯尊，當有回禄之災。』已而曰：『何以有生口氣？乃顔之逃獲也。環爲白頸鵝吞之，獲乃無辜。』詰明，遽以告主，果殺鵝得環。鄉里增神之。至冬而廟毁矣，則前得環者狂奔盡氣，翼神像以出。漳人無不駭其靈相懾也，共構外座祀焉。明年，天子建元嘉靖，神暫晦。丙戌，改爲陰陽學，而像遂祔于玄壇宫。隆慶元年，鄉民黄黎、王子逑等，共以神素有功懸於漳，實牖其衷，募得金若干，購余氏之宅二間，擬立廟宇。而時以舉詘，乃修一間爲廟，而以一間權鬻爲民居，藉其貲以充費，而堂階石砌猶綿亙兩間。神廟始焕然

再新，而基尚有待也。其妥神在己巳春甲寅日，時南靖縣儒學教諭張君棟爲之記。

逮今上歷年，神益靈顯，凡四方士庶乞靈祈禱於廟者肩摩轂擊，輒有湫隘之嫌。而鄉中生齒漸繁，衣冠漸熾，每歲時祈報莫不病于擎拳曲跽之艱也。及丁巳，漳中疫癘頗甚，繼以支祈，而鄉獨克全。於是闔鄉士庶齊聲唱言曰：『吾儕非神佑不及此，乃神廟未擴，奈何不思崇報耶？』因鳩議修建，相率請於本府主楊公，欣然俞允，不旬日而向義捐資者頃得金百兩。乃以若干兩向贖於舊鬻廟地者，增其原直，渠亦弗克辭；而以餘若干兩爲改建之費，尚有未敷，則又募之四方所素慕神之靈及祈禱有應者。斥辟兩間地，廣若干丈，深若干丈；後大座爲棲神，前爲廟門屋，屋旁截爲店；兩間各闊若干。權鄉民黃、胡二姓銀，取其直，以爲工費。候有善男信女施之以充，本廟香燈則又有待也。

蓋嘗觀古今富貴崇高者不百年而湮滅，惟忠臣孝子往往能以其精靈昭赫人世。惟神以貌孤復父仇，而又能於歿身之後護國庇民，夫非移孝於忠者歟？且其時顯時晦，屢廢屢興，避帝號而甘沉埋，恤民萌而除妖祲。古人有云：『能禦大災則祀之，能捍大患則祀之。』惟神者靈光佈滿，即有土之内，莫不尸而祝之。區區一里，數椽榱桷，何足報神休之萬一夫？亦一念戴履，不容泯滅，且亦以明忠孝，神明其萬古常新也。如此毋忘，大關風教，其與世之淫祀佞神者，不大逕庭哉？事竣，敬爲之贊。贊曰：

『是惟真君，以孝報父，移忠建節。除其猰貐，去其翹孽，使睢盱戴髮者，不崩不齧。是惟真君，啖魑魅，嚼生鐵，如曒日之當天，如寒潭之布雪。亙江左，跨湖浙，回鯨浪，振洞泬。涸者賴以濡，溢者賴以泄。興言思之，我心如結，共抱真君，性咸以正無缺。丈夫子磊磊轟轟，誓赤心，捧熱血，做一場，表洞裡徹，肯絲毫受污蔑？惟神功之巍巍，臨在上，質在列。後之省者，尚有味乎斯碣？』

時萬曆四十六年歲在戊午仲春穀旦。

賜進士及第、翰林院編修、郡人林釬薰沐拜撰，同郡李宓敬書。

真君暨妃爵謚誕辰並四將神號具列于左：

敕封嘉濟明仁廣孝翊化真君，正月初八日誕辰；敕封昭慶康懿妃，三月初三日誕辰。左將軍助靈侯、右將軍助順侯、威靈太保、楊大伯公。

按：此碑現存薌城區青年路民宅，拓本存厦門大學圖書館。作者林釬，龍溪人，萬曆四十四年探花，官至禮部侍郎兼侍讀學士。

一二三　王氏重建小宗祠堂記

予少時則已知王有撫州公，曾讀中秘書。孝子公以懷才抱德徵，爲霞中著姓，廟在郡治之南。已而不自意得婿於王，既上謁其小宗之祠。祠爲履翁公孫偶山公之所建，以祀其祖者也。偶山之尊人散齋公，爲履翁次子。偶山所出，伯太學雲石、仲光禄雲州、叔太學雲嶽。叔，予之舅也。舅氏之言曰：『先子景徵君懿行，用能世其家，燦燦有孝友聲，臚郡乘，可攷也。履翁公故未有祠，祔撫州公廟，入不得以班次列序，室爲子行所躐而詘於其側，先子惻惻然者久之。將治蝸廬，遂營中寢祀焉，不以非當爲自委。更爲散齋祖圖馬鬣封，費橐中裝至二百餘緡。先子貲不甚饒，至是亦少罄，歲入僅可二百餘石，歲出賦金數十鎰。慮析箸益薄，盡留爲祭田，吾兄弟三年遞收之以供祀。今此數椽，歲時伏臘從事先人，入户□然，出户肅然。寢以外，得爲吾子歡以及客，則先子之爲哉！』此予所聞於舅氏。復嗛嗛不自滿，寘祭田壹百石祀偶山公，復十餘石祀履翁公，祠藉以有光。

丁巳夏，異潦洊至，城中宅舍多毀，祠亦圮，堂寢皆平地。伯、仲、叔之丈夫范卿、繩卿、闇卿君，爲余内兄弟，各體父心與大父心惄焉，慮堂構之將墜，乃謀之家長苟存等，庀工授矩，醵所願出金，各量力爲差，不惟均。又不足，鬻祭園少許佐之。堂中寢，三世之貌屹鼎立，下遷及本也。寢左右楹，并祀伯、仲、叔，秩秩雁字，報功也。自今伊始，内兄弟子姓繩繩，宗祏之所隸，當如偶山公自有剏豎議，不以混先靈，專祀也。寢□爲堂，凡同堂有事，餕餕咸於斯，睦宗也。内室出入，舊有巷□堂左，今徙垣外，遠囂也。

經始時，予以升斗穀溪；將落成，適讀禮旋里。詢内兄弟，揖使記貞珉，俾示畫一、垂不朽乎！因羨偶山公能爲孫，且能爲祖；諸内兄弟能爲子，且能爲孫正之，光大門閭真未艾。豈惟履翁公，自撫州公以往實鑒臨之。因爲之記如此。祠堂始工丁巳仲冬，以次年臘月竣工。其董役、相材、畫式，多繩卿君□，例當書。

萬曆戊午嘉平之吉，愚孫婿盧化鰲記。

一，履翁公祭田、園，共種五斗二升，年税拾石捌斗。

一，偶山公祭租，入宅高磜，年共貳百餘石；又祭田，上苑、馬洲、□尾，共壹百石；又祠堂前店二間，年税議積貯公用。

按：此碑現存薌城區香港路王昇祠（王作人先生故居）。祠祀王昇，永樂二年進士，宣德、正統間任撫州知府。

一二四　學博賴老師重修文廟去思碑

賴先生以丙辰夏來任吾庠，即捧當道者檄，脩學宫；嗣承督學岳公檄，脩祭器。業已次序因革就緒，詎不焕然可觀？第文廟沿古浮屠陋規，歲久生蠹，雖補葺丹堊一時，其絀且不更歲。先生偲焉，陳其狀於鄉給諫沐蒼林公，力請鼎新之。謀於分守參藩洪公、署守司理蕭公，皆曰可。各發贖鍰興役。郡邑煩費不貲，公帑莫繼也。昔建明倫堂八載始成，矧茲工程浩大也！先生曰：『數十載圮壞學宫，昔累上書請脩不得，一旦得鼎新之請，數耶？時耶？當吾身而負此時數，將聖靈何日妥也耶？』於是毅然任斷，庀事鳩工，杜乾没之竇，恢廟宇之規。躬跋涉，求大木，易柱以石，爲久遠謀。人所慮功難成、費不貲者，五閲月落成矣，二百餘金足矣。寧有神輸鬼運得此哉！數有稽、財有量、工有考、出納不吝、百工競勸致然耳。惟是廟貌崇，禮樂興，人文日益昌熾，而聖靈妥矣，郡公功垂不朽矣。微先生謀慮神捷，曷克臻此？今先生陞，且行矣，諸弟子忍不勒石以誌？因請予爲之誌。

先生諱天降，别號凝所，汀之武平人。與有成勞者，同官葉先生，諱忠卿，號葵日也。

賜進士、承德郎、北京户部雲南清吏司主事、衛人俞曰都撰文。
賜進士、文林郎、浙江紹興府上虞縣、衛人文三俊書丹。
賜進士、承德郎、北京户部陝西清吏司主事、衛人陸元楨篆額。
萬曆四十六年秋八月吉。

按：此碑未見，碑文見於乾隆鎮海衛志·藝文志。作者俞曰都，鎮海衛人，萬曆四十四年進士。

一二五　周侍御綿貞先生頌德碑

賜進士出身、兵科給事中□□□□□□□頓首拜撰。
賜進士出身、□□□□□□□□中□□□頓首拜書。
賜進士出身、□□□□所□□□□□□□頓首拜篆。

夫泰岱觸石吐雲，成霖天下，然沾濡所先，必自環魯之近地始。士大夫爲一代津梁，理源清遠，未有不首被于而鄉者，鄉故其觸石雲起之所都也。世人登枝捐本，或宦跡所至，粗有假靈，而里社間輒多遺行，此僞士不足道；乃有坊表自勵，視俗若浼，而事變紛紜，徒付仰屋，一鄉利病不復相關，此叔子自佳，何與人事之弊也？又復剛成百鍊，氣奪盈庭，朝端著蹇諤聲，還顧而鄉，高步儻盻，值事不無過激，爲里兒所駭，此元龍淮海豪氣未除之弊也；若者誰非儁流，顧維桑與梓，竟不得少收其豐玉豐穀之用，則此際難言矣。

余友周仲先之爲柱下史，慷慨真至，其持議不必揣合時流，而能獨成其是，匪若世之隨波轉帆者。意所齟齬，即大權所在必斥；意所推許，即衆論所急必收。若乃立身清正，蓋督漕及瓜矣，而歸囊不能名一錢。方仲先之棄繻斧還漳也，即習仲先者，不能測仲先涯涘。意其人必昂爽自豪，如怒濤崩壑；即不然，亦必修潔自好，如獨鶴辭雲。乃仲先有以善處人己之際者，如操音之自調，如將車之自令也。漳俗囂陵，豪者私自爲政，而吏不敢問。君自釋褐

以後，群從及僕御絶未嘗與世崖柴，里中已陰受其福矣。君杜門擁書，暇則敝車出門，用兩人舁，尋山訪友，值者不知爲官人。郡國吏非公謁未嘗輕枉一刺，當路奉君如元龜，有大事悉諮君取决。君謝絶干請，守貧如飴。然每時政有不了處，輒娓娓持之，必得當乃休。出亦不以告人，曰：『當道自裁之，余未始與也。』

澄有倉庾，典守者勢必至賠償，舊以屬里三老，三老苦之。君曰：『吏之初繫籍而未事事者，曷不令供兹役？歲滿即裨參補，以償勞費，不亦官與私俱便乎？』邑大夫許諾。其後他邑令聞之，俱請如澄例，尊爲令甲。鎮海者，一斥堠地耳，師儒之供，倚辦他邑，歲輒載米往輸；澄田盡斥鹵地，不産穀，必糴于他處，而破浪倍艱。君爲白縣，得輸金錢，澄民賴以息肩焉。其在郡城，適米價驟踴，貧者無從得食，則群聚剽掠富人翁，變且叵測。君條令鄉衆，擇稍殷者，日出米少許，以賣其鄉之貧人，他界不得闌入，可足數日糧，以待外糴之至，郡藉以安。比倭警震隣，當道議撤附堞民居，更禁賈舶不得走海。公諍之曰：『是走海者將何處生活？微賊至且内爲亂。若堅壁清野，此賊在城下時事也。』當道然之，事乃寢。當道又嚴踐更，竟夜傳籤，民不安卧。公仍白止之，歡呼之聲徹于四境矣。

其最鉅者，圭嶼在澄海中，是清漳一大門户也。往者郡守羅公用形家言，築石爲城，後爲豪族所毁，驅石以去。公既貴，屢請于受事南服者，捐資鳩工，營塔其上，塔旁建大士閣及文昌祠、天妃宫。斷煙孤嶼，變作輝煌之觀。君百計營綜，如締家事。功甫及半，而冠省試、魁南宫、擢大庭者，連翩飇去，則所就不誣耳。近復議浯、銅遊兵，屬在同邑，不足爲漳藩屏，更設圭嶼游兵，嚴防竊發，而更築城如故事，以固吾圉。雖在事之有成畫，然議實始于君，功顧不偉哉！

夫世之季也，相沿爲偷，亦相驅爲亂，維風式俗，是必厚望于有道之通人。昔龐德公之子龐奂棄官還白沙，宗黨喜曰：『我家池中龍種來矣！』時咸化其德教。君自太父復庵公以宿德爲里中模楷，遠勝鹿門翁，至君而光大其德業，澤遍里門。然則君固我家之龍種也。君自奉命按秦，乞身南下，而秦人思之。今拜新命藩粵西，少日棲遲，未便迅發，而粵人望之，盜是區區海門一片下同畏壘乎？而維桑與梓，乃其根本之區，猶夫觸石成霖者之先沾于環魯

之境也。鄉長老欣相告語，選石而誌之，乃真倚君如泰岱矣。

君諱起元，仲先其字，人稱綿貞先生，起家閩省第一人，以辛丑成進士。

萬曆四十六年歲在戊午。貢生謝□□、林□□、□思□，監生謝宗貽、柯伯延、王子京，生員林士□、張□□、林士英、□□□、林□□、林□□、□□□、□□□、張應詔、林應甲、□□□、□□□、魏□□、林應□、魏□□、林□芳、〈下缺〉、魏□□、魏〈下缺〉、陳□□、謝存業、魏〈下缺〉、謝萬敏、陳國祥、黃蒙錦、陳希珍、□□□，立石。

按：此碑現存厦門市海滄區後井村衙裡社周氏家廟，碑文模糊不清，碑文另見於崇禎海澄縣志卷十八。作者丘懋煒，漳浦人，萬曆三十二年進士。

一二六　傅霖潭摩崖石刻

勿謂天卑，民叩莫聽；勿謂天高，君祈即應。潭在山巔，霖至必先。天意在潭，抑有天龍。則應之霖，又作之後。有禱者民，其福之嘻。噫！此山此山，此潭此潭，此霖公德與參。

萬曆己未，浦、澄士民仝勒石。

按：此石刻現存白水鎮玳瑁山金仙岩寺。

一二七　漸山霞莊李氏宗基記

漸山之麓，有莊名霞者，在清漳南溪，李氏世居之。其人俊，其俗良。予幼從濱江莊先生，曾假館於漸，與諸君子遊。迨今釋政省家，往拜其門，諸君子依依敦舊好也。因出其家譜，請曰：『族牒序本支相承，教敦睦也。譜描宗基，載居族重地，示古守之義焉。願求名言，罄達其旨。』予欲辭弗獲，遂攜手登山遠眺，執管纂次之：

竊聞族屬之興，皆由勝地。卜世其長，奕世其昌，周姬綿矣；荒康之業，固岐山之澤也。登是南邦，世執其功，申伯盛矣；降生之祥，亦嵩嶽之靈也。而李族之盛，實爲漸山之孕毓。猶之水焉，派流浩者，發於源之遠；猶之木焉，枝葉繁者，根於本之深。太平喬嶽，本原伊始，獨座援峰，支派攸分，脈脱而氣運、而勢轉、而形舒焉。峙一聘龍嶺九，騰躍者五，而跳者六，翼鴻山，跨馬壟，幽谷注陰，武崗萃陽，地則盤、泉則甘、原則膴，樂哉是莊也。且南霞峯文筆，豪山嶺嶺而來賓；戴帽巨鎮，儼若將軍耀武；卓筆高標，斐然學士敷文。倉庫備陳，山展其狀；壺盞成列，水假其行。倒港巒迴，太江水漲，流峙曲曲，擁□重重。所以奠李氏爲舊族名家者，誠麗於霞而引於漸矣。

遡乃祖肇基於兹，輩起孝慈，作述相仍。建祠宇，報本而追遠也；設家塾，講學而明倫也；駕層樓以防禦，有備無患也。詩禮家傳，簪纓舊物，積德累仁，垂無窮之事業，爲忠以孝，耀匪懈之勳名。李氏因托漸山而興，漸山因鍾李氏而勝。縱不敢妄擬周岐，庶幾匹休申嶽。宗功祖德，允可繹思也。締造匪易，纘緒是承。顧山之名，著漸之義，永世克孝，思無忝於前業，而又有光者焉。予非望諸君子子孫，而將誰望哉？故爲之記。

賜進士出身、通議大夫、奉敕提督軍務巡撫貴州兼督川湖、都察院右副都御史、前翰林院庶吉士、郡人敬齋蔡文撰。

按： 此碑未見，碑文見於東泗鄉漸山村光緒《漸山李氏族譜》。

一二八 樓山廟碑

余始祖祐立公，諱大通，其先莆人也。莆竹圃譜載，其得泠天罡，法號徹觀道人，有《達磨相書》行於世。廣業譜亦云，且載其有樂書九章，今書散失無存者。元末避難，徙居長嶼，輕財好施，則以長者稱矣。嶼故負海，三面皆潮環之，民病涉也。公醵金鞭石，凡五十餘丈，成橋以濟。橋之北爲樓山，嶼所自發脈也。拮据廟宇於其上，以祀經國、定國諸神，遂爲六社保障。鄉人德之，而塑公像，配於寢左以饗。歲時稱檀越主，儼然血食者，二百餘年於此矣。夫以草昧卜遷，據譜所傳，非有陶朱猗頓之富，而捐貲成橋以利涉、首事建廟以勸忠，其意固已遠矣。傳至

九世，子姓寖昌，詎可忘所自哉！繼自今衍而大之，則有子姓克世在。

按：此碑未見，碑文見於崇禎海澄縣志卷十五。作者柯挺。

一二九　修建雲盖寺碑記

大悲岩僧正源，自萬曆己酉載浮鉢來茲寺，無齋儲活。路千家岩前，有荒戲緣場，土膚當半，亂石過三之一。庚戌，源率徒衆，移剛納柔，力墾成田。丁巳，壞於奔流，砂礫壓者數次。枵腹鳩工，夾山爲坡，引流以殺，時濤無壞。歷僧三世，閱上三朝，汗工千數，計田陸畝，供本岩禋祀，付孫子相傳。有如淹還俗家，折入豪門，授我耆老，是糾是亟。

功德主：庠生郭子晋、劉聲揚、何一元、郭維盤、高躋，鄉老何巨要、□守德、王期卿、劉時美。勸緣：武舉人劉惠光。勸緣：何朝紀、王日升、王詔。石匠：林長春。

大明天啓元年辛酉三月　日。助緣僧大顛，化主莊□□、江惟清，常住僧正源、圓□、明持立記。

按：此碑現存浮宫鎮田頭村雲盖寺，碑名爲編者加擬。

一三〇　郡司馬梁公均匠德政碑

司馬大夫賓筵梁公均匠碑記：

自昔人官者，實欲令一邑以親民，謂宰轄之間，皆吾赤子，彼此岐之不得；周曹之知，皆屬體悉勞供，聽之不得；然竟齊民，可以樂成而不可以更始。積□之所稱也，躲避之；必赴義，憚人之未任，德分使之，□□告勞。子民父母蓋若斯之難也，自非經業是官疇，能贊成厥美哉。我大夫梁公，起西晉而□安東，奉三無私，以出治五載，而司勳報最。聖天子特轉貳我漳郡守事，明文惠南邦而賜□□□牧也。漳人聞聲望則引領，睹下車則加額，僉曰：

「是將十邑而安東治我也。」三月露試鋒芒，不賞而勸，不怒而威。公宜司馬，司馬宜公也。

邇者，詩浦、石倉、東坂三社篾匠□事，龍邑傳□，酌其勞遠，均其力役，籍姓名以登牌，供□守而輪月，豈私□福乎？兹方而添設，後使于兩社，良由歷年之控訴，前尹之貼費可寬。婺嫗之赴工，盛世之極見，可□世傳侯之仁、龍邑樂矣。維初，兩社之民諳大義而抗明斷，嘵又混訴，弁髦三尺不幾寸，霧迷光纖，塵蒙鏡罅。浦民□□應之無已，痛獨勞之難堪，相率遮道，籲告郡守楊侯。侯嘉我公廉明仁恕，習見吏治民□必能□之立法，剸之使平，遂送□于公。公閔然矜彼二社之愚，弗録其罪。尤恐玩功令而不遵，再三申誡，謂三社均篾匠之役，已經均明，刊成碑記矣。應官匠，辦公役，何爲不可？若聽刁民之訴，將藏碑而抗官，已成之□風不可長也。照原議均受協應，衆擎易舉耳。莊誦斯言，官有紀法，民無偏□。洵梁公治行，一盛事也。石倉、東坂父老，亦可捫忘而咋舌矣。宜浦民之不能忘情于□侯者，更不能忘情于大夫梁公。已□不佞入□賀，便道之過吾廬也。□□之暇，彼地士庶介宗訪索一言載德，勒諸道左之珉。余起家尹嵩邑，□□□腸偹嘗之矣，爲少媚骨，冷局留曹。兹領畧大政，不覺親切□述，□言娓娓云。

賜進士第、南京刑部雲南清吏司主事、晚生洪時蕃頓首拜撰。

貢生：□□□、洪欽可、吕鳴世、李鳳寮、黄世熙；監生：袁徽□、柯應方、吕鳴鸞、林以寧、楊喬松、□鳳翔、林□□；約正、副：林甫琛、陳亦乾。保長：陳□暘、胡世芳；耆民：蔡一鍾、胡乾沛、莊蘄雲、陳鴻發、黄布文、李弘□、魏初□、林元□、李□□、□五□、李□任、□捷雲、魏□明、李□□、黄□□、楊□□、洪典□、魏榮□、□□東、□廷□、林成□、洪義華、□□丐、龔□□、洪□麗、施□宣、潘□□、陳□□、□□□、陳□□、施□旭、蔡□賢、王□□、□意□、□□□、李合信、李國義、李□龍、□德□、□人□、施德裔、林天玉、葉惟謀、吴□□、洪大巍、胡世欽、吴志榮、林元德、吴君義、陳顯；仝立。

天啓元年辛酉春三月。

按：此碑現存薌城區新橋街道詩浦社區慈濟宫，碑文模糊不清。作者洪時蕃，龍溪人，萬曆三十五年進士。

一三一　南園林氏牌坊題刻

〈匾額：〉『南園雨露，奕世恩光。』

林文望以子廷蘭奉政大夫、湖廣黄州府同知初任秩滿，勅贈文林郎、廣東肇慶府推官二任秩滿，誥贈奉直大夫、廣東瓊州府萬州知州。

漳州知府杜遴奇，同知梁士、趙紓，通判甯建中、張應斗，推官林棟隆；龍溪縣知縣楊廷詔，縣丞左九棘，主簿葉正昌，典史鄧喬林；督工官江成美；仝建。

旹大明天啓二年壬戌仲秋吉旦立。

按：此牌坊現存角美鎮東美村南園社南園宫外。

一三二　封君曾槐江公興建水利祠碑

澄，水邑也。其六、八二都，堰海以田，計三萬畝有奇。地固斥鹵，鎡畚之下，與海若争權。成化間，太守姜公興築海岸，修復南陂，田頗獲耕。然築岸雖可禦鹹，而鹹潮門户未有隄防；塞涵雖可積淡，而淡水源流無從吞納。余同年曾若槐尊人槐江公，自爲青衿時，即爲兩都條便宜狀。邑父母瞿公韙而壯之，上之撫臺勞公、按臺安公，咸報可。至捐俸予金，立起南陂之圮，旋開㪷門於上曾，東南鹵潮弗侵，西北之淡引入，兩都之田均受溉焉。久之，奉行不盡如法，或注而湮，兩都之田又失所藉。

辛丑，若槐偕予成進士，槐江公覃恩受封，憮然曰：『吾席餘貲，買良田易易。獨念忝受國恩，弗獲庇溝中瘠，罔齒生平爲也。』於是復集諸人士，控之當道，而徼貺於署篆郡理王公。旁議者揺以堪輿之説，無所奪也，封君之議

且盡行。適若槐覲歸日，襄諸役。原設㪷門二，增而三之，深廣如制。其時，二溪之淡流迤邐遍濡，慮有旁洩者。時友人程台仞君甫登第歸，亦相與協力，諮便利，就内溪砌築石陂六口，禦東南太江之滷。邑父母毛公成庵躬爲勘督，繼而陶平城公得請於中丞陳公、侍御陸公，合助鍰八百。前後拮据，更四載而工乃告竣。

歲甲寅，若槐居封君艱，值颶霖之變，上曾㪷門頗嚙壞，里中奔控徬徨。於是，若槐復請之署篆邵公禹元，亟增葺完固。捐貲不贍，則令耆民任其責，科及溉畝以佐費。於是衆皆思奮，願効一勞以圖永逸。是役也，滲灑所及，兩都之田三萬畝有奇，向號鹵區，今則膏沃。荷鍤決渠，彌望直如脉理，流通百骸九竅，脂淪血貫，更無偏枯之處，其爲利不既溥哉！嗟嗟，事未易言也。

昔槐江公饒爲德，詘於權，惟此方利病，灼然持懷中。父子經營版築，釐首事者三，而克有永。向非封君急公家，持大願力，與若槐聿求先人志，其不貽盈庭築舍之誚者無幾矣。癸亥冬，撫臺南公按漳，都人相率呈建碑亭，冀垂永久。復市地建祠，追頌功德，屬記於余。余聞盛德，必百世祀，有若鄭疇之頌東里、鄴渠之頌西門，曾氏直當之矣。且曾氏不言功，里人不忘報，均美談也。抑余又聞，嘉靖年倭寇發難，槐江公仗義立寨以障里命，全活數萬，救鄉之德，與陂澤流長矣。宜勒貞石，以垂不朽。

按：此碑未見，碑文見於乾隆海澄縣志卷二十二。作者周起元，海澄人，萬曆二十九年進士，歷官湖廣監察御史、廣西參議、太僕寺卿等。

一三三　漳郡司馬趙公德政碑記

材之産也有方，而用之也有道。今夫西北之人勁，東南之人剽，猶之西北之地多資車，東南之地多資舟，推方而求之，則用才之地，亦必有不能相易者矣。昔者秦漢之隆，併六國，掃匈奴，從事於西地，則謀無不獲；比其振兵擊越，武臣或縮手，計臣或縮舌，何哉？以爲彼習水鬭，便用舟，於形有所不熟，而當時之才，固未足驟兼東南

之用也。雖然，百餘年求風氣所推盪，則始之長者或失所恃，而神明誕降之會，必有全才焉，雖易方而可以自見，則無如我郡丞趙公，三晋世家，與難弟豸史晋京卿，後先鵲起，而公以治行承防海之命。

異時典是任者，幾幸待遷而已，海禁殊弛，萑苻闌出不可制。公爬剔不遺餘力，巡行海上，踞太武之麓，俯黄如江，謂是邏海要津，其於内地嘹哽，猶爲扃鑰塞也。（按，黄如江抵郡一百里，朝警夕訌。）公相視衛垣，剥者、撓者、圮者，歲久而不築，曰：『是烏容易！』泄泄作役，盡其餱粮，屹然崇墉，人有藩矣。軍故多貧，或不能完裋褐，列上牘之餼，時閲武，往能和順拊之，如家主伯之訓其亞旅也，曲直參校，必愜其情。又念高皇帝制軍永戍，所以資城守也，更置鴻江遊舟，師邏海上，庶幾緩急藉一臂益，公計周鎮海如此。邇來内地奸民勾紅夷以求互市，舟泊岐島。公奮身抵壘，嚴陣以待，承當道檄旨，不以十萬之師爲一使之任。夷亦知我師有備，逡巡未敢發，衛是用謐。嗣是風飇倏忽，羽書無時，而公未嘗不在，公之保障鎮海亦已至矣。

嘗聞將才之收也，必於西北，氣勁足以任事。故其未發則安徐而審固，既發則剛强而疾力。甘延壽、傅介子、趙充國之儔，由此其選也。古人云『山西出將』，而班史推其地勢迫近羌胡，俗習戰備尚勇，悲歌慷慨，風流猶存。乃今東南之産，所號爲水鬬、習用舟楫者，輒未嘗見大敵而心悸。如宋鄭剛中所言：『瀕岸淺海，互相迴避，驅入深洋，則巨浪之中不能坐立，何暇議鬬？』然則東南之剽，其果足當於西北之勁與？然則氣勁才全如公，如有不可以易方自見者矣。

夫郡尉故秦官，典武職甲卒，秩比二千石。至漢孝景更名郡都尉，位望亦已隆矣。我朝重防海之任，爲刻印，事得自達。軍旅之事，公無不可便宜，而復得勁氣全才以濟之，即令夷領就俘，奏凱有日，吾知邊衛之長恃以安枕也。郡十邑各親今衛，以戎壘故附。大府撫摩呴濡，緊防海之承是賴。里中紳冑士旅飫公厚德，思勒之不忘也，於是乎識。

賜進士第、翰林院庶吉士、衛人黄道周頓首拜撰。

天啓三年春三月吉日立。

按：此碑未見，碑文見於乾隆鎮海衛志・藝文志。作者黄道周，號石齋，鎮海衛銅山所（今東山縣銅陵鎮）人，天啓二年進士，南明隆武朝首輔，抗清死節，隆武謚『忠烈』，乾隆追謚『忠端』。

一三四　漳郡司馬趙公德政碑記（二）

夫閩漳，海國也，稱最劇，以海爲主者大半。聖天子惠及海上，置守若丞、典。郡丞即古監州之制，如今之防海，重其權，銅虎之符，視守尤專屬焉。

三晋趙公與難弟豸史晋京卿一時蔚起，以才望擢莅漳海，甫下車，海事焕然一新。凡材官之殿最、兵實之廢舉、斥堠之聯絡、樓船之堅緻，郡事即其家事，隱然有長城萬里之勢。頃歲奸民市販島夷，往往勾夷内向，以鱗介化爲衣裳；又有不逞之徒，藉而劫掠海上，以衣裳化爲鱗介。故海上近來不獨苦夷，苦中國而夷之者爲甚。公目擊時艱，奮不顧身，以剿絶爲己任。夷冥犯鎮府，將登岸剽掠，公先士卒，揮左右翼，水陸並進，夷艦遂沉，夷遁□□，公力追取捷，復沉其舟，擊殺十三人。捷上，夷摇尾乞市，公力拒，務令拆城毁巢，夷遂駾矣喙矣。試觀今日之封域，是□之和平〈下缺〉功德，如玄、海、銅、陸，罔不立祠而尸祝焉。若鎮海之戴履高厚，尤倍蓰於他方者。

鴻江，漳郡屏翰，前守兹土，于銅寨相距久遠，不能無萑苻之變、潢池之弄。公特建一遊，聯浯嶼而接銅、懸，如卒然誰渠之相應，獨怪將〈下缺〉人地不相宜，一歲兩更，旋而得請於當事，調南澳，中軍陳文燫領之。文燫，余曩時同蕭司諫交章掄薦人也，今沐〈下缺〉之下，習公德化，謀所以不朽我公者，徵言于余。余曰：『噫嘻！自古及今，不朽羊公者非以峴山一片石耶？然使羊公不足以重片石，片石亦安能重羊公哉？執是而論，公之德必不可朽，則此石之勒必不可無。今上方拊髀，要如公之赤幟東南，豈不易地皆然？今秩滿課績，行且膺不次之擢，與其難弟並列朝端。知漳縉紳、介胄、襏襫之倫，不能久私此怙冒矣。』

公諱紓，字廷贊，號斗阜，癸卯科進士，山西太原府平定州樂平縣人也。

賜進士第、朝議大夫、常侍卿、前兵部都給事、治生蔡思充頓首拜撰。

按：此碑未見，碑文見於乾隆鎮海衛志・藝文志。作者蔡思充，雲霄人，萬曆三十五年進士，官至南京工部、刑部尚書，卒贈南京兵部尚書。

一三五　直軒公配享始祖廟記

我族人曷爲尊祀直軒公？昔宗聖公云：『自反而縮，雖千萬人吾往矣。』公之軼事不少概見，惟此委身仗義一節，其遺澤可謂没世不能忘焉。荒港洋一帶糧田十餘石種，其水本配水口尾大溪流灌注。自始祖開基以來，締造經營，上徵國課，下活生命，所關誠爲重大。及石進士恃勢移溪，截斷此水，而荒港一洋糧田俱爲荒田。時賴有我公披肝瀝膽，捨命叩閽，始得還掌溪水，直注荒港，然後旁及支流。案牘累累，部諭煌煌，而莫之能易也。噫！公激於義氣，不畏權勢，甘捨一身之命，以惠闔族之人，方之古仁人烈士，何多讓焉？其配享廟中，與始祖同座，春冬兩祭永食馨香之報，不亦宜乎？紀之爲定例，以示來世有所考據，共仰告復之功。由是先疇舊德，垂厥永久，毋或愆忘。公之精爽，豈不凛烈萬古存哉！

崇禎元年二月望日，厚寶闔祖紳耆等同拜記。

按：此碑未見，碑文見於浮宮鎮厚寶村光緒武城曾氏重修族譜卷五。

一三六　旌忠祠記

旌忠祠者，祀故中丞、贈少司馬綿貞周公所特建也。公向開府吴門，織璫於歲額上供外，橫索金錢以數萬計。公至，悉裁之。織璫所欲甘心者，而公持之力，璫不得狼噬吴門半武，於是恨公刺骨。而中璫亦以公之凌其儕也，則已心啣之矣。會公疏劾監司某，監司夙與中璫比，遽用中旨内遷，而公遂罷去。織璫屢中公不休，最後詞連諸公，

而公與諸公俱逮，後先死詔獄，天下聞而冤之。聖主中興，心憐諸死事者，下詔優卹，而公贈兵部侍郎，父若大父俱如公官。其與公爲仇者，或死或戍，不復齒於人類，而公之冤乃大白矣。

嗟呼！直如弦，死道邊；曲如鉤，公且侯。此亦古今之同痛也。然而百齡有限，千載無窮，等死耳。或履正觸邪而死，或不觸邪病臥，鬚眉男子宜何擇焉？然後知蒙面偷生，不若熱血化碧之殊有生氣也；俛眉拾級，不若鳴絃揆日者之猶令骨香也。且士大夫誼行各有偏全，才情各有離合，或諸美饒該，或一節自喜，或學問温養而得力，或慷慨孤詣而揚芒。公體聚眾芳，身兼數器，不待持中節始顯也。江淮以漕政著，粤西以荒政著，通州以兵政著，真國家擔荷之臣，可供緩急使者。自其謝繡斧里居，往往爲德於里，冤者待公而釋，困者待公而蘇，殆急峽之寶航、寒年之纖纊焉。余聞朝命逮公時，漳民無貧富咸醵錢爲助，萬眾旁皇，羣詣緹騎，以善視我公爲祝，號聲震天，緹騎爲之改容。迨忠魂得白，喪車旋里，迎者塞途，咸引首北向呼萬歲。噫！此豈末俗所可佹要者哉！漳人既祀於鄉賢，更請兩院及學使者勑建特祠，春秋有司致祭，世世勿替。因爲卜地郡治之前，與學宫相望咫尺，庶後來騰驤者奉公爲師法，朝推樑棟而鄉存典型，廉頑立懦，其風倍迴。漳之士若民，其或長有依戴乎？

按：此碑未見，碑文見於乾隆龍溪縣志卷二十四。作者施邦曜，浙江餘姚人，萬曆四十一年進士，天啓間任漳州知府。祠祀周起元，海澄人，號綿貞，萬曆二十八年解元，天啓間以右僉都御史分巡蘇松，剛直不阿，四年被魏忠賢削籍歸里，六年復緝捕至京，與高攀龍、黄尊素等同遭殺害。

一三七　施公新築萬松關記迹碑

漳，麓環而左，麟蹲鳳翔，襟帶川原，則施使君城兩鎮、屯禦要害處也。其從虹橋孔道而入，一徑若谷，遥接扶桑，或造化留此，補助需人哉。曩鄉人語余曰：『若繕爲關門以資保障，誠便。盍言之當道？』時前守杜公爲築基，未就以去。施使君來守吾郡，拮据於寇警騰沸之日，内戢民心，外循捍衛。兩鎮城址既定，爰履斯關，謂可以固漳

郡，奈何惜此民力？乘堅累峻，加以樓堞，俯臨滄波，屹然天險矣。前此警聞頻至，召鄉民防守，有難色；今在金湯以內，安堵其間。逢聖明在御，牧守賢良，桑麻樂業，人且登遊其上，望雲物而咏天和。然則施使君守郡功蹟，其見一斑于此也，山高水深矣。余因筆爲記，欲後來者修實政，無不可爲之事，有可以不朽之功，一簣合尖，俱邀明德云爾。

君諱邦曜，字爾韜，別號四明，登萬曆己未進士，浙江餘姚人。

旹崇禎二年歲次己巳季春之吉。

賜進士及第、詹事府協理府事少詹事兼翰林院侍讀學士、通家治生林釬頓首。

按：此碑現存榜山鎮梧浦村萬松關，被劈爲四條，已失其一。碑文另見於乾隆龍溪縣志卷二十四。

一三八 謝氏大宗蒸嘗示諭碑

本衙置有海泊壹所，充爲大宗蒸嘗。東至嶼仔，西至岸，南至雞母石、蠔釘港，北至埭仔下爲界。日後不許孫子滅公肥私、盜行典賣等弊，如違呈究。此諭。

崇禎叁年　月　日立石。

按：此碑現存厦門市海滄區漸美村謝氏世饗堂，碑名爲編者加擬。

一三九 南院寺題刻

新亭中甲社信士庠生陳銓喜捨。大明崇禎五年壬申四月八日立。

按：此題刻現存海澄鎮外樓村慈雲寺後殿南院寺。

一四〇 忠文王公祠記

半芝山之麓，東瞰朝暾，有王忠文祠焉，龍溪令蓼莪徐公所建也。徐公爲令，既奏績，將行矣，諸生耆宿謀所貌徐公者，徐公謝不敢。一日，僕入郡，諸生坐間談祠事，且道徐公遜甚至也。魏給諫中嚴時以抗疏里居，謂諸生曰：『然其祀王忠文乎？忠文判吾漳既期可，於風土倫物大有所興勵，且以祈永之疏當上意，得還召，則於是屬草也。去今邈，未有阼奥，徐公嗛嗛置意中。今祀忠文爲堂皇，歲時集諸生頌容雅歌，於吾漳源瀾甚邇。且爲徐公暢風教，窮海上下，無復缺事也。』諸公韙其言。又一日，僕見王總憲東里、張聘君汰沃，舉給諫語，汰沃瞿然曰：『果爾建白須讀書人。』東里亦曰：『是足張吾漳於天下矣。』自是而祠遂成。祠成，廣延之數，上視朱考亭，下視劉愛禮，舉履衡杖，得相及也。

嗚呼！考亭治吾漳不期年，道化綱紀檖於心繫；愛禮與忠文同時，不能鎮足坐講幄。及今去之各數百年，而都人士旁皇追趨，若冀朝夕者，何也？人生自呱哺至含斂，各視其所學。其學遠，聲息亦遠。考亭與愛禮皆學程氏，所得不同，原本一也。忠文少學於黄公晋卿，晋卿學於金公吉甫、胡公汲仲。汲仲曰：『千古聖賢，藉文而顯。人託於道，如不相及，而道託於文，如相語也。』晋卿以是湛於文章，其爲文，明静淵粹，和順道德而理於義。宋潛溪每見晋卿，飯頃序置數十百言，由根達葉，常自茫然，歎未聞道。忠文從之遊，汎濫數十年，馳驅燕吴，困於車塵，幸及風雨鼓其羽翰，至使聖祖手其編詠，與景濂軒輊上下翱翔。

嗚呼！如忠文者，未爲不遇矣。自忠文莅吾漳二百餘年，而吾漳之文藻風槩，竦肅天下。即不謂忠文興作，其爲忠文開采，奚疑乎？忠文所論道，推黄晋卿、吴立夫，淵源甚閎；所論詩，推高季廸、胡仲申，風雅掩映，與道相麗：亦皆其鄉人也。士君子生幸與明清先正同其里閈，又有良師帥匡其不逮，辟咡離席，正容消意，即舍曰講道，其去道則亦不遠矣。胡仲申曰：『予見子充之詩，唯讀之不暇。子充之學，亦以求道而已。苟得其道，則其見於立言

者，猶其措於事業也。』今誰復知忠文爲求道而立言者？方勝國時，宋學翻瀾，有志之士皆舍津筏，湛深獨著，以脩辭立誠爲本，而其相懋勉如此。於以鱗翼日月，乘昌運，稱先鳴，固宜耳。

予嘗過金華，見其山川清淑，大率似吾漳，風土樹藝亦相近。然自四傑先鳴，而後負奇儁者，不復如前。吾鄉固僂於前，而開抒於後，豈地道使然？抑師友董率有懋有不懋故？安得金、胡、黃、高之徒，起而襄立誠之事、脩惡池類林之祭者乎？先是二年，雲間何半莪督學來漳中，所胥學租多羨金，諸生請以寘祠中。其前楹以祀忠文，其寢以載督學及令公之績。自朱考亭、劉愛禮，上下巋然；登降數百步，而遠近師友源瀾之觀燦然備矣。

予不肖，溷跡文藝，於斯道無所聞知，然幸託吾漳漸考亭、愛禮之遺訓，思一光大之。今幸伏里巷，與諸君子同時，睹徐公之治，聆中嚴之論，溯泳前賢之業，以爲紫芝天寶，復與金、婺争華也。不揣迂謬，復述所記憶於此。

按：此碑未見，碑文見於乾隆龍溪縣志卷二十四。祠祀洪武初通判王褘，字子充，謚忠文。作者黃道周。龍溪令徐耀，崇禎元年任，五年奏績將行，適黃道周、魏呈潤皆以抗疏里居。是年張溥作詩送黃石齋先生、送魏中嚴給諫歸閩。

一四一　梁明府重修文廟碑記

今天下學宮崇祀先聖，國初尚沿前代爵號稱王，肖像服袞冕，至肅皇帝始易王稱師，易像而位。蓋像虞褻也，位則洋洋如在焉；稱王猶以爵貴也，師則至貴，屏爵而天子弗臣矣。皇朝規制，夐絶千古，亦夫子之道久而彌尊者也。漳開郡自唐，惟澄在漳屬建邑最後，興學立廟，始於隆慶初年，抵今垂六十餘載，名流鉅公，聯翩蔚起。冠省試、魁南宮、奪纛而舞者數矣。而金馬玉堂之署、惠文柱下之班，尤賁相望。蓋拜瞻聖廟而後，文教彬彬，非偶然也。乃廟久寖敝，風雨幾乎飄摇，廊廡還成傾折，是不能無費當事者之營綜。侯下車禮謁其下，低徊久之，慨然曰：『吾何敢以海氛鞅掌而坐視宫墻之廢興！』乃揖廣文二林先生，併詢諸紳耆共商締搆。遂捐月俸，經始鳩工，鄉大夫士各以願力輸貲，佐而成之。自殿堂、兩廡以迄欞星門，攻木、塼埴、設色諸工，次第就舉，焕然一新。至如

啓聖、名宦、鄉賢諸祠，向所爲塵封其位、星越其次者，竝命輯理。名宦祠舊在廊廡之後，湫隘幽僻，乃擇泮右爽塏處而加拓焉。啓聖、鄉賢二祠，址仍其舊，惟敞棟頽垣悉鼎，而翬飛鳥革之觀矣。役始崇禎五年壬申臘月，至六年癸酉首夏而役報竣。諸子衿共踵余門，徵言以紀盛事。

余嘗讀詩之泮水曰『無小無大，從公於邁』，見昔人嗜學之情焉。漢稱環橋觀聽，匪虛言也。又曰『既作泮宮，淮夷攸服』，則又嘆昔人文德之地頌及武功，當興學造士之時，寓招攜服遠之意。即夫子對衛君稱軍旅曰『未學』，然又嘗曰『我戰則克，祭則受福』，則夫子之教亦文事武備兼焉者也。今侯甫議鼎廟，而海捷立奏，獻馘獻功亦既告成在泮矣。夫廟貌污隆，教學之隆替關焉。彼鼎革之始，飛鴞猶懷好音。矧茲頽圮頓易，氣象維新，豈維干戚樂於觀成、籩豆欣其靜嘉？計小大從邁之餘，觀感式教，將濟濟蒸皇，允文允武，爲世寶者瑞。其爲元龜象齒、大賂南金，當必有侈於淮夷之獻者。若夫省試南宮、玉堂柱下，猶但功名之路，而古人興學所爲儲材廣德者，則不止於是已。自非我侯戾止，誰觀厥成？又烏可不慶幸知所自乎哉！乃書此以授子衿，而登諸石。

侯諱兆陽，字若木，廣東番禺人，登崇禎戊辰進士。

按：此碑未見，碑文見於崇禎海澄縣志卷二。作者蔡國禎，海澄人，萬曆四十一年進士，時任浙江副使。

一四二　增建文昌閣記

恭逢聖天子臨雍齒冑，講明孝經，天下茂材異等聯翩蔚起。吾漳篤行藻雅之儒，潛心理學，依歸乎鄒魯絃歌焉。幸荷太守曹公祖，數年教育，四時董諭，淬礪濯磨，課文成帙，懸諸國門，郡邑士薰德而標名者比比也。葺脩黌宮，輪奐增麗，工以數萬計，皆出公内帑俸餘。郡之南有文昌閣，里集名賢，素沐公桃李。崇禎十三年冬，多士五十餘人，揖不佞而言曰：『文昌閣於泮水爲巽離之位，文昌高耀，則文運益隆。今黌宮巍焕，而此閣宜更高，以增勝槩。請一言曹公董厥事。』不佞退居里閈，樂與諸君談道論文，誼不容諉。越早告公，公躍然曰：『巽離，文明之兆也。』

亟鳩工選材脩役，一唱四應，郡佐暨十邑侯及吾漳大夫士各佐私錢，以襄盛舉。慮海濤時湧，石址須堅加廓焉。工未半而費告竭，賴公始終襄其成。

夫營建樓宇，時絀雖難舉盈，遊觀亦可罷役。若夫海濤出没，外基固而内基益固，萬井村烟藉以茂盛；且巽辛相見，離明肇開，權多福於始，鞏美業於終，義惡可已哉！從來名區勝蹟，遺址、殘碑湮滅於荒煙蔓草中者，令人憑弔，良可浩歎。斯閣之始建也，前太守羅浮韓公謂漳自天寶衍脉，枕三台，襟兩河，千澗盤紆，叢山苕秀，議建巽筆，補缺障空；故架閣三疊，環映紫微，祀文昌帝君於頂，以萃文明之氣，從此人文稱昌熾焉。歲久慮頽，不無嚙蝕於波濤。廓基增砌，以美萬年，仗公復峻擴而壯麗之。列屏圍堞，帶水環河，高出雲端，遥聞天語。俯瞰雙橋虹落，萬艇鷗浮，二洲廻瀾，三陵戲浪，大塊被以文章，丹霞乘之增翠，當必有正人君子應運間出，黼黻太平，誰不頌五百之佳瑞、佩公德於不窮哉！紫陽道化，於今重光，誠千載一時也。僉曰宜有記，敬勒以誌不朽。

公諱荃，字元宇，别號履坦，直隸常州無錫人，登崇禎戊辰進士。

按：此碑未見，碑文見於乾隆《龍溪縣志》卷二十四。作者王命璿。

一四三　塔口庵經幢題刻

寶塔建造於宋紹聖四年丁丑，至明崇禎拾伍年陸月初十日颶風頽壞，原任欽差福建中路副總兵王尚忠捐資重造。

按：此經幢位於薌城區大同路塔口庵前古榕下，爲唐代遺存石構件，題刻見於基座南面。

一四四　與善堂記

鄴山神堂，即與善堂也。以棲先聖賢，謂之神堂。神堂之前，北溪停環，合蘇浦水以貢兩峯，層巘疊出左右，三能張拱交翼。是正申寅，次於坤艮，長夏日月之所交合也。每當長夏，日月出，沐晞於首山，陽光灑堂，作黄金

色，爛若在鎔。夕照之後，峯影入渚，東西抵岸，江心匹練，亘而斷之，摇於明月，如碧落之界河漢。其峯倍起，澹若兩江，回眺石屏，若黝若青，若兄開明而姊長庚。其西爲鷓集山，峙石如鷓，鳴跂宛然。其左臂有卓筆小峯，淬於兩瀑，其下餘盤，則所謂北釣臺也。諸友於鄴山凡構三堂，而神堂先成。蓋是流出於北溪，晦翁與安卿往還其間，而山下有田數畝，爲黄龕社中所祀晦翁租田也。隆其直，爲置黄龕近田易之，而於神堂前楹別祀晦翁，從以安卿、直卿、東湖、剩夫、翠渠、梅雪、鶴峯、仲先，爲九先生。其内楹置列聖，見聞知之，位下列顔、曾、思、孟、濂溪、明道、横渠、堯夫。凡賓客至者，皆先詣神堂，謁先聖賢，畢乃詣三近、樂性二堂，禮也。

嗚呼！古今爲山水之樂者多矣，抗之至於巢由，墮之至於王謝，中間流連尚可百輩，而高引泗濱，下稱里閈，牽連至於關洛之外。夫是以堯言禹趨者之皆可與攜童冠，濯足振衣，翱翔風月，無所滯礙也乎！堂中左右僅可二筵，中函僅丈，不讌不講；外堂題曰『高景』，内堂題曰『與善』，與善則讌講亦可也。西翼室二，各有耳。東翼僅足棲庖，與三近堂通。癸未歲五月十日始構斯堂，至甲申歲五月五日落成。又四日，雲間張中丞公祖以奏凱出江東，視余於鄴山之下。於是遠近諸友咸集斯堂，始申講約，是亦閱歲矣。日月俱合，集於五九。五者，序也；九者，材也。辨序而庀材，以材則健，以序則功。易象九五，三十有二，皆吉材也。自貞屯而外，履夬稱厲，而猶以當位中行見許於聖人。君子出有岩廊之憂，處有雲泉之樂；居則觀其序，動則占其才。令居皆當位，行不出中，雖有貞厲，吾亦爲之矣。自是而後，每歲講會，以五月九日爲始，不忘其初，且志燕喜也。

嗚呼！天步方艱，蕃變未始，吾爲陳人亦已老矣。誠得四海無事，魚鳥不驚，俛仰古今，出入日月，偃息梧竹之陰，婆娑泉石之上。喜至謡吟，倦而撫枕，雖遠謝車蓋，絶音公侯，未爲不樂也。堂成，未有祀，曹司李遠思爲置田八九畝，在堂之西北，距北釣臺若干步。張紹科三華、許登垣汝翼、魏公胤伉侯、魏呈習秉德實董其事。張中丞，諱肯堂，南直華亭人。曹司李，諱廣，浙江崇德人。

爲是燕及，無忘厥初，爲之銘曰：『居業維勤，將德維敬。脩之曰賢，永之則聖。臂此崇岡，迸於荒昧。樵斂所

棲，焉知其貴。實始啓疆，又黼黻之。乃立楚柱，又藻梲之。見之者下，過之者趨。曰是巋然，聖賢之居。匪敬匪勤，騰華絶根。雖有層阿，等之斷垠。君子敬脩，慎乃永久。未之思也，何遠之有？』

又銘曰：『粤思古人，心源維一。繼之成之，其道鮮失。成繼伊何，曰維一善。爲天志事，與人同貫。辟如嬰孩，語善則説。投以不善，艴然氣决。盜賊强横，亦樂善言。以不善投，其怒乃遷。凢善與人，巽於風雨。不善與人，憯於刀俎。善言善色，變爲巧佞。性爲習遷，乃失其正。所貴善人，以善相成。本性而出，與心相生。繼天之志，成天之事。育物爲仁，正物爲義。繇仁義行，與天相親。澹情去疑，與道德鄰。匪曰諛辭，佐以柔色。導便養阿，醜正惡直。所以舜淵，以善爲度。擇焉貴精，執焉貴固。耕稼陶漁，皆善與人。釣戈射御，亦與善均。禹拜昌言，子和歌者。豈曰柔轡，不違其馬。裁之獎之，激之勸之。非徒與之，又眷戀之。我友我師，我孩我昆。天下相成，其道乃醇。爲天孝子，則繼其志。爲天忠臣，則成其事。成性存存，道義之門。非道義門，善何所存？便辟善柔，實爲天莠。諛詞令色，亦維鬼竇。去之去之，善則與之。涵濡陶鎔，謂我取之。取之與之，人不得執，天不得距。詩亦有言：天之牖民，如取如攜。亶其然乎！』

按：此碑未見，碑文見於乾隆龍溪縣志卷二十四。作者黄道周。

一四五　容川碼頭題刻

誌語：蔡志發，生平孝義，辛勤經商，所得盡歸其父，不入私囊。兄弟五人，同爨四十餘年，正丞□愛。嘗捐資累石，砌九都渡頭登舟處所，曰『容川碼』，往來便之。萬曆十八年，歲饑米涌，適志發所駕廣船二艘，載米二千餘石，平價售人，存活百衆。鄉人並高其義，郡守李公載陽扁旌其廬。

右述縣誌，族宦國禎勒。（印）

按：此題刻現存海澄鎮豆巷村溪尾社容川碼頭。作者蔡國禎。

一四六　置立甘氏大宗祀田記

惟爜奔走四方，自筮仕以至鼎革，未嘗家居。追惟祖德，每飯不忘，欲傚范文正義田之舉，惜力未能也。思覔數畝近地，少佐祀資，且便族姓耕作，而吾宗田土散布，無從措置。時際亂離，躊躇又復數載，心切媿之。近買得惟焯、惟焅、紹坤東頭閘門洋水田，大小壹坵，受種貳石伍斗伍升，带本户民米貳石四升，價銀叁佰叁拾壹兩伍錢。吾宗耕讀起家，雖隔一河，而耕穫、巡視亦未甚遠。既別佃他姓，而耳素習，雖童稚亦可周知。充入大宗祠堂，爲歲時蒸嘗之需。幸逢明歲壬辰長房當□，從長而二、三房輪流序次。適宜春耕伊邇，合請族長公議，或逐年隨房自耕，或僉定良佃收税，遞年糧差隨分理納，所不必言；第早晚收成作何存貯，或作何項支用，或留貼貧，其速詳議停妥，永著芳規，庶便遵守。謹白。

順治捌年拾貳月初五日勒石。

按：此碑未見，碑文見於東園鎮東園村下井社鷺邊甘氏族譜，碑名爲編者加擬。

一四七　鎮海衛儒學卧碑

順治九年二月，禮部奉欽依刊立卧碑，曉示生員：

朝廷建立之學校，選取生員，免其丁糧，厚以廪膳，設學院、學道、學官以教之。各衙門官以禮相待，全要養成賢才，以供朝廷之用，而諸生皆當上報國恩，下立人品。所有教條，開列於後：

一，生員之家，父母賢智者，子當受教；父母愚魯，或有非爲者，子既讀書明理，當再三懇告，使父母不陷於危亡。

一，生員立志，當學爲忠臣清官。書史所載忠清事跡，務須互相講究。凡利國愛民之事，更當留心。

一，生員居心忠厚正直，讀書方有實用，出仕必作良吏；若心術邪刻，讀書必無成就，爲官必取禍患。行害人

之事者，往往自殺其身，常宜思省。

一，生員不可干求官長，結交勢要，希圖進身。若果心善德全，上天知之，必加以福。

一，生員當動心忍性，凡有司衙門不可輕入。即有切己之事，止許家人代告，不許干與他人詞訟，他人亦不許牽連生員作證。

一，爲學當尊敬先生，若講説皆須誠心聽受。如有未明，從容再問，毋妄行辯難。爲師者亦當盡心教訓，勿致怠惰。

一，軍民一切利病，不許生員上書陳言。如有一言建白，以違制論，黜革治罪。

一，生員不許糾黨多人，立盟結社，把持官府，武斷鄉曲。所作文字，不許妄行刊刻，違者聽提調官治罪。

按：此碑未見，碑文見於乾隆鎮海衛志·藝文志。

一四八　圖將軍祠碑

皇清統一天下越十四禩矣，泉、漳濱海逆醜未靖。定遠大將軍統騎十萬，旌旗南指，未踰載而八閩廓清，實我固山額真圖公爲之元老壯猷也。公以鴨江名閥提師清漳，治兵以嚴，鷹揚螭虎之佐肅如柳營；撫民以寬，父老蒼赤之倫愛如汾陽；運餉以時，浙東、閩南神輸飛輪，子來忘勞：乃其赫赫大者，有造于漳。逆魁遠遁，脅從匪醜，公開誠示仁，許以自新；縞素君子蟬蜕丕變，耕賈小人服疇安堵。滸茂、烏礁二地，倚海爲襟帶，竊有二心，時議兵之；公三驅不戒，一面開網，海澨生靈不坐鋒刃。海澄負固凡六載矣；公駐漳，威在不殺，信可徠貳，方數月海澄來歸，不遺一矢。漳之士民，相與頌公德，鳩工建祠，以誌不朽。先登敢不揭管從事，用勒金石？其詞云：『鑠王師兮下南陲，頌桓桓兮揚干羽。緊我公兮篤漳祐，刊之石兮歌且舞。』

按：此碑未見，碑文見於光緒漳州府志卷四十五。作者葉先登，長泰人，順治九年進士，官至翰林院檢討。

一四九　龍溪磘户奉道憲示禁碑

欽差分守漳南道、右參議趙，爲懇恩給示以安民生事：

據龍溪縣廿三、四都磁磘户楊興、李元等呈稱『興等業陶營生，本少利微。凡〈下缺〉衙門□辦□□磁器例属府城内外石□□竇各□□答應□嚴辦，龍□獸頭例属磘户答應，各照成規，竭苦急公。近有地棍構謀勢焰，詐端強買，鴟言索餉，驚擾生業，乞示禁勒石』等情，據此，合行示禁：『爲此示仰各磘户知悉：嗣後如有私□□□強買□□□等情，許即赴稟，定行從重究處，决不輕貸。毋違！特示。』

順治拾伍年叁月廿四日給憲示。

按：此碑現存龍文區郭坑鎮扶摇村關帝廟，被劈爲多條，殘缺不全，碑名爲編者加擬。

一五〇　鼎建崇真寺院功德碑記

蓋嘗聞洪荒開闢來，維持世道，運轉乾坤，莫不憑藉真武上帝，而爲諸天大千法界之樞筦焉。若夫塵刹衆生，又安能出乎範圍之中？余不辰，遭世叔季，刦罹滄桑，束髮從戎，歷經血戰，今之得保四方□□□水上不陷者，天幸耳，然悉上帝呵護之靈也。况茲身列冠裳，爵居一品，撫心返勘，益不勝其媿感交集；惟有真諦善脩，或可以懺僁尤而報佛恩乎？

辛丑仲夏，余自□□□□□□命移鎮海澄。叱馭西郊，憑眺之餘，見一古刹，名曰『崇真院』，遂入而瞻禮。目睹殿宇傾圮，金容慘落，余不覺戚戚有感于心。窃念玄天上帝乃金闕化身，道門称爲玉虛師相，禪教號爲無量壽佛，鎮天治世，道德尊隆，人神欽仰，此庙祀之所目遍天下也。奈何斯院也，一□□□□□□無裡，鐘皷寐聞哉？且余寤寐之中，恍然常見上帝警教切至，或曰余一念精誠，有目感召之耶？

爰是發心重建，捐資鳩工，一瓦一木，與衆無問。其時亦有以募事助工爲請者，余曰：『□□□□□□□□夙願也。余自江右守贛，時金、王二逆困城，危如纍卵，兵民絶粒，石米價至百金，苦無買處。余捐米㠯濟衆，又治粥㠯救將斃者，全活□□□□□□□贛城得保無虞。及轉南安，重脩寶界寺、東山寺、龍母寺及丫山佛殿、龍王廟宇。又常過梅嶺，見輿馬絡繹，則鼎建掛閣寺、施茶亭□□□□□□□附郭衝要，輿梁久廢，兵民病涉，每於春夏之交，淹渡爲患。余惻然，慨捐重資，興造占紫橋、雲驤橋、龍陂橋，舉數十年弗克勸成之事□□任之□□□落成，使兵民商旅，坦然利濟。至若重建白馬庙、真武祠，葢隘嶺梵宇，脩郡邑學宫，隨水陸而拯民瘼，禁截買以便負販，興利除弊，□□□□□□□橋，皆捐己槖而應之，毫不預及民間，豈區區斯廟之費乎？』

乃經之營之，果不日告成焉。於是重光上帝之法相，裝塑三寶之慈容，以及榱桷楹棟之圖彩，僧舍寺田之周備。雖無輪奂之美，亦覺規模一新，神光烜赫。向乎余一念之誠，聊可塞責耶？□□□□□□□□，則從而勞來之；小醜之跳梁，則從而剪滅之；雉堞、溝河之不高深，則從而脩葺之、疏通之；整兵籌餉，旦夕不遑。是㠯向也鴻鴈哀鳴，今□□□□；向也□□□□，今海不揚波；向也綢繆未周，猶有蜃氛之患，今金湯可恃，絶無鼉鼓之虞焉。且長鯨授首，大衆皈誠，海國肅清，昇平在望。而□□□老若幼咸欣忻□□喜色而相告曰：『此鎮主之功也！』余穆然曰：『余之緣也，余之願也，澄之福也。緫我上帝、三寶默祐之靈㠯致之也。』噫嘻！玉毫烱爍，金粒輝煌，慧光既有叵果，懺祝又有净脩，則一日鼎新之盛事，爲千秌不朽之遺□。其然，豈其然乎？

□□□建之季，旹在辛丑季秋也。故走不律㠯爲誌。

欽命鎮守福建左路延津汀邵等處地方、移鎮海澄緫兵官、左都督董大用鼎建。

鎮標水師副將王之印，鎮標原任海澄副將管左營事高滿敖，鎮標中營游擊韓瑛、鎮標前營游擊程自明、鎮標右營游擊李欒、水師中營游擊楊其志、水師左營游擊楚月江、水師右營游擊張瞻，海澄縣知縣趙之任，中軍守備〈下缺〉、中軍守備〈下缺〉、中軍守備〈下缺〉、中軍守備〈下缺〉，鎮標四營把緫劉〈下缺〉、吴〈下缺〉、王〈下缺〉。

順治拾捌年仲冬吉旦立。

崇真院，本鎮捐己財壹百貳拾伍両，買鄉民陳溢泗租田貳坵，受種子壹石，坐落地名下庵洋，帶曾震户内民米伍斗，以爲奉佛香火之用，記此□□。

按：此碑現存海澄鎮豆巷村下庵社崇真院，模糊不清。

一五一　參政宗公碑記

漳負海依山，爲魚鹽藪澤之野。紫陽守之，彬彬然起於文學，鄒魯之風遂在南國矣。後鳴玉垂魚，聲噪中土，耑治一經者皆得免徭役、承上意，雍容進止，長其子孫。今功令森嚴，民益奉法，而大師雲集，竭其地之所出不足以供賦税。章句之家，力不能販賣，耒鍤稍佐其生，而疲於輸輓，忡忡道路。十餘年間，死亡者過半。我大參宗公，愍然念之。公至則謁先師於廟，而廟荒爲草，積水横溢，諸生敝衣籃縷，面色欲比青松，追呼之卒伺縶其後。公顧謂司鐸：『此豈逋官租者？何若是之謬乎！既窮年執經，奈何不勤公、憂國法耶？』

徐知賦額無所缺，乃雜派重科，溢於百倍。蓋漳最效順，徭税亦輕，拓地以來，官賦米一石僅餘一金。雖軍興旁午，司餉絡繹於道，無過尅民以益兵。縣官不察，爲胥役所賣，朋黨作奸，增斂無度。愚民無所控訴，士尤文弱，不敢借頰。元年徵米一石至四十餘金，尚苦不足。胥役乘輿箕踞，縶子衿於後，驅行數十里，皆破壞身家。飽奸胥之腹，竟無益於公帑。

公謂：『國家有常賦，即權宜借貸，亦何至萬井爲墟乎？吾縱不能盡紓民困，當約有司，稍延諸士垂死之命。』於是申明憲法，凡陬僻之倫務曉大義，輸租無後至、無有怠心。其格外苛求者，量從蠲減，使知朝廷德意。孝廉將上公車予三石，明經次之，弟子員又次之，此外不能多免，惟努力以望昇平。縣上其事於部臺，得報可。儻胥役畏懼，稍稍自斂，民猶可甦。多士見事已舉行，咸曰『宗公活我』。

公文章似昌黎，居官似元結。入漳數月，唯咽一口水，饋遺不通，行貨無所問，撫遷民以恩，治盜賊以法，愛士以誠，遇事必謹。民有争訟者，立爲讞決，隨遣之去。諸善政不能殫述，惟諸士顛連日久，見茲事已舉行，咸曰『宗公活我』，是當勒石，以誌於道。

按：此碑未見，碑文見於江園集卷十二。作者陳常夏，號江園，南靖人，順治十八年會元，授官不就，躬耕以終。碑記宗彝，康熙元年以布政使司參議任分守漳南道。

一五二　法濟寺勒閔使君去思碑記

歲在乙巳仲春，閔使君遷秩之命南下數月矣，應北面稽首，驅車粵行。漳民援轍者踵趾牽轡，力不能竟留，則相與礲石而歌之。乃復聞緇流數百，手持一瓣香、口誦彌陀者聲相續也，亦爲摩挲一片石，合十頂禮其下焉。是何其歌思所勒遍於大界乎？

僧曰：『閔大檀越，以慈愍性現宰官身，其福諸殘黎，政聲可紀；而護持佛法，潛消刼灰，願力倍宏，冥功彌茂焉。如郡中法濟寺妙麗佛相，日有木魚磬聲、爇香祝國。自改城以後，官舍爲墟，胥役奉上法分宿招提，桁楊追呼，菩薩鑾實親見之，則易法濟爲防署，久而相與忘之，苟龍象不興，法寶將湮滅也。宰官至止，自肅旃檀，舉廢鐘於地，向佛天言罪辜者再，謂此莊嚴浄土，何遂竟没於法吏哉？因相郡西隅，治垣墻，廣數十尺，遍覆茅茨，充以井竈。官署已定，佛室遂康。顧復召貧衲超況，開期諷誦，集僧徒凡五十眾，鍋飯不衰。近又爲重開佛面，金寶輝煌，荒城之下遂見一大梵宇焉。宰官功在佛、德在僧，陞任南行將二千餘里，巷陌謳思，謀垂百世，諸比丘何敢後乎？』余謂車中使君，座上菩薩也；諸僧日課誦佛前，長見使君矣。必欲碑而記之，似貝葉之外，多此石骨稜稜，使君必爲立一轉語，庶序言者亦無文字相爾。

按：此碑未見，碑文見於陳常夏江園集卷十三。

一五三　馴虎岩逸然和尚塔銘

師諱超頂，字逸然，晋江謝氏子。幼志端凝，知慕佛法。垂髫時，有清質禪德住泉中小庵，師從之遊，昕夕隨其焚修。崇禎甲申，師年二十，落髮於漳之馴虎岩。旋從受業師住仙亭，辛勤力作，暇則禮誦，矻無虚晷。經數載，歎曰：『出家爲生死大事，豈宜繫此時？』

本師雪峰亘和尚，住南山報劬禪院，師即捲裓求挂搭。和尚一見，器之。師潛鞭默練，靡間朝昏。忽一夕課誦次，嗒然前後際斷，自覺慶快，入方丈通所見，本師頷之。嗣後酬對，無爽玄旨。本師一日與居士談次，問：『無須鎖子，誰人開得？』士茫然，因傳命堂衆下語，或云不費纖毫力，或云開也。師云：『用開作麽？』本師溪喜其語，因謂客：『非超頂不能爲此語。』訊之，果然。師益自策勵，期臻閫奥。本師歷住泉之招慶、延福，福之雪峰、慶城，師或執巾瓶，或領堂衆，精勤不懈，助揚法化。本師屢欲囑累，皆遜謝不逮。順治己亥秋，本師居慶城，將滅度，遺命付師衣拂。時師適在泉，乃感激祇承，隱仙遊之東山岩，耕鋤自給，茹草飲泉，怡然樂之。

馴虎衍如老宿師，受業師祖也，以本山亂後零落，命爲住持。師率先勞役，行古德住山規範，三年之間，頹綱漸振。康熙丙午秋，同南山怡石和尚住雪峰，圓本師墖事，勞頓灰土之役，感疾，數日遽爾奄化。

師潛穎通慧，梵行精白，尤耐煩劇，爲本師所器重，朋儕所皈仰。末年居馴虎時，隆壽、報劬、廣嚴三刹皆同門昆季，開堂演化，師以數衆處岩谷，堅苦枯澹，而道望蔚然，與之頡頏無所軒輊。及師殁，凡知師者咸嗟悼其有道無年，痛法梁之摧折矣。師小師明徑、如修，將以丁未年十月十二日某時，奉師遺骸窆於原隱東山之後岡，坐丁揖癸。以超弘於師同条，年長又相得溪也，來乞銘。噫！然公之銘，非我孰爲之？銘曰：

師知趣向從齔齡，慧力内發迺夙成。磨淬剖析窮微精，辨才無閡契無生。屹然法宇爲塹城，器量凝遠宜遐征。奄忽短馭阻修程，還返東岡康且寧。浄法身相無虧盈，壯者逝兮老者銘。鶴長鳧短誰能争？

按：此碑未見，銘文見於清代釋如幻編﹏瘦松集﹏·石，乾隆十九年刊本。

一五四　修建漳郡文廟碑記

賜進士出身、内弘文院庶吉士加一級、年家眷弟唐朝彝撰文，賜進士出身、廣西分守江右道參議、前户部吏部主事、分典京闈、眷年弟戴璣書丹，賜進士第、觀吏部政、年家眷會弟康孟侯篆額。

文運之在天下者，視乎國都之學；文運之在一方者，視乎州郡之學。今聖天子崇儒重道，肇幸辟雍，國都之學郁郁稱盛矣。而州郡之學將振興而丕變之，非師儒之力其誰藉焉？漳之學宫，昉自慶曆，而朱元晦諸君子實增闢之。歷元而明，日以浸盛。崇禎間，郡守曹君荃復收拾其頹廢。至我國朝，芹藻芬馥，媲美國學矣。邇來海上弄兵，□飛數出，其中迭置營壘，牧圉樵蘇，鞠爲茂草。漳之多士跂而望曰，安得有鴻儒鉅望出□新吾郡之文運者！

康熙四年十二月，晋安鄭公煥由僊邑移鐸于此，入廟肅拜，不勝悽然，遂慨爾以鼎新爲己任，傾貲修垣墉、築壇壝，補造木主凡若干。越明年春，率諸生請于當道，出庫中存積金三百五十三兩五錢，鳩工庀材，經營于暑雨烈日中，不遺餘力，并念五特祠之廢缺，羅祀于殿後之北。當師興財殫之日，時絀舉贏，非公之精勤敏練，疇克荷其責歟！海澄上公黄諱梧，拾其誠義，倡捐金四百零二兩八錢；郡太守劉諱夢興捐金一百兩，廳縣紳士間有題助，并帑中金計一千一百九十四兩有奇，而次第修舉，翬革儼如。遠以追乎朱子之績，近以接乎曹君之徽。漳之多士欣欣然，謂鄭公洵爲鴻儒鉅望，而新吾郡之文運也。乃戊申六月陽□肆□，學處郡東南偏地最下，凡殿垣廡舍，頹壞幾半。公復減饔飧，力爲營繕。迄于今，堂廡壯其觀焉，榱題焕其采焉。所有待者，特櫺門及丹雘耳。兹膺新命陞秩，成均召之迫，不能留竣事。然公之勳在，聖賢澤在，後學行將以州郡之學進而懋績國學矣。夫學宫鼎新，司教者固已超然而高擢，佩教者必且濟濟而連茹，安在一方之文運，不攸關天下之文運也哉！余蓋慕鄭公之功，而慶吾郡文運之隆自此始。爰次其始末，而貞之石云。

公諱煥，號澹園，侯官人，登庚午賢書，今陞國子監學正。

生員門生：余光賓、吴學吉、鄭元烋、趙與葵、楊鏞、戴瀍、徐來庭、戴煇、鄭與均、何其芬、商新圖、王位奇、張琠、廖鳴鳳、林顯、□日生、林宗元、謝榮生、李正域、梁朝秉、蔡日恒、謝光璧、張毓恒、丘振麟、蘇社、趙與楠、王之鄰、戴鋼、蔡士熊、張井宿、鄭元楨、林元佑、商梁嵩、林銈、張瑶、林玉樹、陳箴、林儲才、康浩然、戴毓珪、王袍、柯樹聲、蔡棐、楊芬龍、黄鳳儀、王際興、鄭紹珍、趙與秀、鍾□□、戴沆、胡浦生、陸日昌、陸國棟、葉鉉、商及超、商祉、季梅伯、季萬鉉、鄭錫爵、鄭誠中、許登祥仝立石。

康熙八年己酉仲冬之吉。

按：此碑現存薌城區修文西路漳州文廟。

一五五 重興漳郡學宮碑記

忠孝禮讓之事，何以油然而生也？兵戈盜賊之氣，何以漸趨槁落也？聖人之治，以億千歲服教畏神者，潫入其隱，治定成功，亦有所不自知焉。故治亂之數，相爲消長。當其強富，亦嘗胥靡其士、窶窳其民矣。然使世競於□功，將挺而走險，雖横磨百萬，無以云救。乃知惟聖人者，能使棄其慓狡，以扶進於休和耳。顧其間舉修廢墜，代需偉人。如漢之文翁、劉馥，唐之常衮、李繁，揚扢詩書，湛潫庠序。凡皆創興規制，釐飭弘模，亦或疏其固陋，發以嶒崆，使瞻崇墉者肅然動敬畏之思，而後宫墻富美有以繫其心，而後俎豆馨香有以懌其志，而後見君親師長爲固結於中，而不可緩。此其教民□□□□後效，以報王國，豈但安攘之爲烈歟？

閩漳僻在南陬，宋慶曆四年始爲州學，建於州治巽隅，水自丁入。紹興九年造櫺星門，分十齋。紹興庚戌，朱元晦守漳，搠賓賢齋，延郵僻辟耆士。紹定壬辰，李守勳復闢閩小學，取之廢院田，廪給生徒。故終宋之世，沐浴風雅，忠孝文章，治道景爍也。至元設路學，詔稽舊田，立小學，增築書院。延祐三年，總管張泉逸置杏垓，疏泮

水，左右爲四齋堂，後爲樂庫。天曆二年，達魯花赤占伯規劃制度，信倍加宏壯，則弓矢之餘亦煌煌然□□藻哉！□明二百八十載，遞修遞葺。蓋洪武庚戌即事懿芬，正統乙未益其嶢峴。及崇禎辛巳，而風雨剥蝕之矣，有郡守曹公挈材于山，剸瓦於壑，數月之間，豐隆博敞。所謂萬楹叢倚，磊砢相扶，賢聖憑依，以保□敘者也。

清朝定鼎，閩海寧安，文物典章克依其舊。瞻望學宫，未嘗不頌其燦然明備，謂是攄坤靈之寶勢、合元氣之絪緼，雖事變而物化，終巋然以久存矣乎。至乙未，城垣、廬舍拔徙鮫宫，初未敢問聖人之室，然已風烟冷其坛壝、堂廡傷其鼠雀也。及振旅南下，復地開疆者，又增之以爲營壘、穴之以爲牧圉。且寙檽可以薪，榱楹可以爨，几席之内可以注浮溲，向所云雕梁虹指、重淡奥秘幾何，而不孤蓬自振、驚砂坐飛耶？數年，雖有鉅公宿士來守兹土，然大率困於芻輓、瘁於卒乘，又重之以憂讒畏譏，夙夜恓惶，無有寧息。惟學博先生某，稍免於軍旅之累，是用痛心疾首，每集諸生而董之以大義，謁上官而動之以至誠。歲在丙午，值上公及諸帥府各有捐資，而監司、郡守繼之，而縣主復繼之，而十屬之紳士、秀民復繼之。學博先生不遑啟處，輒爲早作而夜思，經緯乎陰陽，稽合乎同異，宏圖聿起，規矩條貫，求所以激揚清英、吐納顥氣者，越四年月稍有成緒。固方諸前制，尚俟經營，然亦各一時之事也。昔在元世，許衡、李孟齊履謙領師儒重職，凡升齋積分之法井井有條，史稱其山谷興學、草野傳書。然則聖人之教何在，而不電發雲流哉！閩漳久墜剽擊之中，幾於遊俠踰侈、奔突觸蹶矣。一旦而崇聖門、光祀典，耳目更新，性情漸異也。自此而士食舊德、農服先疇，以輯暴亂而興忠孝，流絃歌之愷悌，蕩劍盾之毒螫，問誰爲通神之碩哲，能搆始此殊勳者乎？

按：此碑未見，碑文見於陳常夏《江園集》卷十三。

一五六　報劬禪寺笨翁和尚塔銘

師諱超極，字休耳，晚號笨翁，漳南靖人也，俗姓陳，父某鄉貢進士，母某氏。師生于名族，性姿高邁，英玅

之年，俊才蔚拔。值神州陸沉，心懷悱惻，絶意世榮。時本師雪峰亘和尚開法南山，遂從薙染。雪峰命典藏鑰，鉗鎚之下，叅究精勤，智珠燦發。雪峰每舉古德公案勘驗學徒，師拈頌輒出人意表，凡厥酬對，無爽玄旨。雪峰甚加器重，有瞌睡虎之喻授拂表信，於是聲價欻起，名播諸方。

先是師父以公車謁選，没燕中，值都城淪陷，旅櫬未還，師恒抱痛。逮得法後，塗次稍通，遂瓢笠孤征，辛勤萬里，竟負櫬而歸，始遂首丘。

師慨中原板蕩，陵谷遷變，意在滅跡銷聲，枯槁嵁岩之下，視稗販禪流、衒鬻虚誕，甚鄙薄之。嘗結茅草曹岩之白壑，又移錫長泰天成山，息影栖遲，意殊樂之。及遊興逸發，杖履翛然，建之武夷、粤中佳山水，靡不登歷。自少時有詩名，中歲益遒，至天真爛漫，不屑作猶人語。每浩唱清吟，知音傳播，[illegible]膾炙人口。或謂非衲僧本色，不知啞羊作對，貽笑世間。師直以文字光鋩收揖同異，所謂現文士身而爲説法，彼憒憒者又何知焉！

師與人處，油油無所崖異，顧其胸中落落穆穆，不可得而疎親，惟與華亭總憲徐公孚遠、同安儀部紀公許國、處士洪思以氣節文章交契獨厚，蓋聲氣道合也。晚乃住南山祖席，思建法幢宗旨，而世事更新，兵伍麕聚，衲子數輩雜處於戈鋋旌旆之側，蹜足楗户，師居之恬然，委順而已。

岦丙辰八月，示疾浹旬，奄然坐脱，距其生年癸亥，世壽五十有四，僧臘二十有八，於臨濟爲三十三世。論其生平，於君親大節、朋友至誼一無所苟，至於道眼圓明、文辭瑰瑋、行潔冰霜、情酣泉石，視俗流阿師名實互爽，相去不啻霄壤。時緣不偶，法施寥寥，湥足慨也！

某適至丹霞，訪師丈室，曾未閲旬，遽爾遷化。師法嗣明象、落髪徒明皓，將卜吉營窣堵波，求某預爲藏中之銘。同條之誼，無所辭也。銘曰：『含齒戴髪，孰無君親。世出世間，其理則均。惟我笨翁，無忝彝倫。曾閲其行，冰雪其文。情躭丘壑，氣凌秋旻。報謝緣盡，矗矗高墳。玄風逸格，終古留芬。』

按：此碑未見，銘文見於瘦松集·石。報劬寺即今南山寺。

一五七　疏濬官河水利碑

漳州府龍溪縣正堂黄，爲恩示勒石永沾水利事：

蒙本府批，據本縣申詳：看得官河壅塞，關係風水。近奉督憲捐濬河障，因工力浩大，未果兴工，而石碼鎮士庶輒生向募，鼓舞開濬。不日間，遂將本處官河疏接長江潮汐，其懋績誠爲可嘉。乃有不法之徒，堰石侵築河涯，及架木插籬、積土填穢，其究將復淤塞，前功尽棄。紳士之控，誠属深思遠慮。兹據前呈，理合詳請憲台，着令勒石永禁，如有故犯，繩之重典，庶功績永著矣。康熙二十二年八月十九日申請本府，蒙批『如詳嚴禁，其勒石永遵，確照現在開濬長廣界限妥勘，通詳報奪繳』等因。

蒙此，案照在事先據鄉紳鄭之惠，舉人郭茂才、蔡日光，生員洪唯聰、鄭廷杰、高自超、方元輔、蔡宗孔、嚴家椿、陳應輅等稱：『石碼市鎮城外入小溝河，與蔡港分派，折南環登瀛街之後，復轉而北，抵烟河街之末，勢若帯鉤，潮汐常通，農田藉以灌溉，日用因之飲吸。播亂以來，水道淤塞，不獨地脉有傷，抑且士民艱食。近奉督憲姚令：凡通城河外河溝水利，皆令通濬。惠等呈請前任本府憲白、前任本縣老爺梁，行牌開濬，仍清查侵佔在案。今幸厥功告成，但恐有一二豪強仍蹈前轍，或堰土爲居，侵築河涯，或架木爲梁，或插籬河中，私養鵝鴨，水澤仍舊淤塞，前功尽棄。呈乞詳憲勒石永禁，庶河洛明德，長垂百世。』等情到縣。

据此，案往確看具詳去後，今蒙前批，合亟禁諭：『爲此示諭石碼鎮地方人等知悉：嗣後如有豪強堰土侵佔河涯及横蓋河棚、插籬河中私養鵝鴨等項，許該地方指明馳稟本縣，以憑嚴拿重責。特示！』

康熙二十三年一月　日給。

按：此碑未見，碑文見於民國《石碼鎮志·規制》。

一五八　浯嶼天后宫諭祭匾

太子少保、光禄大夫、内大臣、靖海將軍、靖海侯世襲罔替、兼管福建水師提督事務施琅，前奉旨征剿臺灣，師次平海。澳有天妃廟，之左有一井，往常雨順，井水已不能資百口，遣人淘浚，泉忽大湧，足供四萬餘衆。及澎湖鏖戰之日，平海之人俱見廟中神像衣袍透濕，知爲助戰致然。乃以神靈顯助破逆、請乞皇恩崇加敕封事具題。奉旨差禮部郎中雅虎等致祭曰：

國家茂膺景命，懷柔百神，祀典具陳，罔不祗肅。若乃天庥滋至，地紀爲之效靈；國威用張，海若於焉助順。屬三軍之奏凱，當重譯之安瀾，神所憑依，禮宜昭報。惟神鍾靈海表，綏奠閩疆，昔藉明威，克襄偉績，業隆顯號，禋享有加。比者慮窮島之未平，命大師以致討。時方憂旱，井澤爲枯；神實降祥，泉源驟湧。因之軍聲雷動，直擣荒陬；艦陣風行，竟趨巨險。靈旗下颭，助成破竹之功；陰甲排空，遂壯横戈之勢。至於中山殊域，册使遥臨，伏波不興，片帆飛渡。凡兹冥祐，豈曰人謀？是用遣官，敬修祀事。溪毛可薦，黍稷維馨。神其祐我家邦，永著朝崇之戴；眷兹億兆，益宏利賴之功。惟神有靈，尚克鑒之！

康熙二十四年乙丑孟冬穀旦立。

按：此匾現存港尾鎮浯嶼島天后宫，題名爲編者加擬。

一五九　方氏家廟義田碑

質毅公苗裔文標□置田陸斗，配田畝貳畝伍分零，□在本社□前洋，字字第玖號，付本房催糧者取租。費用公議：標子子孫孫免催當年之賦役，勒石以垂永久。

康熙乙丑歲穀旦立。

按：此碑現存石碼街道登第村方氏家廟，碑名爲編者加擬。

一六〇　重興花亭宮題刻

康熙歲次丁卯年，募衆重興花亭宮，僧信興立。

按：此題刻現存榜山鎮南苑村花亭社仰和宮。

一六一　坂山周氏祠堂碑記

吾祖起家雙第，延至御峰公，以山幽地僻，德懷□□□□□□□□變亂。迨戊辰秋，奇自京師旋里，族長□□□地□石□□□□□□□□餘金，合族力而成之。庚午春，奉始祖刺史公與御峰公并列宗偕祀焉。我族人以祖宗一□□□□氣，嘉奇爲倡，僉議考次吉公、妣張孺人配享其間，歲時首事者□□□□□□□□□□傳孫子千載，更明□舍儒就釋，欲報親恩，樂充石〈下缺〉。

吏部候補通判裔孫天奇□□石。

康熙庚午歲孟夏吉旦。各房長：天仁、淑金、淑宣、□□、□虬仝立。

按：此碑現存榜山鎮榜山村坂山周氏家廟，碑名爲編者加擬。

一六二　重建鳳田嶽記

鳳田嶽之建，不知始于何代也。余閲嶺上舊碑，稱萬曆壬寅年重修。距今方百載，而人代滄桑，離居蕩析。兵火之間，其廢也忽焉。歲在甲子，有僧梵聲者，向余商鳳田興復事。余愀然久之，謂此廟僻在孤嶺，一望荊榛，樵牧之侶，誰爲檀施？乃梵聲不辭勞瘁，敲梆托鉢，善心苦行，相視而感。于是有佈長者金者，有助畚鍤者，有願挑

運者。甫半載而紺宇重光，神像翼然。衆建之力，其興也勃焉。猶憶余少時，父老嘗爲言，此廟于風雨晦冥間，時聻[?]壽道竹杖之聲。里下有以事憤争者，不之官，先之嶽，相與指日盟心、輸誠悔罪而去。今茲告成，安知不赫赫若前日事耶？嗚呼！聰明正直之祀，曾謂泰山不如林放。吾于嶽帝，見福善禍淫之天道焉；于注生娘娘，見賦形定命之人理焉；於速報尊司，見戒欺求慊、神道設教之遺意焉。于以鎮撫一方，佐治百里，良不虛矣！

是役也，任其勞者僧梵聲，董其成者緣主姚君宗、陳邦綸、朱明祚、姚天應、陳志選，化主劉光環、吴士信、方天錫等，皆有功于嶽者也，不可以無記。

石碼闔鎮諸善信等同喜捨。

時康熙歲在甲戌暢月之吉，瀛洲里人鄭之惠薰沐拜撰。

黄田、柯坑、徑口、後塘、征頭五社鄉耆，梵聲，同立石。

按：此碑現存嶽嶺鳳山嶽廟，碑文另見於民國《石碼鎮志·藝文》。作者鄭之惠，海澄人，順治十四年舉人，曾任山東任丘知縣。

一六三　紫帽山金仙岩記

岩剏元至正十九年無�大師。明萬曆廿四年，復明禪師修拓之，請於官，協修者浦生員趙居庭也。清順治十八年，界遷岩毁。幸逢展復，豁朗大師從沱虎荆榛中力闢故址，茆棲未食者數年矣。文林郎廖君鳴鳳慨念重興，一唱百和，鳩工庀材，衆擎齊舉。經始于辛酉年，迄辛未年落成。法堂寶相，方丈雲廚，左樓庫室，右堂報恩，鐘鼓器皿，無不畢備。修祖塔，墾岩田，師罄衣鉢爲之。塔在許婆宅，坐丁向癸兼丑未分金。田丈二畝六分，浦父母歲逋其賦，以資香燈云。

師諱如定，字豁朗，别號遯菴，澄鳳頭陳氏子也。傳鉢於蒲陽月川和尚，系爲臨濟三十四世。記戒三壇，戒子百餘，衆請法名者六百餘。開堂結制，禮足問法者雲來。付授永操存香曇種修，居士廖賓弘〈下缺〉慧弘平；令侍

師住山，則四代徒孫覺勤是已。

檀越廖諱鳴鳳捨田陸担，坐在横山洋。檀越甘諱紹亮捨田柒担。

康熙三十三年又五月　日，圭海外史張世爵誌，住山如定立石。

按：此碑現存白水鎮玳瑁山金仙岩寺，略有缺損。

一六四　正順廟緣田碑記

吏部張大老爺喜捨緣洲田一片，奉祀上帝、王公香火，一年粮銀壹兩陸錢柒分。

康熙三十三年八月立。

按：此碑現存薌城區新橋街道詩浦社區正順廟，碑名爲編者加擬。

一六五　浦頭崇福宫重建碑記

時康熙乙亥募緣重建，清出本廟週圍巷地闊三尺一寸，庙后無設門窗。立石志之。

按：此碑現存薌城區浦頭港浦頭大廟，碑名爲編者加擬。

一六六　郭氏中元義田碑記

念無祀之孤魂，春秋致祭，中元普度，而於本支骨肉，多置不問，殆非親親而仁慈之意也。兄元策先生，世德相承，孝友仁讓。一日閱譜，見族中有數傳而止者，有己身而止者，思置義田，以爲□食中元□□之費，而高堂□氏及族中□□暨諸信士皆樂成。於是共捐銀置田□坵，受種肆斗伍升□□□，折□□壹畝陸分伍厘，□□□□上收稅納糧配飡。□□在家庙後北向排祭品，盛餘□□経衣銀帋，通族辦□□□□□鳴金勒石，以垂永久。

康熙丁丑葭月吉□，門弟子□□記。

振萬、士成、端〈下缺〉。

按： 此碑現存榜山鎮蘆州村郭氏惟德堂，碑名爲編者加擬。

一六七　漳州分府太老爺趙掌攝澄篆革除書筭縣総更定里書脩廟充局功德碑

澄以凋敝之餘，民不聊生。而澄民苦累，則見年之外，惟書筭年。今是□□□而書筭仍在，非賴神君加意興除，澄民曷有起色哉？三十五年，一二□□□□□□□□六之□紳衿里民會議散班，設立里書，攢造冊籍，請免上班押保、點卯在局等項。衆皆稱便，因可其議。然而縣総名目猶未除也，遂有射利營充者出而朋比作奸，包□侵没，借名多□，無所不至。今已發覺，公憤告追。幸逢分府太老爺福星照臨，簡静寧民，寛猛並濟，興除畢協，□行□政，□□□□，即蒙發奸摘伏，隨追隨給。衆等思書筭既已散班，陋規既已汰免，而除獘未盡，終有遺累。復請革去縣総名目，更定里書肆名，期於限滿交盤；仍請捐修城隍廟宇廊舍，充作冊局。俱邀察准，明示通曉，永垂定例。此不特一時之民□□□，即後世之民亦被其澤。豐功偉績，如天之無不覆，如地之無不載。異日者綸褒洊至，臺閣内召，出其治漳治澄者以治天下，則天下之民奉安矣。澄之父老子弟，跂予望之。爰勒之貞珉，以誌不朽。

康熙三十六年七月　日，海澄縣四十八啚里民勒石。

按： 此碑現存海澄鎮海澄城隍廟。

一六八　漳州分府兼攝澄篆趙太老爺清政惠民頌德碑

公諱純禧，號若柏，三韓人也。以茅胙世家，□涖漳郡。漳民沐公之德，咸晏然于海波之不揚也。不寧惟是，昔者澄乏邑矦，澄民引領望公德音；上憲體恤民隱，借公之才，以遂民願。夫澄僻處海邊，田瘠而民貧，野地多荒，

而苛派日甚。公下車以來，悉以撫綏爲務，鋆闢有加□□什費無派于民。其用威也，奸猾爲之屏息；其用惠也，良善爲之起舞。且茹蘗飲冰，退食之暇，惟是分韻賦詩，雅歌投壺，恂恂如儒。生民蒙庥，得安其居而樂其業。至如□□輪造地丁冊籍，舊詿誤有罰五年、交代有花紅費，公悉從寬恕，而革其陋規。琴□風清，恍然如昨。澄民悦之，至愛之深，無以報公，相率屬予爲記，以垂諸貞珉。予讀史寔，狄梁公爲□寧□□刺州郡也，恩惠及民，民有立碑以獻愚誠者，梁公弗能禁。今澄民欲效其蹟，誠盛事也。異日聖天子輶軒下採，行見入佐大□，並□社稷，四海咸被其澤，豈曰澄邑之遺愛已哉？是爲記。

賜進士第、吏部觀政、治年家待教□日光頓首拜譔，舉人、治下年家生蘇秉德頓首拜書丹。

康熙三十六年十月　日，闔邑里班蘇馨等仝立。

按：此碑現存海澄鎮海澄城隍廟。

一六九　方氏遷祖碑記

始祖訥齋公，宋寧宗朝由順昌別駕致仕，卜居於龍之藍江，即今之登第也。公以詩禮肇基，創垂裕後。越數傳，長房有存十世祖者三、十一世祖者四，次房有七世祖者一暨八世祖者二、九世祖者一，俱葬於下碼、莿墩一帶，家譜灼載可考。繼遭播遷，墳域崩凹，人居逼近。爰鳩公協成，徙於黄田、坂頭二山浄土。將莿墩遺址仍充入祠，年收租税、子粒，爲春冬廟祭牲醴之資，餘登記簿書，公貯備用。勒石以垂永久。

董事：裔孫維翰、文標、隆、國珍、而復、美、家球，庠生墀、賞、汝薦，等。

康熙三十七年戊寅歲葭月之吉立。

按：此碑現存石碼街道登第村方氏家廟，碑名爲編者加擬。

一七〇　大山廣岩禪寺碑記

〈上缺〉之澤□□其〈下缺〉容□無以□信其將來，由是大山廣岩之記略，以不容已也。大山地□□□□□□□人家□□□有張春元小築，爲讀□堂未□□□。天啓癸亥，方伯□亭王公□□□鼓□買之，更爲蘭若，請純如和尚□之□□面。純和尚者，係浦邑□□春澤王公□孫，□□靈根，未冠□□□□尚□□，已而□□□□梵行精敏，爲郡人所崇信者。思之叔父少□東□□公□□□曰廣岩，仍爲檀越，遂擴充其地，乃成叢廣規模矣。思仍置田租四十□□□香燈，而□□□□趨□□至□□禪誦，儼然祇園法會矣。乃於崇禎戊寅冬入金陵□素□法師弘開講席，緇素聽者□三千餘指，猶□閩南盛事也。□我□□□丙戌，久□□□□□□□大□□□□予輻輳並無所容□丁亥，就原買兩園地開□三□鳩工□□□□輸公□檀越□□□□□□心□金者日以繼至起〈下缺〉水陸舉焉□□祖符相公者，捐□□百金鑄造文佛銅像，坐高六尺，重千餘觔。又□門□□□□捐□鑄造迦葉尊者銅像□□□□□□祠□□□□□□□□□昆尼於沐□□□菩薩戒壇，當道宰官及緇素隨喜頂禮者不下八千指□大□□□□□和尚退席，復讀解□□□和尚□之□風□□□□□□□□。

不意壬辰春漳城被圍六閱月，沿及四郊，僧衆逃散，舊寺廢爲丘墟，□大殿法堂僅存□□得以不全毀者，實慕恩董公之□□□夫□爲□□之□至是冬平復。純師率諸孫子歸來，刻苦勉勵，二三年間重修大殿法堂，仍成兩廡，至所由□□□□□董公□□□□顔領公向叅捐俸□□□門□□□□□□仙矣□□王欽若許公者，倡募同志捐資，純師亦盡罄鉢資，買置田園□□□永爲香燈，其田段載之保冊甚詳。又信□□公與□捨田叁畝□□□□□□□□純師□□洋□□□□方成道場。師世壽六十一臘，四十三剃度，徒雲生□公□□□公還□□公諸□□公□開□公□□□公□字暉公□□□□□□□公□□示□請□□曰，今既出爲法席，凡□□□孫子不得而私之，又有孫子得□□□□□者□□父□之□□□□□□□□分明，亦不得□□□□其□□不□我數十年創□之□，斯爲幸矣。時

壬寅秋也。越癸卯，得大檀越主□□公大保黄公就舊□基□建方丈一座、祖堂一座□□□内外皆□其〈下缺〉至田□□純師徒孫□□□□□□信官□公立勳公供□公□倡首募，諸善信同捐資鑄造□□尊者銅像〈下缺〉資□諸□□□□□□稱備〈下缺〉殿庭□房垣落〈下缺〉和尚□主〈下缺〉之不朽云爾。

〈上缺〉旹康熙三十八年歲次己卯。

按：此碑發掘於薌城區北郊蓮花池山南麓岱山院遺址，風化嚴重，碑文模糊不清。

一七一　列祖行實墳塋之記

人之有祖，猶木之有本、水之有源。爲子孫者，所以當知祖德，深識本源。但父考傳聞至久，不無失寔，而譜牒所紀，代遠年湮，亦多殘篇莫考，不如勒之於石，歷世常新。爰將列祖行實併墳塋悉載在碑文，以藏諸廟，知與石俱不朽矣。

一世祖諱觀佑，字神德，敬老尊賢，輕財好施，葬在月嶺，坐坤向艮；祖妣温恭林氏，葬在路邊庵後古井庭，坐北向南。

二世祖諱均謙，字文興，端方篤寔，鄉人重之，葬在路邊社尾，坐未向丑；祖妣敬慎陳氏，墳與文興公相近，坐庚向甲。

三世祖諱弘祥，字寬洪，博學能文，謹言慎行，葬在石坑壠，坐庚向甲；祖妣温惠陳氏，葬在月嶺，坐未向丑。

四世祖諱元吉，葬在石坑壠，坐酉向卯；祖妣安貞林氏，葬在大寨内，坐壬向丙。

五世祖諱建紹，字厚庵，質寔多才；祖妣慈惠李氏，合葬於東山，坐乾向巽。

六世祖諱重瑞，號璧湖，葬在茶鋪，坐壬向丙；祖妣貞淑柳氏，葬在溪仔山，坐癸向丁。

長房七世祖諱啟德，字南塘，祖妣端肅盧氏，合葬書高山，坐乾向巽。二房七世祖出祖。三房七世祖諱君備，

字南涯，生八子，眼見八十四孫，多財而壽，葬南山，坐艮向坤；祖妣勤淑盧氏，葬月嶺山后，坐申向寅。自文興公以下，俱本房私祖。別房祖限于石，不能悉載。

康熙四十年七月穀旦，裔孫疑等仝立石。

按：此碑現存薌城區天寶鎮大寨村。

一七二　港邊祖廟堂前水道記

康熙四十年歲在辛巳，司馬儀九公自粵旋里，謁廟祀祖訖，相與言祖廟形勝。因謂：『水不上堂人不富，山無尖峰士難貴。祖廟朝山悉屬金水崗巒，而木火秀峰不起，宜造塔以補之；右肩外低田所入之生旺水，宜引之以歸明堂。二者未舉，而言形勝則未也。』司馬公欣然購田地，付族人開剥堂前水道，引橋頭神宇後低田之生旺水到堂，東注大河；并以建塔朝山、龍安坪中囑族人焉。既而水道舉行，建塔弗果。噫！文峰未見雄峙，其殆宗族之福歟？凡我族人，尚其留意於斯乎！

碩櫂謹誌。

按：此碑未見，碑文見於東園鎮港邊村高陽圭海許氏世譜卷一。

一七三　浦南墟示禁碑

福建分巡海防汀漳道按察使司副使加三級阿，爲嚴禁違例罔利、藉勢私抽以除民害事：

照得民間買賣，以有易無，不可令勢豪霸佔，壟断獨登。故例内開載，指藉名色以罔市利、肆行非法，處分特森嚴也。龍溪縣浦南墟，地當水陸，爲商民貿易之所。向有海澄公房屋，召民居住，取討賃錢。歐龍、孫桂等，因而狐假虎威，愍不畏死，遂倚藉勢焰，加增房租，横索小礼，各加二戥頭。又違例殃民，凡在墟貨物，寮内者有寮

税，壙地者有地税，交易搬運者有貨税。如五穀、雜貨以及紙、菁、牛、猪、松、桐、什木等物，逐項抽取，纖悉無遺。更有百姓于沙坡自盖草寮，亦于墟期計間取税。且墟邊河下厦門、石碼、黄棗載貨船隻及赴墟小船，槩行按船科索。甚至横渡浦南、浦尾兩處渡船皆被霸踞，來往抽錢。豪強罔利，儼若榷關；鄉愚畏威，甘爲魚肉。上干國法，下剥民膏，言之不勝髮指！况今堯天舜日，海宇清寧，天子何等加惠黎元，兩院憲何等愛養百姓！本道職司觀察，□□□宣，豈肯稍爲瞻狥，姑容此社鼠城狐憑陵于白晝，而使濱海小民□向隅之泣哉！

除已訪拿梁快、黄揚、鍾寬、歐龍、孫桂、廖友、鍾弼、梁旭、黄諧、黄外、梁傑等重懲外，合行出示，立碑永禁：『爲此示仰浦南墟士庶商旅人等知悉：嗣后寮地雜税永行禁革。凡赴墟貿易五穀、雜物并紙、菁、牛、豬、松、桐、什木，以及河蝦船隻，一概不許有人需索横抽。至于浦南、浦尾兩處渡船，設爲官渡，不許有人包佔侵害、索取分文。倘有仍藉勢焰、似前私抽剥民者，一經查出，立行嚴拿，按例置以重典。其墟内房屋，大間每年准取租銀八錢，小間准取租銀六錢，不得私自加增、横索小礼并加二戥頭。如有不遵，許住房之人指名控告，以憑究治。本道視民若子，嫉惡如仇，言出法隨，絶不姑恕！凛遵無違。特示。』

康熙四十一年三月　日給。

按：此碑未見，碑文見於華安縣豐山鎮乾隆《碧溪楊氏家譜》。

一七四　重修紫雲碑記

紫雲岩，卿山之勝境也。旹遭圮壞，香火無供，其族眾存善信心，重爲修築，延貧衲而居住焉。復以慈航飛渡原無津涯，囑貧衲募化四方士女，增美其事。閱一週年，而院中崇隆倍加於昔。爰邀貧衲而謂之曰：『施捨姓氏，弗能悉載，姑記其重大者，以示福量無窮云。』

緣主陳志選、太學生曾茂，化主劉光寰、高慧芳。

康熙壬午歲花月榖旦，僧梵聲、住持徒□參謹誌。

按：此碑現存石碼街道高坑村紫雲岩寺。

一七五　官山義塚憲示碑

漳州府龍溪縣正堂曹，爲捐貲擇地以設義塚事：

蒙本府信票，蒙本道憲票，仰龍溪縣相擇義塚給人埋葬等事。蒙此，俾廿七都鄉長黄來開報，官山現有□□□□至外覆船共九崙、飛天蜈蚣崙、風吹羅帶崙、瑞竹岩崙、馬厝崙、□□蓮池崙、三峰山共三崙、孩子崙、□□崙、□□崙、螺獅吐納崙、□□崙、火坑□□崙、外土地公崙、□□□崙、□□□崙、水磨坑崙、打石坑崙、覺幾石崙、天鵝守邱崙、蛇仔崙、馬鞍崙、半嶺亭崙、内土地公崙共六崙、鵝雞崙、釜尖崙、石雞崙、梧桐崙、大湖山崙共三崙、石昌頭山共五崙、磨山共四崙、保壽院崙、□□□□、堆雲岩共三崙、聚奎岩崙共五崙、石室岩崙、梧桐崙、石坑崙、上山蛇崙、覆地虎崙、猛虎跳牆崙、□□□崙、内覆船等崙到縣。據此，俱經本縣親臨踏勘，給爲義塚，合行出示曉諭：『爲此票仰該都人等知悉：所有停留各棺，每柩給地葬一丈，横闊八尺，就於無礙處所安葬。不許侵他人舊墳，致啟争端。及將葬埋者，棺親來赴鄉保長報明。五、十日期，聽該鄉保彙報本縣存案。如有劣豪光棍假培靈□、希圖射利，或是恃強霸佔、藉稱買賣、以他人舊棺作私者，該鄉保立即禀報，以憑嚴□□法處置。倘敢不徇，即立行杖斃，决不姑恕！即此特示。』

康熙肆拾叁年正月。

按：此碑現存龍文區藍田街道藍田村黄氏宗祠，碑名爲編者加擬。

一七六　重修赤嶺關聖帝廟碑記

赤嶺之有關帝廟也，考之萬曆年間郡志、邑志俱未及載，大約□自啟、禎之時，其始不過數椽，但依横樹之輪囷離奇，情以爲障蔽而已。國朝定鼎之初，海氛屢寇。順治丁酉，楊將軍帥偏師勦之，列陣於此，幾至敗創，顧見一縷青煙起從木杪，散作數萬甲兵，揚旗標幟，鏖戰空中，賊艦倉皇轉帆逃去，漳城瀕危得安，此其昭然著靈者。將軍目擊之而心駭，願即故址光大之，以答神應，乃以軍旅倥偬，未暇也。居頃之，將軍騎從過此，馬驚墮地，以爲偶然耳。神又示夢於將軍曰：『作廟奕奕，豈願大難酬乎？』醒而汗下，憶曩時墮馬不於他所，而獨於赤嶺，神固所以□余也。即買四傍餘地，廓而廣之，遂成今日之規制。迨康熙己未，制府姚公方有事於臺、厦，將軍奮揚戮力，復集於兹。去丁酉僅二十餘年耳，已漸次傾頹，不得不爲之修葺完繕，而况再閲二十餘年之後乎！

壬午年冬，余膺守君之職，來涖丹霞，入廟肅拜，見其棟宇榱楹，形存實敝，及今不治，則其敗壞有不可勝言者，心竊傷之。夫神以赫濯之聲靈，震叠寰宇，雖窮鄉僻壤，莫不居而祝之、社而稷之，豈戀戀于赤嶺哉！然即其所效靈之處而崇祀，爲理固宜也。假使風雨不蔽，燥濕不時，雖俎豆馨香，神且吐之矣。於是捐俸鳩工，獨肩厥任，凡剥蝕者除去之，朽蠹者更易之，毁盡者黝堊之，不數月輪奐如新。向置贍田二石八四分，歷久無變，樹亦無恙。獨廟前魚池凡七，所以佐田之不足者。近爲豪强隱佔，兹特清復之。今而後，不惟殿廡整肅，靈爽有所憑依，抑且旦暮之香燈可繼，春秋之祭享可供，庶幾無怨恫矣乎！詩云：『以妥以侑，以介景福。』非敢邀神之福漳守也，邀神之福漳民耳。或且謂廟貌依然，猶未至鞠爲茂草，姑緩之，庸何傷，而不急是務乎。嗟乎！天下事未雨綢繆，用力少而功倍；壞極有事，用力多而功半。是則余葺之之意也。余守漳幾叁載，德澤未敷，政教未洽，今且解組去矣，無可以善其後，以爲斯民計，惟神於冥冥中默佑之耳。因記數言，勒諸石，以語後來有意於治民者，慎毋忽於事神，而又當圖難於其易也。

康熙四十四年歲在乙酉夏四月穀旦吉辰，後學劉芳敬譔。

助緣：高□鋐，鑲白旗人；李鳴鳳，正白旗人；劉彭年，正白旗人；丘克新，浙江寧波人；□孫符，浙江寧波人；吴斌，正白旗人；李虎，正白旗人；薛仕，陝西鳳翔人；王瑚，正白旗人；王連，正白旗人；王瑞，正白旗人；王坤，正白旗人；蔡嗣錦，海澄縣人。

管督完工併敬捨香爐二座、□柱、護法神像三尊，通共用銀肆百陸拾壹兩伍錢。

按：此碑現存龍文區步文街道步文村下店尾社赤嶺關帝廟。

一七七　茗南書院碑記

皇帝御極之四十有二年，例應策遣廷臣視學四方。上特重其選，召翰詹詞臣試者再，復嚴飭大臣保舉，非聞望素優、學行兼至者不得與是選，而吴興沈公適膺閩中之命。閩之有學院，自公始。公自下車至報竣，巡歷八郡一州，八郡一州之士莫不勒石紀公不朽。又有播爲歌詩以頌公者，公屢禁之而不能。至是，吾漳人士又將搆祠於郡治之南，扁曰『清茗書院』，公鄉有茗溪故也。公又固辭之。小子等僉曰：『非敢以是傳公也，欲使後之人知所取法，且伸吾志也。』於是闔郡弟子員再拜稽首，而誌之於石曰：

今之稱學使者，莫不曰惟公與明矣。今觀我公歲科兩試，所取文武士凡二千九百九十一人，纖毫不雜以私。朝之至尊貴若至親請託，輒拒不納，可不謂公矣乎？小子等雖淺陋，不足以辱公之知，側聞他郡所取知名士甚多，群無留良之嘆，可不謂明矣乎？公亦可以上報聖主而下對諸士矣。雖然，竊謂此不足爲公異也。方今天子聖明，文治振興，諸學臣爭自祓濯以佐太平，誰肯不顧名節以爲天下羞？况公一代偉人，了此宜無難者。所難者，公之清、之慎、之寬厚而忠恕，爲人意計所不到耳。

傳公之始入仙霞關也，向天與神告曰：『自兹以往，某有敢負此心者，不復過此關爾！』爾時即聞公有此言，未

信也。及試一二郡，衆乃大服。即至除、補、起、復諸事，例飭胥吏，都不用一錢。胥吏至互相語曰：『我公身如是，我復何言也？』往時，學使者巡歷所至，供億費頗煩，公省其費十之七，曰：『吾能寬一分，則民間寬一分物力也。』帷帳服物，下至纖悉器具，試畢一一給發本州郡，不私毫末也。試之日，晨向天而九叩，曰：『願天牖其衷，使得佳文也。』所親僕從及胥吏，足跡不得到場中，巡察封識甚嚴也。公又嘗言：『吾於才多處苦遺珠，才少處又苦濫額，美惡只於毫釐辨之，蓋其難也。』諸生補弟子員在三十年以前者不置下考，其他下考亦減從前之半，體聖天子優老恤才之意也。自莅任至今三年，終不苟徇有司褫革青衿一人，而士氣以伸也。正試外，課詩賦雜文，敦古學，録異才也。新進文武生每月有課，鼓精勤也。與諸生語，懇至詳盡，如家人父子。且曰：『汝輩可不勉哉！人有持千金賂我而不得者，若安坐享之，即此便見文章有用。』又云：『士貴立品。汝輩苟無品，即獵取科第，擁高官厚禄，吾不忍見也。』至於武選一途，世久目爲具文，且有視爲利藪者也。公曰：『吾爲朝廷慎選舉，爲國家儲將才，何可輕也？』試策論後，躬自校射，射中者即行面試。文理優而與前卷字跡符者，然後取之，防代筆且倩射也。

嗚呼！以公之公與明如此，以公之清之慎之寬厚而忠恕之益以成其公與明如此，小子等敢一言以斷之曰『誠』而已矣！昔温公稱劉忠定一生惟誠字，縱横妙用，無處不通；趙清獻日所爲，夜必焚香告天，無他，誠故也。誠則純乎天理，而萬善隨之。今夫學使之官，苟誠有不足，則重於文而輕於武，勉始而懈終，慎大而忽小，身家誤之，功名誤之，苟可以爲之念誤之，左右擁蔽誤之。彼其初豈不嘐嘐然自命哉！理不勝私故也。公至性過人，學問純粹，視學三年，無一念不與天理相往復，天理盡則人情畢周。若農夫自謀其田，梓人執其斧斤準繩以度物。故能兼此數善如此，不誠而能如是乎？今歲科兩試已畢，公所自盟於天與神者，可以告無憾矣。閩中之士無論遇不遇，言及公至有感泣者，即至山村里巷、野老行商、兒童走卒，莫不欷歔感歎，謂數百年來未有也。是豈浙水吴山所流衍鬱積、磅礴陶鑄而成者與？抑由我皇上神聖，求治育才，知人善任，故天間生哲臣以爲社稷隸也。公異日立朝，事業功名正未有艾。小子等幸得厠公門下，亦宜不自菲薄，痛加刻勵。倘異日或身立名成，使人指而數之曰：『此某年某公所

得士也。』庶無負公一片誠心，而稍以報公之萬一也夫！

公諱涵，號心齋，浙西歸安人，丙辰進士。

按：此碑未見，碑文見於乾隆龍溪縣志卷二十四。作者蔡世遠，漳浦人，康熙四十八年進士，官至禮部侍郎。

一七八　邑侯陳公重建樹兜橋功德碑

澄邑西南地當孔道處，有橋焉，建名『樹兜』。其脉來自鹿峰，氣承乎紫帽，橋下之水匯於月溪，爲一邑襟帶。盖冠蓋絡繹之衝，而往來行人之所後迹也，是以汲汲焉修之。修成而爲之記曰：

我侯之德及人者，於斯爲至矣。蓋自政洽人和以來，凡有興作，費出而民不與事，成而人不知，故其興建之大者則有矣：宮牆之飾，爲聖道肅觀瞻也；晏海樓之營，爲城郭狀形勢也；獨橋梁之小乎哉？即橋梁之修，其大者亦有矣：西北二橋之易木以石，而繚以檻也，更新制也；溪頭一橋之去腐折而加完固也，因舊規也；獨樹兜橋之遠乎哉？然而舉其近不遺其遠，觀其小而信其大。才足以經綸天下，而暫試一邑；澤足以遍及百里，而不忘一隅。即侯之自言曰：一夫不獲，揆之己身而難安。其序修橋之文云爾也。故曰：我侯之德及人者，於斯爲至矣。橋之創始自金侯，壞於順治壬辰，興於康熙甲戌。距今十四年，橋圮而侯捐俸重興之。後之人與公同志，嗣而葺之，庶斯橋之不朽云。

賜進士出身、治年家眷弟吴鍾頓首拜撰。

壬午科舉人、治下生周祖篤頓首篆書。戊子科舉人、治下生許之璜頓首丹額。

鄉紳：柯蔭、郭居鼎、功加陳聖道、王施德、貢生許良彬、甘正紅、柯彝、紀志道、候選州同甘宗孔、周世禄、黄提標、郭居昌、蘇弘謨、柯世雄、江夢韜、郭朝宗、陳應龍、太學生陳宏都、甘雲龍、周天瑞、蘇弘猷、甘秉重、高日禄、甘宗焕、洪開崇。

生員：許惟揚、甘延壽、甘遴俊、鄭書智、甘紹亮、李雲峯、李士彭、甘一鶴、曹應時、嚴光遠、許光耀、許弘器、甘思棠、甘東芳、鄭金取、吴菁、陳捷、張應興、甘元鎬、陳敬天、陳陸敬、林玉、甘天猷、林輝。

鄉耆：嚴先登、甘惟煒、高贊、甘遜人、鄭子徽、甘應科、陳伯俊。

里班：陳正、甘祖敦、高国隆、甘汝敦、鄭維新、李光、鄭繼統、袁喬道、丘懋卿、陳仕茂、曹文、詹應起、鄭期欲、鄭岳、馬利。

旹康熙歲次戊子孟夏吉旦立。

按：此碑現存海澄鎮崎溝村樹德社樹兜橋。

一七九　邑侯陳公功德碑記

古之在上者，有功德以及民，民愛之愈久而愈難忘。雖其所芨舍之樹，亦相戒勿翦伐，以緬想其遺澤。則今日我仁侯陳公之德，又焉可忘哉！夫建邑立社，相傳已久。澄之東有壽春宫，西有社稷壇，南有山川壇，邑内有城隍廟，此創建不易之定制也。自順治壬辰年，海氛不靖，人民皆鳥獸散。且夫崇祀神明，載在大典者，皆爲墟矣。至康熙庚申年復定，從前歷任孔邇，豈無興舉廢墜之思？而要以勞來安集之未遑，□不載及也。歲在丁丑，我公出宰澄邑。下車以來，勵精圖治，一時善政善教，加惠我民人者，既周且渥。而更以□餘卯，考稽典故，壞者修之，廢者建之。如壽春宫、山川壇、城隍廟諸處，俱已次第舉行。重念社稷壇棲神無所，爲振興之計。壇故在埭内甲，居民沾公之恩澤，體公之至意，遂呈請願備工力，修築壇壝。每逢祀期，所用几案就甲民假辦無悮。此猶以寸草之心報答三春之暉之意也。顧我公復嘉其急公，准免甲内一應雜泛差役，判案永據。則我仁侯陳公之德，又焉可忘哉？且公瓜期已屆，恐旦暮去吾澄，而或泯其澤也，遂相率勒石，以志不忘。使後之莅茲土者，知有人先我而爲之，而因仍不革，永惠吾民。則爲民禦災捍患，以食報無窮之意，又可觀茲壇而慨然興思也夫！

旹康熙四十八年歲次己丑二月朔日。

督工：原鄉約李呈彩；甲内居民：李錫禄、江興基、陳宗、林補、江福、李先魁、阮未、張弘蘭、陳玉湖、甘保、翁澤中、李先會、阮桓、江鞍、張紹經、甘士暨、吴強、沈英、鍾興、李榕栢、張紹啟、張志輝、阮壽、張志顯、阮朝□、張志遠、方宜、沈富、林耀中、張□棋、吴妙、阮揚、張□、甘淇碩、周□讓、方順、高楚、林□、林□、林贊等；公立。

按：此碑現存海澄鎮豆巷村埭内社媽祖廟。

一八〇　正順廟緣田碑記（二）

提督軍門藍大老爺喜捨緣田大小田園一片，併修水閘壹口，奉祀上帝、王公香火，一年粮銀貳錢伍分。康熙四十九年三月立。

按：此碑現存薌城區新橋街道詩浦社區正順廟，碑名爲編者加擬。提督藍理，漳浦畬族人，曾爲施琅平臺先鋒。

一八一　興修港邊祖廟前後總記

讀詩而至『於穆清廟』『閟宫有侐』，每歎古人之隆祖德而重宗功，可爲千百世孝子順孫所法則者也。吾族始祖業基公，溪美分派，發祥港濱，衍傳於今十有餘代矣。先人卜地建祠，坐乾向巽，東西護廡，創制備焉。無何康熙元年壬寅，海氛擾亂，朝議播遷，截橋爲限，而祠在界外，遂拆毁焉。庚戌展復，幸祖宗之靈、地里之英特鍾九世孫貞公。甲寅之變，以軍功晋秩宫保，提督江右，忠孝□□，垂□念祠宇坵墟，辛酉歲捐俸四百兩重建，並率子弟豐榮者樂輸。費從捐用，工照丁應，不日告成。嗣是文武濟美，科第踵登。每逢祭祀，序昭穆，辨賢貴，濟濟嘻嘻，旅酬燕毛，誠天倫樂事也。續荷十世孫職方郎中鳳朝公，善述先志，丙子榮旋享祭，購地疏□流，捐金貳百貳兩，

置創義田。凡族有貧而好學及不克娶、不克殮者，咸有賴焉。獨是向也重興莫稽舊制，以至後堂陰晦，天井淤塞。壬辰，衆復議，懇司馬公鼎力改脩。公欣然充銀壹百伍拾兩董倡，及族中共助，俾向之陰晦者茲則輝煌矣，向之淤塞者茲則滙通矣。『莫爲之前，雖美不彰；莫爲之後，雖盛弗傳。』我祖廟之重光於後，是盛傳也，彼清廟、閟宫，同耶？異耶？大要皆孝思之一念感而發之也。能不勒之瑱珉以垂示悠久云？并將前題捐額附載：

左都督、管廣東達濠營參將事顥捐俸壹百兩。現任江西撫建廣中營左部賞捐俸壹拾兩。現任江南瀘州府六安營都司得捐俸壹拾兩。左都督、管江西撫建廣守備事玉捐俸叁拾兩。左都督、管直隸文安營參將事耀捐俸叁拾兩。左都督、管浙江磐石營參將事得功捐俸叁拾兩。左都督、管雲南騰越鎮副將事朝輔捐俸壹百兩。

康熙五十二年癸巳季冬穀旦，闔族仝立，之璜撰。

按：此碑未見，碑文見於東園鎮港邊村高陽圭海許氏世譜卷一。作者許之璜，海澄人，康熙四十七年舉人，時任惠安教諭。

一八二 重修港濱祖廟記

『新廟奕奕，奚斯所作』，頌言之矣。然鳩工庀材，更製神像，黝堊丹漆，費用綦繁，則各抒誠敬，隨量共成之力亦復不淺，並鐫名額，用式來茲：

戊子科舉人之璜出銀拾大員。良斌出銀拾兩。邑庠生惟楊出銀拾兩。桐山協鎮府雲出銀拾兩。歲貢生良彬出銀貳拾肆兩。國學生鳳鳴出銀拾貳兩。歲貢生鳳騰出銀貳拾肆兩。國學生鳳池出銀拾兩。郡庠生上都出銀拾貳兩。辛卯科舉人弘器出銀拾大員。國學生鳳榮出銀拾兩。良珠出銀拾大員。現任都司鳳翔出銀拾兩。文炌出銀拾貳兩。日焆出銀拾大員。國學生大彬出銀拾大員。候選參軍漢傑出銀拾兩。又源出銀拾兩。文聰出銀拾大員。國學生紹宗出銀拾大員。現任重慶府通判日藻出銀拾兩。

康熙歲次癸巳冬月穀旦，闔族仝立，之璜撰。

按：此碑未見，碑文見於東園鎮港邊村高陽圭海許氏世譜卷一。作者許之璜。

一八三　仰文書院碑記

書院者，爲漳人士藏脩之所，使進於學也。國家右文致治，隆禮黌宮，立師儒，頒廪餼，歲時考校，三年而彙征，人文已極盛矣，猶待書院而始進於學乎？蓋以下學之士人，習舉業爲登進之階，朝夕揣摩以攻時文，而聖賢大學之道或未體驗，是失其所以學矣。夫聖人之道，散著於博文，會歸於約禮。其功始於格物窮理以致其知，加密於戒懼慎獨以誠其意、以正其心、以脩其身，而齊治均平舉而措之矣。士人讀書稽古，存其心，養其性，體會於天人性命之故，以晰精微而求廣大，則發爲文章，足以訓後世，施爲事功，足以垂無窮。環堵蕭然，而負羽儀一世之望，非進於學者能若是乎？

故爲舉業者，以聖賢之心爲聖賢之言，則實學即在舉業之內，未嘗判而爲二，但今古所學之志大相懸殊耳。宋儒云：『古之成材也易，今之成材也難。非人才之有盛衰，由聖賢之有明晦也。』圖書肇啓以後，一中之統自堯舜，歷傳以至孔子而聖學明。迨孟氏没，火於秦，雜霸於漢，佛老於六朝，詩賦於唐，而聖學晦。至宋，濂、洛、關、閩相繼挺生，微言妙義，洙泗淵源，昭然若揭，四書六經，闡發精詳，而聖學又明。迄於有明之季，學士大夫往往天竺、柱下亂其旨，金谿、姚江紛其議，繼且黨禍作、新説起，而聖學又晦。我朝鼎興，世祖章皇帝揆文教，重制科，以化成天下，學者莫不尊傳註、湛經術，應運而興，彬彬郁郁矣。今天子聰明睿智，神聖顯懿，首重程朱正學，採輯諸書，親製訓言，以風勵天下，實本心得之餘，而躬行以率之。是以由朝廷以及邦國，上暨有位，下逮草茅，莫不蒸蒸向道，有希聖希賢之志，聖學昌明，未有如今日者也。

茲遇總制范公、撫軍滿公秉憲閩省，奉揚德意，檄行郡邑，多設義塾，以廣教澤。彤承乏漳土，宣布盛化，思育才彰德以佐休明之萬一。每進諸髦士而課之導之，以敦實學，崇正誼，而戒其浮華，斥其奔競，勉其日進於高明，

以底於成也。乃彤觀今之學人，大抵不求其實而浮慕其名。凢前賢往聖之傳，躬行心得之道，等諸具文。皇皇以一第爲急務，得斯欣欣，失斯戚戚。窮則所學無本，達則所用不效。當此聖學昌明之日，而謀利計功之習恐趨而日下，所關於風教者實大，此亦領郡者表率之責也。書院之設，庸可已乎？前年奉綸音，升配朱子十哲之次，尊禮特隆，而漳故朱子過化之邦，芝山之麓專祠特重。爰捐俸建書院於祠之東，講堂、齋舍、書籍、器皿咸具，並置學田以資膏火，而禮延文行兼優之孝廉陳君元麟爲之師，集諸生以就學焉。榜白鹿洞條規爲訓，悉遵文公之教。詩云：『高山仰止，景行景止。』因以『仰文』爲名，上之撫軍滿公，可其請，且命勒石以示永久。從此漳人士倘能共務實學而繼來者，更慎重其事，益彰文公之教於不衰，而聖代廣學育才之仁，庶永著成效焉。是爲記。

按：此碑未見，碑文見於乾隆龍溪縣志卷二十四。作者魏荔彤，直隸柏鄉人，康熙四十九年任漳州知府。『前年奉綸音升配朱子』，故此記作於康熙五十三年。

一八四　福岸郭氏營建家山碑記

福岸郭氏，始自宋季。迄元明兩朝之間，生齒漸繁，游泮、明經者指不勝屈，蓋地靈居多焉。曩傳東北隅得一奇峯更勝，宜以人力補之。自昔久有營建之議，而滄桑变易，姑置者数矣。歲丙申，洲房表孫諱英璋，字幼純，毅然捐金，不少顧惜，獨於卯方建七級浮屠，爲家山保障。不数日而功告成，真足以補化工、造福澤矣。世之絀於力、蔽於私、擁富厚而貪且鄙者，視璋之不吝財、不營私，待宗族如一骵，其賢不肖相去何如也？是役也，以善繼述，以庇後昆，不大有光於宗祏歟？故刻石以誌之。

康熙五十五年季冬穀旦，房長：景淑、友鳳、淑琮、熙璋、振序、士元、以仕、士龍、允哲仝立。

按：此碑現存紫泥島西良村北岸社郭氏瀛洲祖祠，碑名爲編者加擬。

一八五　港濱許氏捐置祀田記

《記》稱祀典：『有功於民則祀。』夫功在民與功在族，其道相同。又云：『有田祭，無田薦。』是廟須祭，祭須田，置田之功不可没也。吾祖業基公，閩漳衍派，峩野之濱，代多偉人。五傳世遠公，樂善好施，宗戚待以舉火者數百家。播遷丘墟，幸丁匡復，我宫傳公以軍功提帥江、廣間；九世孫英生公隨宦粵東，通工惠商，克承祖業，遠近咸稱長者。迨至震男明經良彬大閩先猷，三男弘器發科，長孫彦詔廷選，次孫彦誥上舍，其餘衣冠俎豆，濟濟雍雍。而良彬加以寬明公恕，慷慨施與。庚寅阻饑，獨能隨分周急，且又鼎建湖美大宗。王父潤玄公侑饗廟庭，其仁至義盡，大率類此。爰念宗姓日蕃，捐金叁百，創置嘗田，與司馬公後先輝映，凡廟中祭、賀、婚、斂諸費，咸取給焉。從兹佩德者闔宗不歉平仲之賜，蒙休者奕葉依然文正之風，猗歟休哉！族人高其誼，敦請鄉賓英生公暨元室蘇孺人入廟饗配，息沛一本，慶溢二人，仁人孝子之用心不當如是耶？夫在家爲孝子，在國即爲忠臣。異日身膺民社，必能以教孝者作忠，以睦族者化民，華綸寵錫，皆此仁孝一念基之矣。觀感興起者，亦誦碑記而加勵焉爾。

康熙五十五年歲次丙申仲冬穀旦，闔族仝立。

按：此碑現存東園鎮港邊村港濱許氏家廟。

一八六　隆壽宫祀田碑記

王陳姓，諱元光，始以唐帥平獠，鎮泉州府，安界馬，實漳浦。宋時漳刺史上其功，初晋鈐衛將軍，爲靈著聖王。漳人血食□其報然也。我磁人原建廟於紫帽陽之石坑，兵燹之後□廟僅存俎豆。廟於磁城之内，先有置祀田伍坵、計拾貳担壹籮，園貳坵、計叁籮，坐址石坑祖廟之前。清丈田畝，實計共叁畝壹分陸厘捌毫零，寄在紀興户内，租入以爲春秋祭祀之典。緣順治辛丑年間，被廟祝典銀壹拾貳兩伍錢。自是五十載來，竟令空山啼鳥。間有善信履

斯地、遡斯事者，亦不過撫田增悼已耳，誰有□義報功以續祠祀哉！兹幸澄邑許門李氏者，即我誥授榮禄大夫篤侯李公之長令媛也，孕玉名門，鼎諧望族，鳴雞誌美，和態增光，素具慈惠之心、樂施善緣之譽矣。捐典數贖回福田，俾俎豆永薦、香火重輝，功德可謂無量矣。是不可無誌，故相率而勒諸石，用垂不朽云。

一，田壹坵，□□□□田壹畝叁分肆厘陸毫柒絲柒忽。

一，田弍坵，□□□□担，計寔田捌分肆厘陸毫陸絲，帶河壹口。

一，田弍坵，□□□□担壹籮，計寔田捌分，帶河壹口。

一，園弍坵，□□□□□，計零分柒厘陸毫。

康熙伍拾伍年歲次丙申仲春，闔石坑保鄉耆仝立。

按：此碑現存白水鎮磁美村隆壽宮，碑名爲編者加擬。

一八七　龍雲岩祀田碑記

□□□□□□□□□□□□□□□□六吼□□□□□□□□□□□灣圳，帶六分三厘□□□□□師父即如公置田一坵三羅，坐横山庵□□□洋，帶三分四厘，置石礐一口。以上田種，永配佛前香燈并歷代祖師祭祀。

康熙五十六年十月，家長明相、海樹、第十二代徒孫真朗仝立石。

按：此碑現存白水鎮郊邊村龍雲岩寺，殘缺不全，碑名爲編者加擬。

一八八　唐開漳陳將軍墓記

公諱元光，謚文惠，開漳惠民，歷代累封侯王。原葬雲霄大峙原，貞元二年徙州治，奉敕移葬此山。歲久，墓旁居民侵地種園，壙腦僅存其半。于是鄉紳士庶呈官示禁，鳩金修壙。嗚呼！叔子流風，尚存殘碣；召伯遺愛，勿

翦甘棠。嗟我後人，勿侵斯冢。

康熙戊戌歲臘月，翰林院庶吉士蔡世遠記。

按：此墓記刻於崖石，現存薌城區浦南鎮石鼓山陳元光陵園。

一八九　鴻湖社會禁牌

公立禁約，各宜恪遵；如或故違，小則社會行罰，大則呈官究治。所有約條，開列于後：一，族人不許犯尊、欺弱、窃取物件；一，前埕不許架棚、作厠、栽植菓木；一，湖墘不許開井、築園、起盖小屋；一，湖内不許私漁、放鴨、混取泥塗。

康熙五十七年戊戌仲春吉旦公立石。

按：此碑現存薌城區天寶鎮洪坑村圓應宫。

一九〇　良璞社良子山緣山碑記

良璞社良子山緣山抗憲阻塋，蒙青天本縣主州正堂太老爺江明審斷，令塋耕讞語：『審得良子山有四崙，據監生黄鍼則稱俱係祖業，而陳遂等則稱第四崙係緣産，各皆無契可據。但黄氏子孫既掌二崙以葬其祖，其第三崙又經施爲義塚；其第四崙，陳遂等已經報塋，且有塚地爲間，自無碍於黄族祖塋，應聽陳遂等開塋。各無侵越，永遠遵守可也。』審結立案，余請地畝，在陳日世户内。此緣産公園，係值年頭家取税納粮配享。本廟費用日后世世保守流傳，不許私心變賣，永爲公業，立石爲記。

康熙五十七年四月六日審吉旦。

按：此碑現存薌城區芝山鎮林内村良璞社，碑名爲編者加擬。

一九一 開山古林寺記

古林僧近齋，吾族也。夙胎佛慧，□静淳朴，南山休禪師之高弟。禪師以詩名世，函丈其側，□□□□。庚戌冬，結廬祖山之上，餉月餐泉，不辭□□，一石一瓦，悉出己力，幾歷寒□而寺見成。欲傳千古，因以古林名寺。置岩下田五坵，二斗五升；新港墘田一坵，五斗。自月□石至白石，自岩路至鷓鴣石，植松數萬，樹林陰密。予叔弗損先生，仝族中約□景十一，吟詩唱和；邑侯陳公，遨遊歌酌，□爲絶勝，作□□室，以息遊人，誠盛事也。自是遊者多接踵焉。今近齋老矣，徒孫壽印、諷楚、□期共紹厥志，□近齋所有者，保守□祖□謀昌熾，深思開創之艱，毋忽守成之易。我族人環聚岩下，亦相共保勝景。如不凛遵，以官法從事。使後之來遊者，當有繼陳侯之芳踪、酬弗損之高致，激揚拓闢，人地並傳，是近齋之幸，抑亦古林之幸也。因會族人，而紀之石。

家長生員李士澎拜撰。鄉進士出身、文林郎、知饒陽縣事李輝隆書丹。

家長生員李昭德，胞侄李掌、李魏，仝誌。

康熙五十八年己亥仲秋吉旦立石。

按：此碑現存石碼街道高坑村古林寺。

一九二 重建紀氏祖廟碑記

祖廟繇來舊矣。順治辛丑秋遭兵燹，遺址猶存耳。康熙乙亥春，族長心原鳩衆重建，十二代孫士安字平鄉者，捐金陸拾兩爲之倡。間有議其籌畫未善，是以廟粗成而寢其事，□二十有四載於兹矣。風雨飄摇，榱桷傾壞，不更而新之，曷以妥我□先靈哉？幸有長房裔孫諱德才識堪輿理，自其曾祖分居江西，適來磁平鄉，會衆而與之商，乃復定高下廣狹。至于坐向分金，則依舊制，弗可易也。第革故鼎新，工繁費浩，不能無取貲于丁畝。科畝一半、科

丁一半，科畝得金二百有奇。而所謂落成者，尚有待馬年。平鄉于丁畝三十餘金外，再捐金百貳十兩，與諸當事者經營勞瘁。始於戊戌之冬，成於庚子之秋。是舉也，雖凡廟孫子與有力焉，然非平鄉捐貲、玉成董率其事，曷克臻茲？□是春秋之祭，上祀先靈，憑依有在，俎豆斯馨，報本追遠之義，可謂無憾矣。族人相與慕平鄉之孝，思恭請其祖考妣陳田氏植入宗廟配享，以風勵後人，而示不忘也。於是乎書之後，以誌其事云。

首事：國視、楚璧、雲從、有章、希唐、于偉。

康熙五十九年葭月，闔族立石。

按：此碑現存白水鎮磁美村紀氏宗祠。

一九三　鎮海衛義學碑記

郡邑之有義學，倣古家塾、黨庠之遺意，以代宣朝廷教化，而佐廣文先生之所不逮者也。廣文先生振鐸饗於泮宮，惟成材者得聆焉。初學之士，不得不從師以晨夕切劘，而單寒輩恒限於力，不克終學。留心風教者念及此，而義學之制以興。顧余謂：『漳浦義學，建於雲霄、杜潯者，所關猶小；建於鎮海衛者，所關獨大。』

考鎮海建衛肇自洪武，嘉靖初乃立聖廟、置學官，入泮額數與莆田平海衛等。山海精靈之氣日發其輝光，登籙者突過澄、靖諸邑，道學忠義之士蔚爲八郡最。前人以『海濱鄒魯』額其地，宜哉！自海氛煽亂，人民遷入内地，而學宮與城郭、民居盡成灌莽矣。迨鯨鯢歸命，民還故里，中澤哀鴻十僅二三。雖生聚數十年，詩書之澤仍闕如也。以故文風未復，歌采芹者不得與雲霄、杜潯比。蓋雲霄無播遷之禍，爲閩、廣通衢，且朝發不俟夕至，元氣無傷，聲教易訖；杜潯雖遷而再復，一日可以往還，觀感尤捷。衛地僻在海東，離邑城百五十餘里，絃歌之聲未免爲山川所阻，令茲土者又以其荒遠也忽之。噫！我國家重熙累洽，雲漢光溥，菁莪教深，文治幾及百載。山陬海澨之遥，士之蒸蒸向化者，無不争自濯磨，以觀光上國，而前代名賢彪炳誌乘之區，獨以變亂後未能稍復厥初，豈不深足惜哉！

余曾以公事至此，不勝盛衰之感，喟然曰：『設學建官，即難輕議；義學之立，可旦夕緩耶？』隨延衛人庠生涂君願學爲之師，以造初學。既而奉文修城，因捐薄俸，就關夫子廢祠築爲義學。前楹仍奉關夫子，後以崇祀紫陽朱夫子，諸生肄業其中。自是以來，三歷院試，入泮者厥有九人，已浸浸乎有日新月盛之勢矣。夫天地之菁華，發皇磅礴，古今如一，安知教澤再振，不復奮翩聯飛、翱翔雲路，道學炳日星、忠義凛風霜，於以媲休往哲，更爲山川生色哉！余謂『義學之建於斯，所關獨大』者，此也。

是役也，爲費頗繁，余所捐俸不足以給。適海中突出散石，漁人利焉，令售以竣厥事。而春、秋祭費權爲處置，難必有無，余尚憾之。其請復入泮名額未經許可，意人文鬱塞之氣將待時而闓乎？至於設學建官以育成材，亦不可以缺，均深有望於後之人。董斯役者，涂君之子功筞，亦庠生，而繼主師席者也，於例得書。

文林郎、知漳浦縣事、軍功即陞加一等加三級紀録九次、吴興汪紳文撰。

雍正四年歲次丙午孟冬陽月穀旦勒石。

按：此碑現存隆教鄉鎮海村鎮海衛文昌閣。作者汪紳文，浙江歸安人，康熙四十九年任漳浦知縣。

一九四　劉燦重修關帝廟碑記

雍正六年，汀漳道劉燦重修關帝廟。

督修官：楊瑞、石玟、蔡旺、翁忠。主持和尚永祥。

按：此碑現存榜山鎮園仔頭村永和宫，碑名爲編者加擬。劉燦，山西盂縣人，雍正五年至六年任海防汀漳道道員。

一九五　李氏石巢記

石巢俯瞰鳳臺，高得山五之四，石周於旁，獨空西南一面。康熙五十七年，李君因之讀書僧舍，探奇得之。謀

於仲兄弦亭徵君，鑿石纍址爲樓。又上數十武爲臺，决眥盪胷，畢攬漳勝。雍正六年，伯兄思亭先生自刑曹歸，復與因之劚巢中石，拓室間三筵，高與臺並，且作亭其巔，藏修息遊之所俻焉。余時與落成，因爲書其事於石，俾千百世後遊者，知雲洞之有石巢，自李氏始。

南靖莊亨陽譔并書。

按：此碑現存龍文區藍田街道蔡坂村雲洞岩崖壁，碑名爲編者加擬。

一九六　重建浯江大宗祠記

天以南海公忠於王事，默啟聖天子致推隆之意。雍正二年丙辰，詔同邑立祠文廟之西，春秋二祭，永以爲例。越四年丙午廟成，擇吉進主，我公有明首選也。應瑞於丁祭之餘，愀然興念曰：『帝德崇忠，恩及我公。三百年之精誠，於今乃克伸其志；二十世之基業，當代無能弘其圖。忠臣廟巍然，孝思堂安在？』蓋有不能不即境生感者。浯故有大宗祠在，言於衆，欲興其役，有難其事者曰：『談何容易？先太倉於崇禎八年，以三十金倡首，而竟不果。至康熙丙戌，我父老又復募取丁銀開基垂樑，費有二十多金，亦卒無成。談何容易？』應瑞曰：『天苟有意於南海公，必不忍使其父祖無棲神之所。冥冥之中，尚克相予。』

遂各相勸以義。歲在戊申，時維九月，定有當事之人：曰興才（銀厝）理土功；曰任雄（東宅）掌財貨出入；曰繩嘉（后溝）稱基石；曰仕達（山外）往來漳、同收取丁銀；曰舜要、舜明、禹述（下坑）護工師；曰仕俊（東宅），思慎、禹義（山外）辦木料；曰禹庇（下坑）供石匠；應瑞不諉，惟朝夕簿書、均役，使贊末務焉已耳。自戊申之十月十一日戊子始其事，迄己酉之六月念九日畢其功。費金二百有幾，而堂上堂下亦略可觀云，然猶有所待也——坐震向兑，太陽西傾，炎氣逼焉，將不數年而毁折堪憂——則創建前堂以爲藩蔽，又寧可緩哉？吾宗子姓，富者或以萬計，中者或以千計，下亦有百金；數數者行將會諸當事，編立孝思簿，隨量自計，庶可無續貂之誚爾。雖

然，謀在人而成在天，吾遠叩之於天而已矣。

〈上缺〉而出，當流石橋横據，紆徐頓折。往堪輿家嘗言此間山水團結，鼓角梅花貴地，後必有科甲鵲起；又四山皆石如燕狀，喝爲『燕子歸巢』。由今而觀乃虚語也。抑人無自奮，故地因以不振乎？詩有云：『將相無種，男兒自強。』不是之求，徒嘐嘐諉於風水氣運，將誰欺？欺天哉！

雍正七年己酉九月望，應瑞敬題。

按：此碑未見，碑文見於港尾鎮島美村浯江下坑陳氏世譜卷一。

一九七　美江大宗重興記

吾祖以忠義之澤來生於斯，聚國族於斯。是宜荷天之休，承鞏祠宇於奕世，豈其空江之濱不容一畝之宫乎？而乃上下二百年間，或載頽於風雨，或重燬乎祝融，歷幾子姓經營，而後祖主獲所馮依。乃不謂順治之初，長鯨鼓浪，恣濁南波，沿澄之區皆戰壘矣。至歲辛卯，寇墮溪美銃城，是徹我祠東藩也。及壬辰初冬，復肆焚掠，奈何更毁我宗室乎！致使丘墟其地，鞠爲茂草，而族姓流離，殆不啻晨星寥落。即有過故宗廟廬室而彷徨不忍去者，亦祇嗟咨涕零於離離彼黍間，而莫可如何耳。然而否極斯泰，剥當必復，自然之運也。幸也，以天之眷、吾祖之靈佑，生宫傅公等，奮跡雲衢，關情天末，念大宗之傾頽、祖主無棲，而木本水源之思、春露秋霜之怵，惄焉如擣。於是捐資首倡，鳩我宗人，稱家量力，和衷義舉，共即舊址，鼎建新模。背枕乎紫泥之澤，而挹乎槎峰之秀，有靈斯鍾，無勝不具。興其役於甲子八月，竣其工於是歲初冬。乃卜吉於十月十一日，奉主入祀廟中。自是而陟降者，祖靈有妥侑；自是而對越者，雲來介景福。舉三十三載之頽垣敗堵，一旦而翼然廟貌。而後知吾祖忠義之澤，天實終眷之，而欲使之血食於無疆，而故以宫傅公等出而興其嗣歲也。是不可不有誌之。

雍正七年己酉歲荔月五日，十三代孫良彬質卿氏續記。

按：此碑未見，碑文見於東園鎮港邊村高陽圭海許氏世譜卷一。

一九八　烏礁免費功德碑記

礁洲在巨浸中，村落綿亘，聚居數千家。土田沃衍無畔，引流灌溉，旁達周通，農不作苦，田不憂旱，加以濱海草澤、蠣房、魚鹽之利，足資衣食閭居。然是土也，自海氛騷擾播遷，離居蕩析，榛莽荒穢，雞犬桑麻見爲瑞物。即復界，甫集鷗鷹，而賦役繁興，叫囂隳突，幾無寧日。癸亥、甲子以來，海寇蕩平，民安居樂業，有數十年不至府縣者。蓋聖天子加意息民，良有司奉行德政，留心民瘼，内外共慶昇平，匪獨礁洲塊壤也。雍正九年歲辛亥，大老爺張諱嗣昌□□守□漳之民尤摯，除應辦外，一切夫徭、雜費悉皆豁免。又慮其久而弊竇叢生也，行署龍溪縣老爺劉諱良璧，公給示以昭礁民。礁紳士、耆老，謹勒憲示於石，以彰功德云。

治下舉人林文翔頓首拜撰文。

署漳州府龍溪縣正堂加一級劉，爲苦辦難當、奉上憲飭查縣□銷豁夫徭以杜後戕事：

本年三月二十九日，蒙興化府正堂、署漳州府正堂加二級張給牌，案據龍溪縣詳稱，蒙本府信票，據二十八都烏礁保保長陳季和稟稱：『痛和住居烏礁，因公務□□辦理軍工，應辦福河大小戰船蓬篷廠，無敢有誤。又應辦□□□□□□□□他保，至於□□什派，係別保承理，不得波累本保，成例昭然。前雍正六年三月間，保民張一等赴前道憲劉□□□□□□□費，經前府申縣，免派在案。查烏礁一保，按年應辦福河大小帆廠，無誤軍工，已蒙前道憲劉批免□□檔□□，□□□□當凛遵，毋不得仍聽經承混派。爲此票仰該縣官吏照依憲批事理，遵照示諭施行。毋違！慎速。』等因。蒙此，合就示諭：『爲此示仰該縣鄉保人等知悉：嗣後烏礁保遵照憲批，不許混派公務。毋違！特示。』

闔洲舉人、貢生、太學生、庠生、鄉賓、鄉耆、帆匠人等仝立。

仝理公事併出費銀：樂庠生姚鴻、鄉大賓康萬民。

雍正九年歲在辛亥六月　日立。

按：此碑現存紫泥島溪墘村三寶寺。

一九九　本縣主太老爺劉斷地功德碑

至治之世，疲癃殘疾皆得其養，要有地以處之，原不令逼居市廛、爲害民間也。鎮本輻輳之都，以海氛遷界，變爲荒土，始於澄丐搆茅隙地，日久歲深，迨爲故壘，其爲害也，窩賭窩妓，鼠竊狗偷，無所不有。至於癩氣傳染，穢惡流泄，毒及千家，尤不可言者。都之人士，議鳴公革之久矣，而未可動摇。近因澄邑丐首互控，蒙澄縣主蘇爺斷歸澄邑，而龍丐又聚兇徒，強據此土。爰是鎮之衿耆公呈列憲，經批示清革，而奸丐愍不畏死，磐據如故。幸逢縣主太老爺劉新政，親勘重責，面飭地方剋期逐歸養濟院，仍面諭鄉耆捐還地價銀七十一兩七錢，當堂上繳，給丐遵領，將地充爲下碼關帝廟春秋二祭之資，付僧主之，不許私侵尺寸。數十年人物之害，一旦廓清，神歆於上，民安於下，而丐亦復得其所。斯誠以猛濟寬、以義成仁，千古不磨之大德，萬世無窮之大利也。然則神靈在上，官法當前，凛凛可畏，其有覬覦未忘者，其亦仰體我父母敬神愛民之至意，無徒干神人之怒焉。爰爲貞珉，以誌不朽。

賜進士第出身、吏部觀政、治門年家弟鄭諱溥頓首拜撰文。

總理石碼鹽務、澎湖海防糧捕分府加三級記録一次方諱士模，原甌寧軍糧廳魏諱如玉，各助銀二大員。

賜進士第出身、欽授兵部職方清吏司主政陳諱天寵，春元劉諱公篤、林諱日章，明經盧諱崇嘏，鄉賓高出璧，鄉耆王有智、黄開錫、方希睿、錢良□、李□泰〈下缺〉。

緣首國學生陳伯勳助銀五兩。國學生高煸助五大員。國學生陳崇盛、陳崇瑞各助銀三兩。國學生王世壽、陳崇盈各助銀二兩。陳文遠助銀二兩。武國□助銀二大員。候選州左堂黄振標，國學生吴光宗、林士元、洪維翰、黄鳴

駒，吏員曾嘉謨，各助銀二大員。國學生郭朝輔助銀一兩。吴文煌、許士成、黄士傑各助銀一兩。

明經方城，候選州左堂黄德樹，國學生林仁聲、李士藹、許文錡，庠生方剛、信官康王謨，鄉賓嚴宗馨、吴毓英、周伯元，各助銀一大員。廣成、裕豐、□豐□、興錦茂、和盛、黄天謨、孫如崗、林諒光、洪文通、陳士源、吴文炤、陳志遂、方揚卿、鄭清、黄登坊、陳士豪、洪開芬、洪崧興、鄭元薛、黄繼美、姚文□各助銀一大員。

國學生林文敏、潘晋陽、高謙益、林則聖、洪紛樞、許玉國、鄭原泉、鄭世印、王廷佐、鄭元焕各助銀一中員。庠生方隆圭，候選參軍廳郭邦俊、劉飛龍，信官許□□，鄉賓□元泰、莊鳴麟、洪勳燿、高建彰、陳國榮、宋應趙、吴良桂、嚴汝琦、郭之琳、莊道燦、陳元潤、廣順，各助銀一中員。嚴興嗣、楊傳芳、鄭名鏞、許后騁、孫元禧、謝太鎮、林文□、□良偉、陳文炳、黄聯春、陳元泓、蔡廷佐、吴承培、楊志傑、陳志達、李士華、陳鳴鴻、黄琅、陳志適、方希玉、章文鳳、辛鴻佐、洪日炳、許時春、興順、溢源、□和、黄以□、□□□、李紹蓮、謝鑨、陳崇琡、方開垌、張宗苞、高汝性、康國泰、江應瑞、黄士英、許宜章、姜定茂、詹如驤、高拱辰、許國鏞、康泰、李宗英各捨銀一中員。庠生嚴瀚捨銀一大員。

□議將地起店一直六間，各一進，坐在廟左□號六義街。

募緣：國學生陳伯勳、王世壽、黄鳴駒、陳崇瑞，鄉賓吴毓英、陳文遠、許志元，僧□□。

□呈：庠生曾舉安、黄建勳、鍾炯、洪雲龍，國學生陳伯勳、黄鳴駒、陳崇盛。

□呈：鄉耆許志元、鄭淑文、林天鐘、洪又文、許昭、李道泰、高廷隆、李克俊、鄭世、陳德彰、黄聯芳、鄭崇德、黄元敏、林士傑。

雍正九年辛亥九月　日，闔鎮士民勒石。

按： 此碑現存石碼街道下碼武廟。

二〇〇　武興宫緣田碑記

武興宫緣田，因康熙五十年荣皇恩，癸未賑濟，通社共領米六石五斗，計之每口應得不上一升，會衆粮錢共三千九百文，隨即出貸。至雍正二年，母利共銀三十兩七錢正。明買徐宅苗田一坵，帶小池一口。官丈壠字六號中田一畝七厘三毫，坐落蘇壠尾，東至官田，西至林宅田，南至蘭宅园，北至楊宅园，四至爲界。其田公議永付本宫頭家輪流耕作，照例辦事。文契上下承接。慮恐日後失落，會衆立石，以垂永久。

雍正九年蒲月，林時景、陳芳滋、胡子達□□□。

按：此碑現存薌城區石亭鎮烏石村武興宫，碑名爲編者加擬。

二〇一　港濱許氏重修祖廟碑記

『新廟奕奕，奚斯所作』，誌詳之矣。然鳩工庀材，更製神像，黝堊丹漆，費用綦繁，則各抒誠敬，隨量共成之力，亦復不淺。竝鐫名額，用式來兹。

康熙歲次癸巳冬月立。

九世孫戊子科舉人之璜出銀拾大員。十世孫良斌出銀壹拾兩。十世孫邑庠生惟揚出銀壹拾兩。十世孫桐山協鎮府雲出銀壹拾兩。十世孫歲貢生良彬出銀貳拾肆兩。十世孫國學生鳳鳴出銀拾貳兩。十世孫國學生鳳池出銀壹拾兩。十世孫歲貢生鳳騰出銀貳拾肆兩。十世孫郡庠生上都出銀拾貳兩。十世孫辛卯科舉人弘器出銀拾大員。十世孫國學生鳳榮出銀壹拾兩。十世孫良珠出銀拾大員。十世孫現任都司鳳翔出銀壹拾兩。十一世孫文炌出銀拾貳兩。十一世孫日焻出銀拾大員。十一世孫國學生大彬出銀拾大員。十一世孫候選參軍漢傑出銀壹拾兩。十一世孫文源出銀壹拾兩。十一世孫國學生文聰出銀拾大員。十一世孫國學生紹宗出銀拾大員。十二世孫重慶分府日藻出銀壹拾兩。

十世孫現任提督良彬捐俸陸佰兩，置七寶銅五杞爐全付。

雍正十年二月穀旦。

按：此碑現存東園鎮港邊村港濱許氏家廟，碑名爲編者加擬。

二〇二　倉嶺亭碑記

陳倉嶺介山海之間，爲吾鄉南北人士往來孔道。舊有觀音佛亭，翼然臨嶺上，晨鐘暮鼓，普護多方。嗣因海氛兵燹，故址圮毁。歲在壬辰，吾鄉人士樂善同德，各施願力，僉鳩工鼎建於此，更闢園地施田，延僧居之。茲復增建路亭，一爲往來憩足所，行人賴焉。是舉也，覺路輝煌，層巒增色，厥功懋哉。僧協成不敢忘諸檀樾善，爰勒石紀姓氏，欲至于萬年永峙，斯亭以不拔云爾。是爲記。太學生陳淳任謹撰。

賜進士第出身、兵部職方清吏司主政陳諱天寵捨銀十大員。

信士陳名瑞捨田受種叁斗，園受種壹斗，另捨銀肆兩。僧協成建田受種貳斗，在仙姑壠，建園受種貳斗。陳益、陳郡、陳宗、陳孫各捨園一斗種。陳布庵捨田受種伍升。

鄉進士陳世發，太學生林鶴鳴、柯琪芳、陳奇籌、紀士安，庠生林允文、李文韜，吏員陳嘉謨，信士陳大典、陳志德、陳文畧、陳宗璉，各捨銀貳兩。歲進士藍國賢，庠生張日綗、林國器，信官陳志逵，信士張士榮、陳名良、陳子憲、陳汝楫、陳士傑、楊德曇、陳大維、陳秉鈺，各捨銀壹兩。陳國禎捨緣地一座。太學生陳鼎、楊齊珩、鄭登庸、林飄香、陳元振，庠生甘元鎬、陳君弼、藍守謙、陳以貴，吏員陳喬燕，鄉賓魯志仁，信士藍大金、藍國光、陳時鶴、王志信、林啓春、陳容月、陳志道、戴榕、戴秉宗、戴宏榮、陳成功、陳天池、陳天澤、陳齊琨、陳經男、歐元標、楊良鈺、謝奇衍、吴世傑、陳嘉芳、陳元昇，信女李氏，各捨銀壹大員。

大清雍正十年春立。

按：此碑現存白水鎮郊邊村龍雲岩寺。

二〇三 合祀陳黄二先生碑記

唐陽亢宗爲國子司業，告諸生曰：『學者所以學，爲忠與孝也。』西山真氏喜誦斯言以示學者，蓋以忠孝之理藴之於心，則爲所性所命之精，發之於用則爲事父事君、憂國理政、仁民育物之實。古之大忠大孝者，恩怨不得而毁譽，時世不得而磨滅，俎豆千秋，崇隆如山嶽，炳曜如日星，不可掩也。

當明文皇篡位，詔至漳，教授陳先生名思賢，升明倫堂，鳴鼓集諸生，曰：『此堂明倫，今日君臣之義安在？』諸生從之者陳子應宗、曾子廷瑞、林子玨、吴子性原、鄒子君默、吕子賢，縗絰設位，爲舊君哭臨如禮。當事執送京師，咸以身殉。迨明運既終，石齋黄先生抱剛直不回之氣，丙戌三月五日死於金陵。及門蔡子春溶、賴子繼謹、趙子士超、毛子玉潔繼至，抱其頭哭曰：『師乎魂其少須，吾即來矣！』四子同時就義。嗟乎！君臣之義，師弟之情，無所逃於天地之間。吾漳鬱積清奇，代多偉人，一則抗節於明初，一則殉身於明季。其精英靈爽，雖謂之萬世不死可也。

嘉靖間，學使邵公疏請祀陳先生於泮水之前，以六生配，有司春秋致祭。後因傾頽，寄主於名宦祠中。石齋先生則經制撫學使疏請祀之鄉賢，而四子尚闕。夫陳先生直斥文皇之篡，明之有天下者皆文皇子孫也，然邵公疏請之肅廟，允而祀之；黄先生忠於勝國，然制、撫、學、臣共疏請之，我聖祖仁皇帝允而祀之。此以見秉彛之好，萬世維公，而褒節録忠，尤興朝之盛事。其關於風教倫常，豈細故哉！

漳人議欲特祠奉祀，而限於土木之役，僉曰：『郡城芝山朱子祠後堂，以黄勉齋、陳北溪、王東湖、陳剩夫配。前堂開敞軒豁，敬於堂之東奉祀陳先生，以六生配；堂之西奉祀黄先生，以四子配。』夫文公平生講明踐履，大端不外於忠孝。觀其居家立朝，公誠懇摯，剛大之氣塞於兩間。二先生及其徒，生於數百載之下，在三之誼，守之不渝，前後相輝映，如此可以升文公之堂而無愧矣！適際督學按部，所屬紳士咸集，斂金爲進主入祠之費，并置春秋祭田，

以永其祀。是日也，衣冠而拜祭者近千人，亦可以頑廉懦立矣。

按：此碑未見，碑文見於乾隆龍溪縣志卷二十四。作者蔡世遠。

二〇四　合美宫祀業碑記

本宫付廟祝居住，理納榮祀香火。又廟前再公置伍架店屋壹間，年帶米銀貳分官，逐年當事理納。此二處不得私相授受，立石永誌。

雍正拾壹年捌月　日立石。

按：此碑現存薌城區浦頭港合美宫，碑名爲編者加擬。

二〇五　疏濬官河碑記

石碼，漳之巨鎮也，有大溪接海，汊環抱於西北。溪旁鑿河，復自東而北而西，縈繞市中。盖溪与海接，而河与溪通，早潮夕汐，資汲飲而備疏洩者，利莫大焉。年来商艖鱗集，蔀屋雲連，填築河旁，架廛水面，以致土穢堆積，潮汐不至，岌岌乎有旱乾水溢之虞矣。里人具呈請濬，而是時本汛游府亦以民廛凸築于前有碍瞭望，詳請提憲分咨督、撫，二憲并飭本府憲高，轉行縣主到勘詳復。

蒙巡海汀漳龍道憲徐親臨覆勘，爲之相其形勢，因其時宜，若者宜疏、若者宜拆。又以河面之廣狹無從考也，爰就鎮西未經佔築之河形，計之丈有四尺者，率以爲準，而於位占頭一帶仍其舊而稍狹焉。若什户魏尚等於營房佔築之處整齊翼如，免其拆卸，飭令從溪填築，另造營房一座，以資瞭望。叙詳院憲，奉批如詳飭遵在案。居民某奉憲諭，踴躍争先，不日而厥功竣。於是佔者以去，塞者以通，凸者以平；而瞭望之所及，可以無遠而弗届矣。

雖然，道憲營謀籌度之心，無非爲吾民謀數百年之樂利。其或日久漸弛，復加侵築，俾居者之逸，幾忘作者之

勞，烏乎可？謹叙其畧，勒諸碑石，以垂永久，庶幾憲澤河流同於不朽。

雍正十三年乙卯孟秋穀旦立。

按：此碑未見，碑文見於民國石碼鎮志·規制。

二〇六　重修威惠廟碑記

乾隆二年春，華承恩命來守漳州。漳州人祀開漳陳王於北門之外，華檢閲郡誌，考其世系，喟然而嘆曰：『王之世祀也，宜哉！』蓋自唐以前，漳固未隸版圖也。漢平閩粵，以其地屬會稽，終漢之世未嘗建郡。晋宋以後，始置晋安，其間負山濱海，王化未及之區，羈縻弗絶而已。况漳在七閩之外，山蠻海寇、豺狼鯨鱷之所盤據，省方問俗、繡衣直指之所不至。民生不見化日，而死於流離盜賊者不知凡幾矣。王之父子屏闢而鎮定之，身經數十戰。王臨陣授命，没而爲神。世有封號，自侯而王，廟食至今不替。是漳開疆守土之正神也，若之何不敬？

王諱元光，光州固始人也。父玉鈐衛翊府左郎將，諱政，以高宗總章二年進朝議大夫，統嶺南行軍總管，平泉、潮間獠寇。至雲霄江曰：『此水似清漳。』因以名州。儀鳳二年，王隨父入漳。父卒，代領其衆，以輕騎剿擒廣寇陳謙等。嶺表平，奏置漳州於泉、潮之間，增閩爲八，詔即以王爲刺史。王乃剪除荆棘，招集流亡，治陶埴，通商賈，勞來安定，漳始得與中土並。王經紀有法，號稱治平。景雲二年，南蠻叛，王輕騎討賊，賊衆奄至，没於陣，郡民巷哭。事聞，詔贈豹韜衛鎮軍大將軍，封臨漳侯，謚忠毅，立廟賜葬。子珦，嗣討平蠻賊，手斬父仇，得其餘黨，復爲州刺史。卒，子酆嗣。酆卒，子謨嗣。皆克修職業，郡民愛戴。元和十四年謨卒，始易他姓。

陳氏世篤忠貞，宣力王室，掃盪寇虐，奮不顧身，使遵海而南咸奉正朔，化蠻貊之俗爲冠帶之倫，其有功於漳最大。纘承先業，克咸厥勳，且戰且耕，以養以教，賢親樂利，傳子及孫。自高及憲歷唐室十君，自總章至貞元歷年百有七十，使海隅之民不被兵革，扶老攜幼，得終其天年。至今禾麻廬舍、溝塗封壑、山林材木、工商器用，皆

王之貽，其有德於漳最久。昔韋皋鎮蜀，歷有年所，封王廟祀。王之忠義，於韋有光，而世家不列於唐書，事業不載於紀傳。自唐以來，文人學士、稗官野史蒐羅異聞者，皆不及焉，僅載之郡誌而已，非仕宦至漳者無由得見。嗟乎！以王之豐功勁節，炳若日星，守漳五世，深仁厚澤至百數十年之久，而世莫之知；以此思天下之大，古今之遠，有立於時，無聞於後，多矣！況乎山林潛處之流，閭里獨行之士，其泯没無傳者又何可勝道耶！抑華又聞之，在易乾之九二曰『善世而不伐』，老子之訓曰『功成而不居』。王家世醇樸，意者不樂有身後名歟？故子孫未有數其事績請於朝廷、宣付史館者。即以昌黎韓子之貶守潮州，與王之後人同時同地，而未嘗屬爲傳誌以顯其先人，則又有以知後世之奔走乞言於公卿大夫之門、以過情失實之詞揄揚世德以爲光寵者，舉可輕也。

龍溪令申君景雲議脩開漳廟，華助俸錢三萬，以其前殿奉王之像，爲饗堂，又新其後室，置木主五座，玉鈐公南向而坐，以子孫序昭穆配焉。聚忠孝於一堂，郡人之祀禱報賽，與四方之君子遊覽莅止，溯其淵源，可以奮興感歎也已。後之官茲土者，嗣而葺之，無俾傾廢，是亦國家崇德報功之一事也與！

按：此碑未見，碑文見於乾隆龍溪縣志卷二十四。作者童華，浙江山陰人，乾隆二年任漳州知府，龍溪令申景雲亦於當年離任。

二〇七　赤嶺關帝廟示禁碑

漳州府龍溪縣正堂加三級李，爲據實覆奪事：

乾隆叁年拾貳月拾玖日，蒙特調漳州府正堂加四級王信票，據鄉紳王諱材具呈稱：『材去歲七月内到赤嶺關聖帝廟瞻拜帝像，見廟宇塌壞，深爲悵然。時有住僧惠明同鄉人求作序文，重興是廟，因付序倡捐。惠明果能苦心募化，竭力修理。至本年五月間，帝廟聿新，告厥成功。是僧也，其大有功於是廟乎！至從前與別僧作何爭控，材實不知其情。』今蒙批，仍着王鄉紳協同該地居民、衿監，查明果係何僧可以住持此寺者，公覆示行。遵即到地集問該地監生陳士爵等，仝生員王儀鳳、居民黃兆昌等，果何僧可以住持此廟。咸稱此廟塌壞已久，幸惠明募修理，現在正殿

巍焕，護國庇民，功爲不小，且素守法，或以之住持此廟，允協輿情。再詢之道傍童叟，各無異詞。現有茲地生監陳士爵等與呈公覆應否出自察奪示行等情，又爲從公吐實遵論回覆事。據監生陳士爵、游濤、陳金龍，生員王儀鳳，居民黄兆昌、陳光遠、石忠桂、王秉珪、林元芳等，連名具呈稱：『惠明有功於寺，老實無私，清守戒持，可以住持是廟，合情相率呈叩察奪示行。』等情各到府。

據此，除呈批准『即着惠明住持，毋致混争；如有不法，惟公呈者之是問』外，合就行知：『爲此票仰該縣官吏照依事理，立即着令僧惠明住持，廟内務須潔净，敬謹香火，管理租業，戒修苦行。仍查明前署府劉捐俸贖回本庙緣田，各佃租税銀票付僧惠明查明，除完粮外，餘爲香火資，亦不得僧、佃私自典賣，察出一併究治。并飭各僧，毋許混争。毋違，速速須票。』等因。蒙此，合就出示曉諭：『爲此示仰僧慧明并生監、里老人等知悉：此廟着惠明住持，廟内務須潔净，敬謹香火，管理租業，戒修苦行。將前署府劉捐俸贖回本廟緣田各佃租税銀票付住僧惠明查收，除完粮外，餘爲香火之資，亦不許僧、佃私自典賣，察出一併究治。各僧毋許混争，各宜凛遵指示。』

乾隆肆年貳月　日給，發赤嶺廟掛諭。

按：此碑現存龍文區步文街道步文村下店尾社赤嶺關帝廟，碑名爲編者加擬。

二〇八　雲盖寺山門題刻

『雲葢寺。』乾隆己未年仲冬，佛弟子郭蒲敬立。

按：此題刻現存浮宫鎮田頭村雲盖寺前巨石。

二〇九　藍理神位碑

檀越藍公諱理神位。大清乾隆庚申二月穀旦立。浦頭崇福宫住持供奉。

按：此碑現存薌城區浦頭港浦頭大廟，碑名爲編者加擬。

二一〇　磁美吴氏祖祠碑記

建祠崇祀，所以報祖宗功德；置有祀田，愈久而愈馨。我族□官前出銀壹百伍拾叁兩玖錢柒分，修祠前進；□出銀壹百兩，置北門外洋祀田伍斗伍升種。□功匪少，附主廟享，與祖宗并垂悠久。遂立於石，誌不忘爾。

乾隆五年十一月　日，闔族四房仝立。

按：此碑現存白水鎮磁美村吴氏思源堂，碑名爲編者加擬。

二一一　吴氏祠堂配享碑記

夫人制行立心，苟無愆于族黨，斯秋嘗春禴，可躋祔于祖宗。矧祀費不須他人之費，四業皆係自己所遺者乎？我家次房叔祖業儒公，生平大節足欽，令人仰慕，至今不忘。奈有鄧伯道之遭逢，直等曲逆侯之傳襲。因是闔族僉議，奉其入祠配享始祖。今將公約合同各房收執，以見秉彝同好，昭示來許勿替耳。

仝立合同人：四房家長吴登相、維禎、世俊、國佐。

一，田一坵，受種一斗，坐址橋仔頭，帶户内田畆八分七厘九毫。

一，田一坵，受種弍斗，坐址河尾洋，帶户内田畆一畆五分。

乾隆六年臘月吉立。

按：此碑現存海澄鎮崎溝村下吴社吴氏宗祠，碑名爲編者加擬。

二一二　奉憲示禁鎮頭不許強豪霸佔網位横抽碑文

奉署漳州府正堂太老爺張，轉奉汀漳龍道太老爺陳批定，嚴禁各灣豪強霸佔網位横抽，碑文：

據詳，鄭輕因起佃挾嫌，控告鄭錫光等勒税漏課。雖屬鄭輕假公濟私，然據鄭錫光等藉称：『康熙二十一年，曾被豪棍佔，控經還掌，有案。』而鄭輕□收，則称康熙二十九年，經府申詳飭禁。是沿海一带網位名目，明係違禁私設。夫天地自然之利，自應公諸黎庶，聽其採捕資生。何得以官家之公利，飽豪強之私囊，世世相承，視如已有，濱海衆民何以存活？此等情弊，正宜亟爲禁革。該縣復議今歲繳銀二十兩，撥入船廠公用，仍任其踞佔霸奪。是私抽之弊不除，而無名之征又起，殊未允協。應查明□等仰賴額課，按照各船科則，于本漁户名下匀攤完納，以符額數。將網位名目永行立石禁革，不許豪強私踞網利病民。其福河、福澔、烏礁、澔茂等處，如有似此横抽，亦應一體飭禁。仰再確查，妥議詳報，繳。龍溪縣查議復詳。

大老爺陳批：『仰漳州府速飭查明，出示槩行嚴禁，命各灣立石，永遠革除，取碑文遵依繳查。嗣後如有豪強再敢指□網位名目，強霸私抽，立即嚴拏重究。餘如詳行，此繳。』

太老爺張批：『如詳一体示禁。』

乾隆六年十月，鎮頭灣邱應棟奉立。

按： 此碑現存榜山鎮洋西村渡頭社贊範宫。

二一三　岱洲慈濟宫功德碑

乾隆五年冬，余以刑部員外郎膺簡命出守懷慶，適我岱諸□公將立慈濟宫祀業碑，以書抵署，属余爲文曰：

岱有慈濟宫久矣。先是□真人在宋時脩真礁山，救大菑，捍〈下缺〉於鄉者甚厚。迨上升後，尤靈我岱，因共

立廟，與宋敕建礁山慈濟宫埒。歷明成化，郡守姜諱諒稔□靈，爲碑以誌。後遭兵燹，碑失而廟獨〈下缺〉倍昔時者，以有祀業故也。岱濱海，人多□禄海外，每禱輒應，時在吕宋者百九十有四人，感神德□置業，歲取息爲祀費。於是廟宇日〈下缺〉祀之儀悉脩，而岱人初往宋地者有票費，亦於是取焉。恤同里也，事在順治丙戌間。恐後之墜前□而荒故業也，爰謀勒石，得以考焉。余覽其〈下缺〉而嘆神德遠也，抑我岱可謂能事神矣。夫岱距海外數月程波瀾壯濶，大風則山摇嶽震，不辨上下，又有寒暑燥濕、言語飲食之不同〈下缺〉且得安然無恙，寧謂□□災患，爲神賜哉！然使乏誠敬心，徒以利益之祠瀆神，其應之乎？今我岱□振子過廟，猶肅然知拜跪，而所以報神德〈下缺〉悉殫厥心□□□□□□□岱人而慮及不朽焉。於戲！神之著靈有由然矣。詩曰：『永錫爾極，時萬時億。』又曰：『子子孫孫，勿替引之。』言神之施報〈下缺〉無窮也。余□□□□□因爲之記，且質我岱諸君子焉。

特授中憲大夫、□□□□事、前刑部江南安徽清吏司員外郎加五級王鳳來撰文。

順治三年至六年捐金名次開列於左：

李□□、李□□、□□□、□心泉、徐東泉、余奕汝、陳心芷、石□魯、蔡任翼、陳□怡、王四有、陳藏定、□楚石、陳瑞銘、石君讓、王居逸、王康□、陳任〈下缺〉、陳□、陳十□、□□□、王閣、劉□韜、石輯玉、陳衿儒、蔡聰四、王亮潛、王毓文、王毓英、王逸季、□欽宇、吴星拱、張盤九、王見泉、王□泗、徐奕〈下缺〉、徐□□、王□、陳毓陽、吴玉山、余智我、余八舍、王抒如、王□宇、陳惠蒼、劉飛乾、劉襄韜、石純如、□燦成、石寅、劉淵、陳明初、石□、石元〈下缺〉、石□□、徐□□、吴振□、石七、石儀竹、陳主、黄爾登、陳韞光、王冲國、王六、王耀星、王耀九、陳寅冲、陳集生、陳錫天、王碧宛、李鶴□、王德〈下缺〉、王□□、王□、王愛、李迭、王友、王懷喬、陳藏性、石京、李懷蒼、黄冲賛、黄肅、余逸爲、□丑、李秀蒼、吴四、王敬懷、謝□、蔡〈下缺〉、李韞玉、徐自□、陳賡□、王肆、王簡□、李敬若、王漆九、王孫、王順宇、王華、李曾、王五、蔡暢光、陳月楚、陳開、李御六、陳□、陳〈下缺〉、陳允、吴□□、李星□、陳灼、陳若初、吴惠、蔡八、李□石、陳聲

昆、王直宇、王燦周、郭明、□毅甫、謝聯、石德玄、石翼帥、康握□、□石〈下缺〉、李二孫、陳嬰、蔡震、石賛、李聯、李琳、石啟發、蔡□娘、謝愛、李冲岳、李燦、李昆奇、李式之、王從周、蔡祐之、李祐、陳〈下缺〉、余十九、陳玉、李慶、陳良、王舟、王安、王閣、劉□、石鳳、陳尾、石夷獻、蔡二桂、□騰宇、陳十、陳八、陳新、陳十一〈下缺〉、黄在賢、陳景健、黄十九、王興、徐明坤、王毓振、王定、陳孕□、王達思、李和、陳恪然、吴良、□明山、張冀夫、李堯、李春、陳〈下缺〉、李仁、石連、石□宇、陳十二、李七、徐葢松、陳塢、徐八、王冲玄、康外、陳仁、成拱、□啓商、石榮。

清乾隆七年歲次壬戌孟春吉旦。

東門余世統、石呈善，西門王瑚成、王大璋，南門李士彰、李登瀛，北門陳維新、陳兆源，等，同立〈下缺〉。

按：此碑現存角美鎮石厝村宫邊社岱洲慈濟宫，分爲四截，分置兩處，模糊不清。

二一四　岱洲慈濟宫祀業碑記

岱洲慈濟宫祀業開列：

一，園一坵，受種子二斗，坐落□□園，北至蔡家園。

一，園三坵相連，共受種子一石；坐落小□□，東至林家園，西至林家□□□受種子三斗；坐落小牛埕，東至林家園，西至黄家田，南至林家□，北至港。

一，護厝地□□□西至港，南至謝家地，北至陳家地。

一，宫前店地一行，東至□□埕，西至港，南至謝家厝，北至角尾墟魚鮮街頭。坐東向西，從南勢巷算入第二坎，東至陳家厝，西至大街路，南至陳家店，北至角尾墟通津街；坐東北向西南，從直街三角窓算入第四坎，前至街□，後至滴水，左至郭家店，右至角尾墟通津街中；坐東北向西南，從直街三角窓算入第六坎、第□□，前至街路，

後至滴水，左□□□帶樓三進；坐落角尾墟直街中，坐南向北，從東勢大橋頭算入第廿三坎，東至李家公店，□□□。

一，店一坎，坐落角尾墟大街中，坐北向南，從西勢布街算入第□坎，東西俱至黄家店，南□□□二進；坐落角尾墟同安地直街尾，坐南向北，從東勢橋頭算入第八坎，東西俱至林家店。

□□□曠地一所，坐落角尾墟同安街大街，坐南向北，從東勢橋頭算入第十七坎，前至大□□。

一，店一坎，在第十九坎，前至大街路，後至港，左右俱至黄家店。其□□一所，與第十七坎、十九坎□□。

一，店一坎二進，坐落角尾墟直街，從西勢巷邊算入第八坎，坐南向北，東至陳家店，西至王□□。

一，店三坎相連，坐落角尾墟魚鮮街尾，坐東南向西北，從公館□算入第四坎、第五坎，共相□□□□，右至王家公店。

一，店二坎，半屈曲相連，坐落角尾墟前街，坐東南向西北，從□□□又連右邊一坎，左至王家公店，右至李家店，前至街路，後至□家厝。

清乾隆七年歲次壬戌孟夏。

按：此碑現存角美鎮石厝村宫邊社岱洲慈濟宫，曾斷爲二截，斷口處缺失約兩列碑文。

二一五　高陽業記

衍世祖質庵公自分住厚境，處此東偏，傳下二脈，分爲長次，建宗祠而序昭穆，創基業以緒孫子，其難其慎，功厥懋矣。維我次房逸徽公承分祖業，外置田産，遺流存公，中有祭田供祭祀、書田助書郎。第天運同樂其永泰，而人心難保無貪情慮，或強而霸，或蕩而廢，或踞耕而轉售，或叔世而混掌，毋及覺察，隱蓄弊情。因兹，公議將所遺産業録石通知，以杜後患、以垂不朽矣。

計開本處田坵字号坐址，并海門蛏蠔埕、泥泊圻分界址：

一，公田受種叁斗，坐落廿字第四号；一，公田受種一斗弍升，坐落廿字十九号；一，公田受種弍斗弍升，坐落墩字第十号；一，公田受種弍斗，坐落廿字第七号；一，公田受種弍斗伍升，坐落前字第一号；一，公田受種一斗弍升，坐落前字第五号；一，公田受種叁斗，坐落溪字第二号；一，公田受種肆斗，坐落溪字第三号；一，公田受種弍斗，坐落十九保蔡字七十四号；一，公田受種弍斗，坐落溪字第四号；一，公田受種弍斗，坐落墩字二十号；一，公田受種叁斗，坐落耕字第八号；一，公田受種叁斗，坐落前字第二号；一，公田受種弍斗，坐落蔡字七、九号；一，公田受種弍斗，坐落大字第四号；一，公田弍坵相連，受種四升，坐落廿字第六号下廿三号；衍五世樂虞公祭田一坵，受種弍斗，坐落廿字十七号；一，祭田受種弍斗，坐落廿字十八号；一，祭田受種弍斗，坐落埭字第一号；一，祭田一坵，受種叁升，坐落祖墓後東角；一，祭田受種弍斗，坐落埭字第二号；一，祭田受種一斗，坐落前字十二号；一，祭田受種七升，坐落前字廿三号。

另載逸徽公置田培學，激厲書生有志登泮者，田付輪承分收，先後均沾，文全武半，立議不□：一，書田共四坵，受種六斗，坐落尾字第四、五、六、七号。

一，秧埕一坵，坐落尾字十九号；一，蛏埕毗連十八坵，坐落海門蠔殼港墘，東至蠔殼港，西至洪家埕，南透埕埔至海，北至海；一，蛏埕毗連十三坵，坐落柴控港下，東至洪家埕，西至本家埕，南透埔至海，北至海；一，蛏埕毗連五坵，坐落北頭三槐港下，東至本家埕，西至港，南透埕浦至海，北至海；一，蛏埕毗連十坵，坐落北斜仔，東西俱至本家埕，南透埔至海，北至海；一，蛏埕毗連弍坵，坐落二槐港上，西至本家埕，東至港，南透埕埔至海，北至海；一，蛏埕一所，坐落中港鬱仔内，東至張家埕，西、南、北俱至本家埕；一，蛏埕一所，坐落中港尾，東至張家埕，西至本家埕，南至鬱仔埕，北至鴨母港；一，公厝地一座四間，坐落祠堂前障墻後，東、北俱至巷，西、南俱至前厝後滴水，其前進左弍間内抽出私牙頭地一間，餘係公地。

質庵公一海門泥泊，南北二面，南面界址上至尖尾、下至中港，北面上至尖尾、下至蠔殼港。

乾隆柒年仲夏穀旦，十四代孫斯垤、宗禄募修碑記，房長伯寵、文錦、登瑞仝立石。

按：此碑現存海澄鎮倉頭村厚境許社許氏崇德堂。

二一六　洋西渡頭憲示碑

龍溪縣蒙府憲飭禁：鎮門横渡，聽邱姓完糧，設船渡儎。每渡一人，給錢一文，風雨、早晚以及婚嫁，隨到隨開，不得刁難另索租錢、喜錢。如違，許往來行人指明呈究。永遠遵照。特示，遵。

乾隆捌年拾壹月初三日給勒石。

按：此碑現存榜山鎮洋西村渡頭社贊範宫，碑名爲編者加擬。

二一七　朱氏大宗祠堂記

皐峯委折而下，東十里許曰獅山。獅山伏脉，再挺高峰，曰龍崗寨。兩山之間，樹木茂密，蒨葱可愛，先人顔之曰翠嶺。翠嶺背陽向陰□，地靈聚焉。先是，嶺畔園地爲亨大父伯謨公私有業。公尊祖敬宗，謀之族人，直以是地充公，建爲大宗祠。時有嫌規模隘者，晋主之日遂懸焉。越五十餘年，爲乾隆癸亥歲，族人相與□□□□擻蘆安身，而祖上尚乏棲神處，我心何安？共謀建宗祀□□□□寳侯因對衆言：『盍就前嶺畔所爲祠新之，以妥先靈？』僉曰當哉。□是因太平日久，房各有積，遂出公儲，多買瓦木磚石，召諸色匠人樸之斲之、黝之堊之、丹之漆之，規模一惟旧制，而氣象焕然新矣。又嫌門庭未豁，擴以亨私田半畝許，開户視之廓如也。不數月而祠工竣，族人又相與慶曰：『吾祖今有棲神所，我等幸也。』疇敢忘其源本，以遺宗祖羞？於是登堂肅拜，昭爲昭列，穆有穆行，族人聚也；臨者在上，質者在旁，祖考格也；祝以存告，嘏以慈告，幽明通也；既而觥籌交錯，長者居上，少者列下，族衆燕也。彬彬濟濟，滿堂和氣。因援筆誌之，俾世世子孫孝思永如今日云。

乾隆癸亥歲季冬吉旦，長房十二世孫際亨謹誌。

按：此碑未見，碑文見於榜山鎮翠林村乾隆翠嶺朱氏家族譜。

二一八　虎溪大宗義捐增置春秋兩祭資田序

記曰：『春，雨露既濡，君子履之，必有怵惕之心；秋，霜露既降，君子履之，必有悽愴之心。』故春秋兩祭，孝子順孫舉而行之，禮也。我祖承務郎樸公，由青礁而肇基虎溪，数傳来都爲清白吏，所置祭田僅足供牲餼費。重以兵燹之後，湮没廢棄，存者無幾。逐年祭資，當香多苦不給，而子姓中即有欲謀增置，或以□許难呼，或以綿力莫支，旦暮□未遇也。曾叔祖諱弘猷、叔祖諱運熺者，承務郎公裔孫也。平日勇於爲善，凡禮所関，莫不竭情爲之，而尊祖敬宗之念尤篤。去年冬，迺於虎溪大宗衆集族衆，議增春秋祭田，不惜傾囊爲倡。而族中慕義者，亦咸踴躍争輸，不旋踵計可得百餘金。向之所存無幾者，今可增置復足矣；向之苦其不給者，今已□於所資矣。嗟乎！观乎此者，仁孝之心可油然生也。夫千古言義置者，文正范公爲最，次則忠献魏公，次則秀川羅氏，誰不嘖嘖嘆爲近今罕覯？而爲之不力，力而不就，何多也！曾叔祖諱弘猷、叔祖諱運熺暨各方向義者，□荒不憚，共成勝舉。仁孝之心，不令观者油然生也乎？至其增酌事儀，音奏於廟庭，胙頌乎紳衿，神同歆饗，人尤激勵，後之沿而勿替者，當文湖所從来而不没也。夫是爲言，臚紀孝思輸金名氏。

十六世孫州同弘猷捐金叁拾大員。十一世孫生員恩官城捐金拾伍大員。十七世孫貢生司教運熺捐金拾伍大員。十八世孫監生乾元捐金拾伍大員。二十世孫監生蓮脩捐金拾式大員。十三世孫恩官受捐金拾大員。十六世孫縣丞弘謨捐金拾大員。十六世孫都閫弘志捐金拾大員。十六世孫農官榮國捐金拾大員。十七世孫貢生廣艾捐金拾大員。十八世孫監生秉義捐金拾大員。一十世孫恩官衍捐金捌大員。十一世孫鄉賓□捐金捌大員。十七世孫糸軍憲璋捐金捌大員。十八世孫舉人司諭秉德捐金捌大員。十八世孫監生光敏捐金捌大員。十八世孫糸軍元原捐金捌大員。十八世

孫監生志豪捐金捌大員。十八世孫仲等捐金捌大員。十八世孫叅軍元建捐金陸大員。十六世孫農官承福捐金伍大員。十七世孫如等捐金伍大員。

乾隆九年甲子孟春吉旦，第十九世宗孫天禧等頓首拜書。

按：此碑現存東泗鄉虎渡村蘇氏宗祠。

二一九　福岸郭氏宗祠功德碑記

物本乎天，人本乎祖。報本追遠，生民之大義也。盡其道者，非有所爲而後爲；重其事者，必欲其永而弗諼。此碑石之所由建與？吾宗派出紫泥，肇基於礁江福岸，則自添福公始也。傳至萬基公而克振前緒，建祠置産，祀事有光，閱今凡有十餘世。歲久而族繁，事多而費侈，塋墓有圮而未修，祀田每憂其不足。纘戎祖考，不誠有賴後人哉？十世孫國學生足淇，成章公之次子也，念切先謨，獨肩厥任。凡繕墳、贖産、給公諸費，不惜多貲而爲之，俾阡隴改觀，春秋祀事無缺。嗚呼盛歟！夫人情有愛孫子而忘祖先，是舍本而務末者也。實則撥矣，柯條奚冀焉？今足淇上推父母之愛以至於遠祖，旁推兄弟之愛以及於族人；叔父伯兄，嘉乃孝德，用祀厥考，以配馨香，祖志先靈於是乎妥，本支族誼亦於是乎摯矣。記曰：『父子篤、兄弟睦、夫婦和，家之肥也。』然則塋廟修、歲祀舉、宗族敦，寧非族之肥乎？爰勒之石，以誌盛舉，且俾後之子孫知所勸而法焉。是爲記。

愚叔鄉進士澤撰文，邑庠生于青書丹。

乾隆拾年葭月吉旦，房長懋脩、維富、邦輝等仝立石。

按：此碑現存紫泥島西良村北岸社郭氏瀛洲祖祠，碑名爲編者加擬。

二二〇　重興溪東橋碑記

清乾隆乙丑歲季秋穀旦，重興溪東，闔社立石。

粤稽上古立橋之意，非特鎮山川之命脉，實欲適行旅之往來。斯橋由來舊矣，大約古人尚儉，其間並無隻字。世久年湮，□□無傳，□不知唐興宋興。祇因丙辰秋□□降災，其橋已被□□，往來維艱。於是宗派僉發□緣，共成勝事。銖錙皆爲勝果，半□亦是福田。從此津梁爲不斷之墟，行人免徒涉之嘆。橋□峰巒，樂士同声歌化日；路通京闕，人才奮志步青雲。以茲施捨，寧有邊涯？

曾得祉題。

曾報捨艮三中。養捨艮二員。成捨艮五員。春捨十五員。特捨艮二員。敬捨艮六員。□捨艮四員。直捨艮四員。松捨艮四員。□捨艮一員。石捨艮五中。友捨艮一員。奇捨艮十員。同捨艮一中。強捨艮二員。招捨艮三員。愿捨艮五員。猛捨艮二員。相捨艮二員。禹捨艮一員。勇捨艮一中。平捨艮二員。陣捨艮二員。弘捨艮二員。□捨艮一中。秩捨艮一員。昊捨艮三中。珍捨艮二員。都捨艮二員。仕捨艮四員。積捨艮一員。周捨艮一員。緣捨艮一中。德捨艮一員。

按：此碑現存浮宫鎮下樓村五社橋邊，碑名爲編者加擬。

二二一　奉憲嚴禁渡船勒索貪載碑記

漳州府龍溪縣爲渡船貪載等事：蒙本府信票，奉本道批府嚴禁：溪邑各處渡口渡船載客，計樑頭一尺，載渡三人；每水程十里，按客給錢二文。隨身行李不另取值，搭貨一擔減人之半。不許于定額之外多載人貨，亦不許于定價之外多索錢文。風狂雨驟之時，禁其開渡。并飭各員澳保不時巡查，毋許勒索多載。如有地保、土棍、劣監、豪

紳巧立渡主名色，霸佔圖利，違抗不遵，立即訪實詳究。仍取勒石示禁榻摹，并各渡船梢遵依送查等因。毋忽，特示。

乾隆拾年陸月　日立浦頭保。

按：此碑現存薌城區浦頭港浦頭大廟。

二二二　修理四合宫路功德碑記

嘗聞廟者鄉之宗，而神者民所依也。廟庭清曠則明神歆饗，神光照臨則里閈樂康。年前通衢旁依港而路中出焉，曩爲蘇姓佔築，由是鄉之耆老呈請于縣主劉公。猶有舊人造船櫓、飼牛豕、架桷張篷，囂塵湫隘矣。夫廟納其污，神於□□。每當春霖，泥濘殊甚，鄉井艱于出入。乃鳩衆援金，加新鋪築，廓然清曠，王廟巍巍，王道平坦。因而演劇會禁，毋蹈前轍，違者共毁之，仍以演劇示罰，所爲保新築之路也；而廟置小店，凡以護舊建之廟也，每年税銀伍兩，俟王爺誕日，交首事爲祝壽之費。此公舉也，舉出於公，不得不共相勸戒。凡我同鄉□□降嘉祥；神恖惆，豈邀庇祐？又安得不諄諄言之，愼勿藐藐聽之也可！

里人鄉進士郭諱成都頓首拜撰文，庠生林諱龍津頓首拜書丹，國學□□□。公呈鄉耆：楊士章、康日耀、潘登貴、曾慶祥、張文昇、洪登翰。

大盈鋪助銀伍大員。國學生周諱宏緒、黄天禧、曾永芳各助貳大員。庠生許諱奇芳、盧永禎、莊良明、周君□、□文德、周兆鳳、周紹□，國學生林諱士元，庠生王諱鏘，書吏嚴諱天增、張璽□、姚世駿、黄□□、許德夫、楊宗緒、陳志德、許成忠、楊士榮、周良佑、郭天□、□□□，國學生周諱一梅、王有智、黄珏、周元鳳、陳世□、郭□□、□□□、許國禄、林向秀、王啟甲、蔡月光、黄明□、張文□、歐文□、鄭廷謀、張文瑛、莊文茂、周文松、林士元、蔡鵬□、曹□□、黄□□。

乾隆拾年歲乙丑菊月　日。勸緣：周斗文、許舜徵、楊□□。

按：此碑現存石碼街道解放西路四合宮。

二二三　重築新圍外洲修紫風塔記

北岸枕岸爲村，岸之後有壩，曰下壩。下壩新圍之外有洲，畝可二十餘畝，歲課草之利弍拾肆兩，以充祀事。自雍正癸丑崩齧於水，距乾隆癸亥乃克復其舊，則十三世孫國學足淇出私貲所再填築者也。足淇篤親誼，於源本之地無不樂成。今歲仲春，又修岸左之紫風塔。塔始建于十二世孫國學英璋，補卯方之缺，傾頹亦且数載。茲復巋然屹峙，爲族保障焉。記曰：『尊祖故敬宗，敬宗故睦族。』是二役也，以修先祀，以保族居，固統於尊敬所必至者，其不謂之敬宗睦族與？族人恐久而忘之也，乃爲礱石，置之祠壁，書其始末，以昭来許。

家長：維貴、允哲、維富、步雲、元槐、懋修、邦輝、世炳、如嶺、朝庸等仝立石。

乾隆丙寅仲春穀旦。

按：此碑現存紫泥島西良村北岸社郭氏瀛洲祖祠。

二二四　邑侯黄公重修樹兜橋功德碑

澄邑之南，約行三四里，一水中分，上通虎溪、太江而東接海門，下迤槐浦、厚境而北匯月江，寔四境之衝衢、澄浦之孔道。奈波流浩瀚，行旅往來殊爲病涉。時金侯始建橋於其上，中流砥柱，儼有樹立之勢，且邑之諸溪會水迅疾直下者，至此而縈迴旋繞，停蓄兜留若蜿蜒然，故名之曰『樹兜』，盖其設由來久矣。迨順治壬辰，斯橋圮毁，歷康熙甲戌李公復之，至丁亥斯橋復廢，及戊子陳公又興之，相沿至今又有年所，柱板殘朽傾頹，徒存基址。凡茲熙攘之眾，阻波濤而裹足，非舟楫而不前，漂摇鵕鵃，行道咨嗟。維時耆民鄭維新、高士拔、蘇弘太、甘承弼、高幼輝、張福生等，以斯橋之舉咸請於我邑侯黄公諱會號省齋公。公矍然曰：『邑宰爲親民之官，苟有利於地方，當殫

心畢慮，措施不遑，而况「十月成梁」，載在夏令，何可視爲後圖？』遂捐俸爲士民倡，並令僧人良修董其事。自乙丑孟冬聚眾鳩工，不數月而橋工告竣，開拓修建，阬然若長虹跨卧於上。由是行道歡呼，往來稱慶，忻躍之情，莫可言狀。夫我公治澄五載，慈祥愷悌，愛民若赤。不但平糶賑恤，黎元沾惠；修築海岸，田廬永保；即道路、橋梁，靡不悉心經理。是我公之深仁厚澤，施於澄邑者何窮！今公入覲天顏，吾儕攀轅無術，若失慈父母然。然公雖去，而去思正長，惟感公之仁，戴公之澤，勒諸貞珉，與斯橋並垂以不朽云。

本縣主太老爺黄捐俸銀十兩。本縣総老爺詹捐俸銀八兩。太學生陳進融捨銀十二兩。里班捨銀十二兩。高國隆捨銀十二兩。陳伯俊捨銀五兩。槐浦社王琳观捨銀四兩，王鍾观捨銀四兩。路邊社大房公捨銀五大員，二房木建公、質雅公捨銀五大員。監生林桂芳捨銀四大員。里班鄭継統捨銀四大員，袁温勤捨銀四大員。粮廳二老爺張捐俸銀二兩，副老爺高捐俸銀二兩。里班邱茂鄉捨銀三大員，陳正捨銀二兩。槐浦社王琴观捨銀二兩。溪頭甲蔡鍾盛、江尚達、謝璽祚、徐士弘，公捨銀五大員。監生刘成、監生柯鼎藩、監生陳盛俊、監生蘇乾元，白水营陳弘祖、曹朝仕，里班蔡應起、嚴先登、宋大良，以上各捨銀二大員。捕廳四老爺周捐俸銀二兩。舉人嚴諱光遠捨銀一兩。河頭林梧观、里班李光各捨銀二大員。鄭龍田捨銀一兩。東原和尚會西捨銀一兩。監生柯琪蘭、監生柯長芳、監生鄭登庸、監生蘇光鼎、監生黄上遠、監生戴弘緒、監生蔡耀国、監生陳啟暘、吏員蔡日章、吏員林国燦、生員黄上達，嶼頭林默齊、林德興、林恂軒，磁灶紀元會、陳国材、林克昌、林元俊、紀載陽、潘開華、紀遜吴、蕭志扶、紀尚豪、林振倫、吴殷求、蘇基皇，協营林祖信、沈上質、林振仕、陳文炤、林登常，里班黄世芳、里班陳士俊、黄元、陳仕陰、張朝振，生員蘇驥，鹿石甘仁荣、鄭桂林、劉宜观、陳士超、邱有成，以上各捨銀一大員。

海門司老爺沈捐俸銀二兩。許諱師義捨銀二大員。鄭即敬、陳祖添、生員陳彝、監生鄭煒璋，白水營陳遠、沐喜、陳廷雄、郭瑞俄、陳應興、林秉恒、林崇渭、紀遂經、陳光憲、卓仕雄、潘開基，磁灶紀尚廉、紀尚俊、李子懷、陳緒隆，以上各捨銀一中員。黄伯祥、黄有信、陳堯观、陳日生、鄭福生、曾德公各捨銀一錢八分。渡船公緣

錢三十千〈空缺〉百〈空缺〉十文。

乾隆十一年五月　日。募緣湖奚庵和尚良修，首事耆老高梧觀、鄭文周、蔡珠觀，總理吏員蘇天璽，具呈里班鄭維新并捨銀十二兩，公立石。

按：此碑現存海澄鎮崎溝村樹德社樹兜橋。

二二五　沐恩本縣主章勘丈緣洲碑記

皇上尊念關夫子至忠至聖，幸神光赫靈，廟前新浮沙浦。茲蔡雲忠等爲□恩□墾以隆祀典事：

據二十七都浦頭保耆民蔡雲忠、蘇國□、□君寶、蘇□□、楊國棟、□文煥、林永芳、徐廷□、許元魯、吴登第、陳士禎等連名具呈，詞稱：『竊謂煙火長□□□極祀典崇隆。蒙恩忠等浦頭社中，前士民就地溪傍建築廟宇一座，崇祀關夫子神像□宮□往來迎送必在其所，朔望宣講亦集於斯，□廟宇寬廣，而煙火永垂永久。茲神光赫靈，廟前溪南新浮沙埔一片，堪坐洲園。雲忠等樂輸工本填築，充入廟産，配享祀典，以供□□。謀一舉而得，合情相率叩呈，懇乞俯採下情，恩准賜墾，陞科納課，庶祀典日隆，煙火永垂，神人共沐，十萬載不朽矣。』等情到縣。

據此，經着□里保蔡文登、鄉保蔡日升覆曰：『登等查看，蔡雲忠等呈墾新浮沙埔果係實□舊洲界外，丈有十三畝六分七厘三毫，水漲時蓋壓多于一半，未能成洲，衆鄉耆愿出工本填築成洲。係是官溪新浮，並無争佔，是否准其懇築。』等情。併據蔡雲忠等認懇請示前來，續據陳瑞以藉神佔認等事具呈，復着里保即加確覆去後。茲據里保蔡文登等□稱：『同查蔡雲忠等呈墾之地，係大廟前官溪邊新漲，未能成洲，所繳圖□填明。陳瑞本朱夫子洲隔越，溝港界址照然，確係新浮之洲，與他並無干涉。』等情。

余核卷批示：『既係新浮，飭令分界墾管，毋許混争。』併票飭認墾外，合就出示：『爲此示仰該地鄉保人等知悉：嗣後大廟前溪南新浮沙埔，飭令耆民蔡雲忠等分界墾管，充入廟産，照同陞科納課。并嚴禁不許人民掘挖泥土、混

争及放牛羊踐踏，致誤墾築。如敢故違不遵，該鄉保同鄉耆蔡雲忠等指名具禀本縣，以憑拿究不貸，毋忽！特示。』

衆耆民樂輸工本填築，輪流祭祀。姓名開列：

高天輝、陳弘忍、王維義、陳廷仕、謝聯華、許仲元、李正文、蔡元聲、房國寶、高光煌、□天伯、蔡廷□、謝恩錫、林朝錀、謝光國、曾廷文、蘇永瑞、陳群老、林世榮、林世爵、林朝鈺、陳登甲、李玉樞、蘇珂□、陳居禄、胡澄海、蔡名揚、陳士峯、蘇自□、李長盛、蘇長榮、鄭國忠、林錫禧、王國佐、李宗岳、蘇長源、張朝貴、陳君智、黄弘仁、蘇君懷、蘇邦彦、徐國璋、李元英、徐國瑞、郭兆明、潘天球、徐國□、柯□□。

乾隆拾壹年伍月　日立。

按：此碑現存薌城區浦頭港浦頭大廟。

二二六　重修八卦樓丹霞書院碑記

八卦樓當城東南，其始建於明萬曆六年，太守羅公青霄與司馬羅公拱宸以東南巽方窪陷，不可無突起之峰，而巽於卦位，離明所由進也。迨海氛兵火以來，殘基遺跡亦塌爲平壤矣。乾隆二年，嗣守劉公良璧相勢度形，與紳士王公材等謀新之。培石而上，基與城齊，三層八面，漳之勝可周覽得也。因其下有深池綿亘，夾以曠地，遂於池之西搆書院，中祀朱子，額曰『丹霞書院』。蓋以應文明之兆云。書院隔池遥對爲魁樓，由魁樓邐迤而北爲半月樓，取月之恒亦漸進而明之義也，與八卦樓參差峙。工成，萃英材於中，延有文行者主師席焉。然而書舍無多，來學者多受業而肄於家。十年夏，余以臺臣出守是邦，循行至此，思有以擴之，未暇也。明年秋，乃鳩工取材於祠之左，爲講堂三楹，翼以兩廡，而甃瓏其垣。又左爲書舍，相向各四，而曠其庭，以增肄業之所。浚池以遶其傍，買地以紓其徑，作橋以跨其岸，作小艇以溯流上下，其際隄楊叢竹、嘉植名花森立。凢三閲月告成。週而覽之曰：『苟完矣，然則四時之景不同，晦明風雨之態各别，士之游於斯、息於斯、誦讀於斯，當有以觸其道機而長其文思也乎？』

抑余更有進焉者。漳自朱子過化以來，文風幾甲天下，而理學經濟、清介節義之行，正不乏人，要必自立志樹品始。嘗閲黄石齋鄴山講儀有云：『其有不忠不信者，不在此位也；其有入不孝、出不弟、慢遊是好者，不在此位也；其有便僻善柔、驕諂佚樂、托文章以敗善類者，不在此位也；其有放利而行、爲陽鱎以希攀援者，不在此位也；其有稱人之惡、以訐爲直、居下流而訕上者，不在此位也；其有踰閑越簡、不衣冠而遨市井者，不在此位也；其有凌侮鰥寡取非、其有好興訟、以扞文網者，不在此位也。』旨哉斯言！典型猶在，多士其何以追前哲而挽頹風乎？夫禮賢育才、訓方型俗者，長吏之責也；申講論，嚴功課，俾有德有造者，師儒之責也；乃若禮讓行自貴，民風式於士，各論其宗族、鄉黨，俾蒸蒸然羣黎徧德者，諸縉紳先生與多士亦與有責焉。茲因紳士之請而書此，還期共勉以奏文明之治云。

統先後言之，其董事經費則王公材，其題捐姓名則另載，其地畧所至、租税出入則勒諸碑後。

按：此碑未見，碑文見於乾隆龍溪縣志卷二十四。作者金溶，順天大興人，雍正八年進士，乾隆十年任漳州知府。

二二七　著存堂記

著存堂者，七世叔祖養晦公棲神所也。公爲我大宗次房景元公六代孫，傳今百餘載，派下孫子約有數百餘人，振振濟濟，鄉巨族吝裔盛者不是過也。数十年來，孫子多有孝思者，協力儲積，滋息弘多，遂買長庚黄姓旧地，建祠祀公焉。祠去翠嶺咫尺，宇相望，聲相聞，所謂『爰始爰謀，爰得我所』者與？祠之建也，距今十有五年，憶昔晋主之日，曾從族人後登堂謁焉，時賓侯叔祖諄諄爲余言：『人生□□者，祖先耳。先是余伯兄弟姪雖創有些少祀業，然小宗祠未建，先靈莫妥，余之憂也。今幸鳴九創有茲地，余謀伯兄弟侄，勉措公□金四百兩，構此祠宇，扁曰「著存堂」，取「致愛則存，致慤則著」之義也。他時汝若有事於譜，當爲余誌之。』余當日應之曰：『謹遵之。』今□□□□脩譜之事，叔祖竟不及見。而養晦公子孫繩繩既俻載家乘中，□公祠宇獨不一語及之，因援筆爲之詳誌：

祠建長庚□□□近也；背負青山，依地勢也；周圍□以灰□，期其□也；中□□金□，欲其光明洞達也；内設柳條，屏蔽寢室也；前開大門，挹山川秀氣也；旁通耳門，便出入且殺煞也；内外庭除俱鋪以石，壯觀瞻也；左右架小屋各兩行，居以派下孫子，時洒掃、董香煙也。規制井井森森，凡皆孝思孫子所爲，無愧著存之義者也。嗣後族親能體是心以奉先人，則『是享是宜，皇祖福汝』之句堪爲族親咏之已。

旹大清乾隆歲在丙寅孟秋穀旦，七代侄孫際亨謹誌。

按：此碑未見，碑文見於榜山鎮翠林村乾隆翠嶺朱氏家族譜。

二二八　木棉庵至界碑記

木棉庵建自有宋，界址井然。近遭東山望族黄姓藉祖明初顯官，混出佔争。經住僧寬容控，蒙前縣主李着鄉保查稟，批准存案。往後倘藉地捨入庵挾制住僧，定行拘究。票銷，黄猶不悛。續經住僧、鄉耆公呈前縣主章，蒙飭鄉保勘覆、示禁，不許侵佔、盗培等因，各在案。本年三月内，黄姓復燃死灰，糾砍界内蔭松。復經僧寬容同鄉保以□□□砍等事呈，蒙署縣主李准查，繼蒙青天廉明本縣主太老爺袁照案拘訊，將黄重責，追償本價銀捌兩，給發住僧收領；復委廉明捕廳老爺陳，帶同兩造、鄉保勘明界定，歸還住僧照掌。詳蒙本縣主鈞批：『據詳已悉，此繳。』遵依繪圖、存文在案。誠恐將來復混，謹將斷結緣由公同立石，以垂永久。並將勘之至界開列於左：

本庵原址前至溪墘，後至大石外南靖路止，計壹佰參拾參丈；左至陳家山埔交界止，計壹百零貳丈；又就陳家交界丈起至黄家墓道碑止，計壹百壹拾丈；又就墓道起至庵右□頭宫外山墩止，計壹佰肆拾貳□。隨立石碑爲界。另山園壹坵，横肆丈，直拾貳丈；又山園壹坵，横陸丈，直拾伍丈。俱皆填註圖内，併取黄姓遵依存案。

乾隆拾貳年貳月　日。闔社鄉耆：陳應天、陳乃貞、陳維楨、陳光堂、王定阜、陳奇猷、王應輔、陳應春；鄉保：陳時春、陳世輝、陳光贊；仝立石。

按：此碑現存九湖鎮木棉村木棉庵。

二二九　重修浯江太宗祠宇引言

竊惟尊祖敬宗，首重立廟。廟者，所以聚祖考之精神，孝子順孫歲時伏臘拜祭，而致誠端在此。顧可聽其或存或亡，不思肯堂而肯構哉！我下坑太宗祠宇，自始祖六郎公肇基茲土，歷二十餘代，代有傳人。因海氛蹂躪，遭播遷，通島坵墟，鞠爲茂草。開復後，思振而興之不一，其人率皆就序輒阻。歲戊申，士寬姪首肩其任，集衆毛以成裘，凡鳩工庀材，井有條理。以貲薄費繁，草創後座，而前堂未及營建，蓋將有待也。瀌羈縻三山，歷有年數，丁卯科獲領鄉薦，豎旗廟宇。顧瞻之下，不覺愀然於中，而一刻難安者。蓋廟宇背震朝兑，夏日西斜，炎蒸直照，数厥几筵及欒柱、祭器等，頃俱以燥烈致傷；不蓋前堂，因以修葺後座，隨即傾圮不堪矣，將前功盡棄，寧能愈於未嘗舉事時而遺址僅存乎？

嗚呼！『莫爲之前，美而不彰；莫爲之後，盛而不傳。』爰顧士寬環闔族叔兄弟姪而告之曰：『同爲祖宗血脉，孰無仁孝之思？大凡作事，始基爲難。士寬倡始於前，已肩其任；踵其後者，易爲力矣。吾宗今日雖云式微，而統計丁口不下千，論家貲自數萬以至萬而千而百，所在多有。顧可諉其力之不逮，而坐聽其終於傾圮乎？所慮居處星散，難以登時定議。思欲播我族姓，凡有水源木本之思者，隨其力量，不計錙兩，不分支派，總以共襄厥成爲主。』時造丹霞，執此成議，商之南海公長房裔孫封君申圃兄，不覺踊躍奮興，願首捐百金，以爲通族倡。瀌聞是舉，無任懽忭，爰是弁之微言，爲我族中有孝思而立志興祖者布告焉。是望於踵而行之，惟我列祖在天之靈鑒觀而默相云。

乾隆十三年戊辰春三月望日，十九世孫瀌謹題。

按：此碑未見，碑文見於港尾鎮島美村浯江下坑陳氏世譜卷一。

二三〇 重修鄴山講堂碑記

鄴山峙漳柳營江之上，距萬松關十里而近，有明大儒石齋黄先生講學地也。山舊名蓬萊峽。曰『焦桐山』者，崇禎乙亥初名之，山殘破類爨下桐也；曰『鄴山』者，癸未載名之，山有石翁數輩離立蒼煙中，戌削清古，似鄴侯也：凡此皆先生自況。先生遇不及泌而道濟天下則一，故漳人從而名之焉。先生既死難，漳旋被兵，鞠爲茂草，所謂『與善』『三近』『樂性』諸堂咸廢，而選真之臺、逃雨之巖亦崩圮茀塞，數石翁躑躅失所依。蓋百餘年來，海濤江雲，晨夕異態，過客蕘豎臨弔而太息，卒未有議復之者。高密單君德謨分巡之次載，讀先生記，慨然謀興建。諗於漳人，踴躍而赴，徵工庀材，經始今春三月，迄冬十有一月，以次告竣。縻白金一千兩有奇，君與守令各出俸銀，而餘皆好義者所輸。在籍工部主事王君材暨員外郎林君編，實董其役。既成，將帥漳之人士講肄其中，而來請記。單君可謂示邦人以尚德矣。

明當正統以後，姚江、江門之説既行，士大夫同聲附和，無不祖金谿而集矢新安者。先生晚出，窮海之濱，獨能崇尚朱子，毅然以講明正學爲己任。其杖履所至，在浙則大滌書院，在閩則漳之紫陽書院，而最後憩於兹山。揭先聖賢見聞知之圖，撰講儀，具琴瑟鐘鼓，立監史，讀誓戒，獻酬歌詩，主賓百拜，四方問業之彦溯江而會者數百人，蓋禮樂彬彬河汾矣，何其盛也！先生爲學，觀天人之際，窮理盡性以至於命，生平所著入聖域、資治本者，其書滿家；而易象正、三易洞璣、洪範明義、詩表正、春秋表正，探索幽賾，張皇大中，讀者不能盡通其意。蓋其深思厚力軼前後鄭，極數知來同康節，而要歸於愛君憂國之誠；而必伸其崇正黜邪之志，則又合李伯紀、朱晦翁爲一人。嗚呼！先生當日以鄴侯自況，詎知論定之後，其道更尊於鄴侯有如此哉！

方先生立朝，直言諫諍，始彈烏程、宜興，繼劾武陵，批逆鱗，頻死者數矣。使稍從容以待時變，則出或不見斥，即斥亦不至受禍若是之烈。然先生甘之如飴，而屹不爲動者，其道然也。南豐之論顔平原曰：『義有不得不死，

雖中人可免。惟歷忤大奸，終始不以死生禍福爲秋毫顧慮，非篤於道者不能。』學者登其堂，讀其書，而睪然想見先生之爲人，亦可以知所自立矣。

先生門人從死者賴繼謹、趙士超、毛玉潔、蔡春溶，守講堂不去者魏習，收拾遺文者洪思；而同郡太學生涂仲吉論救杖戍，先生之陳少陽也。單君既祀先生於樂性堂，而以諸子風節足與茲山并峙，故祔。

單君丁未進士，爲尚書郎御史，有聲；漳守金君溶，大興人，庚戌進士，亦御史來領郡；龍溪令袁君本濂，阜平人：皆用循幹名七閩者，爲備書焉。

按：此碑未見，碑文見於乾隆龍溪縣志卷二十四。作者潘思榘，江南陽湖人，雍正二年進士，乾隆十二年任福建巡撫。

二三一　重建鄴山講堂記

從來事之興廢，迭爲乘除者也。其興也有自，其廢也有因。其既興而忽廢、已廢而復興也，總有數以主之，而藉手於人，以扶持補救於其間。明石齋黄先生，理學文章、經濟氣節，非特南閩冠冕，而天下後世群奉儀型也。昔嘗講學於漳郡東曰鄴山，時當道縉紳、四方人士環江拱聽者日以千艘。建『與善』『三近』『樂性』爲堂者三，嵸窿盤砥爲臺者五、爲壇者一，廣輪鱗櫛爲書舍者百有奇，歷歷可攷焉。日月幾何，荒烟蔓草，斷崖崩澗，故址已盡消磨矣。

夫有廢而莫之興，守土者之責也；前賢之芳規遺跡，聽其湮没而弗彰，亦都人士之羞也。戊辰夏，余自錢塘移巡漳南，省方望古，求所謂鄴山者，慨然爲興復之計。爰偕守令各捐廉俸以策鼛鼓，並告漳士大夫共襄厥舉，遂諏日啟基，鳩工庀材，仍其舊制，經始於季春，越孟冬落成。進子朱子暨先儒先生神位於堂，率僚屬人士行釋奠。禮成，諗於衆曰：講堂之廢久矣，今茲之興，固有天幸，亦先生靈爽實式憑之。倘繼起有人，登先生之堂，深仰止之思，以理學文章相砥礪，以經濟氣節相期許，將私淑無殊親炙，而在朝爲汝翼汝爲之碩輔，在野爲有體有用之真儒，則謂先生至今存可也。余於漳人有厚望焉！如云脩舉廢墜、潤色山靈，祇以娱騷遊之目、增登覽之勝，是亦羽客緇

流之結緣募施與祇園給孤等爾，又何關輕重之數哉！

按：此碑未見，碑文見於乾隆龍溪縣志卷二十四。作者單德謨，山東高密人，雍正五年進士，乾隆十三年任巡海汀漳龍道道員。

二三二　戴氏墳山示禁碑

唐戴公諱文達，墨溪十世祖也，仝陳氏合葬於峯蒼嶺朱家山。因族衆繁多，屢藉祔祖之名，盜葬私墳，邇年經議評、議罰明白，玆已重斷豎立神道。公議：嗣後不許各房孫不履行祔葬，如有故違，隨即會仝通族家房長起遷、重懲。謹勒碑石示禁，闔族孫子各宜凜遵！此諭。

乾隆十四年三月穀旦，闔族裔孫立石。

按：此碑未見，碑文見於薌城區天寶鎮洪坑村開漳戴氏源流。

二三三　郡侯金公惠政去思碑記

蓋聞德惟善政，政在養民，故爲政者，必無一人不被其澤，方爲浹髓淪肌，各得其所之妙然，非以仁慈爲念、惻隱爲心，未易勝任而愉快。郡侯金公，諱溶，字廣藴，號一齋，北直順天人，由賜進士出身授雲南道監察御史，剖符漳郡。甫下車，即以革弊興利爲己任，剔奸弭盗，不便於治者悉皆整飭，已政清而民和。新文廟，建賢祠，置義學膏火以課英才，行燕飲鄉賓以隆養老，凡有関名教者無不次第畢舉。漳之民，賣力買犢，咸敬有脚陽春者已五載矣。歲戊辰，漳中旱，自春徂秋，禾麥不登，斗糧三百，軍民交困，公急發倉貯以賑窮，瘠民賴以安。至于戎伍，統有攸属，□得稍緩，而仰體總鎮臺馬公挾纊投醪推恩之夙懷，亦罔弗加意軫恤。謂足民必先足兵，興師有紀而八政不廢，遂每兵量米一石之數給支，廪匱復継以錢，噢咻一體，無異比户編民。苟非以仁慈爲念、惻隱爲心，能若是澤被遍及耶？漳属戎伍方將翼戴靡極，玆奉特旨榮陞副使，觀察東寧。感公之恩，輒爲公喜；思公之德，右不忍

釋。其孔邇之愛，而借寇未由，徒深孺慕。用是謀誌不朽，請序於余。余溯公之德，莫得而名，而戔戔碑碣，寧不贅辭乎？弟與其殷殷懇摯之，誠有不能以言而盡者。爰誌甘棠數語，以勒芳徽，俾後之人覯斯石者，更興起於公之德政，而亦知鎮臺之推恩，不僅爲峴山遺事已耳。

賜進士出身、特授工部虞衡清吏司額外主事、治年家弟王材頓首拜撰文。

漳鎮中營：百隊：趙國興、方鐘、張淑、顏祖、蔡亨、陳秀榮、陳才、馬超、吳賜、葉海、蕭玉、盧傑、張必成、李寶、朱得、周耀龍、陳福、程孟、陳強、謝信、許琴柱、林黑、阮通、黄六、曾使、劉怡、陳滿、顏志騰、劉根、林連；大旗：許文英、莊錫、劉賞、許在、陳高興、陳河、曾携、陳傳；紅旗：石海壽、黄卯、余文澤、林環、陳元麟、石茂、蘓應□、李葉。

左營：百隊：廖成龍、盧祐、陳仁、陸得元、曾受□、藍明、董芳、蘇應琛、黄得安、柯素、柯約、曾助、林彥、唐泰、莊英、楊必勝、黄藍、蘓勝、林盖、鄭開、劉錦、盧集聲、魏恩、覃充、石強、曾志超、戴成功、鄭鼎、朱輝、林添、李西、唐興、黄長、陳捷功、王博；大旗：鄭耀、黄得興、黄尚爵、蘓萬、陳標、蘓大山、蘓天送、陳愷；紅旗：黄孝、林得功、戴雲、高傑、吳豸、陳得生、陸天送。

右營：百隊：楊全、黄功、陳有德、張榮、吳焕、王忍、吳宏、黄韋、林尚勇、黄連、石福、黄晋、張照、吳連、涂元龍、黄龍、林焕、羅天助、鄭敬、鄭桂、潘貴、王興、鄭乾、朱神助、劉福、鄒序、張琳、劉捷、陳鑑、楊賢王；大旗：黄遠、林佛、柯有成、陳琴、吕宰、蔡高、歐得生、鄭揆；紅旗：黄登銓、曾壯、昌統、吳國盛、蔡元龍、林招、王天禄。

城守營：百隊：蔡珀、王贊、蕭有德、王濟、康國璉、方連、李淵、邱連、劉大蒼、林晚、吳春茂、陳帝、梁有功、柯勇、鍾良謨、吳恩、吳富國、許力、許元麟、楊殿、馬興、吳世忠、魏學、江報、張允生、鄒福、林運德、袁遠、洪士俊、高擢；大旗：賴江、張佛、劉從雲、施倫、張喜、林容、鄭漢、王問茂；紅旗：柯周、李承恩、李

操、洪松、蔡賜生、黄坎生、洪榮。

乾隆十四年十二月穀旦，四營百隊兵丁等仝勒石。

按：此碑現存漳州市博物館。

二三四　武興宫緣田碑記（二）

后宅墻帯小池水，灌漑東至許宅田，西至鄭宅田，南至陳宅田，北至水圳。官丈后字十一号中田九分八厘四毫，時價銀三十六兩廣。乾隆六年正月，一置吴宅水田一段，大小弍坵，受種子一斗三升，坐落土名樓前洋，帯小池水一分，東、西、南俱至林宅田，北至水圳，官丈烏字廿二号中田五分六厘，又廿三号中田三分八厘，時價銀三十七兩七錢廣。乾隆三年正月，一置吴宅水田一坵，受種子八升，帯池水一分，坐落土名樓前洋，東至周宅田，西、南、北俱至林宅田，官丈烏宅十一号上田五分五厘三毫，時價銀二十二兩五錢廣。

乾隆十四年十二月　日吉旦立。

首事人：陳国器、高文宛、徐以文、高齊鳳、李全梅、黄士爵、陳士弘、陳通侯仝立石。

按：此碑現存薌城區石亭鎮烏石村武興宫，碑名爲編者加擬。

二三五　修石碼港南橋碑記

出石碼鎮之南里許，鴻江登第村落環港而居。港界溪澄，海潮上下，設石渠東折，經御史沈公里門，通衢閩粤。時或駭浪奔濤，踰阡越岸，道路載崩日圮，艱於行。鎮中耆老之惠等善信人也，廣求濟施，崩者脩之，圮者築之，砌石凡三十丈餘。工興訖百有餘日，縻金錢八十千有奇，厥事以竣。由是行道謳歌，履坦坦而遵蕩蕩矣。夫王政康莊大道，可驗其盛乎！方今聖治覃敷，民心向化，石鎮耆老、信士，既造津渡於前，復脩崩塌於繼，職事不言勞，

樂施無倦色，何吾鄉好善之多也！不可不記。因列諸名氏，勒於碑左。

乾隆辛未年，鎮耆老立。舉人、候補知縣錢廷欽篆額。

按：此碑未見，碑文見於民國石碼鎮志・藝文。作者陳天寵，海澄人，雍正八年進士，官至兵部職方清吏司主政。

二三六　浯江大宗祠宇落成記

鳳父樂圃公，尊祖敬宗之念有加無已，戊辰偕鳳到丹霞，與伯申圃君共数晨夕，談及大宗祠，有志振興而未逮。申圃伯亦毅然以百金爲首倡，爰弁數言以遍告族衆。孰意是歲虐於旱魃事，遂寢，將待庚午舉行。己巳中夏，父忽染重病，自謂凡事差可放心，惟重建大宗祠宇阻於歲歉，無以對祖宗於地下，言訖幾欲垂淚者。鳳等兄弟跪而泣曰：『倘有不諱，鳳等謹承父志於不墜，衆擎無難舉也。』六月棄世，終七後即揀擇吉期，在庚午三月興工。爰遍歷告，各房樂輸將近三百金，諏之匠人未敷其數，衆立一議：倘未完成時，族中有能助五十金者，許一主配享。遂辦木料，請衆工師，三月至浯起工。憶己酉蓋造後堂，援齋兄實董其事，茲強以是役付之。凡工師日用什費以及零碎出入之數，登記総理，並分派各房扛大砼石，所謂駕輕就熟也。往來漳、厦採辦磚瓦，買米以給工師，而財貸所由以出者，則禹敬兄其人焉。幸天假之緣，每瓦船到垵時即風恬浪静，杉木兩遭尤爲幸免，真咄咄怪事也。冬至日工師告竣，共費三百五十多金。嗚呼！吾父賫志以没年餘之際，輪奐聿新，門閭宏敞，得毋祖宗在天之靈默爲相之以成厥事也歟？

乾隆十六年辛未七月十九日，二十世孫起鳳誌。

按：此碑未見，碑文見於港尾鎮島美村浯江下坑陳氏世譜卷一。

二三七　重修田霞通廣巷橋路碑記

福鼎學正堂余□璧助銀肆大員。歲進士林諱長梅助銀陸大員。太學生蔡諱國福助銀肆大員。太學生陳諱信謨助銀貳大員。太學生信□號助銀貳大員。太學生周崇山助銀貳大員。歲進士林諱長福助銀壹大員。州左□林諱□□助銀一大員。太學生許諱符柳助銀一大員。太學生李諱聖徵助銀一大員。太學生葉諱宣□助銀一大員。庠生蔡諱□□助銀一大員。太學生余諱文炳助銀一大員。太學生葉諱宣□助銀一大員。□□□蔡元興助銀一大員。吴以□助銀一大員。周大成助銀一大員。周□豐助銀一大員。林廷遊助銀一大員。太學生高諱天祉助銀四錢。太學生江諱天福助銀四錢。蘓鴻駿助銀四錢。蘓廷俊助銀四錢。林志□助銀四錢。林振□助銀四錢。姚□□助銀四錢。迭必捷助銀四錢。許惟□助銀四錢。楊□祐助銀四錢。鄭永禮助銀四錢。□成號、洪龍□、□□號、聯□號、吴茂隆各助銀四錢。謝□助銀二錢六。太學生□□、□□□、□□□、林□、陳以僃、張喜旭、合源號、許□□、方邦彦、謝□□、□有□、□意□、蔡□萬、蔡國安、□□□、王連□、茂林號、黄世□、和茂號、劉士爵、洪廷爵、和瑞號、□□□、余韶□、柯廷□、熊□□、余□□、葉良貴、□和號各助銀二錢。

當事：鄭□□、□□□、黄建祥、王國達、潘開□、陳光□、黄嘉號。

乾隆十七年荔月吉旦立。

按：此碑現存薌城區新橋街道前鋒社區頂田霞社禹王廟。

二三八　重修柯氏祖廟碑記

霞嶼環水面山，固我祖覺定公從海澄柯坑而來開基者也。遡締造維艱，建祠堂崇祀，□自秉懿、朝逢、甫京公等已有□□，今六十餘載矣。歷年既久，不無風雨薄蝕，爲人孫子目擊關情，而倡重新者多有志未逮。惟有□孫鼎

藩與延荆，念祖情殷，慷慨向義，去年春共捐金爲族人先。爰鳩族衆興工，稱家題金□□錢，無論遠近，罔弗踴躍。至若董事矢慎矢公，則琪萼、必培、爲水諸人，有足多焉。功力浩繁，凡我族有欲晋私主、展孝思者，議每充銀貳拾肆兩以資作廟，其餘置烝田爲我時享祀貲。今者祖廟落成矣，僉曰：『此闔族共襄力也。』然要非鼎藩及延荆，孰爲倡始而更新？是二人者，因與秉懿等並有功于祖也，百歲後宜延入廟配享，於是乎藉石以言。

延荆出銀壹佰玖拾貳兩。鼎藩出銀壹佰伍拾兩。朝顯出銀壹佰員。延禎出銀壹佰員。鼎瀚出銀捌拾員。鼎憲出銀伍拾兩。鼎坦出銀肆拾員。國爵出銀拾貳員。挺茂出銀捌員。啟弼出銀捌員。朝鼎出銀柒員。憲邦出銀陸員。士琚出銀肆員。進甲出銀肆員。養純出銀肆員。天禄出銀肆員。啟焕、朝陳、增祥、啟源、國器、瑞卿、兆龍、士達、鼎輔、毓秀、士進、士傑、士倫、紹良、紹籙、子奇各出銀貳員。立朝、增壽、天定、開岑、延瑄、延遠、延祉、延瑶、天時、天球、天仕、天岩、延賢、志遠、延季、天職、鼎玹、進科、士良、天坦、天越、士彥、士恩、進閣、士高、長仕、長隋、文燦、琪鋭、琪英、紹征、琪崇、鍾靈、琪材、琪鍠、長春、長耀、愈焕、琪梧、養静、基業各出銀壹員。闔族每丁出銀貳錢。

乾隆十七年季秋穀旦，闔族仝立。

按：此碑現存白水鎮下田村下尾社柯氏宗祠。

二三九　霞林林氏祀田記

典云『有功於民則祀』，凡功在民與功在族，其道相同；又云『有田祭，無田薦』，是祖須祭，祭須田，置田之功不可没也。我祖惠齋公，元末由浯洲入南溪而家霞林也，世代延綿，家聲稍振。我穰公，弘治年間登明經，爲大尹；常新公，爲王府長史；辰暘公，登辛丑進士；起潛公，登己酉賢書。繼而遊庠食餼者，濟濟多士。惜乎播遷星散，自□復以來，禮制未備。茲七房翠宗公暨妣甘孺人入所饗配，將私置田種四斗充爲祖廟蒸嘗，納粮收税，族人

主之。季冬之月，許翠宗公派下孫子就當事領錢八百文，爲元旦俻席祭祖之需。祀與年新，碑垂不朽。顧後人嗣續擴增，則追遠報本，愈昌愈熾矣。

一田三坵，受種四斗，俱坐楓林橋河下，带本户田三畝八分八厘三毫五絲。

乾隆十七年歲次壬申仲秋穀旦，闔族公立。

按：此碑現存東園鎮新林村霞林社林氏追遠堂，碑名爲編者加擬。

二四〇 霞林林氏義創嘗田記

公諱見龍，萬曆己酉科舉人，任汝州太守，義創嘗田記：

余叨祖宗默佑、先人教澤，弱冠登賢書，九上春官，難博一第，乃俛受汝州。值流賊、飛蝗漫野蔽天，三年之内供億浩繁，經理焦劳，甚至寢食俱廢，遑問囊槖蕭然。喜上臺体亮，正荐一，旁荐二，意覃恩荣封，不負一經課子之望，豈虞詔使荣封方城。王抵汝時，幾二鼓矣，離郵門，就館舍，中途暴雨傾注，透濕馬上衣服。然此天也，非人也。盛怒弗回，大計從中下石，遂致降級。嗟嗟！一官傳舍，荣封難冀，深爲恨耳。目擊世界，誰爲撑持？甘隠逸以自老，安淡泊而若素。歲時拜謁高、曾、祖廟，祀典雖存，如礼誠難。追惟卜居霞林自惠齋公始，此鼻祖也。祀典久湮，神主無棲，予用是愴懷咨嗟，豈前仕達之人頓忘水木之念哉？明經穰公涖邑甫三月，甲科辰暘君作宰僅二載，創建義亲，端有俟於後人矣，予思將誰讓焉？第大宗鼎建，關亲族命脉，必得吉地，方可須徐以啚之。若嘗田創置，義不容姑待。

乃用銀拾七兩置本地沙园二坵，又用銀一百五十二兩置龍湾田種九斗五升，充始祖及二、三世祖蒸嘗；又用銀三百四兩置甘埭田種二石四斗，充東皋、忠肅、狷菴、竹軒四祖蒸嘗。庶妥侑有資，先灵用慰。未幾海濱多亂，所供浩費，始祖嘗田不得已而暫廢矣。嗣後世界反覆，此外加賦，重以三歲旱荒，瓶罍交罄，停祭不足供無秇之求，

益以稱貸，費東皋公貯銀十八兩五錢，與高祖、狷菴公祭田八担、銀十七兩，又田六担、銀十八兩，猶曰世變使然。最可謗者，曾祖竹軒公培植荔枝，遮蔭本坟凤水，無端漸姪舍生業從戎，行復向背靡當，貽累親屬。姑荷銀改脱，先砍荔枝九株，賣銀九兩，尚存荔枝十四株，典銀二十九兩，以了此債。予用是心傷矣，予用是思苦矣。乃祷告皇天并境主李大司馬，早賜太平，屡降豐年，庶已賣之田得以再置，所典之業得以取還，義舉克成，孝思賡彰。是爲記。

余所置甘埭嘗田，歲荒賦重，恐緣是廢棄，乃收佃理納。候稍定，仍前輪祭。此田共銀三百四兩，内撥一百四兩與竹軒公充嘗，又撥一百兩與狷菴公充嘗，又撥五十兩與忠肅公充嘗，又撥五十兩與東皋公充嘗。當年之人，就銀分税，誠爲至便，并記。

乾隆十八年臘月穀旦立。

按：此碑現存東園鎮新林村霞林社林氏追遠堂，碑名爲編者加擬。

二四一 嚴禁丐夥肆横憲示碑

奉本縣主示禁勒石：

特調漳州府龍溪縣正堂紀録一次記功三次許，爲丐夥肆横等事：

據二十六都烏石保居民王忠貴等呈稱：『北□□坑頭有丐院一所，住宿丐夥，多係手足強健之徒。又分二夥，一住草亭观音庙，一住烏石亭观音庙。日藉丐横乞，偷雞盗狗，夜則聚宿庙宇，褻神污穢，踐踏田园五穀。每遇鄉間有吉事婚慶等事，横索錢文，多則數千，少則數百。不饜其欲，則招群引類，擁門炒踏。而阻葬一節，更爲累逆。壙穴開成，則令二三丐子跳落壙内，其餘數盡在外嚷索，付錢如意，方肯唤出壙内之丐子，以聽下柩，否則延過吉時，搶奪牲醴。所以抬葬之人，有錢忍受索騙，無錢者忍受阻辱。前年，臺下快手余振葬嬸烏石保，被丐林厚索□錢一千二百文，示禁在案。本年六月内，烏石社居民林賜被丐洪仲郎、楊仲偷窃花布，搜獲忿討，截途毆辱搶奪，

橫行肆志；現蒙出票差查，而丐首鄭綏忿賜□禀，恃其丐院踞在本都路頭，爲衆社入城之所必經此途，此初六日復截林賜忿詈。□等俱係本都農民，平日被其偷窃之殃，茲又目擊其截途毆搶之横。至其吉凶逆索，此又遠近之所共相切齒者。合情相率備呈，叩乞恩示嚴禁，併着差驅逐烏石亭、草亭二處丐夥，以安民人，沾恩切呈。』等情到縣。

據此，除出差驅逐外，合行出示嚴禁：『爲此示仰二十六都烏石保諸鄉保、丐首人等知悉：嗣後草亭、烏石亭等處，不許聚集流丐，騷擾居民。如係本地殘疾乞丐，□□養濟院，丐首□居院内約束；其餘□索流丐，立即嚴查驅逐出境，該鄉保、丐首仍先出具，依法繳查。倘敢仍前容留，致滋騷擾，許該地居民指名赴縣具禀，以憑立拏，依法治罪，仍將不行約束、驅逐之丐首、鄉保一并重究。各宜懔遵毋違，特示！』

□□□爲再申前呈，以嚴禁逐，以求明示：『□□庙□□□丐夥，多手足強健之徒，□住草亭观音庙，又住烏石亭观音庙。日乞鄉間，窺伺窃取；夜宿庙内，穢褻神明。每遇人家有吉凶事務及祭掃坟塋，横索飯食不等，横索錢文多則數千、少亦數百。不饜其欲，則招群引類，擁門炒踏。而阻葬一端，更甚□逆。壙穴開成，則令二三丐子跳落壙内，其餘在外嚷索，付錢如意，方肯喚出丐子以聽下柩，否則延過吉時，搶奪牲醴。所以抬葬之人，富足者忍耐索騙，清淡者忍受阻辱。前年有臺下快手余振葬其叔嬸，被丐林厚索錢一千二百文，□准示禁在案，然越歲事潛。本年六月，居民林賜被丐楊仲窃取花布，既經搜獲，仍被丐夥忿截毆搶。貴□□□僉呈金批，准即出示，分別禁逐外，蒙給告示二張，又在案。然發草亭一示，鄉保匿而不掛；發烏石亭一示，隨掛□□。視在二處之丐夥，尚踞而兇之，横索犹□。因思禁逐丐夥非明示不嚴，而明示張掛非勒石不永，合情相率備呈，叩乞□□□太老爺恩賜明示，并准勒石以嚴禁逐，永安民人，沾恩切呈。』□□倉房□邱景，原差鄭純，原禀余□。

乾隆十八年八月初二日給。□批准即出示分別禁逐，二十九日批准勒石示禁。

具呈人：王忠貴、高六、陳□明、吴□□、高得、高佳、陳鼎□、□□□。

按：此碑現存薌城區石亭鎮烏石村武興宮，碑名爲編者加擬。

二四二　嚴禁惡丐抗橫憲示碑

奉本縣主奉督憲准勒石示禁：

（一）

特調漳州府龍溪縣正堂加二級紀録一次又紀録二次許，爲恩併示禁事：

據二十六、七都〈下缺〉大亨、陳景忠等具稟前事，詞称：『顯等□□□二十六都茶園保□□，緣本都烏石保有流丐聚□□□行肆乞盜□□畜，經烏石保保民林賜等呈控□□□逐示禁，顯等茶園保與烏石保毗臨接界，而流丐逃入保內，日夜聚宿□□，肆乞盜捕，擾害保民，□逐莫何，有□地方，合情稟明，□乞□權□□，庶保務得清，小民得安。』等情到縣。

據此，案□□據林賜具告，併王忠貴具呈〈下缺〉洪□□□處外，茲據具前情，合行嚴禁：『爲此示仰二十六都茶園保該鄉保、丐首人等知悉：嗣後凡有□□□□驅逐出境，不許在于保內棲宿廟宇，強乞騷擾；每遇民□婚姻、喪塟以及演戲□醮等事，概不許〈下缺〉擾害居民。倘敢仍前索擾，許該鄉保、居民拏解□縣具稟，以憑盡法究處。倘鄉保、丐首不行約束、驅逐，一併重究。合宜凛遵毋違！特示。』

乾隆拾捌年拾月　日給〈下缺〉發二十六都茶園保北斗社掛諭。

（二）

特調漳州府龍溪縣正堂加二級紀録一次又紀録二次許，爲惡丐抗橫等事：

據二十六都茶園保居民黃□□、□懷國、陳進賢、紀□□等具稟前事，詞稱：『□□□位□茶園保□家耕種，廛非莫染，禍緣此□□□院有丐首鄭綬□集丐夥，多係手足強健流棍，互相□夥，多則數□，少則數□。每遇鄉間吉凶事故，無論貧富，各執木拐、鉄錐□□□門，橫索錢文酒飯□□如□□□然強逆，人人□忿。本年拾月內，經本

都烏石保居民王忠貴等赴臺呈□□□飭逐，仍給示勒石嚴禁在案。邇來□□□保□得□□□□右此保與敏等茶園保，然保□蒙驅逐，詎丐首□□□行招引，日間□丐遁入敏等茶園保内，□□强乞，横行無忌。夜間在新亭、草亭二處潛宿，仍行偷竊。此種□□□□村農之鉅禍害何□□兹〈下缺〉督憲送臺出示嚴禁□□王忠貴等示稿，合情相率□□叩乞俯恤民瘼，恩准照例飭逐丐，給示勒石嚴禁□□□□安寧，闔保戴德靡既。』等情到縣。

據此，經批准勒石示禁，如果有精壯丐棍恃强横索滋擾者，許爾等鳴衆□□□□嚴處。至鄭綬一犯，仍候□□□□□拏究外，合行示禁：『爲此示仰二十六都茶園保該鄉保士民人等□□□□新亭、草亭二處，凡有流丐，盡行驅逐出境，不許在于保内聚集滋擾。倘敢仍前潛宿，每遇事故輒行□擁强□，□爾等鳴衆綑縛、押解赴縣，以憑稟决究處。該鄉保如敢狗縱□□，並處不貸。各宜凛遵毋違！特示。』

乾隆拾捌年拾弍月　日給，發茶園保北斗社掛諭。

按：此碑現存薌城區石亭鎮北斗村輔順將軍廟。

二四三　重建仰和宫題刻

大清乾隆甲戌歲葭月，僧遜夫募衆重建。

按：此題刻現存榜山鎮南苑村花亭社仰和宫。

二四四　重修大宗祠宇題名記

『新廟奕奕』，頌美閟宫。夫鳩工庀材，黝堊丹漆，費綦浩繁，各抒孝思，隨量共成之功豈淺尠哉！謹登名額，用式來兹：國學生、勅封儒林郎國禄出銀壹百兩。鄉飲賓應珪出銀貳拾大員。禹勵出銀伍大員。國學生廷章出銀拾大員。貢生永賢出銀伍拾兩。禹敬出銀拾伍大員。永耀出銀壹大員。國學生德盛出銀拾貳大員。貢生峻明出銀貳拾

大員。謹齋公派出銀伍拾兩。思浦公派出銀叁拾兩。國學生世隆出銀貳拾伍大員。瑞雲出銀拾大員。東嶺派出銀貳拾大員。副貢生起鳳出銀肆大員。

乾隆乙亥年闔族仝立。

丁丑冬至，南海公長房派國禄捐貲拾貳大員，贖回海稅，歷年按数徵收，充祠宇費用。

按：此碑未見，碑文見於港尾鎮島美村浯江下坑陳氏世譜卷一。

二四五　募建四合宮中軍府碑記

窃謂皇朝定鼎之後，瘟疫流行者多，下民受殃者不少。荷蒙王恩慈憫，代天巡狩，□□□□，保國安民，民沐鴻恩。是以錦水之東、石鎮之西，爲合四方，建立王廟，名曰『四合宮』。緣及癸酉科，瘟疫復行，該年鼎主黄正好總理，鄭□永、林□□□募衆祈□□旦夕祈禳，保境寧家。中軍爺威靈〈下缺〉告同心募建中軍府。兹已告竣，合將善信施捨緣資勒石。

鄉大賓□□□、儒林郎洪□□、信士黄正□各捨銀捌大員。候選縣盧□□、太學生王文輝各捨銀叁大員。信士王□道、張重玉、郭□龍、□□光、莊□□、盧□□、蔡世□、□□□、陳金□各捨銀弍大員。方□宗、□□□、張□奮各捨銀□大員。黄□□、陳立□各捨銀壹兩。

太學生黄以□、太學生黄□澤、太學生陳開泰、太學生陳廷標、太學生高□修、郭應鳳、□天耀、陳榮祖、張□觀、徐石生、陳次修、太學生林□元、太學生黄銓、蔡德應、□芳□、勸緣張□玉、□□方、首□盧□□、林□□、協□郭□□、曹志道、信士□綱元、嚴正□、許德□、謝啓綸、陳□□、邱光遠、康國勇、□□□、陳登□、□□□、□□□、陳□□、周國盛、黄建□、徐光□、黄□龍、周□□、黄□忠、張□觀、□□□、林□□、張□□、黄□□、□□□、黄士□、蔡月光、蔡士明、王和川、黄明□、張英□、黄正邦、歐文巧、沈□□、□□□、

張□□、□□□各捨銀壹大員。

信士林長□、郭應端、陳□□、□□□、吴求禧、王士弁、盧□觀、張文愽、沈西觀、陳□□、□□寵、蔡仲西、□□□、曾□□、□□□、陳□□、林士元、李□□、蔡□□、陳□□、□□□、□□□、陳國珍、□長□、□□□、□□號、□□□、陳□□、□□□、鄭□□、鄭振宗、周國忠、戴世輝、□□□、許□觀、李勝鳳、黄振國、陳□宣、盧瑞□、張□、陳傳芳、黄□□、□□□、□永□、潘□□、□□□、黄必□、□□□、□□□、林□□，信女歐觀娘、□□□、□□□，信士陳順章、吴□心、林□□、□國□、□天應、張文□、阮世卿、黄□英、吴元桂、鄭廷□、黄□□、黄□□、張文□、□□□、陳朝□、鄭方□、□□□、□□□、□□□、□□□、黄□邦、□□□、許□□、□□□、□□□、□□□、□□□、□□□、□□□、周文□、□□□、□□□、□□隆、蔡□芳、饒丁、□□□，信女□□□、黄□觀、□□□隨娘、□□□、張文□、□□□、□□□，各捨銀□□員。

乾隆弍拾壹年歲次丙子孟春月穀旦。

按：此碑現存石碼街道解放西路四合宫，碑名爲編者加擬。

二四六　水道流通功德碑記

漳之西有官港者，原自渡頭走河，直達康山、西磘、上墩、下埤、田下、洋坪、金峰、山頂等處，水道流通各社，民田賴焉。茲丁丑仲春旱，惟西磘荒埔截水。僉呈本縣主陶公，批送贊政梁公勘覆，捐金三十員，契買此埔，寬三弓，直十五弓，開引水道，使其官港上下流通，向灌民禾。現配課一分二厘，公征。詳提案斷，誠陶公、梁公盡心溝洫之惠政也。從茲萬頃沾焉，誦甘棠者徧漳西也。故勒石以垂不朽云。

乾隆二十二年二月　日勒，林吟观撰文。

耆老：吴永观、魏興观、林吟观、顔清观、陳賢观、陳龍观、吴楚观、吴太观、顔順观、吴填观、吴洽观、吴撰观、吴祖观、林答观、吴侍观、吴送观、陳明观、楊聳观、黄海观、林福观、林興观、黄求观、林昂观、黄岱观、許賢观、陳博观、吴鶴观、王合观、魏允观、陳艾观、黄尚观、洪表观、李喜观、顔秋观、吴登观、黄純观。

按：此碑現存薌城區通北街道西洋坪村五通宫。

二四七 鹿陽宫重修廟宇碑記

信士鄭鴻捷捨銀二十大員，鄭廷贊捨銀十二大員，鄭修爵捨銀四大員，鄭應試捨銀一兩二錢，鄭大典捨銀一兩。庠生鄭化龍捨銀一大員。信士鄭秉礼捨銀一大員。信士鄭□成、鄭良魚、鄭應瑄、鄭元吉、鄭廷□、鄭士達、鄭秉忠、鄭有光、鄭衍□、鄭秉位、鄭秉衡、鄭□理、鄭大春各捨銀一中員。

董事：鄭鴻超捨銀一員，鄭□□捨銀二員，鄭日祈捨銀六員。

乾隆二十二年花月吉旦立石。

按：此碑現存東園鎮茶斜村鄒岱社鹿陽宫。

二四八 金鰲楊氏募積蒸嘗碑記

金鰲靈山，標名已舊。其地聳起三峰，逶迤遞下，邱壑歷落，有七星墜地之形焉。當宋末我始祖天浩公自黄塘開基于此，蓋五百餘載矣。初居山后社，再傳福清公，讀書好禮，精地理，擇鰲山之前，山朝水會，古産名人，族類繁衍，然祖祠尚未建置。迄明清鼎革時，廼索鰲峰公一進地立廟。又數十載，再求説公前進地重盖，馨香俎豆始垂不朽。時蒸嘗有缺，祀事維艱，以前人所未逮，而後人宜紹述者也。今裔孫數澤、圣寵、邦彦、元義、弘猷、啟忠、一邁等聿追祖德，協力招募，而我房衆向義捐輸，納五百餘金，俾當事者創置蒸業，照例收管，以充祭費。事

成爰勒貞珉，用垂永久。至次房裔孫尚未捐題，俟其賢達者自爲招募，以與我長房共成報祖盛舉云。

總兵官諱啟忠壹百陸拾大員。太學生名揚一百大員。太孥圣寵叁拾陸大員。耀東、鄉賓繼春、文耀、長和各叁拾大員。鍾瑞拾捌大員。集義、志敬各拾弍員。庠生說公拾大員。景厚、賢郁各拾大員。鼎玉公、明夏、鳳林各陸大員。景美、光轉、賢文、錫仕各伍大員。庠生敷澤、鄉賓鴻挺、弘猷各肆大員。爾榮、鴻昌各叁大員。志遠、啟騰、定納、正春、恒雲、壽官紹武、著勇、望朱、著仁、廣澤、明周、明修、弘業、鴻祥、澤祥、太學生登墀、庠生復各弍員。

乾隆弍拾叁年秋月穀旦，長房裔孫公立石。

按：此碑現存白水鎮金鰲村楊氏大宗祠。

二四九　重興鳳田嶽記

鳳田嶽廟由來舊矣，重修非一次。茲乾隆戊寅年，住僧什洲見瓦木漸壞，延請五社耆老議行重修，又命其徒綿勤敲梆募化，一時社眾忻懽趨事，而遠邇樂善君子捐金施捨。不特舊廟巍焕，舉從前基址未築者概行興造，蓋浩廣巨觀也。良由嶽帝尊神靈赫福善無疆，故樂施者眾，得以聿觀厥成，從此妥神靈、安士庶，永永無極。爰紀功德，用垂不朽。

賜進士第、工部虞衡清吏司主事王材敬撰。賜進士第、兵部職方清吏司主事陳天寵敬書。

特授督糧總捕、駐鎮石碼分府加三級紀録六次德克精額捐銀伍兩。

特授中憲大夫、湖北鄖陽府正堂加四級紀録三次王文裕捐銀伍兩。

恩授中憲大夫陳崇盈捐銀捌拾貳兩。

特授中憲大夫、廣東雷州府正堂加五級紀録七次陳文倬捐銀肆拾大員。

太學生黃錫璟捐銀捌拾貳大員。勅授儒林郎、候選州司馬陳文海捐銀肆拾大員。歲進士馬文炳捐銀貳拾肆大員。太學生周汝品捐銀拾陸大員。太學生黃錫璜捐銀拾肆大員。覃恩誥授奉政大夫洪維屏捐銀拾貳大員。歲進士、例封文林郎謝建仲捐銀拾貳大員。原任浙江金華府永康縣正堂、待封翰林院庶吉士陳華國捐銀貳大元。鄉進士、截選縣正堂錢廷欽捐銀貳大元。太學生林克元、太學生曾世□、太學生林樹德、太學生陳伯恭、太學生蔡元鴻、太學生何人齡、太學生沈文煥、太學生張靖紹、太學生錢崇柏、太學生沈文耀、太學生鄭天長、太學生楊國賢、太學生鄭求禧、太學生陳開泰、太學生陳清標、太學生郭朝彩、信士周賽光、信士錢時澤、信士盧賢翊、信士黃傳九、信士洪大煥、信士阮儉□、信士陳世隆、信士黃爲纘、信士楊士傑、信士李恭芳、信士李建光、信士姚秉伯、信士陳嘉億、信士黃芳瑞、信士周兆祥、信士周際和、隆盛行、廣順行、聚芳行、□遠行、廣成行、捷興行、捷源行、東源行、恒盛行、□□行眾弟子、□料鋪眾弟子、春萬鋪眾弟子、□□鋪眾弟子、煙房眾弟子、太□碼□弟子各捐銀貳員。

按：此碑現存嶽嶺鳳山嶽廟。

二五〇　重興鳳田嶽題捐碑

敕授儒林郎、候選州司馬陳文海孫監生陳學寬、學智捐銀陸拾大元。信士劉大任捐銀伍拾弍大元。太學生宋邦儒捐銀肆拾大元。庠生黃逢春捐銀叁拾大元。太學生周名耀捐銀弍拾肆元。誥封奉政大夫曹世芬捐銀弍拾大元。貢生江纘捐銀弍拾大元。貢生高錦花捐銀弍拾大元。太學生周際輝捐銀拾陸大元。吏員何爲禮捐銀拾陸大元。歲進士盧文煌捐銀拾弍大元。太學生盧達圭捐銀拾弍大元。吏員陳簡侯捐銀拾弍大元。監生陳日秀捐銀拾弍大元。庠生葉士功捐銀拾弍大元。太學生葉開秀捐銀拾弍大員。太學生陳大猷捐銀拾大元。太學生陳士英捐銀拾大元。太學生陳

祖純捐銀拾大元。即用同知林錫光捐銀拾大元。太學生周先進捐銀八大元。庠生蘇肖峰捐銀八大元。太學生柯火輝捐銀八大元。

石鎮專防廳潘捐銀六大元。太學生陳標相捐銀六大元。太學生高璜观捐銀四大元。太學生陳泰亨捐銀四大元。太學生曾照观捐銀四大元。太學生蔡志芳捐銀四大元。太學生林廷琅捐銀四大元。太學生張士豪銀四大元。太學生何□哲捐銀四大元。太學生何吉録捐銀四大元。太學生木德新捐銀四大元。州同知吴修观捐銀四大元。太學生吴國盛捐銀四大元。監生鄭元鈐捐銀四大元。中憲大圾陳漢亭捐銀四大元。庠生陳萬吉捐銀四大元。鄉大賓周克臧捐銀四大元。庠生高士縉捐銀叁大元。太學生高瑞捐叁大元。太學生林天階叁大元。太學生林國琳叁大元。大理寺蘇邦光捐銀式大元。太學生黄樹藩捐銀式大元。太學生廖大椿捐銀式大元。太學生林寮观捐銀式大元。登仕郎高名府捐銀式大元。庠生陳鶴齡捐銀式大元。太學生黄良偉捐銀式大元。太學生陳浩观捐銀式大元。太學生蘇廷英捐銀式大元。太學生朱邦勳捐銀式大元。貢生陳玉瑜捐銀式大元。職員余次山捐銀式大元。歲進士黄福观捐銀式大元。庠生許宜昌捐銀式大元。庠生康石观捐銀式大元。國學生張宗典捐銀式大元。庠生洪廷輝捐銀式大元。信士鄭國賢捐銀式大元。周際陽捐銀叁大元。何孟真捐銀式大元。

勸緣：庠生曾文瀾、庠生許瑚、國學生張國欽、太學生黄九五、高相观、洪燕卿、黄士國、黄元棟、高儼然、高九观仝勒石。

按：此碑現存嶽嶺鳳山嶽廟，碑名爲編者加擬。

二五一 重興鳳田嶽題捐碑（二）

太學生周邦型捐銀拾員。信士黄世輜捐銀拾員。信士鄭國汘捐銀拾員。信士鄭集奇捐銀拾員。太學生周啟謨捐銀陸員。庠生高殿元捐銀陸員。翠林社鄭弘德捐銀陸員。太學生謝芳培捐銀伍員。太學生謝芳城捐銀伍員。太學生

周宏緒捐銀伍員。太學生周宏沛捐銀伍員。太學生周邦才捐銀伍員。太學生謝永恭捐銀伍員。庠生張志英捐銀三兩伍錢。鄉大賓許德夫捐銀伍員。鄉大賓許順亨捐銀伍員。太學生朱維榜捐銀肆員。太學生鄭宏捐銀肆員。太學生張士銘捐銀肆員。庠生陳奇確捐銀肆員。太學生謝廷獻捐銀肆員。太學生陳龍輝捐銀肆員。太學生洪一疏捐銀肆員。太學生黄盛宗捐銀肆員。太學生鄭夢桂捐銀肆員。太學生陳崇榮捐銀肆員。太學生黄以崑捐銀肆員。太學生許登宇捐銀肆員。太學生黄文炯捐銀肆員。太學生張元哲捐銀肆員。太學生江琦捐銀肆員。太學生黄日麗捐銀肆員。太學生江欽捐銀肆員。信士佘文漢捐銀肆員。信士周天貴捐銀肆員。信士莊開璜捐銀肆員。陳平社衆弟子捐銀肆員。太學生嚴錫爵捐銀三員。太學生鄭啟文捐銀三員。太學生趙孟江捐銀貳兩。信士林芳俊捐銀叁員。信士黄浩洲捐銀叁員。

信官林興泮、歲進士鄭植純、州左堂郭汝超、太學生許廷宦、太學生郭朝輔、太學生曾佳珻、太學生潘耀塏、太學生方遠清、太學生沈天樞、太學生李文振、太學生潘良傑、太學生黄錫玲、太學生康世雄、太學生郭嗣謹、太學生江應爵、太學生洪國泰、太學生嚴麟祥、太學生吴宗江各捐銀貳員。

庠生曾聖訓、庠生曾瑛、庠生周名□、庠生郭從龍、庠生陳世禄、太學生黄錫琨、太學生黄澄河、太學生謝應錦、太學生鄭天瑛、信士□□球、信士林開盛、信士潘元春、信士吴日光、信士陳登俠、信士黄登廷、信士陳錦田、信士曾必佳、信士曾佳瑜、信士方文輝、信士姚遇興、信士周良□、信士周元苞、信士陳大奇、信士周哲光、信士周淵源、信士周李梓、信士鄭妙奇、信士黄時忠、信士黄正昂、信士陸國成、信士黄錫瑱、信士林佛賜、信士林明□、信士黄光瑚、信士黄錫麟、信士黄豐居、信士黄宗意、信士周邦彩、南山社衆弟子、信士聯順號各捐銀貳元。

石橋社衆弟子、信士徐□觀、信士黄世莅、石碼衆鮮魚店各捐銀貳員。

按：此碑現存嶽嶺鳳山嶽廟，碑名爲編者加擬。

二五二　厚寶曾氏蒸嘗碑記

曾氏祠宇舊有祭田，以供禴祀之費，自明以來廢置屢矣。越至於今，存者無幾，年之歲事則以房分輪流。庚辰歲，爲英等倡議，宗廟之事，以敬爲主。我族支分派别，碁布星羅，萬一參差不齊，則非古人重祠敬祭之道。廼先事豫爲之謀，鳩衆合議，有力者請各捐金，稱厥物力，不拘多寡之數，用以廣置祭田，其有志未逮者則俟諸異日。人心無不踴躍思奮，不崇朝而輸金以兩數者七百有三十。蓋水木之思，自有不能已也。事成，欲勸來者於無窮，乃將捐金之人悉如其數書之，勒之貞珉。觀乎此，孝弟之心可目油然生矣。後之日，必將有體吾祖宗慈愛之心、建置義田以惠一宗之人而效文正者矣，固不特此已也。詔雖不文，故樂爲之記焉。

裔孫梅友拜書。

維炳銀壹拾兩。元銘銀壹拾兩。元錦銀壹拾兩。元鐘銀壹拾兩。光戎銀壹拾兩。秉訓銀壹拾兩。大□銀壹拾兩。石□銀壹拾兩。應心銀壹拾兩。應時銀肆拾兩。叔玉銀貳拾兩。富義銀拾伍兩。兆鳳銀拾陸兩。日敬銀肆拾兩。爲大銀肆拾兩。爲英銀肆拾兩。長源銀壹拾兩。長皓銀壹拾兩。鳳池銀壹拾兩。廷璣銀壹拾兩。用佐銀拾伍兩。光寵銀壹拾兩。長朗銀壹拾兩。呈祥銀壹拾兩。長煥銀壹拾兩。國賢銀壹拾兩。元仁銀壹拾兩。用賓銀壹拾兩。祉源銀壹拾兩。以俊銀拾伍兩。用休銀壹拾兩。用熙銀拾伍兩。用德銀壹拾兩。國柱銀拾伍兩。克順銀壹拾兩。上蘅銀叁拾兩。存璉銀壹拾兩。繩祖銀拾伍兩。希仁銀壹拾兩。克類銀拾伍兩。上蘭銀貳拾兩。天蕙銀壹拾兩。希聖銀肆拾兩。希全銀壹拾兩。克捷銀壹拾兩。鳴琴銀壹拾兩。希睿銀壹拾兩。紹祖銀貳拾兩。好禮銀壹拾兩。光耀銀壹拾兩。

旹乾隆歲次庚辰瓜月穀旦。

按：此碑現存浮宫鎮厚寶村厚寶社曾氏孝思堂。

二五三　郭氏節孝坊題刻

〈匾額：〉欽旌節孝，賜祀節孝。〈龍鳳牌：〉思恩。

清乾隆庚辰冬吉，爲郡庠生方啟化妻郭氏立。

〈柱聯：〉『賦重栢舟弱年天志存心紀，綸褒荻畫大耋承恩表母儀。』

〈柱聯：〉『節凛冰霜六三載風凄雨苦，榮標柱石億萬年地久天長。』

〈柱聯：〉『猶賴誥書堪訓誡，誰云藜藿不承歡？』姪日高頓首拜。

按：此牌坊現存榜山鎮崇福村圓明庵前。

二五四　重修丹霞書院及威鎮閣碑記

郡東南隅，於六子之位爲巽，於象爲文明。顧其勢稍窪陷，陰陽之所蔽虧，不無藉於人功之補救矣。萬曆六年，太守羅公青霄、司馬羅公拱宸即城爲基，架閣其上，額曰『威鎮』，與西北之威鎮亭對峙。遭海桚而閣燬。乾隆二年，太守劉公良璧重建，砌石爲址，層纍而上，高六丈有奇，崇窿巀嵲，欲接雲漢，文明之象至是而煥然矣。復意文峯既植，必有應象而興者，乃相閣之旁地，廣可數畝，圍百十弓，爲書院，中祀朱子，院面雉堞，附堞建魁星樓，右爲半月樓。後太守金公溶搆講堂、書舍，觀察張公復擴一區，置樓其上，經營措置可謂周詳。顧地爲郡城名區，花晨月夕，選勝者多臨眺於此。地既廣而道復四達，遊踪雜遝不可遏絶，潛脩者病焉。余屢欲限之以垣，而力有所未暇。

歲丁丑，雷震威鎮閣；己卯復震，而閣遂有旁風上雨之虞。余思及時不葺，久且潰而難擎也。爰斥俸鳩金，取舊閣而脩之，加以髹彤繢藻，復並及書院規制之未備者。於講堂右更建一堂，額曰『海濱洙泗』，前後增書舍數區。院之前有堂可數十畝，爲築石岸以防水之嚙蝕，而終繚之以女墻以障内外。董其役者，爲主事王君材、進士鄭君蒲。

既竣事，不可以無言，乃進諸生而告之曰：『郡自朱子過化以來，名賢碩士蟬聯踵接，其親受業而得其心傳者，莫如北溪。考郡志，北溪上趙寺丞移學書中，有形勝及關鏁風氣、龍臂虎臂、天融地結之説。蓋相陰陽，觀流泉，古之人已行之，雖大賢大儒不以爲誣。然則閣爲文明之位，不可以廢，其説有合於北溪所云高明正大之功，非徒形家之趨吉求祥已也。爾多士生當先儒誕育之區，復值聖世文教休明之日，當必思自奮，爲繼往開來之彦，則北溪之讀書格物、下學上達，其則不遠，可尋繹玩索而得其指歸，以期於内聖外王、有體有用之學，固無事余之諄諄矣。』

按：此碑未見，碑文見於乾隆龍溪縣志卷二十四。作者蔣允焄，貴州貴筑人，乾隆二十五至二十八年任漳州知府、三十六至四十年任巡海汀漳龍兵備道道員。

二五五　三官堂樂捐緣田碑記

澄邑三官堂奉祀三官佛祖，由來久也。遠近士庶，靡不沾恩。緣香資有闕，以崑等爰是〈下缺〉升半，付住持之人逐年妝祖，以爲朝暮燃點燈燭之資。庶幾香〈下缺〉日久湮没，樂善弗彰，因議勒碑，以志悠久。是爲序。

一，田一坵，受種子三斗二升半，坐在□内前洋埭字三十二号〈下缺〉坵，受種子七升，坐在□橋□。一，田一坵，受種子五升，坐在蓮池。

謹將樂捐姓氏開列于左：

太學生黄諱以崑捨艮七十三大員。信士阮天福、阮永莊、曾士侯各十兩。太學生黄諱日麗二大員。信士江一布、江一智、陳麟觀、蔡文璣各一大員。

信女郭好娘三十兩，林瓈娘六大員，姚誦娘四大員半，黄彬娘、陳秀娘各四大員，郭樂娘、王招娘、沈錦娘、林豔娘、黄躍娘、黄純娘〈下缺〉。

大清乾隆二十六年辛巳冬十月吉旦。

按：此碑現存海澄鎮五社村三官堂前殿，碑名爲編者加擬。

二五六　鋪路功德碑記

有紀鋪捨銀八大員。太學生蘇光義捨銀四大員。職員林□今捨銀三大員。紀□□、王安溪、劉在友、王愈馥、洪文耀、陳國□、范世宗、陳振只各捨銀□員。太學生邱長菁、林福玲、張自珍、王大謨、蔡成宝、洪□□，太學生黄集成、蔡世豪、林□成、李耀陳、蔡大漳、宋□□、劉恕宝、蘇子成、洪登臺、劉承烈、□妙观、洪□□，太學生邱長芳、豪忝領、許建楝、吴有文、郭然麟、林□□、黄志修、黄栄瑞、陳只耀、許承謨、林二晟、吴□□、蔡建程、傅鍾仲、蔡應观、曾起祥、陳養桂、黄□□、余耀廷、許世馮、江明維、洪士圻、蔡永昌、洪□□、許宝观、謝黄埕、劉三益各捨銀一中員。吴志□、王大訓、許日德、陳□渾、劉洪观、程〈下缺〉。

董事：黄承昌、蔡白观、黄培观、陳逸观、洪鴻观、陳泠观、洪惟观。乾隆二十六年辛巳□月。

按：此碑現存海澄鎮内樓村許前社景福宫。

二五七　修建天后宫碑記

國家懷柔百神，功德秩祀，而濱海之地精靈肸蠁首惟天后元君。謹按神本傳：莆田人，父巡檢愿，生神於湄島。少有道術，不茹葷血，比長嘗衣朱衣飛翻海上，里人祠，雨暘輒應。歷宋元明庇民護國，神功赫濯，代有封號，迨國朝加封天后。蓋洪波兀浪中表靈著績，由來久矣。余庚辰調守臨漳，肅詣神祠，湫隘窪仄，詢之，則前觀察單公、郡侯奇公、邑令許君擴之，未竟厥緒，爰進紳士襄其事。撤前門爲繚墻，以隔市棼；買祠左民舍，建爲官廨，爲楹十有三，寛稱是。塌者砌之，污者堊之，祠後静室則穹梁深濠而架搆焉。於是齋宿之所秩如，行禮之地廓如，司香火者退息之處燕如。經始於庚辰初冬，落成於辛巳季夏。其朝夕庀事者則諸生蔣國祥等，實終始不懈。

洪惟我國家定鼎燕京，帝眷與宅，左天津而右滹沱，襟帶諸流爲經絡，效靈四瀆。曩余直史館，佐修一統誌書，考定山川陒塞、經涂里差，九閩疆域在大河以南、江湖以東，而漳尤極徼，地濱海島，生斯土者多以海爲生。毋論漁鹽之利，凡命吏、經商，必張帆鼓枻，測候汐潮，歷歲時於汪洋巨浸，咸歌利涉。雖曰中國有聖，湲夷效順，鯨波弗揚，亦左右驅除，神與勷相焉。是神之崇報宜隆，而漳民之奉神竭誠，制以迓衡鴻庥，而邀美報也寧有涯哉！禮曰禦災捍患、有功德於民者列在祀典，神之謂矣。余下車伊始，先有事於神祠，上承昭報之誠，仰答靈貺之孚，喜觀厥成。爰詳其先後經營之事，勒諸貞珉，以紀其盛。其同事姓氏，並列於左。〈下缺〉

按： 此碑未見，碑文見於乾隆龍溪縣志卷二十四。作者蔣允焄。

二五八　重修漳郡關帝廟碑記

凡廟將以妥靈而揭虔，則其制不可以不式於程度，而其脩墜而振圮者不可不以其時，况關帝爲羣廟之所先而典禮之最重者乎！帝之俎豆累百世矣，而我朝置崇祀尤隆，始錫帝以『忠義神武』之號，復褒及三代、晋公爵，歲春秋二仲月及五月十三日致祭，文武官每月望日詣廟行禮。此而廟貌不崇窿，將何以肅具瞻而昭禋祀耶？

漳郡關帝廟在開元寺西偏，建於萬曆丙子，歷今百餘年，旁風上雨，漸就傾頽。商之龍溪令吴君，解俸入爲之倡，而邑人之倚帝爲垂恩儲祉者，莫不踴躍争輸。於是鳩工庀材，經始於八月，越十月而告蕆事。中爲殿堂者三，其旁篠前後二區，則歲時將事者之所息焉。木石堅好，丹堊絢麗，繡桷金鋪，軒楹連延，廣脩崇深，過者莫不怵然生其寅畏嚴恪之心。蓋至是而廟乃與典稱也。

竊思帝之正氣，日星昭而河嶽奠，雷霆震而風飈馳，固已彌濩乾坤、充塞宇宙；而禦災捍患，時著靈貺，其昭明肹蠁之應若桴鼓，蓋即其正直忠義之精爽之所陟降而無乎不在，固非徒式凴於几筵榱桷之區區者。然則昭事之忱以其致力於神者成其民，亦不僅對越之頃之有質臨之者矣。

時董其役者，紳士鄭蒲、孫必升、陳飛龍、吴登培、何錫麟、郭文熠等，例得與書。

按：此碑未見，碑文見於乾隆龍溪縣志卷二十四。作者蔣允焄。『龍溪令吴君』宜燮，乾隆二十五至三十年任。

二五九 長生堂記

漳多慷慨尚義之士。際兹承平之世，略洽重熙，四民安享樂利，數十年來廢者舉、墜者修，文物規制燦然美備。而經營創建關于生死之大者，惟育嬰、長生二堂。育嬰之建始于官，其出入經費官主之；長生之建始于紳士，出入經費厥惟紳士主之。稽建堂之由，肇自雍正四年，公同施棺，乏厥會所，周君泓出募，同人襄斯舉。其地則陳君國禄所購，值千金，請收值之半，復捐白金，施爲堂所。土木之費浩繁，嗣君飛龍捐貲，協力募緣，以成其績。其他聞風捐輸，不論多寡，裒集以爲出，閲五載有奇。鳩工集事，則周實總其成。

余奉命來守斯土，耳悉其事，已心識之，因履其地。繞水面山，堂廡秩如；周以垣墻，果木森如；住僧供奉大士，色相莊如，積棺待施充如。始嘆所見勝厥所聞，爰贈以『渡世慈航』之額。夫利濟之術多矣，苟力不從心，亦有無可如何之處。斯堂之施棺，先事庀材，牢實堅緻，予者無吝心，受者有德意。亦可見慷慨尚義，漳土淳風，而慈祥惻怛之誠，感人深而移人至也。

按：此碑未見，碑文見於乾隆龍溪縣志卷九，碑名爲編者加擬。作者蔣允焄。

二六〇 新建龍神廟碑記

國家考正祀典，於風雲雷雨山川之神設壇以祭之，其儀禮掌於太常，頒之令甲，非典者莫敢干焉。夫以出雲降雨之司而祀之如此其隆，則凡可以若雨暘而贊生植者，宜皆爲制之所及矣。考廣雅及風俗通，一稱雨師名屏翳，一稱雨師名元冥，而抱樸子獨云龍號雨師。然則龍與司雲雨者之分與合，不可得而臆，而其澤民浴物則一也。晋佛圖澄

詣滏口祠祈雨，有二白龍降於洞下，雨徧千里。稽之往籍，龍之有功於人爲甚鉅，而其神爲甚靈。我朝雍正六年，詔天下立龍神廟。蓋雲雨爲天地之氣，不屋而壇之以達陽；龍爲神靈之精，則有物與象，屋而廟之以棲陰：制宜如是也。

乾隆丁丑歲旱，民千百睢睢盱盱，仰天而祈甘澍，余率僚屬齋潔虔恭，設壇於社稷壇之左而祝告之。有頃，靈風襲衣，雲氣彌濩，甘霖洊沛，淪郊浹廛，維時龜坼之地流膏，萎槁之禾再翠，神人胥洽，歲用有秋。前之睢睢盱盱者，一變而熙熙皞皞，以遊以嬉。余與二三有位之君子思有以順民情而荅靈貺也。乃即設壇之所建廟以祀之，費出於捐鍰及民之樂輸者，縻白金千有奇，巍基雕礎，文陛危垣，崇閎脩拱，稱神棲。

自蔵事以至今茲越五載，無旱乾水溢之患。民切切私語，謂廟祀合於禮，故至誠感乎神；不知此非余之所能召致也。聖天子和陰陽，調玉燭，休嘉之氣彌濩寰區，而神亦遂宣豫導美，以默贊我皇猷。將自今以往，甘霖疊沛，如古所稱行雨、穀雨、時雨者，應候而施，則神之俎豆與風雲雷雨山川諸壇壝並垂永永矣。爰盥手礱石，以紀神庥。其董役紳士鄭蒲、吴元輝、李國焕等，勞勩皆可書也。其捐助姓氏，別鐫碑陰。

按：此碑未見，碑文見於乾隆龍溪縣志卷二十四。作者楊景素，江南甘泉人，官至兩廣、閩浙、直隸總督。於乾隆十八至二十三年、二十七至三十三年兩任巡海汀漳龍道道員，初任時建龍神廟，再任時作此文。

二六一　修埠頭功德碑

太學生林諱如川、石仕炳各助銀三大員。庠生陳諱久哲、石國柱、李士焜、黄向榮、陳象琛、馬士芳各助銀一大員。載石陳大任助銀伍錢三分。

庠生陳諱青雲、黄克昌、蔡邦傑、蔡邦佐、林如鈺、蔡邦橑、張日華、甘國楨、謝步吉、馬孟鳳、吴登漢、曾其盛、張日茂、施廷祖各助銀一中員。

鄉賓劉諱登仕、蔡邦仕、黄克順、江智觀、馬孟元、甘國忠、辛正嚴、林維錢、李士煒、馬孟碧、甘世英、蔡

廷貴、馬士爵各助銀一錢八分。

浦南船王安溪、陳國邁各助銀一大員。利源助銀一中員。

董事：庠生陳諱久哲、蔡邦佐。乾隆二十七年蒲月吉旦。

按：此碑現存海澄鎮豆巷村十八間社。

二六二　林氏祖廟祀田碑記

物本乎天，人本乎祖，故營建祖廟、創立祀田，皆尊祖敬宗，爲事之大、孝之屬也。若璥亭林先生，其有見於此乎！先生祖居海澄之嵩嶼，迺祖奉政公因海氛徙居郡東，積善行仁，教子若孫悉以詩禮傳世。是以先生金玉五人，孝友儉勤，家道漸以殷實。先生志存顯榮所生，恭逢聖恩，貤贈二代，人争艶之。及涖晋陽汾郡假歸，偕迺兄虛翁襄建祖廟於漳之府前街，所祀自太封翁以上至肇基祖，各建立祀田、店屋以爲春秋享祀，更立書田，勉子孫力學。嗚呼！先生慮云遠矣，孝云達矣。世豈無資財數倍之者，然私其利、華其屋、逸其志、奢其行者有矣。即念及所生，能盡若是之規模深遠、孝思真摯，垂世孔長者乎？且後之人悉佩義訓，善承長者志，雖千百世下，可卜其能尊祖睦族，以大擴其孝思。若先生者，可以風矣。賀其成，書以誌。

賜進士出身、工部虞衡清吏司主政、姻年家眷弟王材頓首拜撰并書。

一，買過黄家店屋一座，共四進，坐落東門外打紙橋頭上第二間，坐北向南，全年税銀柒拾兩。

一，典過蕭家店屋一座，七架毗連，大小共二間，坐落東門外迎恩保覃恩賜爵華表外，左邊第三間，坐北向南，全年税銀壹拾捌兩。

一，買過盧家山園二坵，受種子一斗五升，與鄭家對半均分，每分得種子七升五合，坐落北門外西塘岸，土名後壁山。

一，買過林家山園，大小共五坵，受種子四斗三升，坐落北門外西塘岸，土名後壁山，全年共税銀貳兩。
此四條，載入家廟肇基祖及奉政大夫瑞文公，爲蒸嘗祭掃墳墓之資。二房輪流收税辦理，週而復始，以垂永久。
一，買劉家店屋一座三間，帶右邊私巷路，今改造店面三間、屋一間，另大埕屋三間，每間各四進，直透至港，坐落東門外迎恩保六榜文魁華表下，坐北向南，全年税銀共玖拾貳兩。
一，買鄭家店屋一座三進，帶後埕，坐落六榜文魁華表下第四間，坐北向南，全年税銀叁拾伍兩零。
一，買郭家店屋二間，坐落府前直街西邊第十三間、十四間，坐西向東，全年税銀貳拾陸兩。
一，買梁家店屋一座，坐落府前直街東邊第十七間，坐東向西，全年税銀陸兩。
一，買陳家田一段十二坵，受種子一石四斗二升五合，坐落十二、三都桂林社，全年税粟肆拾陸石壹斗肆升。
一，買徐家田一坵，受種子一斗，坐落桂林社，全年税粟叁石貳斗。
一，買王家山園一坵，受種五升；林家山園一坵，受種二斗；許家山園二坵，受種一斗五升；李家山園二坵，受種二斗：俱坐落西門外廿一都張郭李保柯厝山，全年税銀肆兩零。
此七條，載入誥贈奉政大夫諱玉繩公，爲蒸嘗祭掃墳墓及派下子孫讀書束金、紙筆之資，五房輪流辦理，週而復始，以垂久遠。其祭品、祭器詳載在簿，正上下交接。
已上數條及買地建祠，共費銀壹萬餘兩。公銀用壹千叁百伍拾兩，長房孫一鵬等出銀五百兩，次房孫長興等出銀貳百兩，三房孫長顯出銀壹百兩，四房男瑛出銀壹千肆百壹拾兩，其餘之銀皆五房男瑶所出也。
另買陳家田十七坵，共受種芽六石五斗八升，坐落十一都許藍頭，價銀壹千叁百捌拾壹兩，全年税粟玖拾捌石零，係瑶獨置，獻爲玉繩公書田。派下子孫有進文庠及中科甲者，付其執掌，逐年收税納糧，以爲讀書膏火及鄉會試之資。後有人再進中，照分均分，而捐納出仕并進中武途者不得與焉。如未進中，積貯再建可也。
大清乾隆二十七年十二月穀旦公立。

按：此碑現存漳州市博物館，碑名爲編者加擬。

二六三　重興扶摇關帝廟碑記

長房：卓孫出銀拾貳員。厚孫出銀拾貳員。初孫出銀陸員。奪孫出銀肆員。穆孫、餐孫、賢孫各出銀貳員。靄孫、盛孫、良孫、物孫、忘孫、檻孫、光孫、熊孫各出銀壹員。别孫、延孫、鐵孫、鳶孫、述孫各出銀壹中員。

次房：賞孫、建孫各出銀貳員。儼孫出銀壹中。

三房：佳孫出銀拾陸員。湛孫出銀拾貳員。湧泉出銀拾貳員。廣孫出銀叁員。球孫、檀孫、昂孫、衡孫各出銀貳員。旺孫、葉孫、謙孫、統孫、克昌各出銀壹員。聯孫、聰明各出銀壹中。甕瑶派共出銀拾貳員。

四房：秦孫出銀貳員。

總理：卓孫、湛孫、厚孫。協理：聯孫、志孫、胤孫、初孫、先孫、熊孫。

乾隆貳拾柒年桂月吉旦勒石。裔孫鳴玉書。

按：此碑現存龍文區郭坑鎮扶摇村關帝廟。

二六四　贖回上張祠地碑記

我祖宋進士、龍南宰兼僉幕府事惠齋公暨子巖公開基嶺鳳，□□推官崧公自嶺鳳遷居槐浦上張，遺有祠屋一座，帶護屋，東至許家墳□，西至許家牆圍界，南至山嵌上媽廟路，北至官路爲界，歷四百年，無有失墜。遷以後，興建未遑，近被不肖子孫陳福、陳漢、陳節、陳養、陳建、陳強等串同族□陳□侯即陳懷盗賣，監生曾郁文等培墩。陳富、陳滔、陳賜、陳高、陳增等□□廉明縣主太老爺王，票着陳英育、陳如圭、陳子萌等族房查覆。郁文等□願聽贖回；緣崧公孫子不能備贖，僉願將地充作惠齋公暨巖公□□公宗祠；育父振文、圭父志開鳩族公議，就惠齋公

派下計丁科派□□□業經銀契交明，呈官立案。蒙批：『陳福等盜賣祠地，本應拘究，既經□□□贖回，姑從寬息銷，各遵依。』附卷謹勒貞珉，以垂永久云。

巖公派下：東野公孫子科錢叁拾陸千。太諒公孫子科銀伍拾員。壹舉公孫子科錢拾貳千。景壽公孫子科錢陸千貳百。景福公孫子科錢伍千貳百。

崧公派下孫子科錢貳千捌百。佐出銀貳拾員。波出銀拾叁員。富出銀拾貳員。□□出銀捌員。滔出銀伍員。高出銀貳員。溢出銀肆員。

乾隆貳拾柒年復月穀旦，闔族公立。

按：此碑現存東園鎮鳳鳴村嶺後社陳氏崇本堂。

二六五　重興鳳山嶽碑記

州同知黄弘綸妻、例贈安人林氏捨銀肆拾員。旌表節孝歲進士黄錫端妻許氏捨銀叁拾員。信女黄門陳氏捨銀貳拾員。信女黄門錢氏捨銀貳拾員。信女黄門鄭氏捨銀拾員。信女黄門鄭氏捨銀拾員。信女周門邱氏捨銀陸員。信女周門楊氏捨銀陸員。信女卓氏玉娘捨銀陸員。信女黄門方氏捨銀肆員。信女黄門朱氏捨銀肆員。信女黄門許氏捨銀肆員。信女黄門郭氏捨銀肆員。信女周門黄氏捨銀叁員。信女周門林氏捨銀叁員。信女黄門鄭氏、信女黄門王氏、信女黄門張氏、信女黄門吴氏、信女黄門林氏、信女黄門鄭氏、信女黄門嚴氏、信女施門黄氏、信女林門郭氏、信女藍英娘、信女洪旭娘、信女曾益娘、信女嚴静娘、信女陳卿娘、信女莊□娘各捨銀貳員。

黄田：信士陳奇琛捐銀伍員。信士蔣尚忠捐銀肆員。信士陳奇茂捐銀貳員。信士陳奇瑞捐銀貳員。信士陳必魁捐銀肆員。信士沈尚居、信士陳必元、信士陳必昌、信士郭維鳳、信士陳必松、信士陳兆欽、信士陳兆鼇、信士陳兆允、信士陳日煌各捐銀貳員。黄田衆弟子捐銀伍員。

柯坑：祖覺靈、覺定柯公裔孫等捐銀壹拾貳員。五甲弟子捐銀拾員。
徑口：信士黄興仁捐銀貳員，信士吴文德捐銀叁員。
後塘：信女高門劉氏捨銀叁員。信女高門錢氏捨銀貳員。信士高國瑾、信士高國祚、信士高國禮各捐銀貳員。後塘衆弟子捐銀陸員。
征頭：太學生歐陽均捐銀貳員。太學生歐陽俊捐銀肆員。信士歐陽侯捐銀貳員。太學生歐陽倬捐銀貳員。信士歐陽德齊捐銀拾貳員。信士歐陽仲捐銀貳員。信士歐陽登科捐銀貳員。征頭衆弟子捐銀叁大員。
蘭馨：庠生劉炯龍捐款銀肆員。庠生劉輝光捐銀肆員。庠生劉宗茂捐銀肆員。
西面：信士李元億、信士李元福、信士李元德、信士李登岷各捐銀貳員。西面弟子捐銀拾員半。
董理募化弟子：張元哲、潘崑琛；董理募化弟子：黄澄淙、林世美。
五社勸緣耆老：蔡朝杰、陳奇才、陳必捷、柯維機、李明勢、黄邁□、劉元傑、洪□章、劉□綸、歐陽□、黄登芳、歐陽堅、劉廷桐、李良張、高仰文、高士勉、李元侊、黄紹程、潘國隆、程昌祚、李元億、沈其升、楊長秀、蔣尚忠、陳必元。
住持僧什洲，弟碧洲、妙開，化主徒綿勤。
乾隆貳拾柒年歲次壬午仲秋之月吉旦立。

按：此碑現存嶽嶺鳳山嶽廟，分爲兩塊，碑名爲編者加擬。

二六六　朱文公祠重興碑記

雲洞岩爲漳東名勝之最。宋子朱子莅漳時嘗遊焉，書『溪山第一』四字於石。明蔡鶴峰先生隱居斯山，於敞處建仰止堂，崇祀朱子，講學其中，名其地曰『霞陸雲丘』以見志。海氛，祠宇遂廢。康熙初，鐵山陳先生議興，未

果；黄君在謙成之，并捨梧橋河租；唐君茂毓又捨丹洲渡税，以爲春秋祭費，其功尚矣。歷年既久，祠再傾圮，朱子祠位移祀於霞窩，因陋就簡，數十年來未有議復之者。乾隆壬午冬，黄君秉義、連君宗英倡議修建，都人士欣然從之。計費白金四百又奇，越月竣工，於是堂宇焕然復新。夫欽大賢之芳踪，繼昔人之盛舉，知斯山之所取重者，不徒形勝之稱最也。用紀其事，并勒樂義姓名，以勸來者。

賜進士出身、江西崇義縣知縣巽亭黄寬拜撰。

大清乾隆二十八年歲次癸未三月穀旦立。

按：此碑現存龍文區藍田街道蔡坂村雲洞岩。

二六七　重修龍泉橋路牌記

□□社章諱開盛助銀拾貳大員。□□□陳諱光喜官助銀捌貳員。官天福鄉大賓朱諱維茂助銀貳大員。朝天宫太學生謝諱光國助銀壹大員。朝天宫蘇諱邦仁助銀壹大員。朝天宫林諱豐泰助銀壹大員。東崗蘇諱世用助銀壹大員。三公庙高諱王喜助銀壹大員。柯奉官助銀中員。盧進官助銀中員。顔有容助銀中員。鄭伯官助銀中員。林明音官助銀中員。楊相官助銀中員。蘇長官助銀中員。林成宗官助銀中員。曹九姐官助銀中員。廖輝官助銀中員。藍寶官助銀中員。蘇振宗官助銀中員。洪箓郎、楊壯观、石天送、黄周观、林集老、高高老、柯瑞華各助銀壹錢八分。李侯老、朱聰明、陳福全各助銀壹錢。

乾隆廿八癸未年二月立。

董事：李侯老、黄周观、石天送、林章雲、柯瑞華、洪箓郎、楊杜老、僧波騰謹白。

按：此碑現存薌城區浦頭港浦頭大廟。

二六八　岱仙岩康長史牌記

大仙者，莫詳始末。按淳祐漳州府志云：

唐時有中丞黄公碣，每朝退，於衢市見賣藥者身貌堂堂，意其非常人。揖而問焉，曰稱姓康，居清漳圓山之下。黄公曰：『他日或至，當相訪。』後數年，黄爲東南運糧使，發船安南，止於漳舘。問左右圓山康長史家所在，曰：『山即是，康之家則不知。』黄公心念不已。暇日，驅馬徑造山下，覩一祠宫，瞻仰神像，宛如長安所見賣藥之容。公始驚知向所遇者，此也。因禱曰：『某之凡心，不知久遇神仙。今遭運安南，委帆俟風，惟王稍賜陰贊，得早善達。他日倘爲半刺，當廣廟宇以報。』後果如願。至乾符中，黄公典郡事，首拜祠下，欲以俸錢移祠山椒。一夜，月明如晝，當直防城使陳僚夢神人身着羽衣，手提綵囊，稱姓康，授以詩曰：『賣藥因循未得還，却因耽酒在人間。有心只戀琵琶坂，無意更登山上山。』遲明，僚以詩聞於公，遂不復移，乃即舊宇增廣。表上其事，敕封西岳康皐王之廟。黄公有詩云：『西望圓山十里賖，却因相訪問琵琶。而今天子封侯廟，昔日神仙賣藥家。』

至宋熙寧七年，宣封通應侯。宣和四年，敕賜昭仁廟。紹興十二年，增封康濟侯。慶元六年，增封昭護侯。嘉定乙亥，鄉卿孫公昭先重作廟門。紹定戊子，孫公少子廣東提舶叔諧與奉議姚東即故址而鼎新之，又請田於郡，以給繕營之費，攝守湛籲爲之記。

侯之靈隨叩隨應，而於功名一事尤驗。且工於詩，每降筆以授人，或感於夢。先是，定肅顔公師魯未第時，嘗題詩於廟曰：『古木陰森夾道隅，千年廟貌一峰孤。如何未叶公卿讖，爲問山靈已嘯無？』及既貴，班聯侍從，侯和其詩曰：『昔年佳句榜堂隅，佩服名言德不孤。雲水不移山不老，公卿今日有還無？』府城南龍亭樓及東門各有祠，遇歲大比，求詩禱夢者接踵。其東祠宇，郡守章大任撥發院租入焉。

淳祐志所載如此。今俗每以正月二十八日爲大仙生日，未知何據。又俗所稱康王者，或云大仙子耶，亦未知然否。

明旬龍趙懷玉原額，清霞東黄檠敬述。

乾隆甲申年端月，田中社陳元正重修。

按：此木牌現存九湖鎮圓山岱仙岩寺，牌名爲編者加擬。

二六九　東興宫題捐碑

北極大帝，神靈赫濯，親擇廟地，併懇石碁二口。誠恐后人藉公爲私，混争角較，公議立碑，開載捐銀人等姓名，以杜不□偏私等弊。

林時雄、葉維梧、曾天錫、錢廷業、葉開元、李石珥、曾國權、林晃桂、林時通、李騰鳳、曾天璋、林時牽、高尚勇、林時達、林日輝、林日耀、太學生李諱騰駿、李勝茂、李勝寅、郭金聰、鄉大賓林諱時進、葉維禎、鄭王佛、太學生王諱世清、錢廷玉、太學生李諱騰奮、林國珍、林時維、林時傑、李騰蛟、李騰鵠、林國琦、錢彭萃。

乾隆二十九年正月穀旦置。

按：此碑現存紫泥島溪洲村東興宫，碑名爲編者加擬。

二七〇　邑侯王太老爺断毁壩洲功德碑記

蓋聞耕桑安堵，閭閻興杜母之歌；子弟田疇，草埜播公孫之頌。惟鴻慈沛爲膏澤，斯感激發于謳吟。天臺恩膏涣汗，德政流徽。鋤奸衛良，起黔黎於衽席；興利除弊，躋化域於春臺：所謂民物均沾者也。圭海通邑，攸關水利，概東、西、南三隅保户，居民萬家，田畝萬頃，全賴西、北二溪淡水灌溉，以甦民物。適被本邑洪住、洪仲、洪愷、蔡□、蔡選，生員洪瑾，監生洪佐、洪正、洪清等，交通溪監林君寵即林昂，在于鎮遠樓之東北港中築洲，漏仔洲之大□坣泥填築五壩，鹽潮泛溢，淡水壅流，貽害課命，關係匪輕。闔邑齊民，籲蒙移送糧廳主方，勘覆蒙訊，遂

□林昂、洪住等遵依甘結，押令滅洲毁壩。至林昂所築壩岸，准掌五丈，其餘以沙積泥埕，不許藉佔生端，遵斷在案。嗣後西、北二溪一帶港口至海門，不許勢豪藉礁捏墾、佔築圍洲、填壩壅淡。俾淡源流通、課命有獲，成見青天廉明、鴻恩浩蕩。第恐法久弊生，利己勢豪不無覬心復萌，爰誌天恩，永遵禁革，利濟萬民，功德無邊。謹誌。

縣主斷後，林昂復套劣夥溪監姚元遠、姚吟，仍串洪瑶、洪西、蔡胆、李海等，控情越瀆分府憲張，行縣勘訊。隨蒙縣主親勘再訊，詳蒙憲批：既經勘訊，姚元遠所控掘壞洲壩，即係縣斷林應折處所，何得抗匿越控？保長許粹芝胆敢捏圖混覆，俱屬藐玩，本應提究。但念姚元遠已擄俯首認罪，□折遵依，許粹芝應予責革。均照議發落，完結可也。詞案繪圖並存，合並登載，以示越控情罪。

東隅耆民：曾道隆、許開濱、洪述、黄定邦、陳光輝、洪神恩、許志通、洪理、洪志勤、蔡志相、林日偉、蔡廷蘭、許正、曾興宗、林起鵰、洪鍾祥、許之蘭、曾聯□、許永隆、洪教、甘天瑞、洪草、洪廣、程應、曾化凰、曾伯瑜、洪海、洪邁宗、曾秉正、許興隆、黄堯如、王匡華、陳世喬、洪友同、許天遠、劉長光、吴敦、蔡順仁、林隆、鄭傳茂、蔡朝容、曾公宗、許時發、蔡紹祖、吴世俊。

西隅耆民：黄添瑛、蘇如賢、蘇長茂、高士達、陳廷煌、蘇和、蘇天應、鍾初升、王國武、蘇鳴臯、黄錫瑜、李國傑、蘇元璜、潘通、王世隆、王元勇、何文晃、蘇若瑶、王振宣、陳若擢、陳文、王佐燾、林其青、蘇若珠、蘇成美、王元朋、鍾振洛、蘇志俊、黄時忠、蘇若璋、黄良求、蘇元麒、潘開泰、黄成餘、鄭景元、蘇志億、顔秉進、蘇士俊、鍾皕東、蘇榮秀、王紹三、黄金生、王廷佐、陳伯祥、蘇君珻。

乾隆二十九年二月　日，生員許承恩，監生林起朋、許軫、許士。

按：此碑現存海澄鎮月港公園。

二七一 雲盖寺緣田碑記

大檀越主候選分州郭諱支寧，明買水田伍斗，大小肆坵，坐址鄭坑内，東至坑，西至田脚，南至自己山脚，北至坑口，四至明白爲界，帶租糧銀叁錢捌分陸厘，喜捨雲盖寺，付僧納糧耕作，永爲緣田，功德無量，福禄聯長。

雍正拾弍年端月　日吉旦，寺僧智融立石碑記。

第一代重興雲盖寺僧智融和尚，康熙壬午年自己私置田種伍斗，坐在太平洞口，配列位禅師祭祀。

乾隆甲申年重興雲盖寺，住僧定糸等立石。

按：此碑現存浮宫鎮田頭村雲盖寺，碑名爲編者加擬。

二七二 公立祖祠經費碑記

凡族之聚近數百人，則庶務繁而經費不可不立。蓋上殺、旁殺，吾同姓所以收族合宗，爲事既殷，而姻婭婚媾、異姓與吾鄰並者，請謁往來，爲數不少。是以内之爲親，外之爲鄰，紛賾雜投，不可無以待之。余嘗嘆古者宗法行，人無私財，有則俱歸宗子之家；凡共大宗者，死生疾痛、冠婚喪祭皆受裁于宗子。而其時行野婚姻，人皆任恤睦姻，無復憂所謂逼處者，即有之而權統一尊，因應裕如，亦不庸問經費盈縮也。自後世宗子之法不立，各私其有，同祖父兄弟有故，相視若秦越，人之肥瘠無論小宗大宗也。是以患難死生茫不相問，毁巢敗子恬若不知，問其所以然則以母爲解而已。夫人俱以母爲解，此而不有以通其窮，人道幾于禽獸矣。

余宗人在蘭莊、林墩、田中央者，頗憂及是，嘗集族中賢者，醵百金爲舉本，收其贏而息之，十年得本數四焉。蓋將以尊祖敬宗、安内攘外，使事變之來，不至費出無資，貽劉氏羞也。獻歲廿日，叔夔、叔琴、兄芳遇余曰：『不佞輩德不足化人、財不足合衆，族中事無若子弟澆薄者，向深思備預，以有此舉。將勒石以垂永遠，願子爲文記

之。』余惟用財出息，以爲善族之道，古無有也；然以通宗法之窮，則内務事猝然不意者，經費將在是，視事變當前束手瞠目、以無資相推諉者，遠矣。易曰：『通其變，使民不倦。』夫變而不可通，亦毋于禮者之爲禮也。余既悼古宗法不可復，而私善吾宗人之舉頗有其遺意也，乃不辭而爲之記。其諸出資名氏，並列于後。

甲申歲二月花朝，晴村鳳山記。

按：此碑未見，碑文見於顔厝鎮長邊村彭城衍派劉氏族譜。作者劉鳳山，乾隆二十四年舉人。

二七三 重修講書里慈濟宫記

乾隆乙酉，余弟亦南舘於講書之里，余將航海入都謁選，道由是出。里有廟，自前明营建，祀吳真人、李太保。神靈赫濯，無有遠邇，其受命也如響，而洋船巨賈之禱祝尤迫。今傾圮，將重修，里人因余弟俾余言之，以爲捐貲者勸。今年冬，里人以告成來記。余觀講書之南，巨浸滔天，是名漲海，翻風日動，喘息地移，而賈船獲利濟之安。即余前航海北上，破浪觀瀾，以身親之，是皆有神道焉。今神之靈無所不應，而以此特聞，其所濟者大矣。樂捐之眾，任事之勤，皆神道之所教也，詎以余言爲重輕哉？勒石書名，非以延譽，亦俾後之人有所觀感而繼事焉耳。

賜進士出身、原任夾江知縣劉希周拜撰。

刑部正郎陳捐銀叁拾大員。候選員外郎前中書科中書林一梅、世大夫第東溪林、儒林郎候選州正堂陳若鴻、庠生林鴻烈各捐銀肆拾大員。歲進士、候選儒林郎郭科源捐銀叁拾大員。姚鶴樂捐銀式拾肆大員。□興號高捐銀式拾大員。太學生黄以崑捐銀式拾大員。郭文楷捐銀拾陸大員。

太學生陳振雄、太學生郭湛澳、太學生林文麟、姚生□、陳振鴻各捐銀拾式大員。陳世泰捐銀拾大員。太學生陳福全、高飛鵬、陳日嘉、黄廷華、嚴□青、林志聪〈下缺〉各捐銀肆大員。

庠生林綱、庠生林際楠、庠生林豐、太學生黄時暹、太學生黄廷□、鄉大賓林文英、楊以魁、莊錦文、周吉祥

〈下缺〉黄端麟、黄豐娉、林世發、林彰龍、林大成、方振祖、陳希英、曹若恆、姚仙觀、鄭登龍、陳希聖、顔天禄、王錫歲、温士遜、鄭門錢氏各捐銀式大員。

黄秋寧、太學生鄭士蘭、姚仲水、黄國茂、黄奇揚、林文選、王長觀、王錫冕、沈挺觀、張天智、洪國田、陳世禄、陳世爵、陳世榮、陳元善、許沛然、鄭元涓（添銀四大員）、林露觀、黄霸觀各捐銀壹大員。

按：此碑現存紫泥島南書村講書社慈濟宫。

二七四　碧瀿宫缘業碑記

社之有廟宇，猶國之有壇壝，所以祈福捍患，其尊崇之也有以。夫我碧瀿宫煙火日盛，族姓不一，所有缘業恐法久弊生，爰鳩衆勒石，開列于左。庶異日豪混之徒，人即不究，石己能言，則此石之立，誠護法之一助也。如是則廟貌常新，神人共慶矣。

一，前河壹口，後大店貳間，各帶後尾。一，左邊店四間、小店叁間。一，右邊糞堀一所。

乾隆叁拾年拾壹月穀旦，闔社仝立。

按：此碑現存白水鎮白水村璧瀿宫（祀蔡媽夫人），碑名爲編者加擬。

二七五　福岸郭氏宗祠樂捐祀田記

記云：『仁率親，義率祖。』自祖及親，義以漸重；自親而祖，仁以漸輕：固也。顧譬諸木，弗培其本末，曷由衍？譬諸水，弗濬其源流，奚由遠？則所賴乎尊崇之者，豈其微哉！若吾宗國學生朝欽，有足嘉焉。朝欽爲添福公十二世孫。添福公自紫泥開基福岸，子姓立祠以祀。越今年久，而樂充祀資之人亦小暨見，豈其中有愛莫能助者乎？抑亦世遠則易忘，人情大抵然也。維朝欽慨然樂捐祀田以充之，年可得租穀三十石，自丙戌始。春秋俎豆，苾

芬益升，俻言燕私，神惠逾普，厥功偉矣！且夫愛其本者，未有不厚其末者也；濬其源者，未有不惜其流者也。朝欽以尊祖之忱，展睦族之道，將來充其所有，安知不如范文正公之建立義田均贍宗祊耶？况孝弟之良，疇無同心？此舉行，後之人觀感興起，正未有艾也。是不可不勒之瑱珉，以爲敦仁慕義者勸。

乾隆三十一年　日。家長：元槐、維盛、奇茂、祐邦、如明、世賀、時隆、登岸、朝禄、足淵仝立石。

按：此碑現存紫泥島西良村北岸社郭氏瀛洲祖祠，碑名爲編者加擬。

二七六　騰鯉廟緣田碑記

騰鯉廟緣田坐址、坵段、税額開列于左：

一，騰鯉楼前洋田一坵，受種壹斗，納定税粟柒斗大。

一，安保洋田十坵，受種肆斗伍升，納定税粟叁石壹斗伍升大。

一，堂前洋田一坵，受種壹斗捌升，納定税粟壹石貳斗陸升大。

一，狗母林洋田一段，共受種肆斗，納定税粟貳石捌斗大。

以上計田壹石壹斗叁升，計共税粟柒石玖斗壹升。

乾隆三十二年二月　日公立。

按：此碑現存榜山鎮雩林村許林頭社騰鯉廟，碑名爲編者加擬。

二七七　港濱許氏更新祖廟捐充碑

吾祖宗世德相承，垂休奕葉，其積厚流光，前人紀之詳矣。今歲之秋，我族人更新祖廟，復舊制，疏水道，輪奂垣墉，焕然改觀。謹將捐充名額勒諸貞珉，以垂永久。後之人，尚引其休于勿替焉。

十世孫國學生朝瓚出銀壹拾大員。十世孫良輔出銀壹拾大員。十一世孫承圖出銀壹拾大員。十一世孫日涵出銀拾貳大員。十一世孫國忠出銀陸拾大員。十一世孫國學生日儀出銀壹百大員。十一世孫承鍾出銀貳拾大員。十一世孫國敕出銀貳拾大員。十一世孫候補游擊作哲出銀叁拾大員。十二世孫現任洞庭協鎮時中出銀伍拾大員。十二世孫可志出銀壹拾大員。十二世孫候選州左堂鍾岳出銀壹百大員。十二世孫國學生應海出銀伍拾大員。十二世孫國學生鍾山出銀壹百大員。十二世孫廩生鍾深出銀壹百大員。十二世孫志顯出銀貳拾大員。十二世孫鍾穆出銀拾貳大員。十三世孫國學生日大出銀貳拾大員。十三世孫國學生日隆出銀壹拾大員。十三世孫庠生大芳出銀壹拾大員。

乾隆叁拾貳年歲次丁亥仲秋月穀旦，闔族仝立。

按： 此碑現存東園鎮港邊村港濱許氏家廟，碑名爲編者加擬。

二七八　重興石鎮下碼武廟碑記

國家懷柔百神，功德秩祀，而關聖帝君典禮尤重，歲春秋二仲致祭，文武官朔望詣廟行礼。凡郡邑武廟，無不崇窿，所以肅觀瞻而昭禋祀也。我石鎮下碼武廟，始於明嘉靖宗伯林公捐地興建，歷皇朝康熙乙未，候選州司馬方元銓、黄河清倡義，拓而新之。中殿兩廡，巋然巍煥，直與郡邑齊觀，而前樹華表，後環僧舍，無不偹舉。自建廟抵今百餘載，名流鉅公登賢書、捷南宫，聯翩蔚起，而仕宦通顯，財穀豐饒，尤賁相望，蓋荷帝之庇，而後文物聲名之盛，非偶然也。

乃廟久寖敝，風雨幾乎飄摇。分憲嚴公禮謁其下，用是慨然，愿捐俸倡重興之舉。爰謀紳士，共商締構，僉舉董理爲余宗姪文海，又得莊君開璞同事以佐之，募緣勸捐則有方君之棟、黄君士璧、莊君時蕙、陳君崇德、張君元哲、周君大琳及值年鼎主潘君璟。遂鳩工庀材，踴躍從事爾。時緣題未盡即交，而瓦石土木諸費尚須浩繁，董理文海出己貲預先採買，物力惟良，價值惟平，課督惟勤，雖其家所自營亦若是而已。自殿堂兩廡以迄闕門，高下深廣

如制。而塼埴黝堊，柱若欂、龍骨、馬嘴、灣魚、駝袋、枅瓜、窗格之屬，撤故鼎新，易木以石。厚其基，設色加繪，賁其陋，巍巍翼翼，倍壯前觀。凡爲費貳千壹百大員有奇，皆本境及五社捐輸佐成。而闕門之外，前庭稍隘，或議與廟不配。澄溪田封君洪公維屏，由本境發祥，傾力樂助，乃於華表南偏捐店屋全間，爲異日充廣廟庭。比又擴前規所未備，均爲義舉者也。是役經始于乾隆丁亥五月，迄十二月告竣。

闔境人士喜廟貌之巍峩，瞻棟宇之維新，徵言於余，以志永久。余思帝之忠義正氣，昭日星，奠山河，固已充塞宇宙，而護國庇民，時著靈貺。兹廟成逾年，境内才儁遊泮者亦將見蟬聯甲第，鵲起簪纓，文物聲名益盛于前。余庇宇下，財不足以資營繕，力無能親董率，惟吮毫濡墨，紀事之成，以彰盛典。是爲記。

賜進士第出身、兵部職方清吏司主事加一級陳天寵撰記。

覃恩特授中憲大夫、刑部浙江清吏司郎中加三級陳式芳書丹。

乾隆三十三年歲次戊子三春月。

按：此碑現存石碼街道下碼武廟。

二七九　白石祠堂記

事之美者，其成不易；福之鉅者，其廢必遲。我家白石宗祠，蓋幾經創建而後成者也。先叔祖諱十官人，生于碧溪，少而岐嶷，大父尚宝卿諱子俊公甚寵異之，而性喜恬逸，慵接冠盖，往往遨遊海島，遂擇白石之勝而居之。始者草創肇基，未有祠宇。四傳至三龍公，方以所居堂充爲廟寢。歲久湮圮，木齋公募而建之，廟貌焕然可觀。至東林公，復盖以庭除，廓如也。其地枕巍嶂而襟大江，左右奇石岈然環抱，前有清池、平野，方田著印，帶水横玉，而天柱、文圃、鼉翠諸山，莫不馳青献秀，争效靈奇。盖北江之形勝，於斯爲最，此所文人蔚起，而家事殷盈也。國朝康熙間，族嫌古制卑陋，改而張之，高曠已甚，遂使七十餘年來斯文不振，財穀銷耗。嗚呼！庙制之得失，関

家族之盛衰，堂構盖可忽哉！儀誼戚情殷勸，族人更改者屢矣。歲己丑，裔孫某等雅志興復，慨然並肩其任，即擇吉延師，參酌形制。益前之鄙陋，而損後之高亢，陽調陰協，視初建而加精。斯所謂事美而成之甚艱。而自今以始，俾熾俾昌，其福之鉅而發于遲者，寧有既欤？其費捐貲、私主配享，計用白金千餘員。工始于良月，竣于嘉平。盖孫子歡趨恐後之力也。

既落成，爰訂祭期于春、冬。其祼獻儀文、器數，記之所不能詳者，固已別載于家乘已。抑猶有慮者，今人世漸遠，情漸踈，甚且強弱相淩，秦越相視，此即潔粢豐盛，神弗饗也。記曰：『尊祖故敬宗，敬宗故收族。』此本支百世，宜聯爲一體，庶可蒸太和于族党，荐德馨于神靈。李文貞公有云：『以父母之心爲心，則天下無不友之兄弟；以祖宗之心爲心，則天下無不和之族人。』文勤公敬書于廟，以勉族人，是可以爲法矣。若夫庙棲神靈，尚期靜穆。凡鄉閭祭賽歌舞，宜就神宫，毋得入庙騷擾。至各房私主，惟春冬配享；凡忌辰，亦不得入庙私祭，酣飲讙呼。其有仍前汙穢雜堆農具百物者，則共舉而燒毀之，毋得阿縱。夫庙制衷于今古，宗法期于親睦，祠宇矢於肅清。以嘉魂魄，至孝也；以敦族屬，至仁也。所宜並鐫于石，而永矢弗諼。

乾隆己丑歲嘉平穀旦。

按：此碑未見，碑文見於華安縣豐山鎮乾隆碧溪楊氏家譜。

二八〇 義士張友信碑記

明嘉靖三十八年七月十一夜，海寇登岈刼掠本村，義士張公諱友信拔竹爲干，单身殺賊，死之猶勁立不仆，賊惧而退，士女安寧，皆公力也。共爲立碑，以昭勇烈云。幽宅塟大頭崎，坐未向丑。

乾隆己丑年，闔社里人立石。

按：此碑現存龍文區朝陽街道漳濱村銀堂宫，碑名爲編者加擬。

二八一　重興龍應寺碑記

龍應寺之建，由來舊矣，重修非一次。兹乾隆己丑歲，族衆見瓦木崩壞，義舉捐金，重修舊殿，□乎巨觀也。良由慈光普照，福善無疆，從兹保神靈、安士庶。爰紀功德，用垂不朽。

太學生陳光豔、石室捐銀三十員。太學生陳立義、太學生陳時佐捐銀二十員。太學生陳紹綸、庠生陳世禄、太學生陳興汝、太學生陳夏器，信士陳嘉禮、旗山，捐銀十二員。信士陳日嚴、太學生蔣國福捐銀十大員。信士陳立豫、陳發魁，太學生陳天錫、庠生陳其英、太學生陳克誠、信士陳文欽，捐銀八大員。信士陳樵觀、陳文礽、陳重興捐銀六大員。功加陳天爵、信士陳克論捐銀五大員。鄉賓陳士棫，信士陳國材、陳遺達，信士陳章綸、太學生陳宗器，信士陳天福、陳文琚、陳廷遠，太學生陳登傑、太學生陳興沚，信士陳永昜、陳時煥、陳春梅、陳廷啟、陳光玉、陳炎生、陳嘉利、陳妙盛、蔣陽公，捐銀各四員。信士陳日茂、陳日蓉，太學生陳日荀，捐銀十員。信士陳興祺、陳經昌、陳登龍、陳嘉齊捐銀三大員。太學生陳章霞、太學生陳廸秀，信士陳興珀、陳士字、陳諒野、陳章雷、陳廷德、陳起奎、信士陳興湧，捐銀八大員。信士陳鳳振、陳鳳起、陳春香、陳文豪、陳登朝、陳光遠、陳大用、陳協寅、陳仲文、陳光璣、陳文悉，副守府陳世傑、歲進士陳金，信士陳廷傑、陳鼐、陳廷選、陳協敦，信士陳鳴鵰、陳懷生、陳苑、陳廷訓、陳廷鳳、陳光衡、陳啓暲、陳秉文、陳廷鳳、陳興潮、陳興清、陳日帶、陳登鳳、陳日焻、陳日霖、陳大受、陳應試，捐銀四員。信士陳應□、陳士□、陳登榜、陳梅□、陳雕龍、陳尚志、陳鍾葉、陳振昌，庠生陳桂，信士蔣光彩、蔣尚光、蔣文煥、蔣文鍾、蔣元佳、蔣尚芳，各捐銀一員。信士鄭龍應捐銀拾員。上坪捐銀十員。陳穎麟捐銀二員。

董事：陳漢同、嘉誥。董事：陳時苾、世煥、寶序、日荀、以敦。

住持僧遠明和尚，徒正寬、恩寬，孫清茂、清材。

乾隆叁拾肆年歲次己丑拾壹月吉旦立。

按：此碑現存東園鎮過田村俊美社龍應寺。

二八二　重修蓮堂廟碑記

蓮堂廟，鴻鄉氏故廟也，奉廣惠聖王、王孫列聖尊神者也。自四世祖樂隱公派下孫曾，皆沐其恩蔭焉。遡其宇，初固巍然棟宇；語其年，今則百有餘年。歷年既久，則瓦破而垣將傾。父老曰：『是廟也，坐辰向戌兼巽乾分金，斯年大利。』于是捐金重興，遂將所捐名次刻石以記。

信士甘宗山捨銀八大員。信士甘應楷捨銀八中員。太學生甘諱文聲捨銀三大員。庠生甘諱穎捨銀二兩。庠生甘諱棠捨銀二兩。

信士甘良鉅、甘文鉝、甘而銹、甘而好、甘文鋮、甘信侯、甘大滉、甘源本、甘宗静、甘芳茗、甘志煌、甘維爌各捨銀二大員。信士甘士垠、甘文鑽、甘以鏊、甘而添、甘文焕、甘良銘、甘啟元、甘以鑒、甘文印、甘文鐳、甘弘達、甘文鉅、甘啟瑞、甘文鎧、甘文達、甘文鈕、甘文爻、甘文壇、甘文銅、甘文山、甘文鏗、甘宗泮、甘宗浯、甘宗湝、甘宗洧、甘宗潞、甘宗泓、甘遜明、甘在其、甘宗澧、甘宗溱、甘宗淝、甘大春、甘宗功、甘宗瀍、甘宗友、甘宗海、甘河蓮、甘宗渠、甘如柏、甘應杠、甘應槐、甘世儔、甘應模各捨銀一大員。

信士甘宗仰捨銀一兩，甘如柱捨銀一大員。

乾隆庚寅年孟冬吉旦立石。

按：此碑現存海澄鎮南邊村蓮堂廟，碑名爲編者加擬。

二八三　重興蓮堂廟題捐禁約碑

信士甘文潤、甘履泰、甘文銘、甘文釗、甘文鑑、甘文錮、甘而陽、甘良鍴、甘鹿春、甘文理、甘而鈴、甘文鋁、甘大淮、甘宗僯、甘宗湛、甘宗紅、甘廷材、甘宗敕、甘宗沂、甘宗涛、甘宗強、甘宗是、甘宗澐、甘宗沃、甘継祖、甘時春、甘宗湧、甘宗渭、甘大章、甘宗滈、甘宗灘、甘宗桂、甘宗求、甘宗瀼、甘宗燥、甘宗準、甘宗淮、甘宗湧、甘宗陞、甘宗渊、甘宗泐、甘宗鎮、甘宗默、甘光陳、甘宗湍、甘宗澳、甘宗陳、甘宗注、甘大模、甘補恭、甘大材、甘宗聯、甘維楨、甘如篇、甘国材、甘應杓、甘如根、甘芳蓮、甘世偉、甘應梓、甘如誨、甘維楹、甘如瑞、甘應楫、甘芳苞、甘世奇、甘維熾、甘志燿、甘志熠、甘維煐、甘潮洲各捨銀一中員。

公議：廟前不許縛牛、掘沙泥；廟後不許堆積糞土、掘泥；廟内不許搥粡、削禾麥。不遵約束，罰戲壹臺。

重興董事：甘瑞元、甘旋甫、甘劝荣、甘仰喬、（理賬）甘利元、甘肖和、甘列五。

乾隆三十五年孟冬立。

按：此碑現存海澄鎮南邊村蓮堂廟，碑名爲編者加擬。

二八四　北圍募建中洲東門石路記

霞陽王致道譔。

環許皆水也。許之城東，行二里餘，蔚然稠密者，北圍也。其緜壤交錯，泥塗凸凹，時而陰雨連天，驚潮拍岸，□□□□，進退維谷云。孔道通行，人得北行，舉足無慮其艱。惟茲湫隘之蹊，水利漸多，地脈漸缺，泥濘踐踏，行人其何以堪？余自年來授館其鄉，歷厥艱，訊之故，或曰：『涵仍者百有餘年矣，惜未有爲之倡耳。』余曰：『事之利於人，必勇而爲也。』爰鳩鄉衆向義捐資，布石其上，凡玖閲月而告成，構憩亭一、誌石一。□斯道者莫不曰：『美哉

此舉！塗泥也，而康莊之矣。』工竣，因勒於石，垂之不朽，以爲將來踵事增華者勸。又爲善□，該年□内社渡頭公銀，爲歷年修圮之費，是亦往來之一助也。遂欣然爲之記。

鳳林宫、東林宫、錦里宫、彭西宫、南興宫年各捐銀五錢。東興宫年捐銀三兩。

太學生林維城捐銀六十四大員。林通觀、王球觀各捐銀三十二員。歐擇觀捐銀二十六大員。林藍觀捐銀一十六大員。林誥觀、林憲觀、周亨觀、蔡敢觀、林水觀、郭軒觀各捐銀八大員。林心觀、葉洲觀各捐銀六大員。陳斐觀捨憩亭地。太學生李騰駿、林統觀各捐銀四員。林郎觀、林玉觀各捐銀三員。

太學生林方起、陳諒觀、郭富觀、錢行觀、林錦觀、郭聖觀、林恭觀、林諒觀、林紬觀、林市觀各捐銀二員。林茂觀、葉騰觀、林庇觀、陳見觀、蔡會觀、陳國觀、林安觀、錢述觀、黄千觀、林妙觀、林連觀、林振觀、林悦觀、郭仲觀、林錦觀、林超觀、周丕觀、陳午□、曾水□、陳君觀、李箴觀、林亭觀、蔡魁觀、柯金觀、李尊觀、林泮觀、郭營觀、陳願觀、連恭觀、葉天觀、周計觀、林化觀、林昌觀、陳□觀、林柱觀、林覽觀、林張觀、曾琛觀、曾垣觀、林誼觀、□□□、曾才觀〈下缺〉各捐銀一員。

旹乾隆三十六年春三月　日穀旦。

按：此碑現存紫泥島城内村庵前社鳳林宫。

二八五　重修高氏家廟題捐碑

乾隆辛卯年孟冬吉旦重脩祖廟，計開：

裔孫太學生廷輔出銀伍拾弍大員。文煉出銀柒大員。德熠出銀陸大員。回超出銀肆大員。德璋出銀肆大員。董生出銀肆大員。德暄出銀叁大員。世忠出銀叁大員。文聖出銀叁大員。開本族公銀壹百陸拾大員。太學生文燦塾完竣銀叁拾員。

五世：弘紀公出銀陸大員。弘智公出銀拾大員。弘纘公出銀弍拾員。弘信公出銀拾大員。
拾世：協炳公出銀捌大員。質寔公出銀伍大員。
拾一世：士振公出銀伍拾員。陸毅公出銀弍拾員。遺翁公出銀拾大員。朝桂公出銀柒大員。性美公出銀叁大員。
仕進公出銀伍大員。德燦公出銀拾大員。德曝公出銀柒大員。文譽公出銀柒大員。德皖公出銀叁大員。
拾弍世：澤灶公出銀肆拾員。元龍公出銀肆大員。應龍公出銀伍大員。德明公出銀伍大員。

按：此碑現存東園鎮東寶村高氏家廟，碑名爲編者加擬。

二八六　署理丞海澄縣事邑尉裘公惠愛紀績碑

公諱以論，字魯言，號補峰，浙之錢塘人。莅澄七載，寬平慈恕，禮賢士，恤孤寡，贊修城隍祠，捐建本署三堂暨東西軒，却收禁陋規，脩牢獄，免沮濕患。洞悉澄俗利病，慨然有興除之念，若自以力不足爲憾者。本年春季，復捐濬文廟泮池溝五十餘丈。百年來壅塞，一旦地脈疏通，士民咸歌頌焉。今當調任彰化，勒碑以誌不朽。

乾隆三十六年歲在辛卯荔月穀旦，闔邑士民仝立石。

按：此碑現存海澄鎮海澄文廟。

二八七　重修鳳山嶺路碑記

距石鎮十里許有鳳山嶺，爲往來孔道，近而鄉□、遠而漳州而廣東，凡商賈〈下缺〉高百餘丈，長〈下缺〉。

鄉耆：洪重瑾、陳必捷、陳昌衍、蘇士奇、柯登俊。

住持僧〈下缺〉。乾隆三十七年壬辰菊月。

按：此碑現存嶽嶺鳳山嶽廟，碑文模糊不清。

二八八　重興石鎮上碼武廟碑記

凡祭有其舉之莫敢廢也，況忠義之神祠，而可坐聽其傾圮乎？石鎮上碼舊有廟，祀關聖帝君，明嘉靖間建，康熙間因舊制重脩，歲久傾圮。都人士姚君承誥倡議重興，偕董理莊君汝錱等，募衆捐題，相與新之，任僧荆楚與有勞焉。姚君請記於余。余自通籍以後，待罪夾江，久荒文墨，何能爲記？然桑梓之誼，不容辭也。是廟之成，僅六閲月，經始于乾隆癸巳五月，而告竣於十月。規模聿新，迥異曩昔，豈非帝之惠？又有以鼓舞于人心，故莫不樂於趨事赴功欤。嗚呼！帝當漢末造，乃心炎祚，百折不回，止知以身殉國。至今濱海之區，人皆向風慕義，争薦馨香，蓋非可強而致也。諸君不鄙余言，則願以入廟思敬之心，勵尊君親上之誼，庶不虛此盛舉。至帝之正氣，彌乾坤而塞宇宙，奠河嶽而昭日星，衆共知，無俟余言矣。

賜進士出身、知四川嘉定府夾江縣事劉希周拜撰。

特恩鄉進士、文林郎、揀選知縣李雲漢拜書。

乾隆癸巳年小春，紳士、閤境家長仝勒石。

按：此碑現存石碼街道上碼武廟，碑文另見於民國《石碼鎮志·藝文》。

二八九　重興上碼武廟題捐碑

閩海關捐銀陸員。王古道、茂春堂、協順號、榮發號、林知光、同□號、福隆號、郭德盛、振興號、捷源號、太學生鄭□□、姚鼎□、陳日秀各捐銀陸大員。林源興、協盛號、悦興號各捐銀五大員。洪捷疊、太學生黄強仕、江榮記、大□堂、張非哲、姚毓楷、活源號、洪茂成、朱興基、洪光□、楷順安、林□輿、吴□盛、黄乹榮、林天□、楊光暹、蔡舍章、馬恒升、洪榮布各捐銀肆大員。懷安號、郭玉振、□美號、隆茂號、崇仁祥、姚元瑶、崇成

號各捐銀叁大員。林順豐、□其□、王□封、謝□□、王受爵、鄭正銈、振利號、瑞豐號、亦利號、名協號、茂□號、沛林觀、長美號、□□號、陳燦敬、□茂號、逢源號、陳苾發、財□號、□□□、竟昌號、□和堂、洪香林、鄭聞名、永順號、周□蘭、鄭濯□、萬春堂、其恒堂、協振號、怡合號、黄□壽、合順號、燕喜堂、盧泉號、振豐號、聚川號、郭斐石、□利號、長盛號、錢德□、陳香□、陳振川、郭□廩、李採林、美盛號、陳家□、玉崑號、許來香、源興號、泰源號、曾肇發、合源號、王曰叟、集盛號、王記號〈下缺〉玉□號、沈□觀、王萬奇各捐銀式大員。徐玉端〈下缺〉。

陳家店屋壹間，址在□□殿前右邊石碑後，坐東南向西北，契面銀式佰捌拾□□□契書□上□共拾三□□正面□帝君殿前燒化，立石北□□□□。此店逐年稅銀□大□二□□納與鼎主積公。

按：此碑現存石碼街道上碼武廟，碑名爲編者加擬。

二九〇 安懷宫功德碑

國之有壇壝，猶民之有廟宇，所以尊崇而仰祐之。我墟代天府，於乾隆丙寅年赫由金浦自后蔡而來，神光顯耀，共欽樂祀。而陳應魁歡向董募，捨地建廟，已苟完苟美矣。茲衆見太砥，欲開擴而爽塏之，再爲增益起蓋，義舉捐金重新，輪奂於焉可覩。良由神庇，福善無疆，從此保神靈、安士庶。爰紀功德，用垂不朽。

太學生陳時檢捐銀拾捌大員。鄉飲賓陳國材捐銀拾陸大員。太學生陳協陽捐銀拾陸大員。信士楊鈊聖捐銀拾陸大員。庠生曾廷珍、信士楊兆進、太學生陳克誠各捐銀陸大員。信士陳文豪、沈邦賢、陳日蒲、陳子文、陳啟腆、陳士龍各捐銀肆大員。信士陳廷遠、沈登民、浦南渡各捐銀叁大員。信士陳登嶽、林長馨、陳如蓮、楊喜明、陳登峰、許李儀、陳如慕、林法楊各捐銀貳大員。壽官蔡大成，太學生陳廷議、柯必塏，信士陳天福、陳鼒、曾廷璋、李朝勳、陳嘉彝、陳國惠、林祖惠、陳國忠、陳諒野、陳文琚、楊光濠、陳玉潛、楊光朝、陳廷啟、李華禎、新與

鋪、王藺禮、陳夢麟、陳日華、林振秀、陳玉選、陳光遠、阮世宗、張光輝、陳耀玉、龍虎會，各捐銀一大員。信士陳曰儼、潘開泰、蔡海章、柯傑观、柯俊观、紀符玉、黄登观、陳遜郎、潘榜观、陳元观、黄聰观、高都生、黄喜观、柯連生、柯逸观、潘獻宗、温勇观、柯灌观、温朝順、曾神庇、柯箭观、陳章綸、陳文观、協豐鋪、振成鋪、壺春堂、楊鍾瑞、陳春香、徵遠鋪、陳嘉齊、紀士捷、徐君佐、何廷桂、陳啟密、林宗義、林專观、陳長順、陳昌埕、林獻珍、楊天培、碧香齋、陳啟腆、陳藍观、楊興宗、林芳樹、許松观、正和合、張光耀、蘇福賜、劉文坤各捐銀壹大員。信士陳蘭观、文思、薦观、措观再捐銀各壹仟捌佰文。

董事：太學生陳仕遐、光玉、建遠、明德等仝立牌協理。乾隆歲在甲午秋菊月吉旦立石。

按：此碑現存白水鎮白水村安懷宫，碑名爲編者加擬。

二九一　觀察蔣公申禁阻遏水道傷害田禾示文

欽命福建省分巡海汀漳龍等處地方兵備道加三級記録五次蔣，爲全恩申禁、勒石垂久事：

據龍溪十一都石碼保洪團、北岸、蔡港、平林、瀛州五鄉居民洪贊盛、洪秉直、洪若海、洪燦柏、黄佛賜、蔡錦祖、林德興、楊從隆、高生老、陳成功等連名赴轅具呈前事，詞稱：『贊等五鄉居民耕田萬頃，均藉潮水灌溉，而潮水進入，必從陳埭港口以漸而至。前遭方正等就洪團橋外設立長橋，攔截水道，經蒙縣主吕親臨履勘，洞悉利害，押令拆毁示禁，通都紳士勒石以志功德，垂今百餘載無敢叛者。兹方姓惑聽堪輿，載石板、石塊，欲於陳埭港口等處砌築陂橋，以爲伊社保障，不顧違禁，阻截水道。贊等印刷碑記，呈准諭止訊究。續據方姓訴請差查，據差實覆，給單嚴着該差邱吉立押方倫、方域橋等，將運到短石現卸港中，即日搬移；仍押方錦鱣、方長盛等，所設杉木浮橋，遵照前縣斷案，亦即拆移，毋至阻遏水道。均勿抗違干究，並取各遵依繳查速速等因。贊等切荷憲恩，實同覆載，但方姓惑於堪輿，將來或包藏禍心，别謀創設，阻礙水道，亦未可定。合情相率呈懇全恩申禁、勒石垂久，則一筆

陽春，千秋永賴矣！』等情。

據此，除批示外，合行示禁：『爲此示仰十一都石碼保軍民人等知悉：嗣後毋許有于陳埭港口砌築陂橋及藉鋪路頭，致遏水道、傷害田禾。如敢故違，該地保立即據實禀究。各宜凛遵！特示。』

乾隆叁拾玖年三月　日給。

按：此碑未見，碑文見於石碼街道内社村鴻團志（洪氏族譜），二〇〇三年編印。

二九二　福興岩祀業碑記

嶼兜福興岩，稽自我祖同衆社開基，建置岩地一□□□□□□□□□□□久，原配本岩執掌無異。至尼僧詹嫣名心持、朱嫣名□□□□□□□□□十年，建置緣田一石二斗五升，其岩田物業俱付以□□□□□□□□旦、年節、忌祭并什物脩理等項，勿致損失，無容賠累。遵規照例，不可違心奉祀□□□□□□□報應，其田業不許僧俗盜賣。如有違理罔法，察□□忿呈究。今致有□□□□□□□云爾。

今將坵段坐址開列于左：

嶼後洋田一坵，□□□三斗五升，我字廿一號，田一畝四分七厘三毫□□□□□□□□□于字十五号，田一畝四分二厘六毫。塘前洋田□□一斗二升，以字廿六號，田五分七厘，潭一口。墩下洋田一坵，受種六斗□□二畝四分七厘八毫。和尚硆秧埕五升，智字三十五號，一分三毫□□□□本岩前□坑門水共三十四鬮，本岩内應分得一鬮。坑内水潭□□家得一分，本岩得二分。

一，岩脚灰礐一口〈下缺〉。

乾隆三十〈下缺〉。

按：此碑現存海澄鎮山後村仕兜村福興岩寺，碑名爲編者加擬。

二九三　翠林社禁行碑

蓋公明必從大道，正直不由小徑。敝社林下依山結廬，前官港堤岸接壤上下，爲過客通行大路，由來舊矣。兹奉憲禁販賣私塩，謹防奸匪過社貽累，告懇來往君子，經途遵循港墘大道，切勿率行社内小徑。則販私匪徒不敢混雜行人，藉冒經過入社，俾易盤查杜累，以免玉石俱焚。至于族人敢有陰行接私，本族會禁，先則扭押祖祠責罰，并觧呈官究懲。各宜凛遵，幸毋違犯。碑石能言，爰立謹告。

乾隆乙未四十年荔月，翠林社公立。

按：此碑現存榜山鎮翠林村鄭氏四美堂，碑名爲編者加擬。

二九四　龍溪宫邊黄氏家廟祀田學田碑記

『利者，義之和也』，故人皆欲之。其繫於易者尤，衆知其爲聖人之所謹也。然人皆有欲利之心，而賢者公之，衆人私之，此其所以異也。至於公之，而以利天下爲心，不惜摩頂放踵以徇之，可謂賢矣。而兼愛無别，則墨氏之過，儒者猶非之。然則以公物爲心，而又能謹一本之愛，不失始終、厚薄之施，非審義之君子，其孰能爲之耶？昔宋之盛，王、范二文正皆設義田，後世稱之。余門人龍溪黄生利邦，述其家庙祀田、學田之設，可尚已。黄氏本臨漳望族，始祖岱邨公自前明肇居新岱宫邊，經亂子孫散處，而祖廟在宫邊。今兵部武選司主事叶菴先生始置是田，以給祭祀及族士應試之費，凡用白金肆仟餘兩。兵部好學工文，著述甚富，既竭力部務，著勳於官，家居又廣思一本之親，俾之奮興於學，其利溥且篤矣。信所謂審義君子，而有二文正之風者也。詩曰：『罄無不宜，受天百禄。』又曰：『自今以始，歲其有。』夫率子孫以虔事祖宗，祖宗之所享而庇也；即孝思以振興學校，亦先師之所嘉也。然則黄氏之科第仕宦，其日盛也，孰禦焉？而兵部之家世澤隆長，愈可知矣。兵部弟觀察君松亭，亦捐金供祭費，高義皆

可風云。

賜進士第出身、翰林院庶吉士、鰲峰掌教梅崖朱仕琇記。

鄉進士、文林郎、揀選知縣正堂、現會試周璜篆額書丹。

一，祀業：厦門廿四崎下店一座，契銀二百五十兩。

一，祀業：厦門水仙宫行一座，契銀七百兩。

一，儒業：厦門磁街行一座，契銀九百兩。

一，祀業：厦門中街行一座，契銀六百四十兩。

一，儒業：漳州浦頭新行一座，契銀叁百兩。

一，儒業：厦門崇福樓店一座，契銀叁百零五兩。

一，儒業：新岱西河大肚湾田一坵，種六斗，契銀一百八十六兩。

一，儒業：新岱下洋沙路頭填園一坵，種四斗，契銀一百四十四兩。

一，儒業：新岱王家祠前園一坵，種一斗六升，契銀六十九兩。

一，祀業：新岱下洋田刀尾填園田二坵，種六斗，契銀一百九十八兩。

乾隆四十年十月　日，闔族公立。

按：此碑現存角美鎮石厝村宫邊社黄氏家廟。

二九五　鄭氏家廟規約碑記

祖安乎廟，庙安乎祖。我祖基慶公營居斯室，式廓嵬然。越今百餘載，多有殘缺，此孝子慈孫所以撫梧棬而悼嘆、對几筵而興嗟也。爰將舊制會同修理，并議公革規條，開列于左：

凡祖庙堂中暨深井厝盖公埕，不許散積農具、慢藏家器、雜飼生畜、擁堆稻把、索繫耕牛、穢鋪湿沙等項，違者罰戲一臺。

凡庙中祭椅、祭桌，該年收管。必遇列祖祭祀或各房婚姻喪祭，以及親朋向借，方准搬用，事竣交還。違者議罰太乙燈一對。

凡祖宗庙堂明器，俱當愛惜，不許兒童戲閑敲磚擊鼓。違者議罰太乙燈一對。

凡子侄致犯條規，自唱革罰者，會同酌處。如恃豪富，佯作踈虞，其罰惟倍。再敢強違，就公呈究。

乾隆四十年仲冬月，四房家長公立。

按：此碑現存東園鎮東寶村寶裡社鄭氏家廟，碑名爲編者加擬。

二九六　重修豐樂庵碑

本庵肇創出自明朝，社有鄉進士、知江西南昌縣知縣吴公諱守正捨地并捐□募衆鼎建。後人以爲此庵離社稍遠，溯厥由來，當建庵時，社有□□道惟筠故卜築焉。予考古人之建造營築，多在山石增奇、名人衛助之區。此地雖無崇山峻嶺、懸崕□壁，然而天寶頗翠，青蘇□流，暮氛迎月，雲靄掩映，而烏石一點，若近若遥，宛如盤珠向拱，是亦一勝概也。望通龍溪，上稱漳郡，高人世士，步趨肩摩，春雨秋霜，憩息於此。其清飄逸致，盡堪留情，□議雄談，足動輕聽，可謂名人類聚焉。但世變年湮，耕者耕，讀者讀，即春歌社舞，徒循故事，遂致折崩之嘆，未免貽譏於大方。我裔孫□□於此，用董謀及孫輩，共勷其事。爰鳩工以雕斲，不日成之，則廟貌儼然，從此□□□誌其始，以毋忘云爾。

孫元濟書丹、篆額。

四世祖鄉進士吴諱守正公裔孫董事：孫中觀、怎觀、平觀、胆觀、懊觀、魏觀、扶觀、孟觀、表觀、殿觀、盤

觀、流觀、舜觀、傅觀、恬觀、佛觀、溪觀、□觀、普觀、莫觀、泰觀、鍾觀、芎觀、□觀、水觀、艷觀、□觀、仁觀、允觀，共捐銀壹百壹大員。

乾隆四十年歲次乙未葭月吉旦重建。

按：此碑現存薌城區石亭鎮豐樂村豐樂庵。

二九七　豐樂庵碑記

漳郡北界豐樂庵廟宇，崇祀當境尊神，護社庇民，年豐物阜，由來遠矣。因年久頹壞，鄉中人向余謂：『乃父於四十餘年前集諸鄉人義舉重興。茲頹壞復然，汝當善繼，無忘乃父遺風。』且咸謂堂奥基址宜進前丈餘，方合此廟位向。余亦因□感□□道社協力共成。茲諸工告竣，廟貌維新，神光克壯，植福無疆矣。所有好義捐資之人應識以垂不朽。

乙未季冬鄭□□捐銀四十二大員併記。

當事鄭□觀捐銀十八大員。□福觀捐銀二十大員。馮光觀捐銀十四大員。鄭壬觀捐銀三十大員。鄭□觀捐銀六大員。鄭森觀捐銀八大員。鄭起觀捐銀五大員。鄭佛觀捐銀四大員。鄭向觀捐銀三大員。鄭權觀捐銀三大員。鄭國觀捐銀二大員。高聽觀捐銀一大員。顧恂觀捐銀一大員。林裕觀捐銀一大員。黃界觀捐銀一中員。鄭杞觀捐銀四大員。鄭鶴觀捐銀四大員。鄭恩觀捐銀四大員。黃水觀捐銀四大員。鄭栖觀捐銀四大員。鄭旦觀捐銀四大員。鄭聖觀捐銀三大員。鄭論觀捐銀三大員。鄭科觀捐銀三大員。鄭水觀捐銀三大員。鄭志觀捐銀三大員。鄭七觀捐銀三大員。謝泉觀捐銀三大員。鄭均觀捐銀三大員。蔡三觀捐銀二員半。鄭桜觀二大員。鄭宜觀二大員。鄭寔觀二大員。曾海觀二大員。黃庇觀二大員。鄭溪觀一大員。王溪觀二大員。鄭湖觀一大員。鄭軒觀二大員。顏木觀一員半。高助觀一員半。顏□觀一員半。鄭江觀一員半。鄭六觀一□□。馮譖觀□□□。魯會觀□□□。鄭耀觀一大員。蕭壘觀一大員。鄭□觀一大員。鄭□觀一大員。□□觀一大員。徐□觀一大員。鄭垣觀一大員。徐俊觀一大員。謝玉觀一大

員。鄭鉉觀一大員。鄭□觀一大員。鄭郎觀一大員。鄭□觀一大員。鄭茂觀一大員。鄭灼觀一大員。鄭竹觀一大員。鄭愛觀一大員。鄭路觀、高理观、黄興观、高尚觀、黄斗觀、鄭□觀、徐帶觀、鄭□觀、徐祈觀、鄭□觀、黄雀觀、黄紂觀一大員。□生觀、黄暎觀、□左觀、蔡磁觀、林仲觀、王連觀、蔡表觀、鄭聡觀、林明觀、黄群觀、鄭堆觀、鄭作觀、高焕觀、鄭盛觀、顔六觀、謝□觀、林□觀、□大觀〈下缺〉捐銀〈下缺〉。

旹乾隆歲次乙未季冬穀旦。止社費用公銀壹百貳拾肆大員，捐銀貳百□拾陸大員，共銀肆百大員零叁錢捌分。

按： 此碑現存薌城區石亭鎮豐樂村豐樂庵，下半部碑文模糊不清。

二九八　嚴氏崇本堂規約

一，冬至祭祖，務宜整肅衣冠，序昭穆，行禮致祭，以彰誠敬。無與祭者不分柑。如違公罰。

一，啟世祖祭席，係二世兩房裔孫輪辦；余列祖祭席及戲費，俱隨各裔派辦理，以明祀事。至樂濟公、清軒公兩派，年備二筵祭席，凡在當事者可以合飲，而清隱公派亦應四人與席，庶不失親親之誼。

一，冬至飲福前席位次：東一教授公派，東二清隱公派，西一四公派，西二清軒公派，後中樂齊派。□□席次：東一欽衡公派，東二軒公派，東三恩庸公派，中一懷仁公派，西三資善、京公兩派。其兩邊諸席，亦宜序次安排，毋得争競。違者公罰。

一，祠内宜洒掃潔净，以光先靈，不許堆放五穀、豬草及家用器械，其祭器椅棹、戲棚等物亦不許私自□□。違者罰戲一臺。

一，族中子孫各應體念尊祖敬宗、敦倫睦族爲重。至於士農工商，當各勤事，毋得放蕩爲非。如有不遵家長、族長教訓者，拘入内祠受儆。倘怙終不悛，族正鳴眾，呈官究治。

一，凡族中有事，各房家長務須秉公任理，毋推委不前。倘有徇私匿情及約束不嚴者，罰酒三席。

乾隆四十一年歲次丙申菊月吉旦，公議立石。

按：此碑未見，碑文見於海澄鎮内溪村嚴厝社漳州嚴氏譜牒彙編。

二九九　港口社觀音亭公禁碑

竊謂設立廟宇，敬奉神聖，必要整齊潔净，以壯觀瞻，不得藏垢納污，穢瀆神光。而我觀音亭供奉佛祖，尤宜潔净。今闔社會議，立石、演戲，公禁：除乾净粟粒准其曬曝外，其餘凡廟埕、廟内，概不准堆積稻把以及寄頓各項大小雜物。如敢故違，會仝公衆罰戲一臺，決不寬貸！凛之恒之。

乾隆四十一年十一月　日，闔社耆民人等仝立。

按：此碑現存海澄鎮港口社觀音亭，碑名爲編者加擬。

三〇〇　重修文山徐氏宗祠規約碑記

蓋聞人物返所自生，事閎堂構；宗廟先於居室，道出性天。惟建新脩舊之鴻猷，洵啟後承先之大義。我徐姓系出東美，自始祖汝忠公喬居文山，因之聚族。文山之有徐，汝忠公始也。明嘉靖間，長房特授文林郎西嶠公致仕榮歸，割己業建祠宇，爲祀先之所。洎崇禎間，長房特授奉政大夫北垣公再新廟堂。越今佰餘年矣，歲久坍塌。乾隆丁丑歲，次房孫金重募衆入主，鳩工修葢，後座未觀成，而前座尚留有待；長房孫勑授登仕郎文標，每春秋祭祀議出厚金，及孫子踴躍均費，終其盛舉。於乾隆丁酉春鳩工，前後興築，以丁酉冬告成。美輪美奂，悉文標承任規創，其視北垣公作述之心，庶幾無愧者矣。夫悠遠之業，有志者成焉；孝思之風，後起者慕焉。木本水源，幸光前之會，表裕後之思。爰將禁約勒諸砥石，以示後人，望我子孫克繩前烈，傳不朽於家乘云爾。

開列祖祠内禁約條規于左：

一，文山祖山三崙，不許添葬私墳。違者，會衆呈官究治。

一，祠内最宜潔静，不許貯積農具雜物。違者，會衆公罰。

立碑記裔孫：長房郁茂、先春，次房方秦、元約，三房廷秀、士澤，四房天徹、廷咸。

重修祠宇當事：郁荐、廷泗、先進、源泉、庠生志騰、太學生長英。乾隆四十二年葭月。

按： 此碑現存榜山鎮洋西村山北社王公庵，碑名爲編者加擬。

三〇一　福德王姑爺廟祀田碑

從來有功德于民者，民自不能忘其德。是故，能爲民禦災捍患、祈福迎祥則祀之。惟公聲靈赫濯、德被無窮，我疆我里並受其福，黎民子孫尚亦有利。爰鳩社衆，貯積公資，置田五担爲春祈冬蜡之費，以答公之神靈云。其田坐在后壠，壹坵四担，東至鄭家田，南至李家园，西、北至墟岸，四至明白，带潭壹口；并允秧埕弍拈，在四担田邊，議作五担納税，耕者不得少欠。如是少欠，隨聽社衆别招良佃，仍革不許入户，謹白。

護國社董事弟子鄭崇賢、鄭應興、吴邦源等立。乾隆四十二年十一月　日。

按： 此碑現存白水鎮山美村井仔社土地廟。

三〇二　革除換紋弊政孫太老爺功德永垂碑記

澄邑僻在海濱，民間完納各項錢糧，向例俱用番銀〈下缺〉紋銀，不特虧費平水，賠累無窮，並或遇紋銀缺少〈下缺〉恩主孫太老爺下車伊始，利無不興，弊無不革，因今錢〈下缺〉擾累吏民，立發告示一道，永遠革除。自此，各舖各書〈下缺〉恩主在澄，宣仁播德，專事興民，休戚相關，堪爲後人矜〈下缺〉恩主之法良意美，終暫而不能久也。爰于本年奏銷後，回念殊恩，相率匐懇，勒諸貞珉，以垂永遠。荷蒙批允，隨于月之吉日，選石鳩工，

尅期告竣。夫我〈下缺〉恩主以江左名元，連捷南宫，出宰澄邑，于今三載，総以〈下缺〉聖諭、力行保甲、訓農勸學、鋤暴安良爲己任，他如重建〈下缺〉天后宫、鼎新城隍廟、監造〈下缺〉姚公祠一坊，地方事宜次第舉行，惟日不足，是以三年〈下缺〉恩主之德于澄民者，直令世世子孫沐膏浴澤矣。革除〈下缺〉孫太老爺諱登標，字在岡，號朗庭，江蘇蘇州府崑山縣〈下缺〉召試欽取癸酉選拔貢元、乙酉解元、丙戌進士。

乾隆四十三年四月〈下缺〉。

按：此碑現存海澄鎮月港公園，殘缺不全。

三〇三　橋路功德碑記

信士邱府□助銀□大員。歲進士余宗□助銀七大員。太斈生鄭□□助銀六大員。太斈生洪廷□助銀五大員。信士林文烈、楊其奏、洪天祐、曾洪禮各助銀四大員。太斈生洪正魁虔備奉神礼物。陳聖覌助銀二大員半。太斈生錢時彦、信士陳浩水各助銀二大員。陳□□助銀一大員半。楊□覌助銀一大員半。庠生楊其□、太斈生鄭宗魯、太斈生顔其俊，信士刘殿彩、黄耀祖、徐錫咸、吴文山、楊萬荣、陳夫御、楊啟貴、楊啟富、郭必遠、王子其、郭□遠、巫馬圖、黄天送、陳聖徽、陳彧桐，各助銀一大員。信士鄭廷選、鄭飛龍、陳啟□、林興宗、林啟芳、許石連、唐国□、唐国琠、郭克廉、巫偶林、陳希濟、陳右欽各助銀一中員。董事楊啟泰助銀二大員。楊□才助銀一大員。楊朝桂助銀一大員。巫廷貴助銀一中員。陳聖覌助銀一中員。信士何宏覌、刘益覌、陳未覌、陳兩樑、楊高新各助銀二百文。郭宗興、唐国祥、唐国礼各助銀二錢。

乾隆四十三年仲秋吉日立。

按：此碑現存薌城區芝山鎮林内村良璞社普濟庵。

三〇四　崇興院重建碑記

崇興院之建，由來久矣。其前之創始者無論，迨康熙庚辰重修到今，惟有歷年樑桷板檻已腐黑撓折，蓋瓦級甎多破缺不完，甚非所以妥神靈也。於是諸樂善好施者咸慨然曰：『此廟不修且壞。』今歲夏初，倡議興建。賴列神靈感，俾眾心敬信，無論豐約，咸踴躍懽欣，捐貲不吝。百餘户間，計有半千多金。因將舊制改而張之，焕而新之，且更築一亭，以禦風雨。由是，或齋醮，或祈福，或慶祝，咸廓乎其有容。非侈前人，特壯後觀。兹當功力告竣，爰書數語，以誌不忘。

信士曾士勝、曾聯憲、國學生曾一淳、曾聯頊、國學生曾瑞丹、曾登榜各捐銀貳拾員。曾其琰捐銀拾肆員。庠生曾大元、曾映松各捐銀拾貳員。曾際坦、曾天道、國學生曾文源、曾初奏、曾初戎、鄉賓曾忠誠、曾作郭、曾鳴鶴、曾日暄、曾日曈、曾日瑄各捐銀捌員。曾新才、曾一復、曾文蒲、曾國樑、曾天漏、曾友容、曾錫簣、曾耀金、曾鳴鵬、曾長趾各捐銀陸員。曾聯培、曾新文、曾必枝、曾友椒、曾憲基、曾克宇、曾錫第、曾錫篇、曾壽岱、曾映枚、曾錫添各捐銀肆員。

曾士品、曾元鶴、曾士佺、曾一繩、曾聯顯、曾一岐、曾聯禮、曾必檐、曾文汀、曾壽富、曾文葛、曾輝振、曾輝遠、曾輝宰、曾其培、曾壽華、曾其瑢、曾其玉、曾錫範、曾其琥、曾其珽、曾友栢、曾其珵、曾拱越、曾继興、曾壽岸、曾壽峩、曾其舜、曾振藝、曾振韜、曾振業、曾懷賓、曾開桂、林郁文、林郁彦、林郁齊、曾錫玲、曾廷銘、曾登甲、曾長福、曾廷鐫、曾錫侯、曾鳴鵠、曾必芳、曾其文、曾輝佑、曾朝宷、曾先聲各捐銀貳員。

董事：太學生曾一淳、曾際坦、曾聯培、曾士勝、曾聯憲、曾必枝、曾其琰、曾耀金、鄉賓曾忠誠、庠生曾雲衢。

曾自安等堂兄弟喜捨崇興院北棚公地，壁脚砌石，横一尺七寸，一直至埕齊；併捨庵前田地，填塲外埕，四方端正。

乾隆四十三年歲次著雍閹茂商莭菊月穀旦。

按：此碑現存東園鎮厚境村崇興院。

三〇五　重修鳳山嶽碑記

圭海鳳田山建立嶽庙，崇祀岳帝尊神，威靈赫濯，由來尚矣。而歷年既久，庙宇不無傾圮，康熙甲戌及乾隆戊寅兩次重修，遐邇善信樂善好施，均沾福庇神庥。迨丁酉八月，風雨暴作，嶽後喬木拔倒數株，壓壞牆壁，瓦木頹墜。住僧若超謹念斯庙神像攸居，一旦圮毁，有失观瞻，合亟修理。爰會五鄉耆老募化，共成善舉，暨十方紳士善信君子助力捐資。於是□楹梁桷之撓折者、蓋瓦級磚之破缺者、赤白之漫漶不鮮者皆酌量修理，工力經已告竣。夫欽聖帝之芳蹤，壯庙宇之鞏固，正後人修德凝福之□也！謹録姓氏，開列于左。

賜進士出身、原任夾江縣知縣劉希周敬撰。

賜進士出身、前中書科中書舍人李威敬書。

原任雷州府正堂陳文倬捐銀拾貳大員。刑部正郎陳文芳捐銀肆拾大員。國學生陳文祈捐銀拾貳大員。國學生林文連捐銀拾貳大員。直隸分州高元捐銀拾貳大員。太學生陳日瓊捐銀拾貳大員。太學生趙宜傑捐銀拾貳大員。太學生陳文芷捐銀拾貳大員。信士趙大椿捐銀拾貳大員。國學生黄德昌、國學生周大瑄，信士陳清芝、黄亨观，各捐銀陸大員。直隸分州鄭國梁、奉直大夫林士騁、太學生林元麟、庠生蔡鳳翔、庠生柯正春、太學生洪藩釬、太學生盧兆吉、太學生黄廷華、太學生周士龍，鄉大賓黄志義、吴宗驥，信士吴宗駒、錢綿登、陳天玲、周天鶴，各捐銀肆大員。信士陳兆珠、周際盛各捐銀三大員。庠生陳大經、庠生陳世禄、勅授登仕郎徐文標、太學生鄭繼寧、太學生沈日堂、太學生蔡日晃、太學生宋啟棟、太學生鄭河潤、太學生周邦才、太學生洪棣观、恩官洪古槐、太學生林得藻、太學生林定观、太學生吴日炯、鄉大賓沈其熠，鄉大賓徐元仁、陳開榜，信士許開先、陳日嘉、吴國傑、陳龐观、陳國興、許南金、陳雙□、邱行傑、鄭世舉、黄天欽、黄世寶、周崑殿、周日景、陳文彩、周錫爵、連世興、

朱大成、洪元亨、鄭玉水、康登琿、錢玉珪、康融啟、周克耀、周登國、王德生，南山社衆弟子、油榨衆弟子、煙房衆弟子，各捐銀貳大員。

董事：陳巨郎、陳雨水。鄉耆：蘇士奇、吴福觀、劉集觀、柯登俊、吴哲觀、柯駒觀、黄紹芳、陳忍觀、黄媽賜。住持僧：隱從、若超。化主：自淵。

黄田、柯坑、徑口、後塘、征頭，乾隆四十三年陽月穀旦立石。

按：此碑現存嶽嶺鳳山嶽廟。

三〇六　上碼武廟示禁碑

署漳州石碼分府軍功加二級紀録六次節，爲曉示勒石以杜事端、以垂永遠、以安神人事：

案查僧景雲與陳光喜、洪明等訴告店屋一案，當經前任分府顧訊斷，將店屋四間永遠歸入上碼武廟；分撥洪潘賃住港仔墘店一間、年租七兩，曾華賃住廟後街店一間、年租伍兩，交值年鼎主，以供春秋祭祀之費；其洪字賃住廟後街店一間，年租伍兩，及僧荆楚自開店一間等，租銀伍兩，付僧爲春秋齋糧。詳蒙陞道憲鄭批結在案。茲因境内之人覬圖住僧分下租銀，該僧復具禀前來。除訊明飭照原斷取租住持外，合行曉示勒石：『爲此示仰闔境士庶、耆民、賃户、僧衆人等知悉：嗣後務遵詳斷，分撥收當，永遠不許混争變賣。合宜凛遵毋違！特示。』

乾隆肆拾叁年拾貳月，貼上碼廟曉諭。

按：此碑現存石碼街道上碼武廟，碑名爲編者加擬。

三〇七　烏礁慈濟宫祀産碑記

講書宫三官大帝祀産開列：

一，廟前店地肆間。一，廟邊小厝壹間。一，培方園田種弍斗陸升。

逐年春冬收租，以爲祭祀費用，以垂久遠。

乾隆肆拾叁年重興立石。

按：此碑現存紫泥島南書村講書社慈濟宮，碑名爲編者加擬。

三〇八　重興四合宮碑記

癸巳秋，本社當事暨鄉耆僉議重興四合宮。是歲十月經始，于茲告竣。遵將宰官、鄉紳、信士捐金姓氏勒石，以彰不朽。

水師提標左協副總府陳、□石碼分府徐、總理石碼鹽務分州沈、水師左協左部陳、進士出身工部職方清吏司主政陳天寵。

□□郎陳文榮捐銀壹拾弍大員。奉直大夫、即用員外郎、前中書科中書林一梅捐銀壹拾弍大員。鄭□達捐銀弍拾陸大員。黄正妍捐銀弍拾大員。曾彩□捐銀弍拾大員。許壯□捐銀壹拾陸大員。謝方在捐銀壹拾伍大員。黄正邦捐銀壹拾肆大員。□大會捐銀壹拾肆大員。謝天梅捐銀壹拾大員。郭有恩捐銀捌大員。盧鳴□捐銀捌大員。曾士俊捐銀柒大員。陳于固捐銀柒大員。蔡朝筱捐銀柒大員。張元□捐銀柒大員。□初盛捐銀柒大員。□□號捐銀陸大員。□大成捐銀陸大員。陳東興捐銀陸大員。奉直大夫林士聘捐銀肆大員。太學生郭登衢捐銀肆大員。謝朝欽捐銀肆大員。方振宗捐銀肆大員。鄭元澤捐銀肆大員。許士鳳捐銀肆大員。許開先捐銀肆大員。

趙宜華、周錫爵、林肖儀、林子敬、張文博各捐銀叁大員。洪文域、龍溪幇運鹽館、太學生黄以□、太學生王文思各捐銀弍大員。王天祈、林元標、齊春□、黄光瑚、李登應、李邱昊、合成號、周邦□、朱□□、□泰隆、陳士□、王宗興、長興號、郭抱玉、林良瑚、萬□號、蔡友山、林香山、陳□覌、蔡若淵、蔡必章各捐銀弍大員。□

興號、□興號、陳天傑、□□桂各捐銀壹員半。

龍巖幇運鹽館、平寧幇何豐□、太學生鄭文炳、張甲元、羅□琦、朱世英、楊□□、陳通侯、莊長利、洪順發、陳向□、莊□觀、周士□、楊心□、吴□賽、蔡必正、沈興元、曾彩□、張□瑝、楊日隆、陳昌明、陳士龍、莊士玉、莊玉成、林合興、陳豐□、謝福成、陳忠勇、盧日□、□□鋪、□登廷、黄天德、周文汪、雷提觀、周錫寵、蔡若綸、方奇□、林天□、林世寬、郭英奇、王合利、黄□喜、莊□利、張國□、協順號、黄秉忠、蔡必□、□□顯、周朝英、□學泗、謝宗觀、陞興號各捐銀壹大員。

太學生郭江淮、太學生洪喬南、太學生林文德、南靖幇運鹽館顧又□、周光耀、陳天祈、沈在忠、陳登榮、□維兵、協成號、張聲號、□龍義、盧□胖、周朝端、陳克家、張光興、吴鼎章、蔡錫惠、蔡□譽、林日昌、陳國忠、□特同、林秉紳、周長興、盧□芳、徐光□、□□□、陳廷週、□日□、郭在□、陳□秋、許□然、張克明、□□、□利號、黄廷□、陳天遺、黄□□、黄□□、□□□、鄭□□、□□□、郭□□、張天□、陳士□、黄□福、高元□、□世□、王順□、□天德、王志和、吴天傑、趙□忠、□□□、□□□各捐銀□□□。

勸緣鄉者：鄉賓盧永茂、□文巧、王和川、周文□、楊登傑、鄭國瑞、方振宗、黄正同。

董事□□□，值年□□□、□□□，頭家□□□、□□□、□□□、□□□、□□□。

乾隆四十四年歲次丙申陽月穀旦勒石。

按：此碑現存石碼街道解放西路四合宫，碑名爲編者加擬。

三〇九　玉玹堂祖廳捐銀碑

董理起盖前座祖廳，裔孫安、玉根并各孫枝捐銀名次碑。

六部捐銀弍拾大員。玉根捐銀拾大員。等捐銀八大員。安捐銀六大員。唱捐銀六大員。日捐銀六大員。昂捐銀

三大員。驗捐銀三大員。詩捐銀三大員。庠生鵬捐銀一大員。

翰、就、松、浦獅、郡、厥、珩、允、怡、東、皆、笑、貫、幸各捐銀弍大員。江、桃、軒、□、前、景、族正光傑、丕、劍、憲、會、石、市、化、益、宰、歐、奇、鮮、椿、心、顒、嚴、泉、妙、平、準各捐銀一大員。柴、學、脾、深、廩、待、春、捷、断、鞏、法、趙、禹、藐、情、哲、日輝、篇、潑、炉、廣、維、別、曹、奪、晚、述、湖、從、三、進、院、員、権、峩、侯、牌、仟、察、胡、梅、豁、仰、衛各捐銀一中員。養、信、尊、竹詩、迓、萬、兵、天與、跨、川、柳泉、滿、胡、妙、麟、葉、表、雪各捐銀一錢八分。

監督裔孫：光傑、熙、貫、憲、集、鮮。乾隆肆拾伍年瓜月吉旦。

按：此碑現存港尾鎮格林村蘇氏玉玹堂，碑名爲編者加擬。

三一〇　興建前廳功德碑

大凡天下事創难而成不易，則成者與創者功正相等也。維我祖庙規模基址，先人早已創定，第建後進而前進未營，庙貌殊不儼然。己亥恩科，世殿率男鄉試，目擊愀然，倡議捐建，以成厥功。則巍巍兩進，地靈而人傑，可不負先人之創制焉。是爲記。

長房長公出銀四大員。長房三公出銀十五大員。次房公出銀十五大員，志魁出銀十大員。三房公出銀四大員，志乾出銀二兩。四房公出銀四大員，淵澤出銀五大員。

裔孫世殿出銀三百大員。

每丁每斗種田各出錢一百文。

乾隆四十五年十月吉旦立。

按：此碑現存浮宮鎮美山村青美社蘇氏宗祠。

三一一　重修曾氏宗祠碑記

宗祠之建，以妥先靈、展孝思也。古之人，先於宮室，修以春秋，顧不重歟？我族溯源，自温陵來宇儒山。至我祖稼叟公，復自儒山分派，贅於厚寶鄭氏。鄭不傳，而我寖昌，遂成鄉族。宗祠之來舊矣，興廢幾經。自康熙間重修以來，歷百有餘年，而榱桷垣墻黯然無色。衆等仰瞻之餘，同議鼎建，制仍其舊，材維其新。蠲吉興工，始於庚子年三月十四，竣於本年十二月十六日，共縻白金二千員有奇。凡捐貲皆勒諸石以垂永久。董其事者，爲英、用佐、用德、敏政、廷貴、廷輝、希聰、紹祖、雲龍、雲鴻也，宜並書名字，嘉賢勞焉。夫祖宗雖遠，源本難忘。歲在庚辰，既捐金以充祭費，今復更新廟貌，皆義舉也。有爲之先，必有爲之後。《詩》曰：『子子孫孫，勿替引之。』所期來許，長師此意，則克廸前光，寧有涯哉！

十二代孫朝英記。乾隆庚子年季冬穀旦。

按：此碑現存浮宮鎮厚寶村厚寶社曾氏孝思堂，碑名爲編者加擬。

三一二　重修曾氏宗祠題捐碑

捐金名次，照昭穆序列：

秉訓銀拾弍元。大熙銀肆元。丕用銀拾陸元。丕俊銀肆元。大彪銀肆元。成玉銀肆元。次玉銀拾元。仕傑銀肆元。長春銀肆元。爲英銀壹百陸拾肆元。思爵銀拾元。鳳池銀肆元。廷璣銀弍拾肆元。用佐銀柒拾弍元。五祥銀玖元。得義銀拾元。錫瑛銀肆元。呈祥銀拾元。士誠銀肆元。得禮銀捌元。長艮銀柒元。廷珪銀肆元。世憲銀拾肆元。用休銀拾弍元。兆昌銀陸拾元。得智銀肆元。得環銀肆元。用德銀陸拾元。朝英銀拾弍元。以豪銀肆元。文林銀肆元。文燦銀肆元。象賢銀肆元。天喜銀肆元。保佑銀肆元。文智銀肆元。廷貴銀柒拾弍元。文碧銀肆元。廷輝銀肆

拾元。希賢銀弍拾伍元。克捷銀拾弍元。希全銀肆元。存琬銀弍拾肆元。希澤銀拾弍元。鳴琴、鳴音拾元。雲明銀肆拾捌元。希睿銀肆元。好禮銀弍拾肆元。廷傳銀肆元。希聰銀弍拾伍元。嗣章銀陸元。國棟銀肆元。紹祖銀捌拾肆元。天樹銀肆元。歡銀拾弍元。希長銀肆元。上花銀捌元。汝漢銀陸元。緒祖銀弍拾元。希倫銀弍拾伍元。登城銀捌元。雲龍銀叁拾陸元。希洛銀弍拾捌元。登洲銀叁拾元。雨潤銀拾弍元。步雲銀肆元。希天銀弍拾伍元。希沂銀叁拾元。長青銀肆元。朝陽銀拾弍元。希進銀肆元。希哲銀弍拾伍元。振坦銀拾元。如笏銀陸元。雲衢銀叁拾陸元。希大銀弍拾伍元。春堤銀肆元。瑟鏗銀肆元。猜銀肆元。吹壎銀肆元。錫九銀肆元。雲鴻銀肆拾捌元。登河銀叁拾元。戴英銀肆元。楊坣銀肆元。希才銀弍拾伍元。傳芳銀拾元。仕良銀拾弍元。秉義銀拾弍元。朝漢銀拾弍元。濟美銀弍拾元。肇魁銀拾元。君寵銀拾肆元。得榮銀肆元。肇基銀捌元。肇修銀捌元。乃神銀拾弍元。大德銀弍拾元。大川銀肆元。志仁銀捌拾元。援英銀弍拾伍元。羡質銀陸元。衍銀拾肆元。元耀銀拾弍元。福銀陸元。開榜拾肆元。聯魁銀弍拾元。志智銀弍拾元。振昌銀弍拾肆元。牛水銀陸元。池水銀叁拾元。開先銀陸元。崧嶽銀叁拾元。淮水銀陸元。北極銀陸元。美玉銀肆元。美錦銀肆元。廷耀、兆培、若玉、以都、應棟、應選、明雍、希汎、向、希任、化、希深、金錚、愛、堪、玉□、汶、世英、靈水、光啓、振文、鳴岐、慷慨、振宗、光輝各捐金兩元。

乾隆四十五年季冬穀旦立。

按：此碑現存浮宫鎮厚賓村厚賓社曾氏孝思堂，碑名爲編者加擬。

三一三　平林謝氏祖祠記

自上祀之禮達乎諸侯、大夫及士、庶人，於是宗廟建。而影堂、家祠之設，緣之起原夫本天本祖之義，以順孝子慈孫之至情，蓋尊祖收族之道即繫焉。平林謝氏，自明洪武時榕軒始居之。榕軒生子福埜、禄埜、壽埜、春埜，分爲四房，每房又拆爲長派、次派，而枝葉蕃矣。顧歷世已五，未建有祠。萬曆間，六世次房長派德睿置地建祠之

在平林，西接南坂，東聯石碼，地平衍方正，背枕濂江，江東之山實爲其鎮。面則群山逶迤，展列如屏，環以郡南雙第山下而東、海澄虎渡而西之水，大海且在其東南，形家咸屬耳目焉。祠祀一世、二世之主。國朝康熙癸巳，九世次房次派天爍力圖興事，時族議移前之右建而新之，其祀則遞而及於五世，凡助金者得配享焉。定以獻歲發春，卒成嘉平之吉。值祭者率族衆虔修厥典，鼎俎籩豆，簿正而遵守之無敢忽，則罩服本之愧而又廣逮下之惠矣。

乾隆己巳年，十世次房長派建仲以舊制迫隘，不稱明禋之意，思捨其舊而圖其新，而次房次派芳培、芳城雅有同心，樂於相欣。乃載拓厥基，去昔之東、西室，總爲都宫。從外觀之，有翬飛鳥革之象；從内觀之，庭則殖殖，楹則有覺，正噲噲也，冥噦噦也。頌曰『寢成孔安』，斯之謂與？自是簿正維新，祭器比舊則加飭，品物比舊則加詳，一展卷歷歷在目，孝悌之思有不油然自生乎？而建仲又别建支祠以祀廷弼，爲此房長派之宗，孝思尤不匱矣。禮：『君子將營宫室，宗廟爲先。』『祭器未成，不設燕器。』以此坊民之有忘其本原而棄其宗族者，爲民望者兢兢焉惟祖是念、宗是敦，庶令生敬思哀，而不忍自殘其骨肉、拔其本根也。故觀於宗祠，而知王道之易易也。

謝氏之祠建置凡三，皆未有記。建仲子中書舍人啟達懼其久而無所考也，乃囑余紀其事，而勒諸新宫之壁。

賜進士出身、翰林院檢討、例誥授章立大夫、都察院監御史加三級、龍津宦志涵撰。

乾隆四十五年庚子仲秋。

按：此碑現存榜山鎮平寧村謝氏宗祠，係近年翻刻。

三一四　重興石佛嶺廟功德碑

和尚埔太學生楊生聖捐銀四十六大員。張坑后郭太學生藍蟾觀捐銀十大員。□澳内太學生楊兆爵捐銀六大員。山尾太學生□□玗捐銀四大員。中崙太學生蔡文瀾捐銀四大員。嶺脚蔡明德捐銀四大員。和尚埔鄉進士楊嘉謨捐銀□大員。和尚埔太學生楊郭基、嶺脚信士蔡元保、中崙信士蔡族觀、埭頭信士楊元智、梅溪信士蔡龍章各捐銀二大

員。園尾后鄉飲賓吴正觀、樓仔前太學生蔡觀玉、和尚埔庠生楊明潔、和尚埔樂生楊如玉、和尚埔樂生楊修文、金鰲信士楊瓊觀、大埕内信士蔡新鰲、洪田信士蔡芳觀、洪田信士蔡倩觀、嶺脚蔡麟觀、中崙李恩觀、中崙李論觀、霞美李初升、園尾后陳邦倫、□□后吴力觀、大廳楊珠觀、西圳楊韓觀、嶺脚蔡夙夜、嶺脚蔡世卿、嶺脚蔡疇觀、嶺脚蔡秀觀、嶺脚蔡杖觀、嶺脚蔡合觀、嶺脚蔡豁觀、嶺脚蔡鎮觀、嶺脚蔡川觀、山尾后郭吴邦源、霞美蔡國煌、霞潭潘宜觀、白埕張報觀各一員。

募緣首事陳三才捐銀拾陸大員。

董事：太學生蔡伯傑、蔡麟觀。乾隆四十六年歲次辛丑。

按：此碑現存白水鎮金鰲村石佛廟，碑名爲編者加擬。

三一五　重建烝田碑記

十五世孫景利，族中之豪也。少負異志，数奇，貧無以爲業，輒慨然曰：『丈夫處世不爲名，則爲利。』遂之吧，工貿易，善廢著。經營廿餘年，致貲数十萬。宗戚過而問者，沾其惠甚渥，而桑梓中素所知悉，亦屢修書幣存問。以視陶朱公十九年三致其金，再分散與貧交、疏昆弟者，不是過也。此亦可謂富而好行其德者矣。廼江山萬里之外，尤切尊崇祖宗之思，特寄宋銀二千大員，付元義、綿珍、大謨、垂爵等充置公烝。偕先鎮臺仝我房衆前所捐置，于以光祀典、肅廟貌，春秋祭費綽有贏餘。倘異日滿載而歸，其所建又當何如也？是以紀其事以書於石，後之人得覽觀焉。

旹乾隆四十六年孟春穀旦，闔族家長仝立。

按：此碑現存白水鎮金鰲村楊氏大宗祠。

三一六　後境許氏祠堂碑記

祖廟者，神靈之所陟降、子孫之所駿奔也。我祖自開基以來，建立祖宗，堂構爽塏，利綦偉哉！但年久缺壞，不爲修整，褻越殊甚。維我二房祖逸徽公捐銀肆佰大員，承當起蓋，規模依舊，而庙貌重新矣。自今以往，理應整潔，以妥先靈，則陟降永綏、駿奔罔替焉。

計開逸徽祖建置産業：

一，書田陸斗，坐落本社後吴厝頭洋，配本户田畝肆畝肆分弍厘零弍絲弍忽，以助燈祭，勉勵後進，議定文全武半。

一，田叁斗，坐落社前蔡字陸拾弍号，配本户田畝弍畝柒分弍厘捌毫弍絲伍忽。

一，田弍坵，弍斗弍升，坐落祖墓前，配沈元名下，充租弍石零弍合。

一，厝地叁間，坐落祠前照墻右邊。

一，厝地壹間，帶空地伍分之壹，坐落祠堂西坪右。

一，買康家、江家空埔蠔埕下，帶蚵埕毗連弍所，坐落海門，共配澄邑漁課康美名下卯銀肆錢。

公禁：祠埕左右、墻後公地，不准堆積灰堆、糞土及園园栽种。

公禁：祠前、墻後左右建屋，不准提高起蓋、遮蔽明堂。

乾隆肆拾柒年荔月穀旦，孫登瑞、宗視、天樹公立。

按：此碑現存海澄鎮倉頭村厚境許社許氏崇德堂，碑名爲編者加擬。

三一七　重修方田慈濟宫功德牌

乾隆壬寅菊月重修慈濟宫助緣名次：

信士蔡永章助銀拾伍員。監生楊鈊聖助銀拾弍員。信士陳京官助銀肆員。庠生劉天池助銀叁員。信士陳國珍助銀叁員。監生楊兆爵，監生蔡兆昌，監生陳克誠，信士楊長金、陳諒野、蔡錫祖、陳閤閶、陳長芳、張光輝，各助銀弍員。蔡允忠、蔡允興各助銀一員半。庠生陳瑶林，庠生蔡步堦，監生高瑩山，監生陳廷議，監生曹世澤，信士李國煜、陳志仁、陳泰官、陳悦官、陳恭官、陳寨官、陳天榜、陳庇官、陳姐官、陳周連、陳容官、陳春官、陳天俊、陳天龍、陳后仁、陳田野、陳真官、陳奢官、陳蟾官、陳傳祖、陳泰官、陳竹官、陳廷遠、郭庇官、郭東官、郭衛官、郭立官、郭琛官、郭歡官、郭嬰官、郭天感、蔡媽官、蔡財官、陳廷玉、陳廷球、陳廷誥、陳廷珪、張成德、楊株官、楊光濠、蔡志榮、蔡海章、陳文琚、陳協生、陳國才、林忠官、紀漢官、藍維官、胡渭濱、鼎川号，各助銀壹員。

董事：鄉賓蔡汝熾、太學生陳國璉，各助銀弍員。

按：此碑現存白水鎮方田村慈濟宫，碑名爲編者加擬。

三一八　重修大隱宫碑記

竊本宫大隱崇祀慈悲列聖，世遠年湮，棟宇傾頹，不整舊更新無以壯神威。用是募捐，修葺舊造，擴充前進。乾隆壬寅菊月，其工已竣，樂捐姓名謹勒序貞珉。

誥封奉直大夫王東伯捐金柒拾貳員。鄉賓王樹雲捐金肆拾陸員。太學生王邦畿捐金叁拾陸員。太學生王之水捐金叁拾員。王尋觀、王燦新、太學生王清溪各捐金貳拾陸員。王添觀捐金貳拾叁員。太學生王清芳、太學生王清榮、翰林院待詔王國升各捐金貳拾壹員。王沛觀捐金貳拾員。王登壽、王天雕、太學生王廷蘭、太學生王清光各捐金壹拾捌員。太學生王元玉捐金壹拾柒員。王之春捐金壹拾陸員。王家高捐金壹拾伍員。王光美、太學生王燦東各捐金壹拾肆員。王文江、太學生王清選、太學生王清端各捐金壹拾叁員。王振仲、王登祚、王暹觀、武平縣儒學王紹芳、

王松觀、王松培、太學生王大江、陳聯捷各捐金壹拾貳員。太學生王泰議、太學生王清遂各捐金壹拾壹員。王秉泰、王儼觀、鄉賓王樹明、王應石、王隆桃、王世澤、太學生王清踐、林雲從各捐金壹拾員。太學生王長振、王家駒各捐金玖員。王登探、王時新、王宗珌、太學生王安倫、王蘊玉、王家謨、太學生王光興、許奇觀各捐金捌大員。王積善、王國隆、王長位、王子典、太學生王績範、王者壽、王燦揚、柯宇觀各捐金柒大員。王倬東、王脩德各捐金陸大員半。王之盛、王國瓊、王君宣、太學生王世甲、太學生王元通、王樹國、王士絅、王玉山、太學生王廷華、王文壇、縣右堂王啟宏、王富觀、王綱領各捐金陸員。王希光、王朝瓚、王東炎各捐金伍員半。王大允捐金伍員半。王質素派下孫子樂助宮前埕地壹所。

乾隆肆拾柒年歲次壬寅陽月穀旦。

董事：太學生王文烈、王登寬、鄉賓王德政、鄉賓王士登、鄉賓王樹雲、鄉賓王元榮、太學生王登粹、王國隆、王東奮、鄉賓王樹明、太學生王光鉉、王之春、王文壇、太學生王邦畿仝立。

咸豐玖年，王媽曲喜助徐查緣田壹坵，種貳斗。

按：此碑現存角美鎮田裡村大隱宮。

三一九　重興法真禪院碑記

法真寺在城西三餘里，背山面河，水接龍江，波連虎渡，與紫芝、萬松、隆壽相摩接，固漳郡之一大觀也。稽府志，乃紹卿禪師塔院，舊名浮龜峰，肇基于五代。有元至大，僧無則重建，元季厄於兵火。永樂間，僧南極重興，天順、成化間又爲颶水所壞，僧盛庵、文庵繼新鼎創。萬曆丁巳，又爲洪水所淹，法堂、兩廊圮壞。歷今百六十八載，風雨剥蝕，大殿將傾。蓋有興有廢有修，而幾至於終廢者爲已甚矣。住山僧渾融重修，捐金募緣，懇健董成其事。健自先王父滄社移界居此，爲佛弟子，義不容辭，且其詳獨能道之，故爲述其巔末如此。

乾隆乙巳歲端月。董事、龍溪學廩生楊希健題併捐銀叁拾員，住山僧渾融捐銀叁佰員，募眾立石。

鄉進士林焕肆員。鄉進士陳騰飛陸員。州司馬陳文璋拾員。生員蔡祥雲拾伍員。國學生康光耀拾弍員。信士楊清揚拾弍員。林啓观拾員。生員蔡秉文捌員。職員何忠捌員。信士李一誠陸員，李國观、李世逸、張文春各伍員，郭若深四員半。貢生黃鼎吉肆員。生員蔡秉謙、吴松齡，鄉賓沈文明、林式玉，信士陳樹沐、吴元□、陳漳观、顏大成、李國佫、楊天錦、李元水、龔狀观、龔淮山，各四員。高寶藏、林恭观、楊初观、朱防观各叁員。高吻观、莊在观、陳楝观、李扶观、林豐观、林進观、林障观、李清观、黃亨观、楊力观、楊煖观、詹盛观、朱成观各弍兩。州同知陳兆勳，國學生陳大經、陳時、陳大璋、王廷幹、徐建廷、施掄昌，生員張金標、林鳴鶴、鄭鳴球、黃春魁、張新濤、陳雲標、謝國慶，信士林陽、李世俊、李旺观、李秀水、吴肖其、楊明道、楊明睿、楊明遠、陳大楝、歐□信、□□□、陳金溶、楊傳□、蔡金观、陳文仲、柯國榮、陳國□、蔡□□、許宗□、□紅新，涂師李六观，各貳員。生員曾□□、□□□，信士柯蔭观、李□□、胡遠观、李□□、李□观、李□观、李□观、林讓观、楊□观、林□澤、李尚观、林芳褒、陳榜观、陳元亨、□天祚、□□□、□士元、陳士□、□□□、□□□、陳世爵、楊迭观、龔訓观、陳高观，各兩□。

按：此碑現存薌城區西院村慈德宮，碑名爲編者加擬。

三二〇 重修白雲山紫陽書院碑記

宋紹熙初，紫陽先生來守吾漳，嘗以暇日登白雲山，講誠意之章，手書堂額聯句，存山中。後人不忘先生之戾止也，立祠以祀。邑志載建祠者爲偕藻唐公，其前則未有考。公漳浦人，由翰林歷任宗人府府丞，有廉直聲，康熙間致仕，居郡南隅。其祠祀先生也，并捐兩處渡税爲祭費，邦人義之，因設主配焉。山故有寺，祠在寺之西偏，鄉先正以其褻也，配以唐公亦疑未協。乾隆十年，改建於寺前，前臨百草亭，其地爲尤勝，而唐公主仍祀堂右。甲辰

春久雨，祠坍，都人士謀葺治之。其冬，玉振自京歸，廼與孝廉黄君金蓮卜日興修，竝擬堂外苐地別搆數楹，以祀唐公，於體爲宜，遂以其役併治之。既蕆事，爲紀其因革之略如此。

若先生之道德，集諸儒之大成，昔賢之論著已備，無取乎管窺之見、贊頌之詞也。顧念先生不獲大用於世，立朝僅四十日，出宰郡邑亦不數數見，獨吾鄉得親承治化，漸摩浹歲之仁，而兹山又適爲先生憩息之所，豈非幸歟？山中無怪石奇巒，而名蹟獨著。凡四方來遊者，以及樵夫牧豎，過平林、登絶磴，往往談當時逸事，以寄慨慕之情。蓋其流風餘思之入人者，誠深且遠也。孟子曰：『聖人，百世之師也。奮乎百世之上，百世之下聞者莫不興起。』今日者，榱桷既新，籩豆有肅，先生手書宛然，其神如在。登斯堂也，寧漠然而不知所嚮往乎？玉振少不學，於道未有所見，時用自傷，兢兢之意，竊願與都人士共相敦勉於無已也。

是役也，鳩費得白金二百有奇，用未足，監生洪君廷邊與余功弟超然繼充以成之。董其事者，洪君也。經始於乙巳四月，訖工於六月，例得備書。

乾隆甲辰科進士後學鄭玉振敬記。乾隆庚子科舉人後學黄金蓮敬書。

按：此碑現存顔厝鎮洪坂村白雲岩寺。

三二一　重新楊氏大宗祠題捐碑

夫孫子之於祖宗，力所能爲即分所當爲，雖費不貲，何必誌？誌之者，將以示勸也。吾族兩次捐置烝田，向皆勒石於左。兹廟圮重新，土木之費約千餘金，族衆倡義捐輸，不数月而厥功告竣，是蓋有所勸而然也。故復取而誌之，以示後人，亦克用勸云爾。

景利捐佛頭銀一百捌拾大元。明蓼捐佛頭銀一百陸拾大元。長赤捐佛頭銀一百弍拾大元。太學邦光、盧生各捐肆拾大元。華封、馬劍弍拾元。瑱生弍拾大元。鍾璣拾陸大元。略正、梆生、瑞德、光朝、宗契各拾弍大元。尚德、

太學福、貢生邦達、鄉賓高達、鄉賓鍾瑞、光太、邦獻各拾大元。明礼、家聲各捌大元。天生、馬劍陸元。鍾銑、庠生長春、交生、長白、一義、次生、奢生、貢生德貴各陸大元。寵生伍元。太學邦彥、廩生元義、著學、元釗、鴻瑗、鴻宝、鴻昌、深生、明章、長仁、厖生、藍生、漳謨、太學兆爵各肆大元。會眾、長潮、大材共拾大元。太學邦基、庠生志元、庠生拱辰、庠生復、庠生大謨、庠生明玉、庠生大成、光前、新科、衛生、銓生、腆生、院生、耦水、仲生、廷璽、兆進、兆英、兆台、苞生各弍大元。

董事：元義、大謨、明德、光朝、德貴、兆爵。乾隆伍拾年乙巳歲季冬穀旦立。

按：此碑現存白水鎮金鰲村楊氏大宗祠，碑名爲編者加擬。

三二二　柯氏祠堂題捐碑

崇廟貌，舉明禋，歲時無曠典，所以展孝思、奉先靈也。我祖覺定公肇基霞嶼，百世不祧宜矣；而遺業就湮，薦馨莫備，爲人孫子，其奚以安？爰是鳩我宗人，捐金置產，以光俎豆。庶自時厥後，世奉宗祀，毋廢斯舉也。爲水倡焉，啟遠成之，兩人之功，顧不偉歟！閟宮享祀，頌美奚斯，示不忘也。是宜勒瑉石，以垂不朽。

霞嶼存銀一百大員。琪采、超群、紹籙、朝顯捐銀三十大員。養静、長益、琪侖、琪箐捐銀二十大員。超侶、琪嶽、琪岱、爲山捐銀二十大員。爲光、爲檜、贊賢、士琚、必泮、爲材各捐銀二員。

爲水捐銀二十員。朝選、養潛、士瑤、延楨捐銀拾二大員。士恩、士會、琪草、士昉、天球、長枝、琪素、爲火各捐銀十大員。紹良、琪蘭、紹文、琪探捐銀八大員。琪梧、登閣、登選、琪俊、長華、琪昆、琪成、爲斌、世慈、登述、登連、文標各捐銀六員。爲柏、承瑛、克成、鍾鐫各銀一員。琪材、士魁、琪健、琪賢、爲貞、學漢、拔元、鍾堅、東觀、世盤、鍾瑞、鍾桂、必光各捐銀四員。世岩、承暉、毓正、基泰、窕觀、世觀、邑觀、牢觀各一中員。

董事：士昉、紹録、爲梓、克寬。乾隆五十年歲次乙巳瓜月穀旦。

按：此碑現存白水鎮下田村下尾社柯氏宗祠，碑名爲編者加擬。

三二三　重造樹兜橋碑記

邑之南，去城四里許，有里曰樹兜，溪曰鹿溪，東注於港濱、厚境，南匯於鹿陂、新陂，西、北匯於南門之月溪。迴環襟帶，誠東南要區也。舊有曰樹兜橋，自萬曆拾柒年建，厥後或廢或興。一修於康熙丙子及戊子李、陳二邑侯；再修於乾隆丙寅年邑尊黄公；最後修者乾隆庚辰年，邑國學生吴亨傑獨捐金踵美。迨壬辰歲，鹿陂内外鄉耆又募捐重造焉。顧歷年既久，波流齧蝕，梁柱傾圮，行者苦之。鄉士民目擊心傷，方樂修而未遂也。適南門月溪木橋是時重建，其董事好義者咸同心共濟，裒所餘橋柱以佽焉。於是，鹿陂、樹兜左右耆老，遂歡欣鼓舞，各捐厚金，余亦捨館金式拾，以共襄厥事。經始於是年八月初十日，告竣於九月十二日，計費銀伍百有奇。是役也，鳩工庀材，神人叶吉，鼛鼓之聲既輟，垂虹之勢遂成。鄉鄰老穉負者以趨，□者以跂，往者以忻，來者以喜。不數月而月溪、鹿溪二橋後先繼興。苟非諸君子善與人同，有舉莫廢，安能不日觀成若此哉？既成，燕飲以落之。諸父老告余曰：『是橋之修，功誠美矣。但舊例鹿石陂畱每年支銀貳兩，又橋頭店屋每年納銀壹錢，自今以始，當儲積以爲修葺資，不可無文以記之。』余曰：『唯。』爰爲紀是橋重建始末，併捐金姓氏與儲積税銀例，勒諸貞珉，俾後之君子知父母桑梓之誼，敬恭不忘，而國家利濟之澤，亦深垂同贊云。是爲序。

特恩己亥科經元禮部會試樹德里人曹世芳撰文。

鄉進士揀選縣正堂許天治書丹。

太學生高天桂捐銀陸拾式元。邑庠生曹懷忠、国學生吴日暉、甘□士各捐銀式拾元。陳光緒捐銀拾肆元。鄉進士甘鰲、歲進士莊曰敬、国學生甘恩詠、鄉大賓鄭子徽、喬温勤、阮開泰各捐銀拾式元。鄭祚坤、陳光佑、鄭子忠各捐銀拾元。邑庠生鄭□智、国學生曹世澤各捐銀捌元。歲進士許應濱、国學生許国勅、鄉大賓鄭遜齋、鄉大賓高

天喜、鄉大賓鄭文愷、鄭温之、高昆观、高媽瓊、袁宗林各捐銀陸元。李喬公捐銀陸元。国學生劉長□、国學生張宗琠、国學生黄国鵠、鄉大賓黄志義、高萊观、甘神观、甘東如、鄭丕观、陳異周、宋大良、邱懋鄉、嚴聯国、林祖惠各捐銀肆元。鄉大賓王啟周、蔡文錫、李及观各捐銀肆元。陳正观捐銀叁元。邑庠生甘珏、邑庠生高誌、邑庠生潘自明、国學生許敏禮、国學生甘出章、国學生□高提、鄉大賓潘開泰、黄毅軒、鄭重甫、鄭士鏞各捐銀弍元。太學生王元烺、太學生王綢观、鄭勤观、高買臣、黄天郊、潘正和各捐銀弍元。廩庠生甘名駒、邑庠生甘琰、国學生甘必高、鄉大賓張純朴、鄭毅豪、甘必春、鄭震沾、黄志棟、甘日倡各捐銀壹元。林崇富、鄭安观、鄭迭观各捐銀壹元。

董事：鄭廷材、庠生鄭化龍、庠生甘生香、林希及、鄭用賓、鄭次謙、高六观、甘安观、鄭蔚周、蔡政观、高荆石。

總理太學生蔡克晃捐銀弍元。乾隆丙午菊月穀旦勒石。

按：此碑現存海澄鎮崎溝村樹德社樹兜橋。

三二四　新興增福橋石碑記

浦有枋橋，由來久矣。上通霞城，下接石鎮，民無病涉，蓋前任提臺藍德澤所敷也。于今枋板腐折，商旅往來有顛躓之苦，還欲費力填補，黎老量度，嘆修葺之艱。僧宏義住持大廟，出入經閲，未嘗不蕭然感極，窃欲造石橋，永垂不朽，未敢輕舉。甫聞鳳林社周文美，素稱風活，鋪造不休，乃向募爲緣首，同保内市中李侯观、陳祐观、盧淀观、黄意观、林合观、黄委观、蔡孟恭、陳天生、陳蔭亭、陳註观、許仲元、曾九观、陳理玉、張天助、陳喜老等爲董事，鳩眾募緣。幸一唱百和，爰是諏吉興工，在本年花月念七日寅時破土；連工接續，越麥月望日未時，石梁升架，無有阻，無有窒，至荔月十八日竣工謝土。首主、董事及助緣匠工人等，福有攸皈。茲告厥成，謹將姓名勒石，以誌功德云爾。

鳳林社周文美助銀叁拾弍員。候補府參軍郭結勳助銀拾大員。南澳米船共助銀拾弍大員。路頭信士共助銀拾大

員。歲進士陳永纘助銀拾弍大員。勅授儒林郎黄大□助銀肆大員。蘇邦德、蘇提观、章聞观、許仲元等各助銀肆大員。過溪社太斈生邱萬山助銀四大員。鄉大賓陳聯芬、太斈生王言宗、太斈生黎兆聪、高天輝、陳世綿等各助銀叁大員。鄭龍丹、李添寿、吴忠观各助銀壹兩。信官林興洋、太斈生謝初陞、太斈生徐應熊、太斈生謝光國、沈相公諱登榜各助銀弍大員。陳荣观、馬外观、王探观等共助銀弍大員。邑庠生李厚观、太斈生張天閔、太斈生王暢观、祠生員柯用美、鄉大賓楊誠明、太斈生潘昱观、太斈生潘就观、太斈生鄭作豐、太斈生林克家、王安观、羅色磐各助銀壹大員。廣成行、柔遠行、隆盛行、裕豐行、廣順行、徐補观各助銀弍大員。蘇邦仁、林瑞芳、黄傳祖、黄意观、李侯观、陳居禄、蔡倡观、李二相公、陳啟观、謝齊观、林佐观、陳註观、蔡孟恭、林光注、陳世繹、姚田观、張天助、林世爵、林樣郎、盛端观等各助銀弍大員。

朱紫雲、楊文炳、許善观、陳鍾迅、江登龍、陳雲龍、王尚庸、李鶴舍、李堯舍、李開舍、黎爲龍、楊傳观、曾弘德、王郡观、陳四雄、王舍观、陳君元、陳貞龍、顔有容、楊但龍、柯元观、柯公喜、許永老、林明奇、林必揚、曾天傑、陳群观、林世華、蘇邦英、鄭琳观、胡澄海、蔡兆淳、蘇桂標、陸漢三、柯世廉、張輯相、陳登俊、徐國耀、陳八溪、謝琛观、黄傳观、黄乃宸、陳權观、蘇尚仁、許元魯、蔡希遵、謝玉信、陳先通、黄東观、蔡壇观、李上文、徐幼青、顔拂观、陳九龍、徐賢观、蘇長源、王國佐、刘基棟、周光耀、蘇從观、蘇欲观、曾篤观、許江河、郭兆明、蘇貌恭、吴禾猛、林登观各助銀壹大員。歲進士余長彬助銀叁中員。鄉大賓林弘亮助銀叁錢六分。楊陳观、高猛观、黄宗观、朱藝观、許永玉、林賜郎、吴宇观、鄭開三、陳明观、林元观、江光观等各助銀叁錢六分。

盧聳秀、蘇海观、柯結观、施嵩观、柯燦观、王慨观、楊球观、林經观、鄭雲观、林老观、李佛恩、楊千舊、楊智观、陳廉观、鍾郎观、鍾騰观、鍾雄观、陳應厚、徐央观、劉瑞观、詹成观、李元观、嚴鯨观、蔡天德、蔡棟观、蔡士元、蔡向观、王荣章、洪録观、江付观、高攀龍、陳替观、蘇榜观、鄭欸观、張天禅、許趙观、蔡興祖、潘湛观、甘蔭观、甘陸观、潘郭观、楊坤观、陳蔭亨、莊盛德、朱椿观、朱盛观、黄輝观、朱魏观、潘重观、林角

观、林開邦、李及观、黄運观、顔通闞、歐公恩、黄誥观、陳漏观、永記號、漳隆號、萬興號、源利號、永章號、張復旦、林希録、杜疊观、楊記观、許太观、楊恬观、徐明观、陳明观、陸香平、陳檜郎、蕭降观、林魯观、胡參观、石萬观、顔明观、翁俗祖、陳喜老、王保观、陳甲观、黄奇观、鄭光观、陳儒观、鄭旭观、黄清河、陳復聖、蔡聰明、林四喜、徐妙羨、蔡弁观、謝子成、陳延宗、陳進生、陳天生、徐孫祖、潘陜官、楊安官、曾建观、林吉观、鄭清观、陳三观等各助銀壹中員。葉如南、吴次观、鄭光胤、黄伯观等各助銀壹中員。周超達助銀壹中員。

按：此碑現存薌城區浦頭港增福祠。『前任提臺藍』，據第一八〇篇，康熙四十九年提督藍理修詩浦水閘；另乾隆五十二年提督藍元枚上任平臺，旋卒於軍。故此橋建於二者之間。

三二五　重修外樓記

外樓即外堡也，漳俗謂堡爲樓。吾鄉在郡南，距城十里，郡誌載爲前梁設縣之所。盖郡南諸山自西天峭立，歷九龍嶺，比趨太湖山，迢遞而來二十餘里，峯巒攢簇，至此而周遭沃衍，帶以南溪，風氣萃止，以之置縣亦其宜也。吾鄭氏自始祖均賢公占籍於兹，數傳而族寖盛。聞諸故老，當明代鼎革之際，鄉間暴客嘯聚揭竿，以憑陵我族，夜率其黨來攻，旦逃去，族之丁男婦女每日暮會集里中舊樓，以資守禦，里賴以全，則舊樓之功也。我朝定鼎，四海無事，數十年間無居此樓者。康熙六十年辛丑，臺郡朱一貴作亂，郡邑警俻。雍正元年癸卯秋，族之長者三十四人立券定約，購樓外餘地，四面以方，議增式廓，未興役而寢。至十三年乙卯，始即所購地環築短垣，一月而畢，工未蕆也。今上之六年辛酉，復理斯役，即短垣而高堵之，鱗次列屋四周舊樓之外，是爲外樓。舊樓爲房十四，外樓爲房三十一，房之半者四房。如舊樓架楹而三其級，於中級繚横檻以通諸房之徃來，於末級置窓櫺以收四面之瞻眺。今五十餘年矣，猶無恙，惟西南一角嘗爲雷震。又其房之級舊多空楹，而廥廦溝渠有未俻者。三十三年戊子，先考近庵公倡諸樓房，捐貲以修震雷之破缺，併於空楹之上各加板而置扉焉。去年秋，不肖與族之父老復行葺治，撤屋

簷墜瓦而新之，於未圬之壁加之塗墍，墉之基出地者纍土以固其墌，門之前若左爲疏注水之道。外樓於是乎始完，而舊樓房舍已傾，未能並舉也，僅砌瓦頹垣之上，俾無易坍，留以有待焉耳。夫重門擊柝以待暴客，義取諸豫，盖盛王之世所不廢也。今國家隆盛，户可不閉，縱小醜跳樑，亦皆應時撲滅，宜無庸於兹亟亟者。然而計兹樓之興，上下六七十年間，議之而不果、果焉而未成、成之而又有待於修，若兹之繁且鉅也，是可無望于有舉莫廢、有廢而能興者乎？爰於竣事爲敘其原委，以告後之人焉。是役也，經始于丙午之十月，訖工于丁未之正月，縻白金三百兩有奇云。

大清乾隆五十二年歲次丁未，里人鄭玉振記。

此記作於乾隆丁未春，尚未勒碑。嘉慶庚申冬日重修大廟蕆事，因併立石以附廟碑之後。

按：此碑現存顔厝鎮庵前村古縣社謝太傅廟（又名積蒼廟）。

三二六　重修保福庵闔社捐貲緣碑

布政司理問韓熙文捐銀叁佰大員。信士太斈生天鋼捐銀弍拾大員。貢生高澤捐銀拾捌大員。鄉祭酒鄭國炳捐銀拾陸大員。廩生韓高翔、庠生高瑞、衛守府高榮各捐銀弍拾大員。瑞珠捐銀拾大員。以脩、德馨、天瑞各捐銀捌大員。天錡捐銀柒大員。仲周、鳴駭、時金、天錮、國傳、庠生彩龍各捐銀陸大員。茂椿、魁□、萬松、花緾、必瑞、國仲各捐銀肆大員。元音、代興、元倫、必奇、永融、昌浩各捐銀叁大員。恩賜韓新達、鄉祭酒文華、克振、恩敬、代振、成功、司城、天瑞、必潤、秋丹、光家、位光各捐銀弍大員。鄉祭酒茂楠、倪崇隆、韓宗錦、兆福、宗瑾、克通、大沛、鄭天均、韓能壘、金涵、昌□、新文各捐銀叁中員。韓能文、奕貞、瑞龍、志高、必□、必捷、庠生遜慶、通官、宗碩、深水、成貽、宗孺、天珠、邦英、天禧、文芳、宗璜、必聳、盖光、庠生英□、福祐、天環、能言、桃観、必新、鄭達観、韓□□、□琦、國圭、天琮各捐銀壹大員。

旹乾隆丁未歲臘月穀旦立。同事：貢生韓高澤、以脩、代興、鳴□、茂楠、萬松、恩敬、瑞珠、兆□、國□，

太孝生天瑞、天鋼，庠生彩龍、天□。

按：此碑現存薌城區天寶鎮路邊村威惠廟。

三二七　重修鰲西祖廟碑記

人本乎祖，尊祖所以立廟。故禮曰：『君子將營宫室，宗廟爲先。』盖誠兢兢乎此也。我鰲西蔡氏，溪十一都石碼鎮昔建大宗，祀始祖理學南溪公，配以列祖，規制嚴翼，春秋匪懈，庶幾享祀不忒。然歷年久遠，星霜之轉移，風雨之剥蝕，不獨曩日丹艧黯淡寡色，甚而楹桷蛀損，瓦縫滲漏，不令人以棟折榱崩之誚乎？且先靈曷以式凴無恫？惟賴孫支協力贊成。河等乃華園房循質公裔孫，則皆遡原於始祖者也。目擊之下，僉曰『不可不重修』。爰就太封梅園房公項，継以鳩貲，樂襄厥事。卜吉聚材，召匠興工，始於戊申七月初旬，至十月告竣。是役也，動費千金有奇。覺堂基依舊，輪奂更新。將見入斯廟者，水源木本之念與展親睦族之情，當用是而彌摯焉爾。謹將公項并各鳩貲登誌于左。

太封梅園祖公項銀六百大員。十一代孫天河出銀壹百大員。十二代孫世應出銀壹百大員。十二代孫夢斗出銀壹百大員。十二代孫瑩出銀壹百大員。十三代孫承命出銀壹百大員。

旹乾隆戊申歲陽月穀旦，梅園房等勒石。

按：此碑現存榜山鎮平寧村西頭社蔡氏世澤堂。

三二八　重修瀛洲祖祠入主捐銀碑記

自德美公肇居福岍，廟之建久矣。當其時，寢昌寢熾，濟濟蹌蹌，何其盛也！迨年久重新，易其舊制，遂稍凌夷。每議復旧，無力輒止。以至乾隆辛亥歲，則墻屋圮壞。儀目擊此景，何能自安？于是先即捐銀壹百員，以爲族

人倡。因與族人議，每百員許其入主一對，而董理者蔭出伍拾金，嗣後惟科甲得入勿論，非科甲者必倍之。所以優衣冠而崇功德也。其願出分金者，隨其力量。廟成之日，各勒于石，以示孫子。幸眾志樂從，共襄厥事，則昔之寢昌寢熾，可以復覩。斯則我祖之靈，而孫子之幸也。

旹乾隆壬子歲元月，十五世孫鳳儀穀旦敬誌。

董理：競西、鳳起。入主捐銀：璞齋公、鳳儀、仕豪各壹百員；鳳起伍拾員。

按：此碑現存紫泥島西良村北岸社郭氏瀛洲祖祠，碑名爲編者加擬。

三二九　肅清北邊廟示禁碑

特調漳州府龍溪縣正堂加六級軍功加五級記録八次王，爲懇恩示禁等事：

據劉瑞保家長林奇源、郭伯安、郭希伯、魏朝選、郭日章、陳著存、周性祖、林夢霖、黄如藻等連名具呈，詞稱：『崗洲九社原建北邊廟一座，崇奉三元真君，延僧雋月住持焚香掃地。見棟宇傾頽，偕其徒滄鯨募衆助緣，樂輪重修，而廟貌爲之一新焉。但斯廟當津渡往來之區，人衆雜遝，多有無籍棍徒在于廟中往宿，因而呼群喧鬧，露體仰臥，甚至開設花會，聚衆壓寶，褻狎神光莫甚。住僧喝阻，恃頑莫何；家長等各鄉散處，不得常到廟中訓飭驅逐。伏思漁號聿頒，愚頑莫不向化，合情叩懇恩准示禁，則廟□□□宇永賴肅清，而神明益昭敬重。』等情到縣。

據此，除批示外，合行出示嚴禁：『爲此示仰該住僧及紳衿、居民人等知悉：嗣後毋許棍徒在廟住宿、呼群喧鬧。倘敢仍前開設花會、聚集壓寶、露體仰卧，許即驅逐出境。如抗，即會同地保據寔指禀赴縣，以憑嚴拏究治。言出法隨，决不寬貸！各宜凛遵毋違！特示。』

乾隆伍拾柒年伍月廿六日給告示，發北邊廟掛。

按：此碑現存角美鎮流傳村北邊廟（又名三元廟），碑名爲編者加擬。

三三〇　浦南墟鹽館示禁碑

特授福建漳州府正堂加七級紀録三十一次全，爲餉外加征等事：

據龍溪縣生員董居簡、墟長楊光輝赴府呈稱：『歷來鹹魚、鮭醬係海關徵餉給照，久爲定例，與塩館毫無干涉。詎近來浦南墟塩館多設塩丁，凡遇商民往厦門販買塩魚、鮭醬赴墟發賣，該塩丁到船頭索驗買單。凡塩魚每大籠索取銅錢廿四文、每小籠索錢十二文，鮭醬每罐索錢一文，各曰「飛税」。不從伊索，即欲馳報塩館，架詞稟陷，擾索萬慘。況魚、鮭等物，既經海關徵税明白，豈復有墟場再加徵税之例？且歷來塩館不得私抽販買魚、鮭，經前憲徐奉制憲李示禁在案，該塩丁何得私設横抽？現在每墟紛紛横抽飛税，不惟商民難堪，恐釀奇禍，恩准示禁。』等情。

據此，查塩館無從抽税之例，何得壟斷、勒索滋擾商民？除批示外，合亟出示嚴禁：『爲此示仰浦南墟館辨、秤、哨人等知悉：嗣後遇有商民販買鹽魚、鮭醬到此發賣者，聽其售銷，以便民食，毋許汝等仍前違例攔□加征横抽，致滋擾累。倘該館、哨等再敢不遵，藉端掯勒，本府一經察出，或被告發，定即嚴提究辦，決不寬貸。各宜凛遵毋違！特示。』

乾隆伍拾柒年柒月初拾日給，發浦南墟寔貼曉諭。

按：此碑現存薌城區浦南鎮觀音亭，碑名爲編者加擬。

三三一　重建龍溪縣學碑記

吾漳附郭之縣曰龍溪，自昔多君子，實南州文物之邦也。其學在縣治之南，始建於宋嘉祐，歷元而明，率數十年而修，或百餘年而修。修之詳畧或異，率一年而成、數月而成。其因革之鉅，郡邑誌特載之詳者，則明成化間之改易方向，而正德之四年、七年之先後修復舊向也。國朝以來，修之者數，而地勢卑下，潦至仍或瀾浸堂廡。乾隆

四十六年，邑人士請於郡守黄侯、縣令聶侯，議修而更建焉。綜興工至蕆事之日，歷年十二，糜白金萬七千有奇，中經任事之人三易。嗚呼，何其難也！

方議修之日，有石鎮鹽課使蕭君者，以地理學名，守命相視，謂廟之據向爲未坤，以郡山構結之形度之非宜，又後側枕芝峯、前逼臨虎文一山，宜轉以向午丁，則方位協而前後咸踞其勝。僉曰善，遂定計以移其址。蓋其制於成化間所更者爲近。自是而明倫堂、學署、泮池、奎樓等處皆須易置，毁基夷茀，量考廣袤，視新建者有甚，宜乎費之繁而爲日之久也。

是役之興也，始於四十六年之秋，與經始者邑紳黄君斕，董其事者諸生陳君作霖，計建大成殿、兩廡、戟門、内泮池、櫺星門、崇聖祠、名宦鄉賢祠、訓導廨，已成而陳生歿，故事中止。其繼舉爲五十年冬，邑進士鄭君玉振及諸庠士以明倫堂未建，故地褊逼，乃斥廟東教諭署以構之，而移其署於堂後；復修外泮池，令圓拱如廟向，池之外繚以崇垣，其終事爲五十六年夏。訓導陳君鳴佩以形家之言，謂奎樓宜改於廟巽方，乃購明倫堂左翼民居以成之，又樹石欄於池畔，髹廟中丹碧之未備者，以五十七年夏告成。既成，陳君鳴佩、鄭君玉振合辭來請記。

余惟地理之學，至晋、唐間始行於世，信之者奉若蓍蔡。顧其所稱理氣之説，恒相牴牾，則方向之得失，原屬難辨矣。而兹學之興，郡守毅然採蕭君之論，以更二百餘年之向，當有審視之獨詳且慎者，是誠不可以無記。抑余又聞之，學校人材之盛，原不盡關於學地之形勝也。太史公曰：『齊魯之間於文學，自古以來其天性也。』殆以去孔孟之世未遠，而有所感興，非盡泰山、東海之爲靈也。吾鄉自宋以來，猶安僻陋，至紫陽朱子作守，北溪、東湖二先生從之學以倡於鄉，而文物以盛，亦非必山川之秀之有加也。我朝聖聖相承，文教誕敷，今天子加意作人，臨雍勸學，勤於耄期，凡以教化爲先者，至矣。而於建學之典，必肅廟貌，崇祀先聖，以釋奠於中者，非無意也。蓋人得天地之心以生聖人者，天地所以爲心而師表乎萬世者也。鼓篋之士，誠不自菲薄，歲時習禮，仰止景行，必立志專一，奉聖人以爲依歸，而得其所以立教之本，因以得乎天地所以生人之心，則修身及家、平均天下者，其必有道矣。

今觀溪邑之學以圮而議修，因修而議革，不憚其繁，不厭其久，用此知賢守令、學博之能體朝廷之教以爲教，而邑人士之有志於聖人之學以爲學也。卷阿之詩曰：『藹藹王多吉士。』惟君子使余所爲斯邑券者，豈在於區區之形勝也哉！故因二君之請記，爲揭斯旨以告諸生，而併紀沿革歲月之詳，俾後人之有考焉。

黄侯名彬，四川某縣人；聶侯名崇陽，江西某縣人，今皆以故歸籍。陳君鳴佩，泉州同安人，其改置奎樓也，鳩費未足，自捐白金六百，爲可稱者。

按：此碑未見，碑文見於光緒五年增補龍溪縣志·藝文。作者蔡新，號葛山，漳浦人，乾隆元年進士，官至文華殿大學士兼吏部尚書。

三三二 保護沈世紀墓憲示碑

特授漳州府龍溪縣正堂加六級軍功加五級紀録八次王，爲移請示禁以安祖墳事：

准署右營中軍府沈移開爲照：『敝府籍隸詔安，祖係前朝指揮使，葬在郡城北門外横土堂百餘載。因離家寫遠，累被隅棍盜窨，墳堆覺較抨還。現被鄉惡柯和尚膽將墳臂盜剥爲園，又有張喜在界内培堆傷墳。緣敝府奉調委署右協備篆，于本月初柒日到墳謁祖，目擊心傷，着丁向較，不理。查柯和尚、張喜等俱係貴治民籍，若不瀝情移究，則敝府祖墳竟成荒塚。合亟備移前詣貴縣，煩爲差拘究還，仍請示禁，以安祖墳。』等因。准此，除差拘柯和尚、張喜等赴案訊究押還外，合行定界示禁：『爲此示仰諸色人等知悉：嗣後毋許愚頑再行剥培守府沈祖墳，如違，察出立拏，法究不貸。各宜凜遵毋違！特示。』

乾隆伍拾柒年捌月　日給。

按：此碑現存薌城區天寶鎮峰山沈世紀墓，碑名爲編者加擬。

三三三　俊美陳氏大宗祠題捐祭田書田碑記

紫陽朱夫子云：『祖宗雖遠，祭祀不可不誠；子孫雖愚，經書不可不讀。』則祭田、書田誠爲切務也。我始祖均惠公，開基圳美，創置蒸田，僅供祭費，書田則未及建焉。適祭祀之時，敬秩倡議捐題，廣置祭田、書田，舉族咸歡，共襄厥事。異日馨香衍慶，朱紫聯輝，安有窮哉！立石勒名，以垂不朽云。

誥授□仁伯燦珠公捐田四担。文林郎簡亭公捐田十担。承□參軍怡亭公捐田十担。亦睿公捐田七担。監生功德公捐田六担。監生初禮公捐田六担。監生新綸公捐田四担。□□公捐田四担。□才公捐銀六十員。文□公捐銀六十員。蕭山公、廷興公、監生克端公各捐銀四十員。□□公、鄉賓□□公、鄉賓□□公、□□公、□□公各捐銀三十員。□□公、□□公、□□公、□□公各捐銀二十四員。翼朱公、志道公、監生興法公、監生登鳳公各捐銀二十員。户輯公、國順公、東山公、宗孫臣忠公、英仁公各十六員。維和公、光偉公、立方公、楝林公、垂仲公、職員松友公、正智公、汝嘉公各捐銀十二員。遺達公十二員。舉人覺庵公十二員。文盛公十二員。盛禄公、胡魁公、昌言公、衍麒公、成儉公、鄉賓元瓚公、監生光艷公、文初公、發育公、監生日荀公、監生永璋公各捐銀十員。華碩公八員。劝方公、向榮公各捐銀六員。歲老公、惠恭公各捐銀四員。

庠生敬秩捐銀三百員。監生敬爵捐田十担。監生□施捐銀九十員。監生東壺捐銀六十員。興酒捐銀五十員。士昌捐銀四十員。監生奇俊捐銀四十員。監生嘉禮捐銀三十員。日萃捐銀三十員。英蘭捐銀三十員。尚南捐銀三十員。監生正惠捐銀二十四員。監生嵩喬捐銀二十員。貢生應森捐銀二十員。監生光玉捐銀十二員。□□捐銀十二員。□□捐銀十二員。□□捐銀十二員。□□捐銀十員。□□□捐銀十員。□□捐銀十員。監生□□捐銀十員。監生□□捐銀十員。興洞捐銀十員。監生□□捐銀十員。監生□□捐銀十員。□□捐銀十員。庠生□□捐銀十員。□□捐銀十員。□□捐銀十員。□□捐銀十員。啟密捐銀十員。庠生振澩捐銀十員。庠生清汾捐銀八員。崇仁捐銀六員。

監生源捐銀六員。監生衍欽捐銀六員。庠生奮揚捐銀四員。志仁捐銀四員。元祥捐銀四員。起裓捐銀四員。監生時捐銀四員。庠生燦國捐銀四員。監生錫用捐銀四員。庠生夢龍捐銀四員。庠生光章捐銀四員。庠生時楊捐銀四員。庠生瑶林捐銀四員。世輝捐銀四員。子青捐銀四員。廷槐捐銀四員。

逢春捐銀十二員。監生文奇捐銀四十員。

董事：宗適、日萃、監生夢海。董事：宗智、監生奇俊、興洞、庠生大成、貢生應森。董事：監生光玉、監生嘉禮、世法、庠生天和、庠生敬秩、子青。

乾隆六十年歲次乙卯季冬月既望日公立。

按：此碑現存東園鎮過田村俊美社陳氏大宗祠，碑名爲編者加擬。

三三四　高氏家廟入主配享碑記

義田貳石伍斗，共伍坵，坐落本地南面洋。

祭田貳石，共八坵，坐落高美洋。

康熙辛卯春，四房家長公議：凡四房祖欲入大宗配享者，應充祭田弍斗。今巷内房祖克勤公先入廟配享，充祭田弍斗，坐落南面洋。

乾隆乙卯冬，洲尾房房祖肅毅公入廟配享，充祀田肆斗，址在南面洋；昭明公入廟配享，充祀田弍斗，址在洲尾洋。公議將此陸斗田稅積爲祭掃始祖墳之費。

廷植、廷堅、廷和、廷輿、公承、公謨三房，共出祖地壹所，充起大宗祠堂，值銀貳佰兩。

瑞鳳出銀拾兩。時拱出銀拾貳兩。尚賓出銀拾兩。君璽出銀拾肆兩。汝良銀肆兩。汝清出銀捌兩。必裕出銀伍兩。廷正、甫鎮各出銀叁兩。士烈出銀伍兩。高海、可宗各出銀叁兩。名洽、爲楫、甫翔各出銀貳兩。光表、三春、

高鳳各出銀壹两伍錢。高旻、以岳、公赐、良貴、思顔各出銀壹两。

按：此碑現存榜山鎮南苑村高厝社高氏家廟，碑名爲編者加擬。

三三五　樹德祖祠重興記

樹德祖祠，由來舊矣。丙午春，族人謀重新之，不數年剥蝕復圮。爰鳩工，經始于丙辰年正月十八日，落成于是年四月十五日。是役也，基址深廣如舊式。前此屋宇兩楹□有房室，今更爲一室兩房，復易闤墻爲前進，門堂房室頗合於古。術者謂山環水抱，毓秀鍾靈，後必有大興吾宗者。噫！凡我子孫，水源木本之思，宜毋忘先德云。

二房裔孫世芳謹誌。

祖祠坐卯向酉兼甲庚，用乙卯、乙酉二八分金。

裔孫庠生懷忠先営銀伍百大元，崇仁公先営銀伍百大元，聖球先営銀壹百大元。

嘉慶元年夏五穀旦勒。

按：此碑現存海澄鎮崎溝村樹德社曹氏家廟。

三三六　内樓劉氏重建祠堂記

詩有之：『路寢孔碩，新廟奕奕。』康周公且以爲僖公頌也。凡夫有功之宜享者，其視此乎！我祖武德將軍莆陽公故有祠，自乾隆己酉歲傾圮未修，嘉慶二年集卿公孫綿焜等向義，捐金千有一百，桂月經始，仲冬告竣，閲四月而廟貌焕然一新。是役也，厥功茂哉！族之衆追念公，相與言曰：『公義不可忘也，其以公暨陳孺人從二、三世祖祔主中龕，享祀勿替。』議定而舉之，因刻石以記之，斯亦閟宫之詩之意也夫！

公名十，諱起成，别字集卿，長房祖玉溪公十三世孫也。

主祭孫心永，長房孫光清、次房孫天章、三房孫登甲、四房孫天鎧、五房孫叢林，董事孫光涵、綿美、文壇、日演、心恭、天瑪，仝誌。

嘉慶二年歲次丁巳臘月穀旦。

按：此碑現存海澄鎮内樓村劉氏大宗祠。

三三七　潭頭陳氏蒸嘗碑記

我祖清雅公遭寇，遁跡靖邑九溪，厥後與祖母方氏葬是處。三房朝陽公回籍，特建峩潭祖祠。次房朝讓公孫大理公，繼而回籍。長房伯祖朝彝公、四房叔祖朝善公，逃居浦邑。緣清雅公未建宗祠，祀朝陽公祠。但清雅公無蒸業，春祭、秋祭暨掃墳諸費難料。茲兩房孫子捐建蒸嘗無缺，勒石永遠。

對庭公十員。嘉德公八員。紹樸公六員。英茂公六員。亦睿公六員。庠生我静公四員。鴻安公四員。英佐公四員。廷德公三員。尚政公二員。樸誠公一員。榮郎公一員。嘉賡公一員。資真公一員。

士昌二十員。嘉□二十員。嘉陞二十員。登仕郎嘉禮六員。衍緒六員。嘉耀四員。嘉姜四員。嘉懋三員。登峯三員。廷仕、嘉瑩、巽周、嘉來、嘉會、嘉賓、嘉萬、嘉蓉、嘉寶、嘉英、嘉猷、嘉水、登獻、里駿、衍豐、衍璽、衍仁、嘉□各捐銀二員。

董事：士昌、登仕郎嘉禮、監生衍欽。嘉慶四年仲春吉旦。

按：此碑現存東園鎮鳳山村潭頭社陳氏宗祠，碑名爲編者加擬。

三三八　重修古縣大廟記

里中謝太傅廟，不知建自何時。廟中有鐘，舊爲余二世祖子仁公所捨，則廟之建當在宋元間矣。明以來，修舉

諒非一役，然皆不可考。而梁版所書重修歲月，則我朝雍正六年募修，余曾祖樸夫公首捐多金以倡。距今七十餘載，剥落日甚，族父老復謀葺治。里中共鳩白金三百圓有奇，余兄弟與從弟玉田、玉尺等合捐二百五十金以成之。董其事者，六弟玉衡也。落成之日，父老牽牲賫酒，以昭神貺。余用敬題堂額，并誌興作之程於此。其捐金姓氏，則别書於版以懸諸梁間焉。

時嘉慶庚申冬之十有二月也。賜進士出身、知山西遼州和順縣事加三級、請假在籍里人鄭玉振記。

按：此碑現存顔厝鎮庵前村古縣社謝太傅廟（又名積蒼廟），係近年翻刻。

三三九　增修大宗祀田記

壺山黄氏大宗，祀始遷祖貞庵公，舊有祀田若干種，出質于人。伯兄壺溪掌宣化時，以叁百金復之，復割己田若干種，值柒百金，總計千金，歲租所入足敷祭費。後因族中公用不支，仍復出質。照時牧渾源，聞而歎息，以爲建置之難而耗之若是其易也。歲癸丑，由渾源行取秋曹，旋遷虞部，己未蒙擢諫垣，皆祖德所貽。而桑梓遥隔天涯，每當春露秋霜之感，惕然于中而不獲自安。子朱子釋禮意，謂『葬用死者之爵，祭用生者之禄』。記曰：『孝子之祭，比時具物，不可不備。』敬捐俸入白金壹千數，復原田叁石壹斗種，其租穀付族之當事者收儲，將祭發糴，以具祭品，以修祭儀，猶伯兄志也。異日，獲以骸骨歸入廟門，奉牲、奉盛、奉酒醴，洞洞屬屬，表余小子區區未竟之心，雖然□以此爲追報之誠哉！夫仗祖宗之靈，叨升斗之入；前之人創于前，後之人踵于後；子孫□也則夫因余志擴而充之，尚有望于後來之克盡孝思者。

嘉慶五年歲次庚申孟春，裔孫照謹記。

按：此碑現存角美鎮西邊村黄氏傳古堂。

三四〇　普邊宫祀業碑記

普邊宫第八代弘慈公汗置田壹斗貳升，址在宫前洋；第八代維波公汗置田貳斗捌升，址在宫前洋。合共肆斗，糧共銀壹錢玖分五厘七毫，願配入開山祖師永遠祭祀之資，嗣後不許子孫典賣廢除。如有此等，陳理治罪者。

嘉慶五年四月　日，維波仝侄孫源韵勒石。

按：此碑現存榜山鎮普邊村慈濟宫，碑名爲編者加擬。

三四一　重修石路功德碑記

太學生劉光梁銀六大員。長泰鋪捐銀三大員。協成鋪捐銀二員半。和營鋪捐銀一員半。真順鋪捐銀一員半。洪□□捐銀一員半。庠生黄飛鴻捐銀一大員。蔡術雲捐銀一大員。太學生王元烺捐銀一中員。林圣韓捐銀一中員。劉紹瑛捐銀一中員。曾君榮捐銀一中員。郭世貞捐銀一中員。

董事：蔡國祖捐銀一中員，劉陳浴、曾士晟、蔡登彦、許大春、許元志。

嘉慶六年十一月　日立。

按：此碑現存海澄鎮内樓村許前社景福宫。

三四二　陳氏燕翼堂禁約碑

岐山鍾瑞，肇基課堂。建立廟宇，奕世遠揚。四百餘載，恪守馨香。簷宇雖壞，遺規猶皇。敬承祖德，創造流芳。後嗣纘緒，丕基永康。先灵妥侑，春秋瞻望。舊典是式，納福通祥。世世孫子，懷允不忘。

族長公議禁約，開列于左：

一，宗祠内外出煞之處，不許私築小屋，違者罰戲壹臺。宗祠祭器及宗器，不許出外門私用，違者罰戲壹臺。一，宗祠前後，不許開糞坵及積柴草，違者罰戲壹臺。一，宗祠内外庭，不許私築雞棲豚柵，違者罰戲壹臺。一，凡嫁娶等事，不許從中門出入，違者罰酒六席。一，宗祠内，不許匠工在此彫琢，違者罰酒六席。一，宗祠内，凡公樹不許折伐，違者罰戲壹臺。一，凡祖先未入宗祠，不許在内奠祭，違者罰戲壹臺。一，宗祠内，凡喪事等不許行，惟置酒席喜事則可。一，宗祠内外上下，不許毁瓦畫墁，違者重責四十板。一，宗祠外公壙地，不許築室及開厕池，違者罰戲壹臺。一，宗祠外公地，起盖十五間半，歷年每間的税伍佰文；又三間，每間的税壹錢弍分，不許少欠分文。如是少欠，將屋充公。一，宗祠内，逐日洒掃焚香点火，全年貼香資陸大員。理者宜當敬恪，如違重責四十板。

立約以後，切宜凛遵！恐犯斯規，議衆攻罰。

嘉慶辛酉年葭月　日，族長仝議禁。

按：此碑現存角美鎮課堂村陳氏燕翼堂，碑名爲編者加擬。

三四三　謝倉蔡氏捐置祭田碑記

竊聞祖功宗德，錫類肇自先人；木本水源，明德隆於後嗣。凡我子孫，苟能深體此意，則其有功於列祖者，俾得追配其私親也。我謝倉開基始祖汝達公，從樓下卜宅謝倉，遂居焉。傳彦崇公，越欽陽公，衍爲九房，族以寖盛。但祀業未宏，祭費稍嗇，猶非尊崇之至意也。兹長房十三世孫士章，夙深孺慕，久切宗功，爰捐厚貲，式廓前模，輸白鏹壹仟弍佰大員，廣置祀田，以擴蒸嘗，其功顧不偉歟？於是，闔族僉云：『義舉爲不可不重加崇報，以奬夫報本追遠者。』勸士章奉其祖耀席公暨妣懿徵許氏，考少英公暨妣勤惠洪、敏惠黄氏，士章公仝配曾氏，咸配大祖祠西龕。每春冬二祭、大祖考妣二忌，四次配享，祭席議供三隻。值年者每次各備三席，付耀席嫡派子孫親自敬祀，歷

久無缺，所以報也。夫子孫之欲崇奉其祖父，垂之久遠，人有同心，而能毅然捐重貲、置祭田者，卒鮮如士章公昆季者，不誠足誌哉？予故喜爲誌之，用勒石以垂不朽云。

四房十三世孫昂霄敬誌。

一，置田弍坵比連，受種子玖斗柒升，址嶼上社前西絞洋，價銀叁佰玖拾大員。

一，置田壹坵，受種子伍斗伍升，址溪洲後壁洋，價銀弍佰弍拾陸大員。

一，置典、買田上下比連，大小共伍坵，受種子壹石零伍升，址南邊社佛祖廟前大潭墘，價銀伍佰肆拾大員。

裔孫：長房楚鄉、文紳、世錡、兆甲、侯玉、振文、正春、大器、學棟、光注、良驥、兆祀，次房菊、宗憲，三房培、蒂，四房登能、登峩、光璐、如林、天送，五房開春、思敬，六房國通、國選，七房西江、聯章，八房士材、秉玕，九房全壽，勒石。

嘉慶陸年季春穀旦。

按：此碑現存海澄鎮前厝村謝倉蔡氏崇報堂，碑名爲編者加擬。

三四四　官園社公議禁約碑

聖王私置大涫、馬公爺二處潭水，配灌田畝。公議：每斗種捐銀壹大元，許其車水灌溉；無助資者，不許車灌。此係業主、佃户及闔社公議，演戲禁約；倘有故違，罰戲壹臺、香壹石、貳斗餅，須各業主、佃户及閤社決不狥情。爰是助資，列石于左。

生員顔振西观，田種壹石伍升，捐銀拾貳元。鄭文祥观，田種壹石貳斗，捐銀拾貳元。開元寺叢雲寮和尚，田種玖斗，捐銀玖元。開元寺叢雲寮和尚，田種陸斗，捐銀陸元。徐眷观，田種伍斗捌升，捐銀伍元捌角。盧秉玉观，田種伍斗肆升，捐銀伍元肆角。陳奇观，田種伍斗叁升，捐銀伍元叁角。王聰观，田種伍斗，捐銀伍元。盧明賢观，

田種肆斗貳升，捐銀肆元貳角。陳生貴观，田種肆斗，捐銀肆元。曾禹观，田種壹斗貳升，捐銀肆元。黄雲观，田種肆斗，捐銀肆元。蕪開騰观，田種叁斗叁升，捐銀叁元叁角。生員黄禄观，田種捌升，捐銀叁元。生員蕪江观，田種叁斗，捐銀叁元。陳門鄭氏，田種叁斗，捐銀叁元。黄鞏观，田種貳斗陸升，捐銀貳元陸角。楊東溪观，田種貳斗伍升，捐銀貳元半。蕪潤修观，田種貳斗伍升，捐銀貳元半。游瑞興號，田種貳斗，捐銀貳元。游長爵观，田種貳斗，捐銀貳元。陳雨水观，田種壹斗捌升，捐銀壹元捌角。王廣观，田種壹斗伍升，捐銀壹元半。曾勇观，田種玖升，捐銀壹元。

嘉慶陸年拾貳月　日吉旦，官園閤社勒石。

按：此碑現存薌城區巷口街道官園社區丹霞路威惠廟，碑名爲編者加擬。

三四五　謝悃廟題名記

総督閩浙等處地方玉德，巡撫福建等處地方李殿圖，提督福建全省學政恩普，福建承宣布政使司姜開陽，福建提刑按察使司戴求仁。

按：此碑現存角美鎮社頭村謝悃廟，碑名爲編者加擬。布政使姜開陽，嘉慶六年十一月至八年五月任。

三四六　重興清寶殿碑記

嘉慶壬戌年葭月穀旦重興清寶殿。

黄賢宗捐銀壹佰叁拾大員。黄青雲捐銀壹佰員，另買殿前田壹坵充爲戲臺。黄宗忠捐銀肆拾大員，另八角柱壹對、匾壹座。吴詒慶堂、陳愽观、陳春观各捐銀捌拾大員。陳詩观捐銀伍拾大員。陳芳源捐銀叁拾大員。吴維新堂、陳懷观各捐銀式拾大員。黄大永、黄迪道、吴八观、吴錠观、李株观、歐五湖、黄宜乾公各捐銀拾式大員。林固观、

黃其登、黃文遠各捐銀壹拾大員。黃其惠、黃光諒、邱聆观、曾陣观、岑兜社各捐銀捌大員。黃豁然、黃記老、黃武曲、黃拔萃、黃光市、黃嫣隨、黃聽秦、黃青標、黃水拱、黃大演、黃淑英、吴堯生、謝宗待、陳擇观、陳天求、陳光藝、陳燦观各捐銀陸大員。黃和極、吴談生、陳安观、陳真观各捐銀伍大員。黃卿元、黃嫣鶴、黃景維、黃光初、黃漢章、黃光尼、陳光連、吴文遠、劉光接、黃光輔、黃迪超、黃慤軒公、黃砥園公、黃宜允、黃丕生、黃群生、黃逢州、黃姝使、侯江林、塘源社各捐銀肆大員。黃賞使、黃徹生、黃光嘐、黃令使、劉伯适、李鄉賓、黃群使、黃如切、吴楊柳各捐銀叁大員。黃迪默、黃雅賓、黃銀光、黃迪勇、黃迪白、黃宜文、黃件生、黃探基、黃貴仲、黃壹尚、謝妥楝、黃意生、黃心庇、黃光扁、黃和隣、黃志使、吴翁使、吴清水、黃光粒、黃綿欽、黃光藝、黃調和、黃化生、黃福生、謝熏观、周光田、黃美台、曾光謀、吴漢台、吴瓊花、黃興旺、黃三桂、黃養生、黃宰生、黃漢造、黃光侯、黃拱照、黃凛生、黃文色、王文秋、黃順光、黃聘使、林亦秀、周光藩、周光奇、黃光使、黃桂使、尤天观、陳容观、陳光彩、陳子張、陳著观、陳翁观、吴光世各捐銀弍大員。黃自強、石兜社捐銀四員半。黃源標公捐銀四員。

按：此碑現存角美鎮錦宅村新街社清賓殿，碑名爲編者加擬。

三四七　創建沈氏大宗祠碑記

萬物本乎天，人本乎祖。建立祠宇，報本追遠，其義大矣哉！我始祖湖山公，大元至正間肇基鴻苑，傳十餘世，未建大宗。乾隆己酉年，闔族裔孫鳩集謀建，將長房、三房二祖厝各兩進改作成祠，以安始祖及房祖與列祖神位。又二房有曠地一小所在祠前東邊、七架厝三間在后厝林頂榕下，四房有小厝三間、榕樹一株在公間邊，俱献入大宗。公議：以後子孫愿入新主者，一對百金；若有登甲第及舉、貢，不用捐金，亦准入焉。凡諸樂義捐金，並勒名于石，以勸来者。

長馨捐銀二百五十四元。紹海捐銀一百六十元。克俊捐銀一百二十元。文錭捐銀八十元。長泗捐銀六十元。長乾捐銀五十六元。長在捐銀五十元。長芳捐銀四十元。文金捐銀三十二元。文及捐銀二十六元。耀章捐銀二十四元。協興捐銀二十元。文鈺捐銀二十元。文鐺捐銀二十元。振桐捐銀二十元。秀卜捐銀十五元。紹洙捐銀十二元。紹汀捐銀十二元。克亮捐銀一十元。堯民捐銀一十元。文鈴捐銀一十元。文等捐銀一十元。興孝捐銀一十元。三弁捐銀一十元。克志捐銀六元。貴生捐銀六元。振松捐銀六元。進聲捐銀五元。紹溥捐銀五元。振柯捐銀五元。長孕捐銀四元。長堭捐銀四元。紹渭捐銀四元。耀德捐銀二元。文鐙捐銀二元。文釪捐銀二元。天賜捐銀二元。宗赴捐銀一元。嫣願捐銀一元。紹洋捐銀一元。

入主銀共一千六百大元。捐題銀共一千一百三十七大元。克志續捐銀四十元。

董事：克明、紹汀。嘉慶癸亥歲葭月穀旦立。

按：此碑現存龍文區藍田街道蔡坂村沈厝社沈氏大宗祠，碑名爲編者加擬。

三四八　林氏木本堂捐題碑

禮曰：『君子將營宮室，宗庙爲先。』盖以水源木本之思，人人不容自已也。我祖逋翁公，係宋進士瓊宗公次子，立志不羈，開居溪頭，時猶庶姓雜處。迨八代孫鄉進士蒙齋公，相度地中，創建祖庙，自是寖熾寖昌，闔社遂爲我有矣。厥後十代孫賜進士肖偉公清理祖墳，十二代孫賜進士孝臣公增建祀田，是皆踵其孝思而有光於祖者也。但歷年久遠，不無屡藉修葺。茲被風雨坍塌，墙壁傾頹，族衆公仝議修，僉舉董事，出頭捐理。上及先人遺蒸，下至孫子贏餘，皆踴躍赴義，酌量捐題，不日告成。用鐫名字，以勵後人。

一，捐先人銀項名次：

紹聖公捌拾員。祥永公、必輔公各肆拾員。維俊公式拾肆員。維大公式拾員。青松公拾肆員。逸叟公、志表公、

鄉進士慎齊公、進士澹所公、鄉賓德纘公、庠生大金公、太學生大器公、瑞共公、禄生公、庠生元英公各拾弍員。鄉賓愧密公捌員。大鶴公、象生公、光時公、連生公、文彩公各陸員。庠生潞楠公肆員。承恰公、太學生邦豪公各叁員。侃庵公、純實公、舉人文翔公、庠生奮揚公、典郎公、清郎公、庠生慕周公、太學生承江公、承恰公、紹商公、植璞公、植信公、清桂公各弍員。嫣盛公、庠生守甫公、天光公、永發公各壹員。登仕郎田睿公肆員。

一，捐孫子銀項名次：

太學生元良陸拾員。高山拾陸員。必軒、太學生必暢、必苑各拾叁員。活生、元佛、庠生中翹、開業、寿官甘全各拾弍員。強覌捌員。珍覌、白軀、點成、宋奇、潤澤、暢茂各陸員。龍泉伍員。必正、必旦、庠生舜齡、光福、光花、甘露、旁德、子誠、仁宗、啟祥各肆員。僑覌、三言、吉兆、夫覌、汪聖、堯覌、日覌各叁員。大芬、必元、佐覌、秉覌、倉郎、蘭恒、睿智、寛覌、漢水、戴覌、神助、以秋、承恓、邦議、夯覌、庠生桂飄、奚覌、連基、叚覌、庭梅、甘泉、登立、川覌、□郎、光集、幼覌、庠生廷蘭、庠生其炳、依覌、钃鏤、藍覌、昌覌、萬壽、庠生如淵、開梅各弍員。甫生、登陛、金覌、攀麟、應胡、宣老、雨潤、應旦、漢川、成旺、高元、栲老、肇昌、開芳、入老、聖德各壹員。邱山拾弍員。庠生奮鷹肆員。修職郎尚智肆員。

公議一：捐題拾弍員以上者，祭冬與宴公席。

董事：夯覌、嗣懋、監生元良、慶唐、庠生中翹、花元、植蕙、水連。

嘉慶捌年夏月穀旦立石。

按：此碑現存浮宮鎮溪山村溪頭社林氏木本堂。

三四九　鳳霞祖宮題捐祀業碑

鳳霞祖宮崇奉玄天上帝，乃武當分鎮，保障霞城也。聲靈赫濯，祈禱必應，遠近咸沐其庥者，由來舊矣。宮之

後有樓，三官大帝祀其上，紀綱造化，監察陰陽，降福降康，捷於影響。住持僧瑞淋、瑞添，爰仝在中等董事募緣，以光廟祀。幸得善信諸君子踴躍捐金，共襄義舉。所有建置租業、設立年例，臚陳勒石，用誌不磨，則庶幾乎千百年之雲裔相承、億萬載之精禋永奠云爾。

捐金姓氏：

延平府永春縣儒學黄春聯捐銀肆拾捌大元。庠生黄日新捐銀肆拾陸大元。顔亨瑞捐銀肆拾貳大元。楊希賢捐銀叁拾陸大元。黄志温捐銀叁拾肆大元。勅封儒林郎陳孝勞捐銀叁拾貳大元。馬興琛捐銀叁拾貳大元。優生陳蒔香捐銀貳拾陸大元。庠生蔡華捐銀貳拾肆大元。楊文韻捐銀貳拾肆大元。黄對揚捐銀貳拾貳大元。登仕郎孫時榮，歲進士陳天福、方向上、黄占璿，以上各捐銀拾陸大元。歲進士黄鼎言、張□源、陳光國、吴文旲、楊文彬、鄭奇岩、陳在中、翁愈嘉，以上各捐銀拾貳大元。國學生孫義和捐銀拾大元。登仕郎李元仕、廪生魏長庚、庠生唐再南，庠生歐陽三、方尚高、吴世棣、李振輝、盧旭初、馬錫恩，以上各捐銀捌大元。

租業：

一，契買顔家店屋壹座肆進，佛銀百陸拾貳大元，址在本廟左邊第叁間，前至街、後至港墘、左至李家、右至吴家，全年税銀貳拾肆大元。

一，契買蔡家店屋壹座貳進，佛銀壹百伍拾大元，址在鳳霞街上帝廟後栅欄外第拾叁間，坐北向南，前至街、後至巷、左至楊家、右至吴家，全年税銀拾陸大元。

一，契典周家店屋毗連貳座各貳進，佛銀壹百伍拾大元，址在鳳霞街，坐北向南，前至街、後至田厝巷、左至蘇家祠堂□、右至吕家，全年税銀貳拾壹元半。

一，契買嚴家□□壹座，□□□壹□壹埕，馬興琛再捐銀拾貳大元，計共銀柒拾貳大元，址在本廟右邊第貳間，捨爲僧室，交住持瑞淋、瑞添築堂□，連年日夜應查琉璃神□備等請客。

以上各契紙明白，交該年當事断驗，收照年例。

共捐銀陸百貳拾大元，除筵□外，餘銀柒拾陸元，係演戲、祝壽并石碑、石龜、年費用。三官大帝榜上長羅琉璃壹盞，佛祖、上帝中殿長點琉璃壹盞；逐年當事應備公銀拾貳大元，以爲瑞淋、瑞添添壽銀。

一，正月十五日祝壽，演戲官吉班壹臺，粿叁席、酒叁席。一，四月十五日祝壽，粿叁席、果品貳籃。一，七月十五日祝壽，粿叁席、果品貳籃。一，十月十五日祝壽，粿叁席、酒叁席。

一，六月十九日祝佛祖壽，敬備□叁拾貳個。一，九月初九日祝上帝壽，敬備壽□叁拾□個。

一，九月廿九日祝琉璃公壽，敬備果品貳包、□合壹座。

一，逐年議定當事四人，所有出入錢銀、公什費務必登記。及至年滿，交清下甲派理，依次輪值，週而復始。

嘉慶玖年歲次甲子正月　日，董事：楊希賢、馬興琛、蔡薰、方尚高、楊文韻、陳在中仝敬立。

按：此碑現存薌城區文化街鳳霞祖宮，碑名爲編者加擬。

三五〇　新建文昌廟碑記

文昌之祀，由來舊矣。顧或建之郡邑學中，或奉於浮屠老子之室，制度不明，禮秩無考。今皇上郅治右文，禋祀精格，特命天下崇祀文昌，其牲幣禮儀隆於嶽瀆羣祀禮也。間考史記·天官書，斗魁載筐六星：曰上將、曰次將、曰貴相、曰司命、曰司中、曰司禄，是爲文昌宿也。而後世謂文昌星君十七世爲士大夫，姓張氏，生於西晋越巂，跨白驢而仙，實司文昌之籍。夫文昌上爲列宿，周禮司中、司命之祀，自古而然，顧古者祀神必有配享，如祀五天帝則又立五人帝；而世所傳星君，蓋其生也文武忠孝、同維嶽之降神，其殁也精爽上升、如傳説之騎箕尾，故以類天神而作配歟？降鑒所憑，衆志胥肅，宜世之人虔祀不違也。

余奉命來守是邦，凡在政體所關，無敢廢墜。顧考春秋享祀，而文昌尊神未有特廟，權宜設主，將事弗虔。夫

禮有其舉之，莫敢廢也，爰進都人士而謀之，衆僉曰善。于是鳩工庀材之費，余爲倡始，繼以分任募捐，不數月而捐者若鶩。遂擇吉壤於郡城西北隅而營之，前後爲殿者二，旁爲更衣之所，門庭宏敞，棟宇穹崕，雕楹石碣，黝堊靓深，期年而廟成。計捐白金一萬五百兩有奇，共縻九千四百二十兩，尚餘一千八十兩，撥置四隅義塾租業。

都人士因工之既竣也，請記於余。余思文昌之顯晦，關乎文運之興衰。文昌者，文事是司，所以興文明而佐雅化也。漢志云：『越俗好勇，其人喜用劍。』則剛武者，昔習然也。而閩自有宋以來，道學日興，地稱鄒魯，聲名文物之盛，漳郡尤雄，則固大變舊風矣。因其俗而利導之，不獨政體爲然，其所以成一方之美治者，道尤莫急於此也。今文昌之廟既成，吾知漳之人必且化醇蒸備，文教奮興，其君子敦詩書而服道誼，其小人變椎魯而儕秀良，上以副聖世崇文之治，下以成一方風會之隆，誠盛矣。都人士樂余之倡始爲大有造於漳，余尤喜都人士之好義與余相與以有成也。爰及剏建之始末而書之，復將諸董事及捐金姓名别誌於石，以爲後者勸焉。

按：此碑未見，碑文見於光緒漳州府志卷四十五。作者特通阿，鑲藍旗蒙古拔貢，嘉慶九至十二年任漳州知府。

三五一　内樓劉氏大宗祠烝業碑記

維我先祖開基月樓，自宋迄今歷有四朝，其間數值遷移，所有烝嘗湮没殆盡。丁巳之歲修建祖廟，長房集卿公孫子獨肩其任，用銀千有百員，因請集卿公配享。茲以祭費未充，再捐田種四斗，而次、五房孫子亦各向義，捐銀置田，並爲烝業，以供春秋享祀，甚可嘉也。爰將捐題之數并田種坐址勒之貞珉，以誌不忘。

長房配享集卿公，捐田肆斗種，址内樓高田洋石路南第拾柒坵，粮載劉烝名下，徵銀肆錢伍分。

次房均壽公派下捐銀陸拾員。

五房均保公派下捐銀壹百貳拾員，均源公派下捐銀叁拾貳員。

一，置田壹坵，伍斗種，址儒山廟前，下限劉坂洋，粮載劉烝名下，徵銀叁錢陸分伍厘壹毫。

一，置田壹坵，三斗種，亦址劉坂洋，粮載劉烝名下，徵銀叁錢壹分捌厘貳毫。
一，祖遺外樓溝仔河壹口帯上曾陡門，每年税銀肆員。
嘉慶拾年乙丑歲叁月，五房家長仝立。
按：此碑現存海澄鎮内樓村劉氏大宗祠，碑名爲編者加擬。

三五二　重修曾氏小宗祠碑記

族之有小宗，猶木之有枝、源之有流也。我族自稼叟公來宇宝山間，數傳子姓蕃昌，散處於諸山之麓者，指不勝屈。嶺之麓，在鼻祖之北，伯祖偉□公居於此。再傳而宏德公，始建小宗，以妥先靈。迄今子孫春秋享祀，實宏德公之力也。但歷年久遠，榱桷垣牆不無風雨之患，所賴後人克迪前光，此其時矣。希長、希大、符六素切本源之思，仰瞻之餘，倡謀重修。費出于公，制仍其舊。且又捐貲契買前廳房屋，一概修葺，增置蒸嘗田以充祭費，皆美舉也。涓吉興工，數月之間，氣象重新。其前廳房屋，照派輪流，務要整潔。或延師教讀，或賓朋館宿，亦權其便。其增置烝田、捐貲者每年一次，於祭畢之時得與燕□。余閱是舉，因思古人有言曰：『莫爲之前，雖美不彰；莫爲之後，雖盛不傳。』今宏德公作于前，而子孫傳于後，美矣！盛矣！從茲家能大振，世德作求，寧有涯哉！至於董其事者，亦與有勞，宜並書名字，以勸來者。是以序。

裔姪孫之傳頓首拜撰。

董事名次：志道、拔李、如球。

捐貲名次：希潘銀陸元。欽甫銀肆元。希和銀肆元。希名銀陸元。拔超銀肆元。□榜銀陸元。得意銀陸元。拔昌銀陸元。蔚其銀陸元。志道銀十元。符六銀陸元。魁光公銀肆元。石□公銀拾弍元。拔□銀陸元。□科銀陸元。拔□銀陸元。拔□銀陸元。拔藻銀□元。□水銀肆元。拔丹銀陸元。□□銀拾叁元。□□銀陸元。萬□銀陸元。萬□

銀□元。□當銀□元。萬合銀□元。芳□銀陸元。萬□銀肆元。萬春銀肆元。萬邦銀肆元。其□銀陸元。景山銀陸元。

嘉慶十年歲次乙丑仲冬十月穀旦立石。

按：此碑現存浮宫鎮丹宅村曾氏崇德堂，碑名爲編者加擬。

三五三　鳳霞祖宫議約碑

蓋聞廟宇爲鄉人所共，諸事必公酌而行。我鳳霞祖宫崇祀玄天上帝，向來廟門一應諸事所費未有從出，係本社弟子分爲上、中、下甲，每甲頭家四人，逐年挨次輪流支理辦公。迨嘉慶十年，闔社念及值年頭家办理公事，賠累爲艱，公仝酌議，遂於本廟東邊空地設爲豬墟，議約全年應約地租税銀弍拾肆大員，應爲闔社費用之資，以勉賠累之嫌。今因廟内康、趙二元帥壽誕之費慶祝，闔社再議約，將收豬墟地租銀抽出拾弍大員，交與本廟住持僧代收，敬奉康、趙二元帥壽誕之期演唱之費；餘尚存銀拾弍大員，付交頭家，三股均分，費用廟門諸事。此係闔社議定，詢謀僉同。欲爲久遠之計，爰是共商勒石碑誌，以垂不朽云爾。

董事：承宣布政司理問蔡文燏，陳生雲、吴應彩、李應麟，地保楊振鴻，等。

嘉慶拾年元月　日立碑。

按：此碑現存薌城區文化街鳳霞祖宫，碑名爲編者加擬。

三五四　大埔圩公禁碑

本墟公禁條規：

一，斗秤量不許私設。一，買賣務要公平。一，米糶間歸大埕两向。一，賭間歸廟前横街。一，異姓來往，不許墟中及界内截擄。一，族人有事，到家理會，不許在墟角口争鬥。一，墟中是非曲直，不論親疏、强弱，憑理公斷。

違者，絶子害孫；順者，孝子慈孫。

嘉慶十年臘月公立。

按：此碑現存白水鎮大霞村大埔社大埔圩，碑名爲編者加擬。

三五五　重興賜策堂記

我族自有元添泗公號本原由泉徙漳，世居岱麓。及東明公舉孝廉，膺明府，始構築祠宇于郡之東關。祖祠之建，寔肇于此。厥後數遭兵火，興圮不一。乾隆初間，裔孫季瑗肩持修葺，廟貌更新。至五十七年，風雨久經，剥蝕殊甚，且原祠僅建一寢室，跼蹐頽垣，均非所以妥先靈于勿替也。裔孫天行承父遺命，周咨族人，議將原祠前後餘地量度蓋築，合原建中座寢室增爲三進，方向仍守舊規。經始于乾隆壬午孟冬，告竣于癸丑首夏，凡七閱月而成。雖未及壯碩鉅觀，而一切渾堅質樸，悉承先人意。至若光大門第、褒封顯揚，又在後之光宗者克思繩武，勿墮詒謨，以上慰我祖之心，是則今茲合族締造者之所深望也。因紀建祠原委併式廓規模，俾後之踵葺者知所遵循，而鳩工興築諸條目，亦附載于後。

□□□乾兼辰戌，丙辰、丙戌分金。

嘉慶丙寅二月穀旦，裔孫等勒石。

按：此碑現存龍文區石刻博物館。

三五六　重建習益宫碑記

信士陳沛□、陳春魁觀等喜助廟後公厝地壹所。□嶺社馮日光捐銀貳拾肆大員。内廷召試特授都察院都事府加二級黄步蟾捐銀拾貳大員。即用理刑廳嚴兆鳳捐銀拾陸大員。登科洲社捐銀拾貳大員。安慶堂孫義和捐銀拾大員。

武生孫應聘捐銀捌大員。安慶堂捐銀陸大員。太學生嚴壽千捐銀陸大員。嚴學廉捐銀陸大員。東街謝永盛號捐銀肆大員。杉行陳登科捐銀肆大員。黄新榜观捐銀肆大員。林日洋捐銀肆大員。陳兆礽捐銀肆大員。林天□捐銀肆大員。嚴學樂捐銀肆大員。王大碧助中樑壹枝。周傳茂捐銀叁大員。嚴兆彪捐銀叁大員。嚴兆駒捐銀叁大員。嚴永定捐銀叁大員。林仕挺、黄鼎吉、黄廷俊、孫繼禮、馮日昇、錢捷紀、黄儼然、吴應彩、陳登榜、遊正春、包對观、吴登庸、邱福观、新發堂、李遜揚、包志達、嚴兆麟各捐銀貳員。王士達、李遜國、包初發、陳振傑、馮珍源各捐銀貳員。陳泗源捐銀壹大員半。黄新印、游世英、黄國寶、蔡王振號、楊文韻、李文藴、馬達观、吴元雄、沈傅芳、許印生、翁懋昌、徐元慶、李其苗、顔湘溪、蔣祈海、王必強、翁大興、楊得青、黄士彪、翁應時、王士元、陳旭观、陳紅观、楊騰鳳、陳維禮、翁大連、陳開姐、賴東山、李順观、黄夾观各捐銀壹大員。蔡宗魁、韓天琦、謝神祇、陳天增、林禹文、余江漢、陳松源、黄日炯、楊漢瑞、林國英、劉金盛、郭六恩、柯殿伯、陳快观、嚴品观、楊邦綽、李意观、王浦观、黄登科、藍景陽、邱佛观、王壘观、林紅观、王長文、王世英、劉邱生、李京观、黄應观、廖初興、蔡來观各捐銀壹中員。林坤山、葉光艷、林八观、楊起鳳、包初□、林媽生、黄□观、陳懷观、黄朗观、蕭春观、鄭起□、嚴必登、楊連□、嚴講观各捐銀壹中員。陳□观、王景观各捐銀叁錢。周吴保捐銀弍錢。

當事包志達、王士達、李遜揚、林元石、嚴瑞仁、嚴得寧募緣重建。

嘉慶拾貳年歲次丁卯拾月　日吉旦勒石。

按：此碑現存薌城區巷口街道東園社區習益祖宫。

三五七　港水分界憲示碑

特調漳州府龍溪縣正堂加十級記録十次馬，爲遵呈圖結恩示禁止事：

本年七月十八日，據吴萃、林長、吴海呈稱：『緣西街蓁尾社人欺海等各社子姪入城買糞由伊虎口，胆於上月二

十九日，逢天曠旱，党強越界，侵取港水。海等以上下各田各配各界港水，理阻越界争取，反遭串伊地保禀□。蒙臺差暨府差督諭，二比毋許滋事，伏案以爲喈喈。海等早經約束，更遵諭止。即本月初八日呈蒙臺批，港水如何上下分界，繪圖另呈，仍約束族衆毋滋事。先具遵依送查，跪讀金批，喜見明慎。初，上頭港水直至坡亭橋，自前朝時，間用石岸半閘橋下；又乾隆年間，海等各社捐銀買埔，開通水道，灌溉洋田，勒石現據，原無下流洩涸；其下頭港水，從坡頭橋下透至蓁尾洋田，出洋老洲溪。近溪猶易流通難容，恃伊附城，把截虎口，欺噬遠村，党強壓取。茲合遵具依結，聲明上下分界，粘圖註説，并摹碑字。叩乞電憐遠村農啞慘被市棍欺凌，恩准給示禁止，以杜後患。』等情。

據此，查此案先據差保禀報□□與吴朱弁等争水互較，并蒙本府憲札飭前因，業經本縣飭差諭止，取遵在案。茲據吴萃等呈繳依結、碑字、繪圖前來，除批示外，合行出示嚴禁：『爲此示仰西街蓁尾、洋坪等社居民諸色人等知悉：嗣後爾等如遇取水灌溉田園，西街蓁尾之人許就下頭港靠近洋老洲溪一帶取灌，毋許越界争取。其上頭港流通坡亭橋之港道，應聽洋坪、上墩、下坡、山頂、上尾各社取灌，不得侵越混争。倘敢故違，定即嚴拏究治，决不姑寬。各宜凛遵毋違！特示。』

鄉耆：吴萃观、林長观、吴海觀、吴朱弁、林波观、吴暹观、陳嵩山、陳顯观、楊障观、顔慰观、林障观、李旺观、黄享观、王運观、黄壯观、王照观、吴英观、顔滾观、黄水观、魏崇观、李宗沛等立。

嘉慶拾貳年玖月廿一日給。

按：此碑現存薌城區通北街道西洋坪村五通宫，碑名爲編者加擬。

三五八　重修崇真堂題捐碑

例贈文林郎、國學生総理事黄世澤捐銀式佰陸拾大員，長男萃英續捐銀式拾大員，次男候補分州萃禄續捐銀式

拾大員，三男萃昌續捐銀陸大員，合共捐銀叁佰零陸大員。鄉大賓林來壠捐銀壹百零弍大員。黄壙观拾弍員半。李連观拾弍大員。職員林衡拾大員。黄璧洪拾大員。林長秀拾大員。陳飲观拾弍員。黄巍观捌大員。林元增捌大員。黄深江捌大員。黄國尊柒員半。黄世潤柒大員。黄先達柒大員。黄大協陸員半。黄忠良陸員半。黄士清陸大員。陳日成陸大員。黄沛水陸大員。黄周興伍大員。黄禅观伍大員。黄巫观四員半。黄旭观四員半。鄉賓林長茂、黄潘观、黄泗□、何天健、黄建观、莊大芳，以上各捐四大員。林仕□叁員半。黄宏澤、黄貼观、王九观、黄日观，以上各叁大員。林元亨、黄天道、黄春观、黄和观，以上各弍員半。黄吴观、黄生观、林元金、黄杞观、黄篆观、黄勸观、黄撈山、黄厚观、黄秋观、黄都观，協理黄英观、黄味观、黄□□、黄文章、程穆观、黄八俊、黄輝观、黄港观、黄明天、黄萬嗔、陳玉观，以上各弍大員。黄正观、林猛观、黄達金、黄清元，以上各壹員半。庠生黄竊音、黄玉堂、黄韻緒、黄傑观、黄文振、黄請观、黄路观、黄拂观、黄次观、黄寵观、黄石溪、黄深泉、黄珠良、黄鄒观、黄齊光、黄嚴观、童焕观、王叚祖、葉喜全、楊馬观、黄福興、黄萃林、黄江俊、楊塹观、林池生、林開基、林新法、黄強观、黄釀根、黄隨观、黄寶观、黄慊观、黄沙观、黄審宅、黄攀桂、莊拜观，以上各壹大員。餘載在樑簽。

嘉慶拾叁年捌月吉旦勒石。

按：此碑現存龍文區藍田街道藍田村崇真堂，碑名爲編者加擬。

三五九　河陽家規十二則

恭惟我祖開基沙陌，閱二十一世。方今子姓繁衍，所期秀實同歸。第風日靡而氣日弛，法不嚴則行不軌。聿溯先民矩矱，示以鍼砭；永垂百代典型，勒之珉石。俾爾觸目，乃惕厥心，是用律身，胥厚其福。謹議規條，臚列於左，願我族子子孫孫其毋犯。

一，子姪不孝者，革令出族；以卑亢尊、以少凌長、恃強欺弱者，通族家長押赴宗祠責懲，不服者呈官究治。

一，大宗祠敬祀始祖神位，凡有功德於廟者恭迎配享。遇有不肖子姪挾怨肆橫、舁出神主者，通族家長會齊拆屋，除稟官究治外，并革出宗。

一，大宗祠費不敷，凡我子孫有代其父母敦行功德以裕蒸嘗者，例應厚其所生，恭延配饗。捐出之資，族長公同置業，分天地人和四房，每房僉舉一人會同管理銀項，公發公收，年清年欵。除春冬祭費及拜掃墳塋外，社中他事不得妄用一文。如有狥私濫應者，合族押令照數賠繳，并革出宗。倘有事不干己，妄生枝節，致激衆怒者，罪亦同科。

一，本族與外姓遇有事故，務須稟明族長，凛遵調處，以息釁端。如有不遵約束，擅行鬭禍，甚至呼群列械，釀成大事，概不准動用公項，亦不得簽丁簽畝、勒派殷實身家。違者會衆拆屋，仍簽名稟官嚴辦。

一，子姪盜竊公業、胎借銀兩，許房長會同族長清理外，仍將私相授受者各罰戲一臺，情罪較重者并革出宗。

一，子姪窩盜及引誘匪徒竊取本族財物者，拆屋并呈究。

一，子姪開場設賭，招引鄰匪出入無忌者，會族長押入大宗祠，重責二十板，仍公同督拆賭場。

一，宗廟虔奉先靈，理宜潔净，不准安放粗桶、貯積禾草及一切農具，并不准借宿匪徒、擅放兒群入廟污穢粉壁，亦不得私借廟中椅桌致散失無歸，違者并守廟者各罰戲一臺。

一，廟壁宜虔，亦防火燭，所有廟後并左右通巷，不准靠壁堆貯稻草，違者罰戲一臺。

一，子姪不准盜砍松木墳蔭、擅割他人田禾烟葉及損挖蔗薯，違者會族長押入大宗祠，重責二十板，另罰戲一臺。亦不准放縱牛羊踐踏溪圳、田園植物，違者隨犯輕重議罰。

一，本族卑幼不准動輒侮慢家長，違者房長會同族長押入大宗祠，重責二十板。

一，家長處事，務宜同心協力，共敦大體。間有心存畏怯、屢行托故不到者，或竟有袒庇子姪爲非者，衆族長合齊攻擊，以後會議公事不准傳請入座。如不服，闔族簽名呈官。

嘉慶十三年歲次戊辰四月　日，通族家長公立。

按：此碑現存角美鎮潘厝村潘氏宗祠，係近年翻刻。

三六〇　重修文英樓碑記

郡城東廿七都有文英樓者，漳之澳區。鷺島賈舶咸萃于斯，四方百貨之所從出也。樓奉義勇將軍，俯瞰溪流，吞吐潮汐，巍然屹峙，爲一方巨鎮。以其地在闤闠之間，人烟錯出，戊辰春適遭回禄，棟宇半就圮燬。諸同志謀葺之，因醵金以相役。既蕆事，遠近歡欣，以爲斯樓聿新，地靈毓秀。惟兹桑梓文物丕顯其光，則夫舳艫停泊，企仰崇閎，又孰不荷垂俯而阜通貨殖也哉！因援筆爲之記。捐銀各鋪户姓名，開列于左。

金豐源捐銀拾大員。太學生方向茂、柯樹观、黄志士观、黄和興各捐銀貳拾肆大員。恩授迪功郎施雲綵、金協裕、金協益、柯惠观各捐銀壹拾貳大員。順源號捐銀壹拾大員。何起鳳观、黄承慶观、黄雙鳳、方雙興、陳綿昌、黄侯興、李益千、方文振、協榮號、孫方川、游瑞興各捐銀陸大員。謝戊辰观、楊太和、梁茂珍、莊儀興、莊瑞春、振盛號、何春源、吴堆观、黄雙鷹、永興號、合吉號、源茂號、合美號、大安號、慶芳號、勝興號、咸豐號、洪長豐、信祥號、德利號各捐銀肆大員。許奕謀观、吴川观、陳坤观各捐銀叁大員。陳鳳山观、高焕童观、黄肖陶观、梁友观、黄五和观、林應元观、方文山、英圃號、恒昇號、錦盛號、利源號、陳郎观、陳義成、金興隆、景美號、協興號、恒勝號、聯源號、合盛號、萬豐號、振和號、協盛號、萬豐號、勝茂號、永順號、振順號、永源號、陳源各捐銀貳大員。順美號、開興號、協茂號、長興號、源茂號、瀛隆號、順興號、均和號、源興號、雙茂號、泰盛號、茂源號、豐源號、榮利號、逢源號、恒興號、德豐號、岱源號、東泰號、松茂號、向茂號、錦源號、豐盛號、合利號、振榮號、豐盛號、瑞林號、開泰號、源盈號、金盛號、奇興號、藏興號、信源號、源茂號、泰成號、集成號、仁盛號、廣源號、益興號、吉茂號、恒勝號、馨茂號、恒豐號、成興號、裕德號、昇記號、寶樹號、長盛號、合源號、茂盛號、聯盛號、仁泰號、鴻興號、東昌號、恒利號、啓泰號、會源號、松林號、金瑞號、茂盛號、成美號、

啟源號、茂林號、德昌號、合盛號、振茂號、永盛號、昇泰號、春林號、芳源號、興茂號、恒盛號、燦成號、春發號、陳發春、金協興、陳協發、金協泰、金逢泰、金開泰、金益號、得進春、金進德、金德發、陳壽、陳爵、陳印观、李陽观、柯功观、陳波观、陳二观、陳三观、黄粤观、林軒观、魯玐概观、嚴杖观、黄拱星號、黄光照观、李崑山观、陳江湧观、吴長亭观、方腰路观、林登科观、嚴□观、黄景興號、黄光敬观、陳祖簡观、賴茂盛观、廖津梁各捐銀壹大員。龍德號捐銀肆大員。隆盛號、裕源號、隆茂號、茂利號、長瑞號、泰茂號、泰美號、利澤號各捐銀一中員。開興號捐銀拾貳大員。

嘉慶拾叁年歲次戊辰葭月吉置。董事：柯樹观、方文漳號、黄志士观仝立石。

按：此碑現存薌城區浦頭港定潮樓。

三六一 烏石岩寺田碑記

彌陀傳繙經以宗佛，當紹禅燈於孔長；誦般若而爲僧，還念毛裘之餘愛。明自烏石岩住僧以来，歷有年歲，幸藉托鉢之資，創有寺田数處，作後代春秋二祀禮費，奉祀先師祖、先師父，或祀明本生父母及明本身。其中田種多少，配搭分明，日後徒眾子孫等傳燈執掌，應□載産業，收税辦理，不得混争，不得變賣。爰是開列條件，勒石於左，永爲恪守焉。

一，祀先師祖、先師父，共田一斗三升種，址軍理洋，逐年當家在岩收税辦理。

一，祀明本生父母田八升種，址大坂洋，逐年當家在岩收税辦理。

一，祀明本身田一斗六升種，址在上洋，徒子孫收税辦理。

嘉慶拾叁年貳月二十八日，本岩晦月立石。

按：此碑現存九湖鎮林前村太湖山麓林前岩寺（又名烏石岩寺），碑名爲編者加擬。

三六二　溪頭重修林氏家廟敬愉堂碑誌

蓋聞水源木本，道出自天；宗功祖德，事成于人。我祖景善公，先是與父維原公居于澄邑溪頭。原公兄弟六，行居四，因海氛騷動，流離分散。景善公逃入虎渡橋内，肇基于黄柑龍頭社。傳子三，長曰竹軒、次曰梅軒、三曰古軒。嗣後支派蕃衍，族姓寖昌，然第苟合苟完，未暇營立廟宗也。傳至十二世，三房裔孫義端公始舉議，弄璋捐銀充公，謀之長房十一世裔孫萬榮公等，皆曰可。由是闔族銖積寸累，以數年遂贏餘，追遠報本之念，□□墓之意，有志而未逮焉。迨義端公男源淵繼起，更加振作，卜地于本庵左，與世隆公議建定奪，詎料祠未興而二公已往。余恐遲延日久，其遂寢。爰鳩衆公堂議論，開爲丁、糧之費，以一丁四百錢、一畝一佛銀，再充以往一對廿四元之數足之，衆甚歡焉。謹擇吉旦，始于本年三月廿八日奠基，終于十一月十九日□□告竣，計費銀三千餘元。老少莫不□□擊鼓，燕飲以落成之。奈廟祀不足何，幸有長房裔孫簡喜捐銀四百元，繼□有三房特約公捐銀三百元，祠堂□捐銀一百元，共八百大元，以充祀典。蓋『春秋匪懈，享祀不忒』，實賴群公之力。歷敘情由，語無倫次，庶幾爲後子孫知立廟之經營，□年有待，以示不忘云。

十三世裔孫國學振翰謹志。

嘉慶十三年吉旦。

按：此碑未見，碑文見於白水鎮山邊村林氏嶼頭族譜。

三六三　重興東嶽公禁條規

一禁：不准流丐、蕩子、殘疾人等在本嶽内外夜宿。

一禁：不准鳳翔外方人氏夜宿、前面川門外炊爨。

一禁：不准割稻、打鉄各工人等歇宿内外，不准和尚借爨。

一禁：不准早允二冬内外埕堆稻、曝粟、圍鴨并内寄農具。偶遇雨天，不准磚廳磚埕漸頓稻把粟粒。違者鳴众，立即撤田，罰戲壹臺示儆。

嘉慶拾肆年肆月　日，闔邑紳耆仝立石。

按：此碑現存海澄鎮河福村東嶽廟。

三六四　重興東嶽廟題捐碑

重興東嶽，留田、浦西、仙恬、石埠、荷蔀、姑壠、岐灣、鎮坑、沙灣、峬美、浯嶼等保捐金姓氏：

港頭、霞坂、西嶼：耆賓陳温平、吴志忠捐銀十二元。吴文璇捐銀六元。陳光華捐銀四元。太學生陳成善、太學生陳承榮、陳國志、陳廷遂、陳文珍、李勝珠、吴天喜、吴士玨、吴志榮、洪嘉湘、丹社墩黄開政各捐銀二大元。勸捐董事：太學生陳成善。共捐銀五十六大元。

駕林：耆賓蘇大作捐銀四大元。蘇文選捐銀二大元。蘇眼、蘓喜、蘇玕、蘓皇朝、蘇軒淑、蘇宜巽、蘇三省、蘇塔、蘇文瑞、蘇奮志、蘇軒、蘇文聿各捐銀一大元。勸捐董事：耆賓蘇大作、蘇律。共捐銀十八大元。

浦西：黄士成、黄瑞光各捐銀十二大元。黄正卿捐銀八元。黄侃朴、黄周滿、黄直侃各捐銀六元。黄天寧、黄天球、黄輞川、黄文國、黄文家、黄有朋、黄佈峰、黄民偉、黄西江各捐銀二元。勸捐董事：黄正卿、黄輞川。共捐銀六十八大元。

仙恬保：顔鳴陸公捐銀十二大元。庠生高侃翁、高釋文、高臨、高虔、高能竭各捐銀二大元。太坪蔡藏宝捐銀一大元。勸捐董事：庠生顔惟清、庠生高一峰。共捐銀二十三大元。

石埠保：歲進士江鼎賢公、江伯滔公各捐銀十二元。修職郎江大成捐銀二十四元。歲進士江泱、徵仕郎江裕玉、

徵仕郎江國泰、當鋪江榮盛、當鋪金萬盛、當鋪金德茂各捐銀十二元。耆賓洪振聲捐銀十四大元。太學生江輝山、江森、江學、江然、江寧捐銀四大元。庠生江天香、江登任、江會川、江洪濤、王開鎮、王忠、沈尤各捐銀二大元。江速捐銀一大元。勸捐董事：歲進士江泱、庠生江大作。共捐銀一佰六十九大元。

荷蔀保：徵仕郎楊咸捐銀十大元。耆賓石文盛、蔡汝霤各捐銀八元。洪新城、石文禮捐銀六元。陳毓東、郭光玉、石光明、丁建、曾光表各捐佛銀四大元。太學生林文山、太學生林文成、林才源、林光彩、江召港、陳五靈各捐銀三元。庠生石拔丹、庠生洪受謙、石開盛、楊租〈下缺〉。

按：此碑現存海澄鎮河福村東嶽廟，碑名爲編者加擬。

三六五　重興東嶽廟題捐碑（二）

重興東嶽，圳美、嶺東、金豐、虎渡、南岐、合浦、温林、猴山、仁美、清泉、碧浦、嶺東等保捐銀姓氏：

圳美、金豐、嶺東等保：庠生陳珪捐銀六十大元。太學生陳興滔、太學生陳永錫、太學生陳少仲各捐銀三十四大元。職員陳時佐公捐銀二十大元。太學生陳澤其公、耆賓陳剛惠公、太學生陳世法、陳温肅公、庠生陳大英、陳敬持各捐銀十二大元。太學生陳紹錀公、陳克誠公、耆賓陳日萃、陳日蘭、陳清潔各捐銀八元。耆賓陳發魁、庠生陳暹、陳廷欽、陳衍緒、陳協豐、陳必位、陳朝輅捐銀六元。耆賓陳遵盟公、陳文錘公、太學生陳士昌、太學生陳衍欽、太學生陳衍誥、太學生陳鳴鸞、庠生陳瑶琳、陳焕章、陳青選、陳自立、陳清廉、陳啟密、陳光煜、陳嘉猷、陳尚志、陳登滿、陳嘉寅、陳明盛捐銀四元。歲進士陳應森、陳如溥捐銀三元。庠生陳清芬、庠生陳伸、耆賓陳綄昌、陳世珍、陳斐存、陳世鑑、陳拔濯、陳程、陳啟定、陳玉容、陳登道、陳會友、陳大倫、陳元碑、陳祖德、陳盆、陳郊、陳清漢、陳永福、陳萬選、陳薈、陳嘉德、陳森發、陳櫕、陳卦、陳棘、陳已酉各捐銀二大元。共捐銀四百三十八大元。勸捐董事：太學生陳光玉、太學生陳夢梅、庠生陳瑶琳、庠生陳鍾岩、太學生陳世法、耆賓陳綄

昌、庠生陳敬秩、太學生陳衍欽。

虎渡、南岐、合浦、温林、猴山、仁美等保：太學生蕭興美捐銀二十元。蕭養素公捐銀十六元。耆賓蕭國瑞公、庠生蕭輝、太學生蕭文蘊、太學生蕭士振、蕭彩鳳、蕭清淮捐銀十二元。太學生蕭冊澤、徵仕郎蕭大欽、蕭得露各捐銀十大元。蕭登甲、蕭澄煌、蕭振瀚各捐八大元。庠生蕭肖峰、庠生蕭方策、蕭登庸、蕭兆利、蕭東水、蕭伂德、蕭誠朴各捐銀六元。蕭國植、蕭施尚、蕭大華捐銀四元。歲進士蕭運熺、廪生蕭荃、太學生蕭志達、蘇沛、蕭雲梯、蕭登倫、蕭鳳、蕭普菊、蕭紹經、蕭忠信、蕭立政、蕭合記、莊妙祖各捐銀二大元。蕭光輝捐銀一大元。〈下缺〉

按：此碑現存海澄鎮河福村東嶽廟，碑名爲編者加擬。

三六六　重興東嶽廟題捐碑（三）

重興東嶽，南岐保捐金姓氏：

河福：鄉進士洪恭、耆賓洪圖輝、洪錫金、洪國連各捐銀十二大元。徵仕郎洪世榮捐銀八大元。庠生洪雨潤、耆賓洪元連、徵仕郎洪國珱、洪永全、洪大維、洪生籣捐銀六元。廪生洪捷、徵仕郎洪錫類、庠生洪恩、徵仕郎洪日煉、洪欽詔、洪世利、洪世詩、洪世棵、洪大漢各捐銀四大元。耆賓洪天禄、洪世烈、洪廷器捐銀三大元。庠生洪學聖、庠生洪顯祖、洪少田、廪生洪河源、庠生洪禮、洪長蒽、洪永雅、洪世植、洪世楎、洪世祐、洪日黄、洪世珍、洪良、洪化、洪士道、洪士君、洪邦俊、洪麟祥、洪大浩、洪大勇、洪纘美、洪江泉、洪維祥捐銀二元。洪有臨、洪元銓、洪布、洪顯捐銀一元。共捐銀一百八十七大元。勸捐董事：耆賓洪元璉、徵仕郎洪世榮、洪錫全、洪暉、洪化、洪世植。

庙后太學生林則榮捐銀十大元，徵仕郎林天珪、徵仕郎林天球各捐銀四元。上埕陳仕俊、林茂輯、林維良、林振堯、林建業、林纘緒、林希仁、李長茂，尾厝江宗鎬、許文龍，捐銀二元。林寵恩、林灶捐銀一元。勸捐董事：

林長芹。共捐銀四十大元。

新亭里：庠生許文英捐銀三十六大元。太學生林世擇捐銀三十二大元。耆賓陳捷魁捐銀三十大元。耆賓陳一桂、陳兆碩捐銀十六大元。徵仕郎許毓秀捐銀十四大元。庠生許祖岳捐銀十二大元。耆賓曾登科、許時樑捐銀六元。高飛鵬、黄應庚、黄禄生、洪開明各捐銀四元。庠生許青峦、許大春、高根芳、高陞、高其瑶、許萬成、許提振、陳吾喜各捐銀二大元。勸捐董事：耆賓曾登科、許大春。共捐銀二百大元。

土城内：黄朝燧捐銀四十元。耆賓黄如珪捐銀二十四元。太學生張天瑞捐銀八大元。耆賓李而才捐銀四元。張志進、黄先開捐銀二元。謝龍捐銀一元。勸捐董事：張其邦。共捐銀八十一元。

内樓外：太學生□□□捐銀四十大元。劉珠性捐銀八元。太學生劉綿煐、徵仕郎劉登甲各捐銀六大元。〈下缺〉

按：此碑現存海澄鎮河福村東嶽廟，碑名爲編者加擬。

三六七　重興東嶽廟題捐碑（四）

〈上缺〉蔡文錫、蔡柔遠各捐銀一大元。共捐銀七百五十大元。勸捐董事：太學生蔡士豪、庠生蔡能中、庠生蔡衡，耆賓蔡光廷、蔡天明、蔡登焕，耆賓蔡肇充、耆賓蔡學俊、耆賓蔡秉禮，耆賓蔡楚卿、蔡光瑞、蔡宗雅、蔡文焕、蔡長璵、蔡光德、蔡克深、蔡良玉、蔡大文、蔡光豥、蔡金峦、蔡彩章。

倉頭、蔡埭、河邊：張承滂、黄邦和各捐銀六元。張茂椿捐銀三元。太學生顔蔡基、庠生蔡文炳、蔡崑、蔡意、蔡海、張承澎、陳港、黄中量、黄貴生各捐銀二元。共捐銀三十三大元。

厚境：賜進士貴州按察使司曾若槐公捐銀四十大元。職員曾德彰捐銀二十元。曾愈器捐銀十二元。脩職郎曾國玲、曾愈益、曾朝相、曾百忍各捐銀六大元。職員曾鍾英、耆賓曾克宗、曾其頊、曾春水各捐銀四元。徵仕郎曾一岐、徵仕郎曾其玉、徵仕郎曾鳴鶴、太學生曾文源、曾愈揚、耆賓曾忠誠、耆賓曾輝佑、曾壽岱、曾輝璧、曾先現、

曾鉗、曾國梓、曾朝彥、曾光洙、曾光淪、曾長滄、曾廷鏜、曾悦松、曾守岱、曾肇熙、曾列子、曾仕滔、曾繼增、曾領、曾英、曾異三、曾日暄、曾作郭、曾日晃、曾明德、曾秀峰、黄懷公各捐銀二元。曾克宣捐銀一大元。共捐銀一百七十七大元。勸捐董事：徵仕郎曾一岐、徵仕郎曾其玉、徵仕郎曾朝陽、職員曾德彰、曾曉。

西增：太學生曾時敏、曾文泰各捐銀十二大元。曾秋香捐銀十大元。曾君榮捐銀六大元。曾推捐銀四元。曾立、曾檻、曾長順捐銀三元。曾籃、曾君顯、曾光道、曾採芹、曾春來各捐銀二大元。勸捐董事：曾立、曾文錦。共捐銀六十三大元。

厚境：許逸公捐銀三十元。脩職郎許惟源、許思英各捐銀十二元。許朝煒捐銀三大元，許廷樑、許思桂、許嫣田、許朝陽、許振陣各捐銀二大元。共捐銀六十七大元。勸捐董事：許文璣、許國達、許贍、許廷樞。

按：此碑現存海澄鎮河福村東嶽廟，碑名爲編者加擬。

三六八　重興東嶽廟題捐碑（五）

〈上缺〉高雨泉、高長流、高養、高順、高武顯、高恩頒各捐銀二大元。高秀盆、高敏各捐銀一元。勸捐董事：徵仕郎高天材、高華國、高其正。共捐銀八十四大元。

邹岱：壽官鄭遯齋公捐銀十八大元。鄭和美捐銀六元。鄭剛智公捐銀四元。鄭次山公捐銀三大元。鄭振國、鄭文楨、鄭作仁、鄭景德各捐銀二大元。勸捐董事：職員鄭泰亨。共捐銀三十九大元。

寶裡社：太學生鄭啟忠捐銀二十四大元。太學生鄭丕雄捐銀十二大元。庠生鄭啟廷捐銀六大元。鄭丕彦、鄭信各捐銀四大元。太學生鄭清輝、鄭芝儒、鄭東元、鄭光庇捐銀二元。鄭井捐銀一元。勸捐董事：鄭芝儒。共捐銀五十九大元。

官埭：耆賓陳亨進公捐銀二十大元。耆賓陳秉毅、耆賓陳啟睽、陳廷璣各捐銀四元。耆賓陳亨迪、耆賓陳大憂、

陳登秩、陳光令各捐銀二元。勸捐董事：庠生陳廷璣。共捐銀四十大元。

袁厝徵仕郎袁名試捐銀三十元。雞姆岫黄成章捐銀十大元。山美橋李橋公、樹兜陳錫球各捐銀十二元。前橋邱懋卿捐銀八大元。霞林林竹軒公、林貫庵公，城仔内陳嘉蘇，各捐銀六元。内溪黄啟甲捐銀五元。袁厝袁温勤、嚴厝嚴近智、鳳美陳國順、内溪黄耀甲、官田鄭榜各捐銀四大元。内溪黄志灼捐銀三大元。田寮蘇起潛、蘇起鼉、蘇秋，中社曾振壽、曾看，曾橋邱國玺，山上陳時表，埭内鄭祐、鄭潭，尾坵河許登隆，陂頭邱當山，下詹詹託、詹寧，上詹詹眼，官田鄭日，内溪黄離，城仔内陳嘉茅，後柯林允，各捐銀二元。官田鄭迭，下詹詹虎，上詹詹津，内溪黄志焊、黄漳，各捐銀一元。共捐銀一百六十五大元。

溪田、樹兜：庠生洪衍泰捐銀十二大元。洪衍洽捐銀八大元。太學生蘇克昌、洪衍滋、洪邦茂各捐佛銀四大元。洪衍潤、洪衍源、陳待、曹佛賜各捐銀二大元。勸捐董事：庠生洪衍泰、庠生蘇其章。共捐銀四十大元。

按：此碑現存海澄鎮河福村東嶽廟，碑名爲編者加擬。

三六九　重興東嶽廟題捐碑（六）

〈上缺〉勸捐董事：庠生曾之傳、太學生曾元壐、庠生曾策勲、庠生曾超、庠生曾如璋、耆賓曾希畏。共捐銀二佰二十七大元。

漈都：歲進士高國器捐銀十六元。太學生高國純捐銀十二元。高行宜捐銀十元。高騰鵬捐銀八元。高以璧捐銀六大元。太學生高國永、庠生高時行、耆賓高肇錫、高東海、高宜兄、高廷顯、高永昌各銀四元。廪生高毓時、太學生高宗琚、太學生高國英、太學生高騰鳶、庠生高景華、徵仕郎高資填、高安心、高恩渥、高德敬、高任郎、高國祥、高國球、高國襟、高深泉、高天湖、高招吉、高立國、高廷崇各捐銀二大元。共捐銀一佰十六大元。勸捐董事：歲進士高國器、徵仕郎高資填、太學生高宗琚、太學生高國永。

青尾：鄭朴毅公捐銀二十四大元。鄭敦奥捐銀八大元。鄭景藝捐銀六大元。蘇昇捐銀四大元。廩生鄭心夫、太學生鄭文麟、鄭兆泰、鄭天爵、鄭諧老各捐銀二元。勸捐董事：太學生鄭文麟、鄭兆泰。

溪頭：林必輔捐銀十大元。太學生林必啟、林紹聖各捐銀六大元。太學生林大器、太學生林元良、林必軒各捐銀四大元。庠生林奮鷹、林必自各捐二大元。勸捐董事：庠生林中翹。

嶼尾：職員陳秀芳捐銀十大元。耆賓陳謨英、鳳口社陳仕宏捐銀六元。庠生陳于德、陳登朝、陳登陛、陳天渭各捐銀四大元。太學生陳秀瑶捐銀三大元。庠生陳應魁、古埭頭陳樓各捐銀二大元。勸捐董事：庠生陳于德、耆賓陳漢英。

邱厝、庵後、洪塘：徵仕郎曹藍玉捐銀十大元。陳廷耀、李壽山、鄭永山各捐銀六元。張緯能、邱士瓚各捐銀四元。陳池水、陳鋭、張明菊、張國樞、張如陵、高得禄、邱長順、邱士華、邱柯各捐銀二大元。邱允捐銀一大元。

共捐銀五十五大元。

按：此碑現存海澄鎮河福村東嶽廟，碑名爲編者加擬。

三七〇　重興東嶽廟題捐碑（七）

重興東嶽，青浦、海門保捐金姓氏：

太學生葉正林捐銀四十大元。謝長福捐銀二十四元。太學生許廷亮、林子安各捐銀十二大元。謝世澤捐銀八大元。康元英、顔邦偉捐銀六元。高甫亭、許合盛、許贊畁、王廣、董仁安捐銀四元。董仁和、董明德、董日煌、許圖、林濟川、林元吉、許峯、謝世禄、胡宏彩、陳疊、陳純仰、陳朝各捐銀二元。陳士希、陳草緑、陳深藏、陳長光、陳宙、柯大成各捐銀一元。海門林明月捐銀二元，温□□、温□□各捐銀一元。共捐銀一百六十二大元。

重興東嶽，僧家捐金題名：

清安岩畊楚師捐銀三十大元。省嶺亭喜山師、鎮遠樓全山師、岱嶺亭道持師各捐銀十二大元。城隍廟長源師、邱孟岩秋白師、鸛石岩若因師各捐銀六大元。龍應寺經典師、港美宫性空師、和鳳宫經音師、南邊庵志睿師各捐銀四大元。聖宫文山師、鳳□宫玉雲師、萬泰宫茂傳師、龍亭庫圭澄師、東原宫應昌師、龍思岩泗恩師各捐銀二大元。勸捐住持僧意真。共捐銀一百十二大元。

重光神像，分疏寔捐総賬：

共寔收捐疏二十七張，共寔收捐疏來銀七十一大元。

共寔收捐疏八千一百零二張，生庚每名錢十二元。

共寔收捐疏來錢三百九十一千七百六十文。

按：此碑現存海澄鎮河福村東嶽廟，碑名爲編者加擬。

三七一　重修溪頭坊橋記

功業之建，炳于一時，而德澤之師，傳于萬世。功成而德以永之，則莫如靖海將軍〈下缺〉于我澄者，深且遠也。侯于康熙五年掃靖海氛，奠定漳南，澄賴以安，而月溪一〈下缺〉其時商賈不行，天涯咫尺，方舟莫濟，歧路窮途，侯心憫焉。因是沿溪砌岸，建造〈下缺〉往，官民稱便，貞珉勒之，邑誌登之，示不忘也。嗣是人懷舊德，思纘前猷，每逢重脩〈下缺〉肇之舉，樂布金錢，同修善果。侯之橋得以歷久不廢者，蓋百有餘年矣。乾隆〈下缺〉脩至今，歲久不壞，傾圮時虞，故資利濟，須圖再造。但今工料價值倍增，斯役也非〈下缺〉經等統計積儲厚資，不敷用度，幸賴懽忻衆志，克赴經營，以七月中旬庀材鳩工〈下缺〉以成。獨念斯橋之設，侯于干戈戎馬之郊，而爲吾澄開數百年不通之道，免億萬〈下缺〉則覽是橋也，誦侯之恩，體侯之志，用克延其澤而勿替，詎非我都人士之〈下缺〉

歲進士陳其英敬撰。

海澄縣正堂張捐銀肆大員。歲進士鄭元泰捐銀肆拾大員。軍前副守府許英俊捐銀拾弍員。協盛鋪捐銀弍拾員。太學生洪誥、職員洪廷瑞、太學生洪振江、太學生洪蕃語、許恩品各捐銀陸員。中憲大夫方顯祖、歲進士陳其英、太學生江永山、黄金萬、劉青泰各捐銀肆員。太學生王錫渚、太學生王玉溪、太學生王士佶、太學生張宗琠、王時若、方文英、張宗愷、陳有功、金芳亭、金和興、曾丁酉各捐銀弍員。〈下缺〉

董事：庠生吴一經、職員蔡振文、劉光澤、蔡報陞、莊于一、許志榮、洪□□、陳□清。

嘉慶拾肆年己巳歲葭月。

按：此碑現存海澄鎮華瑶村溪頭坊橋。

三七二　林氏宗祠燕翼堂規約

宗廟者，本源之地也。本本源源，子子孫孫蕃衍，家族至於盛長。頌云『於穆清廟』，又曰『閟宮有侐』，則是祖先棲〔靈〕之所，孫子祭享之區，其嚴子安可或褻哉！近有不肖子孫，恃其強梁，祠内及砛上或疊稻、或舂粇、或水車家器、或教習椎棒、或祠邊蓄聚薪草、或祠後堆土懸棹，甚爲不法，污辱先人。自今以後，如有再犯者鳴鼓公散，併罰戲壹臺。

又正月元宵看燈，先人本有定期，十三夜繫婦人入廟謁祖，男人不得突進。兹因一二不遵規約，四房父兄家長公議，勒石示眾。倘或再蹈前愆，長上、燈頭定行執拘祖先堂前，杖責四十，以懲其後，決不姑恕。抑又怙惡不悛，擊鼓鳴眾，毁其居室，出字示禁，終身不准入廟與祭。凡我四房宗長，務先訓誨，毋得寬縱。各宜凛遵！庶乎家聲可振，光前裕後，猶有先人之遺風焉。

嘉慶拾肆年葭月　日，四房公立。

按：此碑現存白水鎮山邊村林氏燕翼堂，碑名爲編者加擬。

三七三　岱峰寺緣田祭田碑記

岱峰寺緣田坵段：

□宅信女曾丙吙喜捨緣田壹斗種，三坵，坐址下□在澳脚。

信士陳元進、元興喜捨苗田拾陸坵，受種子叁斗，坐址室仔後。

信士劉興□喜捨苗田壹坵，受種壹斗，坐址□□湖。

信士洪日□喜捨苗田壹坵，受種壹斗，坐址大廟社。

信女黄門陳氏喜捨苗田弍坵，受種壹斗弍升，坐址在大嶺後龍潭脚。

道持自置苗田壹坵，受種壹斗，址在石龍湖。

另付陳氏祭田：

岱峰寺住僧道持，有徒名晋山，其母陳氏，性好清潔，終身持齋。單生晋山一子，進入佛門爲僧，而陳氏寡守，母子□□□□。晋山早喪，陳氏□□晋山□□□□□□念及靡不心□。於是，敬請庠生江呈碧、林□□□□□□□□潭口苗田弍坵，受種壹斗弍升，供後□陳氏祭□□。本寺徒孫子弟、後來別派承接岱峰寺者，每逢陳氏忌辰及年節之日，各宜謹備菜供，敬祀陳氏□□□，亦不許典賣祭田及諸信士喜捨緣田，如有□□，定行□究。此係公□□，勒石以示久遠之意云。

嘉慶拾伍年拾月　日，岱峰寺住僧道持立。

按：此碑現存港尾鎮上午村岱嶺慈雲寺，碑名爲編者加擬。

三七四　東原高氏重脩祖祠序

粤溯我宗派衍東溪，卜居東原，爰建祠宇，背鹿石，面鰲山，坐乾向巽，繼繼繩繩，由來舊矣。但爾時左右俱屬異姓雜處，幅幀甚窄，難以開創大方，嗣累更未當。族中父老，咸念水源木本，思振丕基，增光俎豆，議請名輿，酌規模，易舊制。庚午歲，捐金重脩，再公置祠前地壹所，起盖叁間，配合祖祠，以垂永久。茲值工竣，理應將孫子所出分金勒石，俾後覩資攷。爲之序。

文炳公出銀拾弍元。耀蒼公出銀叁拾元。元鼎公、侃景公各出銀捌元。裔孫登仕郎天材出銀柒拾伍元。華國出銀捌拾陸元。家琦出銀伍拾陸元。恩□出銀肆拾肆元。世倫出銀肆拾元。世位出銀拾陸元。恩喜出銀拾弍元。世份出銀捌元。長海、威養、文燈、雨生各出銀陸元。活生、堂□、秀益、世倍、春聲、世賓各出銀肆元。天江出銀叁元。職員廷芳、長治、恩領、威禮、利生、探生、格生、卯生、天增、世侯、古羅、世佐、世佰、乾元各出銀弍元。光侯出銀壹兩。長潤、天泳、□起、協生、考生、隆生、會生各出銀壹元。

嘉慶十五年臘月　日，董事：國□、登仕郎天材、世信仝立。

按：此碑現存東園鎮東寶村高氏家廟。

三七五　重修龍威廟碑記

榜山龍威廟者，由來舊矣。自明正德十三年周碩昌偕族人重修，捨田壹石爲香資，迄今近三百載。年久廟傾，族人以斯廟從龍崗起頂委折而來，到入首處突聳石峰，支分兩腋，環護榜山，其東即廟地，是所宜亟爲興築。爰以嘉慶戊辰孟夏鳩工，閱季冬告竣，而廟貌煥然新矣。夫人既樂趨事，神必默眷。詩曰：『俾爾昌而熾，俾爾壽而富。』固可預卜之也。遂刻捐金者姓名于左：

鄉大賓周克嬀捐銀壹佰大員。太學生周際輝捐銀壹佰大員。太學生周名耀捐銀壹佰大員。

信士：周廸恩捐銀壹佰大員，周齊有捐銀肆拾肆大員，周先進捐銀肆拾大員，周啟元捐銀弍拾肆大員，周光弼捐銀拾陸大員，周西坎捐銀拾陸大員，周薛治捐銀拾陸大員，周薛海捐銀拾陸大員，周忠誥捐銀拾肆大員，周佛在捐銀拾弍大員，周佛智捐銀拾弍大員，周嘉椿捐銀拾弍大員，周親釀捐銀拾弍大員，周三鵬捐銀拾弍大員，周双蘭捐銀拾弍大員，周春福捐銀拾弍大員，周香官捐銀拾大員。周大陽、周天結、周怨官、周潤官、周能通、周孫權各捐銀捌大員。周双苗、黄源水、周秋林、康清官各捐銀柒大員。周慎思、周楚水、周孝義、周國鏡、周寧傑、周深淵、周汝漳、周狂狷各捐銀陸大員。周碩儛捐銀陸大員。周雍水捐銀陸大員。周歡官、周景和、周振宗、周三奇、周聰傑、周泰官、周水源、周長福、周嫣綬各捐銀伍大員。周三敬、周粤官、周嬀吴、周抱良、周波官、周吴石、周都賽、周光榮、郭水官、周絲綸、周振翰、周好美、周聯科、周萬朝、周汝旁、周益水、周如切、周光隆、鍾嫣得、周漢春各捐銀肆大員。

庚午桂月穀旦。

按：此碑現存榜山鎮平寧村龍威殿。

三七六 鳳霞宫捐題緣業碑

鳳霞宫右樞敬奉下檀元帥，由來久矣。其英靈赫濯，以振汛洲之風；威儀感應，實爲霞漳之望。我群黎共沾神恩，未有酬答，公議捐題，建置緣業，奉祀香煙。其所建置物業坐址、捐題名次，開列于左。爰是勒石，以垂不朽云爾。

鄉大賓李明聲、□□□、□□□、□□□、□□□、□□□、□□□，鄉大賓蔡光耀、許登貴、黄瑞來、洪國棟、方對揚、蔡明玳、張先燦，鄉大賓楊其祥、韋植杜、陳棟禎、吴光明、林天輝、李行伍、陳在中，鄉大賓洪羽然、李世德、羅談观、李澤春、〈下缺〉。

買李家厝一座貳進帶地，址本廟後巷内，東至第三間，全年税銀陸員。買林家厝一間帶地，址在挑水巷，坐西向東，全年税銅錢三千四百文。元旦日鬧門卯至巳，三月十三日演戲鬧門，九月初九日鬧門卯至巳。

嘉慶庚午年桐月　日，董事：陳在中、許文捷等仝立石。

按：此碑現存薌城區文化街鳳霞祖宫，碑名爲編者加擬。

三七七　騰鯉廟緣田碑記（二）

嘗聞有求必應者，神之靈；受恩不忘者，人之念。神固因人以昭顯赫，人亦賴神以享安寧。仰維太保公仁慈憫下，德被生民，管仲屢蒙眷顧，默受扶持，欲存寸心無窮之報，延萬古不墜之香，是以爰置斯田，以爲香資。今將田址粮條開列于左：

一，田弍坵，址在騰鯉堂前洋潭仔上，共受種芽弍斗捌升，全年配粮銀弍錢弍分肆厘，現付住僧收掌。每冬定税穀壹石叁斗大。

翠嶺社弟子朱管仲敬立碑記。嘉慶拾陸年壬申歲維夏勒石。

按：此碑現存榜山鎮雩林村許林頭社騰鯉廟。

三七八　景山宗祠禁約

祖祠之設，原爲妥先靈而計，自當肅清潔浄，焉得藏垢納污？今我族人會約：景隆公開基久遠，祠宇不能無廢墜爾，自今重修以後，祠内惟許延師教訓子姪。至於吉凶、款客，事非得已，尚屬彬彬有禮，不至穢褻，亦所不禁。如有因利乘便，將農器什棋擁進祠内者，不惟藐視公約，而且玩褻祖先，應將所寄頓之人押入祠堂，笞責十板。若願金作贖刑，則罰銀弍錢，隨交充公，以儆不敬。不遵約者，是爲不肖子孫，自甘終身無成。

嘉慶拾陸年復月穀旦，公白。

按：此碑現存龍文區藍田街道景山社區林氏家廟。

三七九　圓應宫題捐碑

庠生戴登雲喜助庵后間木磚瓦，私出銀肆拾肆元。

嘉慶拾陸年桂月吉旦。

按：此碑現存薌城區天寶鎮洪坑村圓應宫，碑名爲編者加擬。

三八〇　大埔圩議約碑

本圩之設，原約：馬寮街路、大埕、渡頭在公；其馬寮街路，准付步販置貨，各店户不得借諸店前濫施器貨；其担位既定，各人照位，不得妄迁篡争；至地租，隨時酌量，不得多取。兹恐歷久忘記，爰將所約立石。

嘉慶十六年夏月，四房公立。

按：此碑現存白水鎮大霞村大埔社大埔圩南門外，碑名爲編者加擬。

三八一　重修儒山廟碑記

儒山廟，澄西之古廟者也，崇祀開漳聖王。自來凡宰澄者，每歲立春之日，於是廟行耕籍之典焉。但廟久寖敝，頹廢多年，衆莫有興之者。及嘉慶辛酉歲，監生蘇玉璘等慨然任事，募衆重興，而前座廟宇宏敞大觀矣。後有寶刹祀大士，於丙寅年又被風雨摧凌毁壞，生復募而葺之。余莅澄，於此勞農，覘其前後廟貌，俱焕然一新。則神明之殿宇永固，而玉璘之倡義足風矣。是不可以不誌。

文林郎、知海澄縣事張家幹拜撰，浦山弟子、邑廪生蘇昭德拜書。

捐題姓氏開列於左：

鄉大賓蘇登甲捐銀弍拾肆大員。歲進士蘇淑其公捐銀弍拾大員。壽宫蘇東山公祖捐銀拾弍大員。信士何立鴻捐銀拾弍大員。太學生王錫渚捐銀拾弍大員。太學生蘇玉璘捐銀拾弍大員。寶號黄萃隆捐銀拾大員。歲進士盧文煜捐銀捌大員。鄉大賓王玉溪捐銀捌大員。信士蘇樹茲公捐銀陸大員。信士甘質朴公捐銀陸大員。歲進士蘇元嘉捐銀陸大員。信士許永隆捐銀陸大員。吏員蔡振文捐銀陸大員。信士蘇紹寬捐銀陸大員。

迪功郎蘇加伯公、信士吴思才、信士洪世傑、信士甘世鍊、歲進士陳玉瑜、太學生蘇廷英、太學生王錫攜、鄉大賓王時若、信士應進、信士蘇音菊、太學生蘇文蘊、信士蔡鶴观各捐銀肆大員。信士蔡登芹捐銀叁大元。信士蘇質壯公捐銀叁大員。太學生蘇登岐、信士許之鏞、信士蘇國釗、信士蘇輝、信士林世騆、信士莊克昌、信士蘇澄煌、信士甘應秀、信士蘇士賢、信士蘇文□、信士陳誥观、信士蘇忠信、信士蘇紹賢、信士蘇超萃公、信士王饒陽、信士林文郁、鄉耆李發育、信士高荆石、修職郎蘇天德、信士蘇宰珍、鄭白观各捐銀弍大員。

信士許名观、信士蘇紹金、信士蘇真錦、信士蘇廷昌、信士蘇廷庸、信士蘇大忠、信士甘世煙、信士程文珠、信士甘漳观、信士何立彰、信士蘇焕昌、信士蘇兆利、信士吴閩观、信士王國楨、太學生甘在林、信士林艷观、信士蘇勤观、信士蘇嘉粟、信士蘇天視、信士蘇世番、信士陳振利鋪、信士蘇登胡、信士蘇日璟、信士蘇天水、信士蘇元玨、信士蘇登倫、信士蘇天卑、信女蘇門李氏、信士林金观、信士柯會宗、信士林德彰、信士王太伯、信士王文炳、信士王文璇、信士蘇立積各捐銀壹大員。

董事：修職郎蘇天仁、監生王君顯、顔烈观、蘇國秀、住持僧青岩。

嘉慶十六年瓜月　日立。

按：此碑現存海澄鎮嶼上村古坑社儒山廟，碑名爲編者加擬。

三八二　河福張氏祭田碑記

五代衍世祖西軒公年遠乏烝，十三世孫世利惻然難安，捐田叁斗種，以供蘋藻之需，誠善舉也。利生平勤儉成家，絲粒皆由汗血，而念切水木，慷慨獨舉大義，可以感發百世孝思。用勒不忘，永爲宗族向義者勸。

一，田二坵，受種子叁斗，址在水尾洋。

族姪恭誌，房親公立。嘉慶拾柒年桂月吉旦。

按：此碑現存海澄鎮河福村張氏宗祠，碑名爲編者加擬。

三八三　重興樹兜橋功德碑記

古者橋梁之脩，著爲月令，有司職之。厥後有司鞅掌公事，勢難遍及，而各鄉紳耆遂獨肩厥任，樹德之橋尤首重焉。憶自乾隆丙午年，余與鄉耆老首事者曾脩葺之。越今二十餘載，風雨剥蝕，復就傾圮，行者苦之。橋于吾樹德祖居不過百武，歲時祀事，目擊心傷。迨去秋，余自滇南解組歸田，諸首事復以重光請。余因其樂善好義，有關於國家興廢之典，且於敬恭桑梓之誼不敢忘焉，遂奬勵增捐，閲月而觀厥成焉。里人許君遜揚、蔡君振文、曹君有則、許君萃隆、黄君成章、甘君兆貴、張君國欽、林君爾源，其涖事尤力，例得並書云。

里人雲南建水縣知縣曹世芳謹序。

里人歲進士候選儒學陳其英拜書。

謹開捐金姓於左：

歲進士曹有則捐銀壹百大元。誥封奉政大夫曹世芬捐銀陸拾大元。職員蔡振文捐銀叁拾陸大元。國學生曹光甲捐銀叁拾大元。甘文祀祖、吴屏嵐公、黄成章各捐銀式拾四大元。洪國選捐銀拾陸大元。敕授布政司經歷洪琛、鄉

賓潘壘、鄉賓袁名試、鄭禰坤公、陳光緒公、鄭秉均公各捐銀拾弍大元。鄭子忠公、李橋公各捐銀拾大元。袁温勤公、高華國公各捐銀玖大元。國學生許國勑公、甘綿振各捐銀八大元。歲進士蘇元嘉、國學生陳少仲、國學生陳永錫、國學生甘宗焕、吏員陳蕙、鄉賓林継昭公、鄭和美公、邱懋鄉公、邱金堂公各捐銀六大元。鄭星如公、甘拔猷各捐銀五大元。軍前把總許綾水、國學生張宗墺、國學生陳世法、國學生陳興滔、國學生陳大亨、國學生何睿哲、國學生甘藏焕、國學生甘日躋、登仕郎高開宴、鄉賓高恩璧、鄭武中公、陳政公、陳錫球公、長利舖、何立鴻、德川舖、宋炎記、陳秉毅、曾德禄各捐銀四大元。歲進士甘正紅、職員陳松友、國學生劉綿焕、鄉賓甘綏成、甘新波、陳啟密、鄭希盛各捐銀叁大元。

甘純質祖、甘太封祖、臺鎮副總府陳明德、職員鄭泰亨、吏員蔡標、國學生甘大櫝、國學生陳光玉、國學生何清如、國學生洪振江、庠生鄭聯鑣、庠生陳新、庠生陳珪、登仕郎洪元璉、鄉祭酒張斐章、鄉賓洪錫全、鄉賓陳捷魁、鄉賓陳協宏、鄉賓劉綿焞、醫學李萬松、甘文祀、甘東柳、甘拱公、甘紹和、甘合元、甘宗淳、甘起鳳、甘衍沛、甘芳連、甘吾在、甘元鳳、甘元濟公、鄭得□、鄭廷材、鄭鍾澄、鄭雲虎、鄭雲祥、鄭如升、鄭根观、鄭昭观、鄭光遠、鄭學清、陳石麒、何本章、高長海、高威養、嚴近玉、林狷庵公、協利舖、王欽才、陳大夏、陳亨迪、陳性观、陳有功、楊自陸、陳協豐、陳五成、陳啟忠、許恩品、黄振鄉、和興舖、陳嘉琅、陳嘉芋、陳嘉輝、林明鋘各捐銀弍大元。

蔡震耀、蔡震焰、隆茂舖、黄仕榜各捐銀一元半。國學生甘必高公、國學生林廷瑯、國學生蔡文美、國學生陳夢梅、鄉賓劉文德、鄉賓陳一桂、甘次源、甘漢章、甘吾厚、甘吾桐、甘省观、甘志揚、甘如好、甘秉忠、甘永熠、甘大壘、甘上槐、甘朝選、甘學礼、甘世位、甘世佾、高世侯、高世倫、高好木、高世攸、高潘生、高堂渥、高長治、高秀益、高春聲、高如玉、鄭萬開、鄭作仁、袁光遠、袁彩琳、袁信萦、李珍周、洪世杰、陳天潢、許發祥、許秉友、林金韓、陳啟芳、陳元壇、陳元坤、雙記舖、陳山水、許光咸、邱象观、蔡肖賀、協盛舖、陳振盛、陳雨

霧、蔡報陞、蔡登雲、鄭宝興、盧敬春、蔡春宵、蘇世豪、囲春堂、陳嘉墀、陳廷英、莊光明各捐銀一大元。

嘉慶十七年歲次壬申桐月穀旦。

董事：歲進士曹有則、職員蔡振文、國學生張國欽、許遜揚、黄成章、甘兆貴、許萃隆、林爾源仝勒石。

舊例：鹿石陂水利税銀，每年原抽弍兩，貼本橋積息修理，按年春季向取，有董事收單爲炤。併勒。

按：此碑現存海澄鎮崎溝村樹德社樹兜橋。

三八四　重修聖興堂碑記

莆邦之有聖興堂，由來已舊，而修於乾隆之丙寅。但歷年既久，不無坍塌之虞，錫等爰募衆重修。維時赴功趋事，用致不日之成；厥後崇祀明禋，永綏無窮之福。斯廟之巍然奂然，列神之以妥以侑，未始非樂助勸捐之力也。虔將姓名臚列於左，勒石以誌不忘。是爲序。

董事：陳心曠、陳逸觀、陳錫等。

會首陳跨觀捐銀陸拾大員。副首陳潮觀捐銀肆拾大員、沈賀觀捐銀肆拾大員、陳華觀捐銀肆拾大員、陳寸觀捐銀肆拾大員。賛首陳設觀捐銀弍拾肆大員。信士陳鎰观捐銀弍拾大員、運觀捐銀弍拾大員、玉觀捐銀拾捌大員、濺觀捐銀拾捌大員、核觀捐銀拾柒大員、庄觀捐銀拾陸大員、逸觀捐銀拾陸大員、滿觀捐銀拾伍大員。知觀、偶間、挓觀、螺觀、麥觀，以上各捐銀拾弍大員。玠觀、梯觀，以上各捐銀壹拾大員。利用捐銀玖大員。浯觀、惠迪、養觀，以上捐銀捌大員。晗觀、豎染、心曠、利福、曲水、子敬，以上各捐銀陸大員。穆觀捐銀伍大員。聘觀、栢觀、繩武、思敬、異聞，以上各捐銀肆大員。沈泮觀，陳爪觀、絺觀、成觀、潑觀、乞觀、淵觀、政觀、芋觀、駁觀、寧觀，以上各捐銀叁大員。更觀、鞭觀、虎觀、讓觀、柔觀、釧觀、鐃觀、邊觀、言觀、安观、秋觀、潤觀、納觀、名觀、魯肅、涉觀、稕觀、丙觀、草觀、趋觀、相觀、活觀、墨觀、永觀，沈九觀、懷觀、伍觀，以上各捐銀弍大

員。陳串觀、賓觀、篆觀、準觀、許觀、争觀、排觀、兆祥、賞觀、湾觀、元亨、叠觀、雲观、賽觀、秦觀，沈轉觀、沁觀、泉觀、建觀，以上各捐銀壹大員。陳跨觀捐銀壹中員。

大清嘉慶拾柒年歲次壬申瓜月穀旦立。

按：此碑現存薌城區天寶鎮埔裡村聖興堂。

三八五　重興鴻團武廟題捐碑

重興鴻團社武廟，衆弟子捐銀開列碑記：

誥贈中憲大夫洪正和祖捐銀壹百陸拾大員。洪懷琇捐銀陸拾員。洪世輝捐銀叁拾員。鄉賓洪世珍捐銀拾捌員。誥贈中憲大夫洪紫垣捐銀拾伍員。太學生洪廷崎捐銀拾貳員。太學生洪光綉捐銀拾貳員。太學生洪光遥捐銀拾貳員。太學生洪端宁捐銀拾貳員。太學生洪秉欽捐銀拾貳員、洪光維捐銀拾大員、洪文璨捐銀拾大員、洪世蘭捐銀拾大員、洪元仁捐銀拾大員、洪志陞捐銀拾大員、洪世澤捐銀捌員。洪光絹、洪世琛、洪芳嵩、洪森林、洪文濤各捐銀陸大員。洪登鳳、洪玉成各捐銀伍大員。洪文淐捐銀肆員。洪文瑢捐銀肆員。庠生洪春木捐銀肆員。庠生洪亮捐銀肆員。洪士良捐銀叁大員。洪世茂捐銀叁大員。

洪宏猷、洪遜宜、洪啟瑞、直隸州分州洪文瑶、洪邦典、洪捷叠、洪玉琳、洪大括、洪科聯、洪世英、洪長發、洪光貞、洪文瓊、洪登岑各捐銀弍員。

洪沛淋、洪大濱、洪廷推、洪浚深、洪自明、洪文浩、洪啟甲、洪啟進、洪輕邦、洪文宛、洪文溗、洪荣芳、洪大樽、洪熾英、洪國撰、洪玉瑾、洪大杞、洪瑞生、洪聯清、洪金山、洪登峯、洪炳文、洪俊律、洪佼生、洪元炘、洪俊哲、洪瑞昌、洪評章、洪碧泉各捐銀壹員。

董事：鄉賓洪大榕、洪宏猷、洪世澤，太學生洪光綉、洪端宁，鄉賓洪世珍，庠生洪春木、洪元仁。總理：洪聯馨。

旹嘉慶壬申陽月，闔境仝立石。

按：此碑現存石碼街道下碼武廟，分作兩塊，碑額分别爲『重興武廟』『鴻團碑記』，碑名爲編者加擬。

三八六　東興宫廟産議約碑

我鄉中食舊德，服先疇，風良俗美，由來遠矣。近因被□憑厝圍，泥塗漲滿，凡堪輿先生皆言，剥低二尺餘則發達滋甚。幸王君志杰等公置埭溝壹帶，於三十分寔得二十七半，可以寄土；且獨向義，鼎力捐銀壹千餘員，以資工費。其爲通鄉造福，誠義舉也。則所填築田園、壙地，當歸王宅掌握。而志杰等復將此圍内抽出田種伍斗，分配東西二庵，仍於西頭洲仔窟隔岸爲界，充爲青礁進香公費。是其慷慨樂施，又何如哉！爰爲勒石，以垂不朽云。

一，公議：不許馮厝圍田、運用外港泥，復致漲滿。

一，公議：不許社衆飼鴨放集埭中，致傷漁利。

一，公議：不許社前大岸營築坟墩。

嘉慶拾捌年癸酉弍月　日，鄉耆錢彭英、林其昌、林元英、陳應芳公立。

按：此碑現存紫泥島溪洲村東興宫，碑名爲編者加擬。

三八七　烏石岩緣田碑記

仝立石碑人：各房家長鄭欝、党、弰、角、梅等。

因我祖大理公有捐緣田四坵，受種子三斗，仝年實税粟一十二石，址在十二、三都，土名上保壠仔，年帶鄭国户内粮銀伍錢。此田永爲奉佛香資，交烏石岩住僧世世掌管。但恐我祖派下孫子繁衍，混争耕作，是以各房家長公議，仝立碑記爲憑。汝僧務當世守不改，我子姪亦不得贖討。此係两願，仝立碑記，以垂永遠。

嘉慶十八年九月　日。各房家長鄭欝、党、зад、角、梅，僧心正等，仝立。

按：此碑現存九湖鎮林前村太湖山麓林前岩寺（又名烏石岩寺），碑名爲編者加擬。

三八八　重修南山寺碑記

南山寺自唐訖今千有餘載，而其中脩廢補缺，代不乏人。數載以來，殿中楹柱剥蝕，欂櫨朽蠹不堪，以致瓦木頽傾，上漏下濕，竟無有過而問之者。良由閈閎高起，其費浩繁，一召役必積月經年，又慮其費無所支，不敢輕以從事，且倡興義大，難得其人，斯脩復未易也。辛未夏，適住持一機、湫滿來請，乃謀諸同志，相與協力贊襄，毅然舉事。而鎮憲大人韋保陀樂捐廉俸百金，以相斯役，更裒諸善信，統計一千有奇。經始於是歲之臘，越兩年，中殿及山門先後告竣。諸同志以其鳩合之不易、將事之維艱也，不鐫諸石，恐無以示將來。爰即其脩復年月與題捐名額勒石，以垂諸永云爾。

黄步蟾謹識。

欽命漳州總鎮都督府韋軍捐銀一百元。候補都察院都事黄步蟾捐銀三十元。監生陳□□捐銀三十元。文山堂捐銀二十元。潮州□郊、□和、潮盛、德昌、廣泰行眾監生共捐款五十一元。朝議大夫陳樹烈、附貢生□文英、□□韓元記、貢生陳天福各捐銀廿四元。户部主政陳光輝、朝議大夫陳建料、部主事曹光邦、職員林□□、貢生吴□鉞、庠生黄天椿、監生黄光遜、陳玉利、吴□□、方致遠、盧弼典、章金銓各捐銀十二元。少宰王公派、厦門金恆發、監生劉天相、林乃昌各捐銀十元。□□副□陳尚榮、庠生陳中士、監生陳□□、監生李訓舟、監生葉清□、監生陳學恂、藍江福、阮啓登各捐銀八元。貢生陳□州、監生陳大□、鄭協吉、陳欽□、蔡文焰、胡石觀、疊圭行、寶春行、元盛棧、碧雲棧、謙吉棧、佳興棧、吴和成、和盛號、順發號、聯昌號、監魚市中街各捐款六元。舉人林傳芳、試用訓導黄昇、貢生范景智、庠生蔡承禧、職監生余經濟、聯監葉□高、監生石紹華、監生周傳奎、監生莊際亨、

監生陳大汶、監生張紹英、監生陳洪、監生張常孚、浙杭羅稷鄉、廣郊林恆茂、謝永盛、林興仁、吳聯仁、監生葉永崧、陳□□、雙鳳號、東興號、南興號、有容號、庠生劉守嚴、福安號、瑞圖號、滙利行、瑞芳行、孫森記、高永盛、永利號、瑞珍號、悦來號、啓泰號、東泰號、芳泰號、鼎盛號、聯茂號、吳華號各捐銀四元。許篤鄉、徐□德、陳□觀、陸□遠、陸乾□、□□□、萬□號、萬發號、瑞□號、芳□號、昌盛號各捐銀三元。

文林郎陳文琮、庠生陳東、庠生張國賢、職員潘□潤、監生方向茂、監生方元吉、同□□、江汎□、王□□、林爲章、張□南、林松江、顔澄耀、胡德□、吳文英、吳文郡、吳□□、孫大白、魏廷□、何□□、許乾□、張□□、吳□□、吳雅觀、林□觀、徐文洪、陳朝□、陳□□、余國禎、郭□□、鄭□□、陳啓政、□□□、□□□、□□□、林□□、□□□、□□□、協義行、捷興行、誠美行、裕源行、瑞成海、吉成行、新利行、長□行、義盛行、廣成行、巨川行、川盛行、瑞昌行、協玲行、聯陞行、廣瑞行、榮盛行、勝興行、松茂行、捷源行、協成行、德泰行、順德行、源興行、隆茂行、協盛行、長□行、捷豐行、德和行、振盛行、德昌行、振□行、成興行、東美號、恆有號、金春號、豐茂號、亨豐號、紫雲號、博厚號、宜有號、隆吉號、南美號、振源號、萬潤號、東成號、衡□號、長春號、益源號、振發號、崇德號、和成號、和茂號、協德號、勝和號、元興號、芳記號、顔記號、隆記號、范各號、寶□號、寶□號、寶□號、葉□答、□天成、□□□、□□□、□□思、馮國□、馮文山、馮振□各捐銀二元。

嘉慶癸酉年臘月穀旦。董事：□□□陳光輝、都察院都事黃步蟾、舉人□□□、朝議大夫陳樹烈、監生吳□炳、監生石紹華、林乃昌，住持僧一機、湫滿，等，仝勒石。

按：此碑現存薌城區南山寺。寺乃唐開元間太傅陳邕依宅所建，原名報劬寺、崇福寺等，寺內現有陳太傅祠暨陳氏祖祠。

三八九　陳太傅祠示禁碑

署漳州府龍溪縣正堂加五級紀録五次廖，爲毀祠辱祖等事：據舉人陳逢源、武舉陳萬象、監生陳光玉，生員陳祖望、陳暹、陳庠、陳鴻，武生陳英元，家長陳光久、陳景南、陳日，童生陳春等呈稱：伊始祖建祠南山寺邊，因孫子分居遥遠，囑和尚照顧，被附近陳武略、陳光煥殘毀等情。據此，除飭差拘究外，合行出示嚴禁：『爲此示仰居民及外方人等知悉：爾等毋許仍前在舉人陳逢源等始祖祠内穢褻，以及踐砍松枝、挖掘賣土。倘敢不遵，許該家長同看守僧人指明具稟赴縣，以憑究治。各宜凛遵毋違！特示。』

嘉慶拾捌年捌月廿一日，給勒石祖祠曉諭。

按： 此碑現存薌城區南山寺内陳太傅祠，碑名爲編者加擬。

三九〇　重濬二溝碑記

環玉洲皆水也，雙溪西來，東注于海，北□山谷諸流，繞洲而西滙之。洲有土城，城有二渠：自北門東出，繞東水門者爲東溝；自上社東流迆南，又折而北滙于城西門者爲西溝。二溝通港處爲斗門二，旱畜水而潦瀉之，故玉洲田肥美而民殷富。國初遷界以來，城久圮而溝漸淤，父老謀脩濬者屢矣。嘉慶甲戌春，相與卜于神，吉，乃鳩工治材，因舊址而疏通之，決塞去滯，淪漪瀠洄，因以餘力濬治内港，凡三閱月而渠成。夫事之興廢有時，百年之謀成於旦夕，非惟神功，抑亦人力也與？是役費白金二百三十六員，時鶴翔劉君倡捐白金，而輸貲助役者争趨恐後。董其事者，爲洪輝、國環郭君，均義舉也，因傋書於石，以勸來者。

國學生劉鶴翔捐銀捌拾員。鄉進士郭新穎捐銀肆拾員。陳柱官捐銀拾弍員。國學生郭洪輝捐銀拾員。郭港水捐銀拾員。馮姓合捐工銀廿□員。郭姓合捐工銀弍拾員。陳姓合捐工銀拾柒員。魏姓合捐工銀拾員。雜姓合捐工銀柒員。

一，不許農人搬泥落溝，違者罰戲。

一，不許鄉人挑運塞港，違者罰戲。

嘉慶拾玖年蒲月　日公立。

按：此碑現存角美鎮玉江村三元祖廟後殿義武壇，碑名爲編者加擬。

三九一　港濱許氏重修祖廟題捐碑

『莫爲之前，雖美弗彰；莫爲之後，雖盛弗傳。』我始祖宗祠，世德作求，重修者屢矣。不爲之前，何以延及斯世？不爲之後，何以示夫來茲？癸酉之春，我族孫子懽欣鼓舞，復議重修。金鳩成數，制仍遵夫舊貫；材取更新，址維體乎先人。乙亥冬，兼疏水道，工已告竣。爰將捐金名額勒諸貞珉，俾後之繼述者引而勿替云。

計開：

二世四房公捐金壹百伍拾大元。三世孫雪庵捐金壹拾捌大元，乾遜捐金壹拾大元。四世孫敦禮捐金弍拾肆大元。五世孫質直捐金伍拾大元。

誥贈榮禄大夫七世孫毅質捐田叄升種。七世孫庠生顯捐金壹拾弍大元。

誥贈榮禄大夫八世孫敬褒捐金捌大元。八世孫養偉捐金肆拾大元。

誥贈榮禄大夫九世孫鋭庵捐金捌大元。九世孫剛勤捐金壹拾大元。

皇恩寵錫鄉飲大賓十世孫觀文捐金壹拾大元。十世孫謹愿捐金叄拾大員。十世孫良忱、良悌、樓捐金肆大元，時均捐金叄大員。

十一世孫：漢傑捐金叄拾大元。承鴻捐金弍大元。承迨捐金陸大元。太學生國勅捐金伍拾大元。承遺捐金肆大元。文值捐金弍大元。

十二世孫：庠生鳳來捐金壹拾大元。天士、天達、光侯各捐金弍大元。光瑶捐金叁大元。鄉賓之綰、太學生大栢各捐金壹拾弍大元。光伯捐金弍拾大元。之緒、鍾澤各捐金弍大元。志榮捐金叁拾大元。天仁捐金陸大元。之菓捐金弍大元。天台、光偉各捐金陸大元。大榆捐金弍大元。鍾鑒捐金肆大元。天隆、鍾崗各捐金弍大元。光傑捐金壹佰壹拾大元。天偉捐金陸大元。之蕙捐金弍大元。昌隆捐金肆大元。

十三世孫：隆逸捐金陸拾大元。大俠捐金陸大元。甜財捐金弍大元。光燦、紹伯各捐金肆大元。振芳、隆傑各捐金弍大元。振材捐金肆大元。文貴、大鎮各捐金弍大元。大信捐金叁大元。光佾捐金肆大元。光連、岳英各捐金弍大元。光振、光華、□□、光岳、光明各捐金弍大元。隆講、金水各捐金肆大元。光輝、暢水、潯壽各捐金弍大元。克家捐金捌大元。振標捐金叁大元。浚川捐金陸大元。合境、而祈、光瑞、天寶各捐金弍大元。秉友捐金肆大元。

十四世孫：重湧捐金肆拾大元。重源、重淋各捐金弍大元。重藻捐金壹拾弍大元。利高捐金捌拾大元。綿仰捐金弍大元。重漳捐金壹拾大元。如璣、廷明各捐金弍大元。□孚捐金捌大元。光瑾捐金弍大元。原任鹿港遊擊元勳捐金壹拾弍大元。重洸、重温各捐金肆大元。廷國、利程各捐金弍大元。大經捐金壹拾弍大元。綿進捐金叁大元。利耀捐金捌拾大元。元鈖、思智、廷珍、理元、廷校、思惠各捐金弍大元。

十五世孫：衍慶捐金陸大元。行中捐金肆大元。標名捐金弍大元。

十一世孫甲子營遊擊元□捐金弍拾大員。

嘉慶弍拾年乙亥季冬穀旦。

按：此碑現存東園鎮港邊村港濱許氏家廟，碑名爲編者加擬。

三九二　潭頭重修陳氏宗祠題捐碑

我祖朝陽公建立祠宇，由來久矣。後進屢次修葺，前進未經起蓋。九世孫壽齊、十世孫維樑等，義舉起蓋。募

題九世孫嘉墀夫婦入主配享，捐銀三百員。其餘各房孫子，共捐題以成厥事。庶輪奂重美，奕禩流馨，立石永遠。

對庭公銀五十員。經古公三十四員。達成公二十四員。嘉隆公二十員。皎鄉公、登仕郎淡遠公、純正公各十二員。嘉□公、嘉澄公捐六員。廷德公、齊一公、嘉瑶公、宣昭公、登陛公各六員。我期公、嘉緝公各四員。亦睿公三員。仕宗公、來忠公、廷訓公、仲文公、廷苞公、英授公、嘉請公各二員。

嘉猷二十四員。衍緒、里駿各八員。嘉琳、嘉理各六員。登岸三員。嘉智、嘉仰、嘉材、嘉通、嘉禄、登峯、衍泗、衍雍、百壤、華奇各二員。

董事：嘉琳、嘉育、庠生文起、里駿、衍調、光福、學聖、光弼。嘉慶二十一年臘月穀旦。

按：此碑現存東園鎮鳳山村潭頭社陳氏宗祠。

三九三　重修碧浦觀音亭碑記

碧浦亭自先朝崇奉观音菩薩，香燈永耀，玉炬長輝，凡有所求，無不立應。但世遠年湮，風雨損壞，廟貌將頹。成等仰荷神庥，不忍坐視，因與僧珠欽力募本境及四方善信、樂施君子，鳩金營築。於乙亥年八月十三日興工，迄丙子年臘月告竣，費銀四百餘員。取厲取鍛，雖人力之有資；美奂美輪，寔神光之默佑。謹勒于石，以垂不朽，併列捐金姓名于左：

信士陳玉琨捐銀肆拾大員。信士何立鴻捐銀拾陸大員。歲進士盧文煜、廪生王雲、林國廊各捐銀陸大員。歲進士陳玉瑜、太學生蘇士振、太學生趙維經、太學生蘇世澤、吏員何爲禮、何立彰、萃隆舖各捐銀肆大員。

庠生蘇輝、庠生楊謙、何程观、鄉祭酒張斐章、陳有功、蘇澄煌、何光深、蘇栽、鄉賓張賓、何衍謨、陳名佐、楊文昌、何光晏、余錫玉、李敬齊、吴晃、郭陞、鄭桂林、高恩璧、黄振鄉、陳蕙南、胡超、盧國柱、王平法、蘇澐仲、蘇天潯、楊如綬、陳廷瑞、長利舖、雙記舖、何啟明、吴詔慶堂、陳得養、何光頌、林宗淋、何宇宙、蘇中

憲、吴琫、蘇啟明、蘇志昌、蘇國釗、蘇建安、蘇文、楊如娶、吴雪、林佛、林佛提、吴光里各捐銀式大員。何許□、歲進士陳其英、太學生蘇玉璘、庠生楊中山、庠生蘇鳴鶴、庠生吴啟松、太學生李春魁、太學生蘇文蘊、太學生蘇興□、外委曾鳳池、蘇極、蘇才、蘇吾永、蘇蒲、蘇塔、蘇光淼、吴學、蘇廷琔、蘇閣、林類、何禮智、何進新、何香、何盛、何茂招、何光臏、潘湛園、何衍職、楊尚本、鄭啟註、吴欲、蘇桃、蘇廷俊、蘇元生、蘇霜、蘇廷琅、合記舖、蘇捷元、蘇振盛、何焕國、何清前、何喬松、何昌盛、何騰蛟、何潛、何健、何宗祚、茂春舖、何孟亭、鄭標、蔡國俊、李朋、李彭、林麥、楊倩、林曾、陳龍珠、楊光喜、黄登捷、林攀、林帽、蘇廷瑞、陳蘭蕙、趙德瑛、林蟯、李文旦、林性、楊如雪、林陣、歐金標、林瑶、黄榮、許沛詞、許岱、楊佛聖、吴練、吴心、林光富、吴傑、林金祥、陳平心、吴軒、合順舖、玉林舖、林宗捷、林碩、蘇培蘭、鄭雙圭、鄭日就、蘇房、蘇縣、胡集、高草、蘇廷璉、蘇安、蘇守表、李璣、蘇廷琳、蘇旭、吴月、黄泉、郭永勳、廖再、寧銀、王霞、蘇開芳、何紋、蘇莪、王文壇、林名亨、紀嘉秀、林廷選各捐銀壹大員。吴閏、李清泉各捐銀壹大員。

信士方仕清捐銀拾陸大員。初燦捐銀拾式大員。託观、大璋各捐銀陸大員。鄉賓英才、純侃各捐銀肆大員。子芝、有德、天治各捐銀叁大員。質朴公、國成、夜寐、衛观、斐然、丑观、紅观、壬午、俊观、光观、居族各捐銀式大員。契观、友观、五倫、咬才、眼观、棕观、中观、彩观、寿观、水观、明照、郊观、子超、山水、大璉、瑋仲、石观、樹观、金观、天后、柱观、流观、謀观、泮水、協佳、碧吟、媽宅、券观、佛燕、寡观、誇观、陳观、漸生、蹇观、超观、海观、文曨、宗吉、開观、悦观、得意、寢观、蔣观、兩观、烏观、深观、英断、公立、力观、光彩、寔观、活观、白观、三合順、合利舖各捐銀壹大員。

榮观捐田五升種。大璋再添捐銀拾伍大員。

嘉慶丙子年季冬穀旦。董事：國成、有德、克巒、天治，住僧珠欽，仝立石。

按：此碑現存東泗鄉碧浦村觀音佛祖廟，碑名爲編者加擬。

三九四　重新厚寶祖社碑記

廟宇之建，與宗祠並重。我族自稼叟公來居寶山之麓，於蛟洋潭之南作廟，以奉香火，由來久矣。遷界令下，廟亦就湮。康熙甲寅，復構而興之。當是時，神像得之人家，族之人飲食必祷，祷無不應。是神之庇吾族者，誠不少也。但歷年風雨，不無頽壞，神不得寧居，於今又三十餘年。衆等思祖宗之締造，念祀典之輝煌，捐貲重建，輪奂聿新。董其事者，竭力而前；輸其費者，傾囊勿惜。非特神庥不替，亦以見孝思無窮也。是歲，傳在處安協理宗祠，不得身與其劳，喜是舉也義，爰書諸石，以俟後之有志者。弟子生員曾之傳拜誌。

董事：曾文仲、大夏、耀邦、九中、兆基、禎仲、志道、淮水、如璋、錫爵。

監生曾耀邦捐銀弍拾捌大元。鄉賓曾兆昌、曾絨、監生曾志智各捐銀弍拾大元。曾孔然、曾文震各捐銀壹拾弍大元。監生曾秉禮捐銀捌大元。曾文仲、曾宗魯、曾有孚、曾三桂、曾淮水、庠生曾如璋各捐銀陸大元。曾大夏、曾立業、監生曾啟元、曾志道、曾石龍、曾月德、曾神在、曾錫爵各捐銀肆大元。曾□、曾廣寒、曾萬宝各捐銀叁大元。曾盆、曾汶、鄉賓曾希洛、生員曾之傳、監生曾斌、曾讓、曾步憲、曾大壯、曾禎仲、曾捷勳、監生曾元重、曾文温、曾□、監生曾聯甲、曾卜年、曾月、曾正春、曾洋、曾華安、曾涛、曾開培、曾敏忠、曾孔陽、曾忠信各捐銀弍大元。曾党、曾吾衆、曾援丹、曾援山各捐銀壹大員半。曾慎、曾魁光、曾烈、曾六、曾堯、曾和盛、曾大章、曾聖祥、曾□、生員曾超、曾戴、曾匝、曾后、曾民、曾火發、曾以文、曾水、曾來、曾佛□、曾□、曾志瑞、曾池、曾拔立、曾益寿、曾長、曾嘐、曾秉文、曾元、曾遠、曾應龍、曾廣運、曾益全、曾孟、曾初郎、曾汝遜、曾進高、曾文疇、曾文□、曾丹姐、曾東花、曾暖、曾金若、曾萬卷、曾壬癸、曾言旋、曾其章、曾大簇各捐銀壹大元。

嘉靖弍拾壹年歲次丙子拾壹月穀旦立。

按：此碑現存浮宮鎮厚寶村厚寶社曾氏孝思堂，碑名爲編者加擬。

三九五　曾氏槐陰社碑記

昌黎韓子曰：『莫爲之前，雖美而不彰；莫爲之後，雖盛而不傳。』固知善作者，貴乎善述也。我族派衍一貫，傳東魯之遺風；政秉三樞，推温陵之世胄。即我始祖均德公，住槐浦厚境社，數傳而後，時則有若介庵公，登鄉薦而享鹿鳴；繼則有若廉憲公，捷南宫而膺藩秩。食餼者拔其尤，秉鐸者司外翰，人文蔚起，書香發越，皆由族中課文一事培養所致也。茲我仝人奇等，仰惟先緒，爰倡義舉，設月課在祖廟内，顔曰『槐陰社』，取數典不忘之義。所有捐題銀項、創建田業，爰勒諸石，以供課資。蓋先世德澤餘風於是乎著，而後人鼓勵至意於是乎傳。是爲誌。

始祖均德公獻田地叁斗種。本恒公捐銀肆拾大員。文煌公、國珍公、長社公，已上各捐銀壹拾弍大員。守岱公、槐江公、時泰公、仰文公，已上各捐銀陸大員。元政公、邦侃公、垣理公、德彰公，已上各捐銀肆大員。守韜公、輝都公，已上各捐銀叁大員。本仁公、兆昂公、侃正公、輝佑公、輝宏公、忠誠公、朝笏公、先賢公、如壽公，已上各捐銀弍大員。元慶公續捐銀肆大員。

其項捐銀壹拾弍大員。廷詒捐銀拾大員。肇熙、錫簪、庠生奇，上各捐銀捌大員。光淪、太學生先昇，已上各捐銀肆大員。朝綱、廷鐘、朝琬、映杰、朝佶、錫琅、日晃、光洙、庠生登榜，已上各捐銀弍大員。

太學世紀續捐銀拾弍元。喬松、太學世綱各捐銀捌元。太學昌慶捐銀陸元。太學求明、庠生慶元、太學其濤各捐銀肆元。太學誠德捐銀弍元。俱曾處安用。

一，討始祖田，址在下爐埭大湖洋，叁斗種，配鹽洲折寔畝陸分。

一，建田，址在大埭七斗墩洋，叁斗種，配畝壹錢捌分柒厘。癸續建□長洋田，弍斗種，配畝壹畝弍分。丁續建河下洋田，叁斗種，配畝壹畝玖分壹厘。壬續建河仔墘山長洋，弍斗半種，配畝壹畝柒分伍厘。

道光癸巳年，奇等再議，將原建之田陸斗種永爲課資。至續建之業，皆作喜田，付文場入泮者收税、納糧，分

爲喜資。

嘉慶歲在強圉赤奮若陬月立。

按：此碑現存東園鎮厚境村曾氏孝思堂，碑名爲編者加擬。

三九六　重修赤嶺武廟碑記

三才既立，浩然正氣行乎其間，在天爲日星，在地爲河嶽，住則爲人，没則爲神。神之爲靈昭昭也，國家賴以奠，民物賴以阜，災祲賴以消，兇暴賴以殄，其廟食百世也不亦宜乎！關聖帝君靈蹟於昭，徽號頻加，尊崇極矣。神在天下，如水在地。康熙之初，帝君殲賊於赤嶺，青煙一縷頓起天戈，廟之所爲作也。楊將軍之感夢、劉太守之勒碑，信而有徵矣。客歲，松年剿劇盗，嘗默禱焉，已而盗果就縛於廟。神之靈異彰彰如是，而頹垣蔓草，祠宇不修，甚非所以報豐功、崇明祀也。官民均受其芘，願相與鳩而新之，乃捐俸爲倡，延郡之紳士醵金佐役。撤舊墻而增加基址，樸斲丹雘，巍然焕然，又爲亭於前，備極壯麗，計糜白金一千有奇。是役也，竭蹶將事則廣州郡守李少君、永豫孝廉歐陽君山、現任左營守府陳君必陞，職員林君蘅、陳君舫、茂才陳君謨暨住持梵音等贊襄不懈。於竣之日，將勒貞珉，適松年自閩移鎮天津，郵書請記。因即其興作始終併仝事姓名並書之，以垂不朽。

嘉慶丁丑年臘月穀旦，瑞安許松年盥手敬書。

捐金姓氏：

漳州總鎮都督府許一百元。漳州府正堂方二十四元。漳鎮中協副總府蔡三十元。漳鎮中協副總府黄六元。平和營副總府張六元。漳鎮右營副總府武十元。漳鎮城守都閫府陳二十元。漳鎮城守都閫府常十元。龍溪縣正堂姚二十元。龍溪正堂林二十四元。龍溪學教諭林十八元。龍溪營副總張十六元。龍溪右營副總陳六元。龍溪左营副营李六元。龍溪鎮守間府顔六元。龍溪正堂劉一十四元。平和左营許一十二元。平和正堂黄一十二元。吏部郎中鄭開禧四

十元。户部主事陳光輝四十元。職員陳汪珍二十四元。貢生陳汪福二十元。監生謝鵬飛二十元。監生黄光廷二十元。候補訓導黄存志十六元。文山堂陳開荣等十六元。監生黄元吉十六元。

廣東御史張向荣十四元。太學生蔡倫、施順發，貢生王思奇、楊永興，監生郭大觀、蔡克智，監事蘇澤生、黄帖官，簽事鄭惠觀，南坑社，等，以上各捐一十二大元。唐大通、唐耀應等十元，吴宏光、□洋向十元。蔡長馨十元。孚美社等九元半。佟文富、劉國達、黄瑞卿、護坑社等，以上各捐銀八元。職員吴志正、貢生黄世雄、監生陳大業、監生陳大猷、監生陳中士、監生嚴士荣，生員吴光邦、黄元英、王登雲、黄光鑽、陳瑞昌、嚴珠琳、田豐社等、坂上社等、元壇宫等，以上各捐銀六元。

儒林郎王泰廣、職員陳德陞、職員王泰平、監生蔡大任、監生蔡大經、監生蘇傳香、監生林自旺、庠生蔡金波、庠生黄國英、稿科劉志誠，仁泰號、李趙興、黄昆山、嚴學樂、周錦章、陳國霖、張督喜、張光協、游秉廉，庠生鄭樂善、林會同、黄應鍾、黄應賓、黄古殿、黄蔣宫、璞都社等，各捐銀四元。汛官李得英、職員鄭開勳、監生歐陽興、庠生鄭徽典、庠生鄭濤、庠生歐陽琦各捐銀三元。

汛官林海龍、汛官張萬選、汛官陳肇元、監生王振緒、監生王聰明、監生陳有□、監生蔡□功、監生林際春、監生歐陽烱、庠生黄珪璋、庠生黄對揚、庠生黄日新、生員蔡長城、生員嚴聯登、稿科黄登標、杉行會成號，鄧森發、德昌庄、金長美、章聯發、陳咸茂、鼎豐號、成興號、啟泰號、福安號、仁興號、恒豐號、東春號、芳春號、江聚金、不奪齋、南陽齋、公買樣、聯順號、廣昌號、吉川號、大資號、福安號、聯茂號、蘅嵋號、東興號、南興號、有容號、宜有號、大有號、大利號、許根香、黄協興、黄文衡、黄溪官、黄爲官、黄漢等、黄時中、黄時陞、黄歳官、沈尊善、沈若官、鄭萬春、鄭邦泰、張振官、王麗水、王和尚、嚴榮文、嚴開泰、陳登科、游經文、吴天寶、丁方官，上各捐銀二元。

英懋號、馨茂號、德侯號、永成號、泰成號、協陞號、柯元興、永茂號、洪玉成、賴長春、張文滔、林秀芳、

歐陽璉、蘇陳常、□□□、陳毓瑛、陳五倫、陳科陞、陳行流、游捷元、游漢深、□□□、游□□、□應科、王時亨、許六官、陳應泰、蕪立官、楊強祖、曾春風、王面官、王淡官、王嚴官、王有斐、黄海官、黄曲官、黄逞耀、黄鐵胡、黄顯官、黄波官、林士珍各捐銀一元。

按：此碑現存龍文區步文街道步文村下店尾社赤嶺關帝廟。

三九七　重修太古廟碑記

漳郡南隅太古廟，面臨濠水，上蔭大榕。自國初年間里人建立，崇祀救世尊王，歷著顯跡，水旱疾疫，祈禱必應，所以昭靈爽而惠此一方也久矣。康熙三十一年，郡守汪公捐俸重興，棟宇巍峨，並置祀業，交與歷年當事收租致祭。迨嘉慶二十二年，邑侯張公開濬濠渠，所有祀業九屋一所被水衝激倒壞，係值年及一、二、三甲當事在廟公議，闔社捐銀，填砌石基，更築招税。議定每年税銀四十二兩，併立佃字認佃，輪交值年收税，以充公費；並議不得私相脱佃、欠税、争執等情。

合將題捐姓字開列於左：

太學生張宗器捐艮三大員。太學生李長光捐艮一大員。信士李孔億捐石四丈。莊沛水、榮輝號各捐艮六錢。高爾佳、趙連興、協昌号、余松观、石合观、楊大林、許德生、劉舉观、和興号各捐艮四錢。鄭□賓、陳爾昌〈下缺〉許寛观、盧朝樑、源益号、奇成号、茂盛号、益盛号、振興号、余盤观、王侃观、沈有助、順茂号、□□□、□□□、沈必□、□□观各捐艮三錢。蘇德花、謝寅源、蕭陶興各捐艮弍錢半。胡廷□、周總观、鄭源淮、梁焕观、黄文观、胡居安、王振宏、張鎮□、張濟會、□世□、陳□□、陳□□、□□号、紹興号、源利号、謝明号、鼎隆号、蘇秀号、長興号、長源号、許紅观、侯俊郷、甘豐川、林登海、黄聯观，謝勤观各捐艮弍錢。庠生陳大年、□□忠、□樹□、□□□、泉興号、黄珍观各捐艮一錢八分。庠生李殿揚、王溪观、黄加祥、陸宗盛、巫德观、洪

和观、謝賀观、曾萬全、李敦厚、曾包观、永吉号、林合全、林英順、戴□观、曾□□各捐艮一錢。

一甲當事太學生陳廷賀、蘇尚观、梁國亨、義順号、郭連登、林□□、聯順号，二甲當事謝飛聲、黄世洽、何□□、胡能翹、吴永恭，三甲當事太學生陳春錫、庠生□□□、高德寿号、何捷茂号、賴昌□、廖福寿号、宗廣盛号、洪奇艷、天元号，各捐艮四錢。

當事：林秉孝、陳大棟、沈登榜、洪繩武、林龍章、黄國棟、陳國珠、吴廷揚、□□源、林雲□、蔡□□、□興号，各捐艮壹大員〈下缺〉。

按：此碑現存漳州市博物館，碑名爲編者加擬。

三九八　潘厝始祖蒸嘗銀合約碑記

始祖元德公肇基沙陌，至今二十餘代，子孫蕃衍，族姓眾多。承祖上所遺産業，今存者僅什之一耳，春冬祭費所入不供所出，無可奈何。今十八世孫有量之次子正威，在廣回鄉，念祖情切，追遠意深，願出白銀壹仟陸佰大員以充始祖蒸嘗，使每年祭期費用無缺，闔族稱羡，甚美事也。但此銀既係正威樂充，非同别項公銀，所應用者春冬祭費及拜掃墳塋等事而已。社中他事及與外姓雖有大故，不得妄用一文。每年分天地人和四鬮輪流管理，年清年欵，除公事費用外若有餘，貯作公銀，或生放、或置産，管理者不得侵漁。如有曖昧，闔族公革此人出宗。其正威既是樂充，日後子姪亦不得藉口以爲己私，務必一時遵行，百世不易。且令後嗣子孫有尊祖敬宗者覩此盛舉，或孝弟之心油然而生，未可知也。今欲有憑，仝立合約四紙，分天地人和四房各執壹紙，永遠存炤。

嘉慶二十三年五月　日，闔族家長公立。

按：此碑現存角美鎮潘厝村潘氏宗祠，係近年翻刻，碑名爲編者加擬。

三九九　重修禹王廟碑

浙江仁和縣弟子孫□、歸安縣弟子蔡城敬助銀壹佰大元正。鴻興號捐銀陸大員。本社弟子向茂號捐銀陸大員。温朝堂利源號捐銀肆大員。陳延煌、□芳號，捐銀肆大員。本社弟子□芳行捐銀弍大員。□□观捐銀弍大員。

□□嘉慶二十三年蒲月穀旦。

按：此碑現存薌城區新橋街道前鋒社區頂田霞社禹王廟。

四〇〇　三元祖廟僧應輝遺囑碑

立囑書人本室僧應輝。蓋聞有近憂豈無遠慮。輝自幼叨蒙先師上在下西剃度爲徒，經本七十餘載，幸與先師兄應洲苦脩，再建微業。續后師兄西皈，至于嘉慶二十三年，勤將本業與師侄存慶等均分，各執所掌。自思衰老迍邅，派下多故，諸徒孫等亡者、散者、遠適者不一，恒念物業來處不易。是以遠慮後輩賢愚有二，倘輝身後之患，今特將輝分内産業半充爲三元真君香火之資，半爲本室祖先禋祀之費。自今之後，輝雲仍継起，能恪守庭訓、篤實者，付其職掌，亦可爲衣食之助；如或不脩教化者，此業不得異言生端，擅行变廢，亦不得分開各執；所收租税，掌者秉心照料清白，不得私肥，致生事端。至本廟室承祖舊有世傳公田産業，畝数俱在公所，不在鬮分内，不須贅敘。又室内各等家器、花木、玩物繁多，不及鬮分，存以爲奕世公用。今延請鄉耆告知，勒石爲証，永垂不朽。

計開鬮分産業于後：一，買過下甲洋田壹坵，共受種肆斗伍升。一，買過田在官路墘，受種伍斗。一，買過田在龜山前，受種叁斗。一，買過田在上坂埕，受種壹斗伍升。一，買過田在湖中洋，受種弍斗。一，買過田在宫仔尾，受種弍斗伍升。此條以爲輝日後西皈之費。一，典入田園共用銀肆百陸拾陸員。此條抽出佛銀壹百員，添在弍斗伍升内，仝用西皈之費。

嘉慶弍拾叁年玖月穀旦，郭黎觀、陳孿觀、馮周遠、劉應元、魏意觀、僧自安仝証明。
不法徒孫存養經已擯出，告白。
按：此碑現存角美鎮玉江村三元祖廟後殿義武壇，碑名爲編者加擬。

四〇一　三坪祖師公牌記

李門王彩娘捐銀捌大員，典厝壹間。
信士王衍彩捐銀貳大員，信女王彩娘捐銀壹大員，信士王衍濱捐銀壹大員。此四大員，三坪題録。
嘉慶廿三年七月吉旦。
按：此碑現存石碼街道南山社三寶佛祖庵。

四〇二　重興五福禪寺碑記

石鎮五福禪寺，刱自前明成化間，爲漳南竇剎之最著者，崇奉三寶如來佛像。屏山面水，制度輝煌，府、縣各誌彰彰可考。歲爲文武官祝萬壽、講聖訓之所，誠莊嚴重地也。顧閱歲滋久，風雨毁壞，兼以兵燹摧殘，幾蕪没於荒煙蔓草間。康熙二十八年，茂才名得榮倡議更新，廟貌始復，而迄今又百有餘年矣。丙子，余恭承簡命分守此都，下車後謁先賢祠並諸禪寺瞻禮，見故址雖存，而周垣傾圮，夫今不治，後將安葺？然工力浩大，需費孔多，董其事者恐未易得其人也。迨識鎮中諸紳者，僉曰：『是舉也，非楊子廷楷、陳子集義不克當其任。』並述廷楷即得榮之孫，素懷義舉，克承先志，每時造寺輒有與脩之雅。余聞而喜之，爰捐産爲倡始，令廷楷等董其役。一切鳩工庀材，果不辭勞瘁，而鎮之紳衿士庶，亦莫不踴躍樂施奔赴焉。經始於嘉慶丁丑年孟春，閱戊寅年仲夏始告成，約費四千有奇。自大雄寶殿以逮門廡、僧舍等處，楹桷壯麗，丹艧增輝，廟貌巍峩，煥然一新，庶可祝聖展誠、爲一方莊嚴重

地歟！寺之後、寺之東有餘地築室者，咸廓清而墻之，以大其觀。至寺中兩護巷，久爲民居壅塞，淤滯弗通，潮濕虫蛀，寺之易於毁壞也悉由此，乃不惜重貲以購之，而拆爲埕，則内外流通，堅固可久。此皆楊、陳二子悉心經理，樂觀厥成，應無負鎮中紳耆之所推舉焉。昔韓文公有云：『莫爲之前，雖美弗彰；莫爲之後，雖善弗傳。』今是役也，楊子克繼先志，陳子克襄盛舉，兩美合力，始終弗懈，俾久年禪寺得以聿新，其功有自。余既嘉其義而樂其成，并喜鎮中人之向義樂施也，是爲記。

特調漳州石碼海防分府兼管塩務加七級又隨帶加一級記録九次薩克祥氏□□撰文。

大清嘉慶貳拾叁年歲次戊寅孟冬穀旦。

晋封子爵、提督水師軍門王捐銀壹百大員。特調漳州石碼海防分府兼管塩務加七級又隨帶加一級紀録九次祥捐銀壹佰大員。特授漳州石碼海防分府兼管塩務加七級紀録五次、福建金門鎮標右營中軍府加三級謝捐銀拾大員。

五鄉：王衙承志堂捐銀壹佰弍拾大員。誥授奉直大夫黄天培捐銀壹佰弍拾大員。孫四美捐銀壹佰弍拾大員。監生陳和合捐銀壹佰大員。監生郭特鎮捐銀捌拾大員。宋尚德捐銀伍拾弍大員。貢生高錦花、高益三共捐銀壹佰大員。金恊成捐銀伍拾大員。香林號捐銀肆拾弍大員。陳依杓記捐銀肆拾大員。義成行捐銀叁拾陸大員。聚芳行捐銀叁拾弍大員。監生盧觀龍捐銀弍拾捌大員。特隆行捐銀弍拾陸大員。監生蔡志芳捐銀弍拾肆大員。鄭佳謨捐銀弍拾肆大員。萬順號捐銀弍拾肆大員。金取號捐銀弍拾肆大員。順隆號捐銀弍拾肆大員。利川號捐銀弍拾弍大員。監生林廷瑯捐銀弍拾大員。監生鄭時潮捐銀弍拾大員。監生鄭啟謀捐銀弍拾大員。洪懷琇捐銀弍拾大員。敬昌號捐銀弍拾大員。吴鼎茂捐銀弍拾大員。監生林天堦捐銀拾玖大員。監生黄如瓆捐銀拾捌大員。蔡天麟捐銀拾捌大員。隆盛行捐銀拾捌大員。宋恊家捐銀拾陸大員。茂隆號捐銀拾陸大員。鴻美號捐銀拾陸大員。朱子偕捐銀拾伍大員。順豐號捐銀拾肆大員。鼎興號捐銀拾肆大員。怡得號捐銀拾肆大員。錦榮號捐銀拾肆大員。崇榮號捐銀拾肆大員。森茂號捐銀拾肆大員。監生張大迅、監生廖大春、監生許登選、監生宋啟梓、監生郭必遴、周文禮、李正魁、柯信成、五美

號、德安號、郭獻珍、源來號、成茂號、廣興號、賓興號、石鎮軍工黄蔴户、石鎮布店户各捐銀拾式大員。貢生江續、庠生鄭際昌、監生盧兆吉、監生陳學寬、監生趙順元、監生趙由秦、高廷、莊朝元、陳生郎、林桂枝、竟成號、恒美號、張尚亦、黄發號、聯成號、恊利號、恊盛號、張順興、石碼関秤手等各捐銀拾大員。監生郭其睿、龍巖帮、南靖帮、黄德記、蘇麗澤、聚㒷號、春山號、大悦號、永盛號、易㒷號、順安號、恊成號各捐銀捌大員。元成號、福㒷號、源順號各捐点金柱尾壹支。石碼関漳平帮、石碼関塩科等、監生黄洵、監生張仕豪、鄉賓鄭光淡、洪光維、黄汝嘉、康源隆、郭克光、林斐然、連秉均、黄錦㒷、鼎盛號、瑞昌號、和泰號、隆盛號、金恒盛、鄭長發、鼎隆號、荣隆號、金絲號、東成號、謙益號、景昌號、長㒷號、萃㒷號、湧㒷號、時盛號、長盛號、郭門王氏、郭氏各捐銀六大元。鼎豐號、黄誥各捐銀伍大員。石碼関姚瓔花、林慎、黄廷選、黄三嘉、宋世珏、宋君漂、陳廣廷、陳光萬、陳結、陳講順、陳發荣、陳廣荣、張聚、高松列、郭燀祖、黄長發、孫長汀、謝尚、鄭文爍、周尚泗、黄高章、温魁、萬春堂、黄振成、邱海、種美號、湧州號、茂林號、利用號、義源號、和成號、黄士林、聯昌號、鼎成號、開㒷號、福順號、必發號、如意號、逢川號、益昌號、飛虎號、恊吉號、源泉號、□㒷號、德茂號、長房陳必石、鍾元隆、恊順號、順源號、隆發號、自永號、芳茂號、新㒷號、和茂號、綿發號、長泰號、聯昌號、崇源號、恒茂號、源茂號、恊安號、順安號、懷安號、成吉號、陶㒷號、合元號、瑞㒷號、順發號各捐銀肆大員。

鴻團社：洪正和等共捐銀壹佰伍拾肆大員半，又楊肆枝。

楼東社：陳純軒、陳純所共捐銀伍拾柒大員。林守祖捐銀壹拾陸大員。蔡武瑞捐銀壹拾伍大員。黄渟捐銀壹拾大員。郭振謀捐銀捌大員。高通琳捐銀陸大員。仁利號捐銀伍大員。陳宏茂捐銀壹拾式大員。陳瑞梧、林天福、郭時元、洪芳嵩、邱正祥、蘇隆各捐銀肆大員。

中境社：冠帶鄉賓許子壯、鄉賓許宜龍，庠生許登州、許讀盛，監生許書紳、朱元泰、曾光表，各捐銀拾式大員。脩職郎許式章、徵仕郎許宜昌各捐銀捌大員。周朝紀捐銀陸大員。監生許宜馨、許大原、許大聯，庠生許漢柯、

許長亨、許長泰、許讀誥、許其焕，脩職郎高景雄、江玉山、盧領，各捐銀肆大員。
霞庵社：光裕堂楊捐銀壹佰貳拾陸大員。
鰲西社：蔡汝作等共捐銀柒拾捌大員。
琳濵社：謝約齋、謝文炳等共捐銀陸拾柒大員。
□江社：嚴本信等共捐銀陸拾陸大員。
登第社：方等共捐銀叁拾員，方夢鯉捐銀壹拾肆員。
紫泥社：世澤堂吴捐銀壹拾貳大員。
陳江社：陳國等捐銀壹拾大員。
石匠葉發崑，木匠游龍春、謝得水，泥匠林朝宗，各助壹佰工。
謹將置買店厝條目附勒於石以隨永遠：
一，碼分憲祥三少爺諱佛庇買本寺東楊家店壹間，坐南向北，從東算入第弍間，價銀叁拾弍大員。
一，公緣買寺前東首楊家店壹間，坐南向北，從東算入第壹間，價銀叁拾肆大員。
一，公緣買寺前東首陳家店壹間，坐南向北，從東算入第叁間，價銀叁拾大員，已拆爲埕。
一，公緣買寺前許家厝叁間，址在楊家店後，坐東向西，價銀叁拾弍大員，拆爲通巷。
一，公緣買寺前西首朱家店弍間，坐南向北，從西算入第壹間、第弍間，價銀柒拾弍大員，已拆爲埕。
一，公緣買寺前東北首孫家店一間弍進带楼，坐北向南，路墘第壹間，價銀弍佰肆大員。將楼拆去，以順虎砂。
董事：監生楊廷楷、陳集義；勸捐：監生黄聯繼、許大烈、陳讓千，生員許瑚、黄士彩、高鼎昌、陳文魁、李金魚、高鼎盛、高儼然；司香火住持僧：澤川；仝立。

按：此碑現存石碼街道五福禪寺。

EPIGRAPHICAL MATERIALS ON THE HISTORY OF RELIGION IN FUJIAN : ZHANGZHOU REGION

I

Edited by *Kenneth Dean*
Zheng Zhenman

PUBLISHED BY FUJIAN PEOPLE'S PUBLISHING HOUSE